कितने हिन्दुस्तान

कितने हिन्दुस्तान

(भारत विभाजन सम्बन्धी कहानियाँ)

सम्पादक

डॉ. फणीश सिंह

वाणी प्रकाशन

प्रकाशन के उत्कृष्टतम 61 वर्ष

सजिल्द पहला संस्करण : 2017
सजिल्द दूसरा संस्करण : 2024

vaniprakashan.com

वाणी प्रकाशन
4695, 21-ए, दरियागंज, नयी दिल्ली-110 002
फ़ोन : +91 11 23273167, 23275710
शाखाएँ
अशोक राजपथ, पटना-800 004, बिहार
कॉफ़ी हाउस कैम्पस, महात्मा गांधी मार्ग, प्रयागराज-211 001, उत्तर प्रदेश
महात्मा गांधी अन्तरराष्ट्रीय हिन्दी विश्वविद्यालय, वर्धा-442 001, महाराष्ट्र
sales@vaniprakashan.in
vaniprakashan@gmail.com

KITNE HINDUSTAN
Edited by Dr. Fanish Singh
ISBN : 978-93-87024-32-8
Stories

मूल्य : ₹ 750

जी.एस. ऑफ़सेट, दिल्ली-110 095 में मुद्रित

वाणी प्रकाशन का लोगो मक़बूल फ़िदा हुसेन की कूची से

रवीन्द्र कालिया जी की स्मृति को
समर्पित

अनुक्रम

प्रस्तावना

प्रतिष्ठित रचनाकार डॉ. फणीश सिंह द्वारा सम्पादित कहानी संकलन 'कितने हिन्दुस्तान' एक बार जो अपने शीर्षक से ध्यान खींचता है और प्रकारान्तर से चेतावनी देता है कि हम अपने इतिहास से सबक सीखें और देश को किसी भी तरह खण्डित न होने दें। सन् 1947 में लम्बे संघर्ष के बाद मिली स्वतन्त्रता के पीछे बहुत से पीड़ा भरे, अवसादग्रस्त प्रसंग और सन्दर्भ हैं जो विभिन्न रचनाकारों की कहानियों में उभर कर आये हैं। इन कहानियों का पाठ तथा पुनःपाठ निरन्तर होना चाहिए ताकि वर्तमान और आगत पीढ़ियाँ जान सकें कि हम भारतवासियों ने कितनी कुर्बानियों के बाद आज़ादी का सबेरा देखा। यह आज़ादी एक अनमोल उपलब्धि है। जितनी मेहनत इसे हासिल करने में लगी है, उससे कई गुनी मेहनत इसे बनाये और बचाये रखने में लग सकती है। न जाने कितनी सभ्यताएँ उगीं, विकसित हुईं और विनष्ट भी हो गयीं। कई देश स्वाधीन होने के बाद फिर पराधीनता की चपेट में चले गये। विभाजन-केन्द्रित रचनाएँ उन स्थितियों की जाँच-पड़ताल करती हैं जिनमें फँस कर कुछ व्यक्ति मनुष्यता से कई पायदान नीचे तो कई व्यक्ति मनुष्यता से कई पायदान ऊपर हो जाते हैं। ये सभी कहानियाँ हिन्दी और हिन्दुस्तानी जगत की सुपरिचित रचनाएँ हैं जिनमें समय और समाज की करवट महसूस की जा सकती है।

संघर्ष की गति कभी एक आयामी नहीं होती। उसमें समय, समाज के कई अहम सवालों की उठापटक होती है। राजनीतिक समीकरणों के चलते संघर्ष को लम्बा खींचा जाता है जिससे अन्ततः नुकसान जनता का ही होता है। आम आदमी सबसे ज़्यादा तकलीफ़ पा जाता है और सबसे ज़्यादा खमियाज़ा भी उसे ही उठाना पड़ता है। वही बेघर होता है जैसे मोहन राकेश की कहानी 'मलबे का मालिक' का गनी था, अज्ञेय की कहानी 'शरणदाता' का देविन्दरलाल। यह आम आदमी ही है जो सआदत हसन मंटो की कहानी 'टोबा टेक सिंह' का विक्षिप्त नायक बिशन सिंह है। वह अपना इतिहास-भूगोल सब भूल गया है। पागलखाने में वह हर किसी से बस एक ही सवाल पूछता है, 'टोबा टेक सिंह' कहाँ है।

बिशन सिंह के लिए विभाजन कोई अर्थ नहीं रखता, उसे महज अपना मोहल्ला याद है—टोबा टेक सिंह। इन सभी कहानियों में मानव-मन के अभूतपूर्व चित्र हैं, उनकी बेचैनियाँ, तकलीफ़ें और त्रासदियाँ हैं। फणीश जी का चयन इस लिहाज़ से यादगार है कि उन्होंने स्वाधीनता और विभाजन के समय की उद्विग्नताओं और उलटबाँसियों को सामने लाकर रखा है। प्रस्तुत संकलन की रचनाएँ समय, समाज का दर्पण नहीं वरन् सूक्ष्मदर्शी यन्त्र हैं जिनसे गुज़र कर हमें अपनी स्वाधीनता और भी मूल्यवान लगती है।

—ममता कालिया

14.04.2016

अपनी बात

साहित्य समाज का दर्पण है और लेखक उस दर्पण का मात्र एक प्रतिबिम्ब है। आज देश में असहिष्णुता तेज़ी से बढ़ रही है। हिंसा के नये-नये रूप बढ़ते दिख रहे हैं। यह असहिष्णुता का ही विस्फोट है। अंग्रेजी लेखिका नयन तारा सहगल ने कहा है : ''मोदी के राज में हम पीछे की तरफ़ जा रहे हैं, हिन्दुत्व के दायरे में सिमट रहे हैं...लोगों में असहिष्णुता बढ़ रही है और बहुत से भारतीय खौफ़ में जी रहे हैं। आज की सत्ताधारी विचारधारा एक फासीवादी विचारधारा है और यही बात मुझे चिन्तित कर रही है।'' हिन्दी के मूर्धन्य कवि अशोक वाजपेयी ने कहा : ''असहिष्णुता, साम्प्रदायिकता और जातिवाद के खिलाफ़ मैं लिखता रहा हूँ। इस देश में हर तरह के अल्पसंख्यक सन्दिग्ध हो गये हैं। चाहे वे धर्म के आधार पर अल्पसंख्यक हों या विचार के नज़रिए से। संविधान हमें जीवन की और अभिव्यक्ति की आज़ादी देता है। लेकिन मौजूदा माहौल में यह ख़तरे में दिखती है।'' हिन्दी उपन्यासकार काशीनाथ सिंह ने कहा : ''कुछ हत्याएँ हुईं और उनके बाद दादरी काण्ड की घटना के बाद जिस तरह से केन्द्रीय मन्त्री अपना बयान दे रहे हैं इस ग़ैरज़िम्मेदाराना बयान को देखते हुए जिल्लत लगी कि ज़िम्मेदारी के पद पर बैठे हुए ऐसे लोग अगर इस तरह का बयान दें तो पुरस्कार वापस करने के अलावा कोई चारा नहीं रह जाता।'' प्रसिद्ध फ़िल्मकार कुंदन शाह ने कहा : ''जाने भी दो यारो जैसी फ़िल्म अब बनाना कठिन है। फ़िल्म बनाना तो छोड़िए, अब तो सच कहने से भी डर लगने लगा है। ये महज असहिष्णुता नहीं है। ये उससे आगे की चीज़ है। ये बदफ्तर हालात हैं। ये एक यातना है, टॉर्चर। बहुत तकलीफ़ है। मोदी पाँच साल बाद चले जायेंगे लेकिन देश के हालात तो आने वाले कई वर्षों के लिए बिगड़ जायेंगे।'' फ़िल्मकार सईद मिर्ज़ा ने अपना राष्ट्रीय पुरस्कार लौटाते हुए कहा : ''मैंने पिछली सरकारों के खिलाफ़ भी आवाज़ उठाई है। लेकिन इस समय हालात बदफ्तर हो चले हैं।'' कर्नाटक के शिमोगा में रहने वाली 17 साल की स्कूली छात्रा रिया विदाशा ने अपना बाल साहित्य पुरस्कार लौटा दिया क्योंकि वह कर्नाटक निवासी और जानेमाने लेखक एम.एम.

कलबुर्गी की हत्या से दुखी है। देश के नामचीन इतिहासकारों रोमिला थापर, इरफान हबीब, के.एन. पणिकर, डी.एन. झा, मृदुला मुखर्जी आदि के भी बयान हैं जिसमें कहा गया है कि शारीरिक हिंसा का इस्तेमाल कर मतों की विभिन्नता को ठिकाने लगाया जा रहा है। बहस के समक्ष बहस नहीं है बल्कि गोली है। एक के बाद एक लेखकों ने अपने पुरस्कार लौटा दिये लेकिन एक भी टिप्पणी उन हालात के बारे में नहीं आयी जिनकी वजह से लेखकों का प्रतिरोध आया। इसके उलट एक मन्त्री ने कहा कि ये काग़ज़ी विद्रोह है और लेखकों को अपना लेखन बन्द कर देने की सलाह दी। इसका अर्थ यही हुआ कि अगर बुद्धिजीवी विरोध करेंगे तो उन्हें चुप करा दिया जायेगा। अनेक साहित्यकार, फ़िल्मकार, सामाजिक कार्यकर्ताओं का बयान देश के इस बिगड़ते माहौल के विरुद्ध आया है। इन्फोसिस के संस्थापक श्री नारायण मूर्ति ने कहा है कि अल्पसंख्यकों में डर का माहौल है इस भावना को ख़त्म करना आर्थिक प्रगति के लिए ज़रूरी है। इतिहासवेत्ता श्री राम पुनियानी ने कहा : ''आज हमारे देश में हालात ऐसे हो गये हैं कि कोई भी व्यक्ति यदि मटन या कोई और मांस देखकर यह कह भर दे कि यह गौमांस है, तो हिंसा शुरू हो जायेगी। देश में ऐसा माहौल बन गया है कि अगर कोई गाय हमारे बीच में घुसकर पौधों को चरने भी लगे तो उसे भगाने में हमें डर लगेगा। हम सब जानते हैं कि एनडीए के शासन में आने के बाद से, ज़हर उगलने वाले अति-सक्रिय हो गये हैं। हर एक अकबरुद्दीन ओवैसी के पीछे दर्ज़नों साक्षी महाराज, साध्वियाँ और योगी हैं।'' हिन्दी कवि विष्णु नागर ने अपने विचार व्यक्त करते हुए कहा कि ''असहिष्णुता की विचारधारा को चुनौती देने का जो काम विपक्ष की राजनीतिक पार्टियाँ नहीं कर पायीं उसकी ज़िम्मेदारी लेखकों और कलाकारों पर आ पड़ी है।'' उनकी इस बात का अधिकतम प्रभाव मुझ पर पड़ा और इसी पृष्ठभूमि में मैंने विचारा जो कहानियाँ भारत विभाजन को लेकर लिखी गयी थीं और वे आज भी प्रासंगिक हैं। भारत विभाजन के वक़्त जो कुछ हुआ सदियों के रिश्ते-नाते टूटे, लोग अपने घरों से बेघर हुए। एक जातीय एवं संस्कारों में पले लोग हिन्दू, मुसलमान और सिख एक-दूसरे की जान के प्यासे बन गये। मुझे यह ज़रूरी लगा कि भारत विभाजन सम्बन्धी कुछ कहानियाँ आज की पीढ़ी के लिए प्रस्तुत करूँ। आज के भारतीय सन्दर्भ में यह ज़रूरी हो गया है कि नयी पीढ़ी को इस भयानक त्रासदी का ज्ञान कराया जाये ताकि आगे न टोबा टेक सिंह खड़े हों, न अमृतसर आये, न पेशावर एक्सप्रेस में चढ़ना पड़े और न सिक्का बदले।

साम्प्रदायिकता नाग की तरह देश में अपना सर उठा रही है और कभी धर्म,

कभी भाषा, कभी प्रान्तीयता की आड़ में हमें नाग जैसा डस रही है। इतिहास से चुन-चुन कर ऐसे उदाहरण दिये जाते है जिससे साम्प्रदायिकता को हमारे देश की जीवन पद्धति का अंग बताने की कोशिश की जा रही है। स्पष्टतः पृथकतावादी एवं विसर्जनवादी तत्वों का संरक्षण किया जा रहा है जो हमारे देश को बर्बाद करने पर उतारू हैं। प्रसिद्ध लेखक स्व. भीष्म साहनी के विचार में ''हमारी स्थिति की दुखद विडम्बना इसी बात में निहित है जो साधारण जन सचमुच शान्तिप्रिय जीवन बिताना चाहते हैं, एक-दूसरे के साथ मेलजोल और भ्रातृभाव के साथ रहते आये हैं और रहना चाहते हैं, उन्हीं को सबसे ज़्यादा भड़काया जाता है, फिर उन्हीं की मारकाट की जाती है, वही विस्थापित होते हैं, वही यातनाएँ भोगते हैं।'' हमें प्रस्तुत कहानी संग्रह को सम्पादित करने की सोच देश की वर्तमान परिस्थिति को देखते हुई आयी जिसका उल्लेख हम शुरू में ही कर चुके हैं। वर्तमान पीढ़ी को यह याद दिलाना आवश्यक हो गया है कि आज से लगभग 60 वर्ष पहले जो वारदातें हुईं उनका नतीजा क्या निकला, सिर्फ़ धन जन की बर्बादी और भारत की गंगा-जमुनी संस्कृति में गिरावट। आज की पीढ़ी को यह देखना आवश्यक हो गया है कि हमारे तथाकथित बीच योगी, साक्षी एवं साध्वी न पैदा हों।

पुस्तक के पृष्ठों की सीमा देखते हुए मैंने सिर्फ़ 27 कहानियों का चुनाव किया है। विभाजन के फलस्वरूप इनसानी रिश्तों में जो परिवर्तन और मूल्यों का जो विघटन हुआ उसे इन कहानियों की प्रवृत्ति और रुझान के तौर पर देखा जा सकता है। कहानी लेखक अफजल हसन रंधावा ने अपनी कहानी 'खोई हुई ख़ुशबू' में यों लिखा है : ''मेरी कहानियाँ लहूलुहान है, उनके सिर नंगे हैं, बाल बिखरे हुए और बदन ज़ख़्मी हैं। मैं सोचता हूँ कैसे कहानी लिखूँ।'' यह रंधावा की ही परेशानी नहीं है ऐसे तमाम लोगों की है जो विभाजन जैसी घटना के सन्दर्भ में वैचारिक और सांस्कृतिक धरातलों पर आहत महसूस करते हैं। मंटो की कहानी 'टोबा टेक सिंह' को एक पागल की मनःस्थिति के रूप में देखा गया है। यहाँ है सताई हुई, डरी हुई और सहमी हुई एक चीख जो हमारा पीछा नहीं छोड़ती। 'मलबे का मालिक' में गनी मियाँ लाहौर से अमृतसर अपना मकान देखने आया है जिसे उसने कुछ वर्ष पहले बनवाया था लेकिन जब वह अपनी गली में आता है, अपने मकान के मलबे को पहचान लेता है और मकान के प्रति लगाव के कारण रोने लगता है। विभाजन ने मानवीय मूल्यों की जड़ पर जो आघात किया था जिससे सम्बन्धों का कोई मतलब नहीं रह गया था। इसे रामलाल की कहानी 'एक शहरी पाकिस्तान का' और कुर्रतुल-एन-हैदर की कहानी 'पतझड़ की आवाज़' और कृष्णा सोबती की कहानी 'सिक्का बदल गया' में देखा जा सकता

है। सिक्का बदल गया में शाहनी के लिए बँटवारे के कारण हुकूमत के बदल जाने से सिक्का के बदल जाने का कोई मतलब नहीं रह गया। उसे मानवीय मूल्यों के सिक्के और सम्बन्धों के बदल जाने का गहरा दुख है। 'एक शहरी पाकिस्तान का' बँटवारे की मार-काट के दिनों की कहानी है जब सारे सम्बन्ध उलट-पुलट गये थे। दस साल बाद बलदेव अपनी पत्नी सरस्वती से मिलता है जो परिस्थितिवश सुन्दरदास से शादी कर चुकी है। हालात ने आज सरस्वती को उससे छीन कर सुन्दरदास के हवाले कर दिया है।

अज्ञेय की कहानी 'शरणदाता' में दिखाया गया है कि शरण में आये हुए व्यक्ति की रक्षा का धर्म किस तरह प्रतिकूल माहौल में भी 'जैबुनिसां' निभाती है जब कि उसके पिता रफीकउद्दीन द्वारा शरण देने के बाद भी खाने में ज़हर मिलाकर शरणागत को मारने का प्रयास किया जाता है। पारिवारिक सम्बन्धों की जटिलता, अपहृत औरतों की समस्या, उनकी वापसी के सन्दर्भ में पुरुषों की मानसिकता बलात्कार के प्रसंगों से भी जुड़ी हैं। विभाजन के दौरान औरतों के अपहरण एवं बलात्कार के सन्दर्भ में इनकी मानसिक विकृतियों का कहानियों पर असर पड़ा है। राजिन्दर सिंह बेदी की कहानी 'लाजवन्ती' समस्या और सम्बन्ध एक ही सिक्के के दो पहलू हैं। जो सुन्दरलाल लाजो की स्मृति में रोता रहता था वही उसके वापस आ जाने पर उसे स्वीकार नहीं कर पाता, वह उसे देवी तो बना देता है पर दिल में नहीं बसा पाता। रंधावा की 'खोई हुई ख़ुशबू' में साझी संस्कृति के बिखर जाने का बोध कराया गया है। इस कहानी में एक ओर ख़ुशबू है तो दूसरी ओर हादसे।

प्रसिद्ध कहानीकार एवं लेखक ख्वाजा अहमद अब्बास की कहानी 'सरदार जी' में सरदार जी प्रारम्भ में बोलते हैं ''लोग समझते हैं सरदार जी मर गये'' यह पुराने ''मैं'' की मौत थी–मेरी धर्मान्धता की मौत, उस घृणा की मौत जो मेरे मन में बैठी हुई थी। वही सरदार जिससे शेख घृणा करता था अपनी जान की बाजी लगाकर उसके परिवार को बचाता है। इसी तरह गुलज़ार की कहानी 'तकसीम' में ऐसे ही प्रसंग ज़्यादा हैं जो स्मृतियों में बराबर बने रहते हैं। सन्त सिंह सेखों की कहानी 'भूतों का खेल' एक अजीब मानसिकता का प्रतिनिधित्व करने वाली कहानी है। कहना न होगा कि विभाजन की परिस्थितियों के दबाव में मानवीय संवेदना से मानव हृदय कैसे मनुष्य विरोधी व संस्कृति विरोधी बन जाता है। यहाँ भीष्म साहनी की कहानी 'अमृतसर आ गया है' और कृश्न चन्दर की कहानी 'पेशावर एक्सप्रेस' में बँटवारे के समय ख़ूनी माहौल का बदलती हुई परिस्थिति में हिन्दुओं, सिखों और पठानों की हिंसक मनोवृत्तियों का सटीक चित्रण

हुआ है। उपेन्द्रनाथ अश्क की कहानी 'चारा काटने की मशीन' में बँटवारे के वक़्त के और बाद के भी लूट-पाट भरे प्रसंगों की मानसिकता का रोचक चित्रण हुआ है। इस तरह हम देखते हैं कि इन कहानियों में देश से अपनी विरासत से कटे हुए और ज़मीन से उखड़े हुए मनुष्य की वेदना को बड़े ही साफ़ शब्दों में व्यक्त किया गया है। विष्णु प्रभाकर की 'मेरा वतन' कहानी में अपनी जन्मभूमि से स्वाभाविक लगाव का चित्रण है। बँटवारे के बाद भी पुरी जो पहले लाहौर में वकालत करता था बार-बार अमृतसर से लाहौर जाता है और कहता है कि उसकी आत्मा लाहौर में ही बसती है। मैं यहाँ इसलिए आता हूँ कि "वह मेरा वतन है, मैं वहीं पैदा हुआ हूँ, वहीं की मिट्टी में मेरा राज छिपा है, वहीं की हवा में मेरी जीवन की कहानी लिखी है।" एक बार उसकी लाहौर यात्रा के क्रम में एक मुसलमान उसे पहचान लेता है और उसे गोली मार देता है। इस तरह हम देखते हैं कि आदमी को अपनी मिट्टी से कितनी मोहब्बत होती है कि वह मर सकता है किन्तु उसका मिट्टी से प्यार नहीं टूट सकता। एक दूसरी कहानी में कमल भाई जो कट्टर लीगी और पाकिस्तान के निर्माण का पक्षधर था वही पाकिस्तान पहुँच जाने पर सोचता है "मेरी हालत धोबी के गधे सी हो गयी है, न घर का न घाट का।" सोचता हूँ मुल्क का बँटवारा न हुआ होता तो अच्छा था।

महीप सिंह की कहानी 'पानी और पुल' भी एक गम्भीर कहानी है जिसमें विभाजन के प्रभाव की बड़ी सटीक व्यंजना हुई है। विभाजन के मौके पर अपनी दुनिया परायी हो गयी, स्वदेश परदेश हो गया, एक देश दो हिस्सों में बँट गया और बीच में एक बड़ी खाई पैदा हो गयी। बुद्धिजिवियों ने गम्भीरता से इस बात पर विचार किया है कि "विभाजन से पूर्व भारत का सांस्कृतिक रूप एक था, लेकिन अब जब यह देश तीन भागों में बँट चुका है लेकिन इसकी संस्कृति को विभाजित करना सम्भव नहीं है। पंजाबी, बंगाली, सिख, मुसलमान एवं अनेक जाति एवं संस्कृति के लोग तीनों तरफ़ हैं। सैकड़ों वर्ष के प्रयत्न से विभिन्न धर्मों के लोगों ने जो एकता बनाई थी वह कमज़ोर हुई है। 'सरहद के इस पार' कहानी जिसे नासिरा शर्मा ने लिखा है इस बात की पुष्टि करती है कि अंग्रेजों ने हमें फसाद की पृष्ठभूमि में पाकिस्तान इनाम में दिया है। साम्प्रदायिकता की इस आँधी में साम्प्रदायिक एकता की शक्ति कमज़ोर पड़ रही है। हिन्दू-मुस्लिम समस्या का सबसे वीभत्स रूप दंगों में देखने को मिलता है जो रह-रहकर होते ही रहते हैं। प्रेमचन्द ने भी आज से 80-90 वर्ष पूर्व अपने लेखों में कहा था कि सहिष्णुता, विश्वास, धर्म और सेवा के अस्त्र से एक-दूसरे को जीतो। फिर देखो दुनिया कितनी ख़ुशहाल हो जाती है। मैं पहले ही कह चुका हूँ कि देश

की परिस्थिति प्रतिदिन ख़राब होती जा रही है और साम्प्रदायिकता को काफ़ी बढ़ावा मिल रहा है। ऐसी परिस्थिति में आज की युवा पीढ़ी को सावधान करना अतिआवश्यक हो गया है कि वे साम्प्रदायिक आड़ में हाथ न सेंकें बल्कि राष्ट्रीय एकता और अखण्डता की रक्षा करें नहीं तो हिन्दुस्तान जो अब तक तीन भागों में ही खण्डित हुआ है अनेक भागों में खण्डित हो जायेगा।

1, नीतिबाग, पटना-14
21 मार्च 2017

–फणीश सिंह

सआदत हसन मंटो (1912-1955)

सआदत हसन मंटो का जन्म लुधियाना में 11 मई 1912 में हुआ था और मृत्यु मात्र 42 वर्ष की आयु में 18 जनवरी 1955 को लाहौर पंजाब में हुई। वे गंगा जमुनी साहित्य के प्रखर लेखक, कहानीकार, उपन्यासकार एवं नाटककार थे। मंटो जवाहरलाल और इक़बाल की तरह कश्मीरी थे। अलीगढ़, लाहौर, अमृतसर, बम्बई और दिल्ली इन स्थानों ने मंटो की ज़िन्दगी को कई रंगों में देखा है। रूसी साहित्य का पुजारी मंटो, चीनी साहित्य का प्रेमी मंटो, गुमनाम मंटो, बदनाम मंटो, शराबखाना और चकलों में जाने वाला मंटो, प्रेम करने वाला मंटो, घरेलू दंगे, उर्दू का सुविख्यात लेखक मंटो। वह उर्दू साहित्य का अकेला शंकर है, जिसने ज़िन्दगी के ज़हर को पिया है। स्पष्ट है कि ऐसे जीवन्त लेखक को पाकिस्तानी या हिन्दुस्तानी कठघरे में खड़ा कर नहीं देखा जा सकता है। सिर्फ़ 42 वर्षों की उम्र में से 20, 22 वर्ष ही उसने लिखा किन्तु जो भी लिखा उसका महत्त्व 60 वर्ष बाद भी ज़िन्दा है और आगे भी ज़िन्दा रहेगा।

टोबा टेक सिंह

बँटवारे के दो-तीन साल बाद पाकिस्तान और हिन्दुस्तान की हुकूमतों को ख़याल आया कि अख्लाकी क़ैदियों की तरह पागलों का भी तबादला होना चाहिए, यानी जो मुसलमान पागल हिन्दुस्तान के पागलखानों में हैं उन्हें पाकिस्तान पहुँचा दिया जाय और जो हिन्दू और सिख पाकिस्तान के पागलखानों में हैं उन्हें हिन्दुस्तान के हवाले कर दिया जाय।

मालूम नहीं यह बात माकूल थी या ग़ैर-माकूल थी। बहरहाल, दानिशमंदों के फ़ैसले के मुताबिक इधर-उधर ऊँची सतह की कान्फ्रेंसें हुईं और बिल आखिर एक दिन पागलों के तबादले के लिए मुकर्रर हो गया। अच्छी तरह छानबीन की गयी। वो मुसलमान पागल जिनके लवाहिकीन (सम्बन्धी) हिन्दुस्तान ही में थे वहीं रहने दिये गये थे। बाकी जो थे उनको सरहद पर रवाना कर दिया गया। यहाँ पाकिस्तान में चूँकि करीब-करीब तमाम हिन्दू-सिख जा चुके थे इसलिए किसी को रखने-रखाने का सवाल ही न पैदा हुआ। जितने हिन्दू-सिख पागल थे सबके सब पुलिस की हिफाजत में सरहद पर पहुँचा दिये गये।

उधर का मालूम नहीं। लेकिन इधर लाहौर के पागलखानों में जब इस तबादले की ख़बर पहुँची तो बड़ी दिलचस्प चीमेगोइयाँ होने लगीं। एक मुसलमान पागल जो बारह बरस से हर रोज़ बाकायदगी के साथ 'ज़मींदार' पढ़ता था, उससे जब उसके एक दोस्त ने पूछा, "मोल्ही साब। ये पाकिस्तान क्या होता है?" तो उसने बड़े गौरोफ़िक के बाद जवाब दिया, "हिन्दुस्तान में एक ऐसी जगह है जहाँ उस्तरे बनते हैं।"

ये जवाब सुनकर दोस्त मुतमइन हो गया।

इसी तरह एक और सिख पागल ने एक दूसरे सिख पागल से पूछा, "सरदार जी हमें हिन्दुस्तान क्यों भेजा जा रहा है—हमें तो वहाँ की बोली नहीं आती।"

दूसरा मुस्कराया, "मुझे तो हिन्दुस्तान की बोली आती है—हिन्दुस्तानी बड़े शैतानी आकर-आकर फिरते हैं।"

एक मुसलमान पागल ने नहाते-नहाते "पाकिस्तान ज़िन्दाबाद" का नारा

इस ज़ोर से बुलन्द किया कि फ़र्श पर फिसल कर गिरा और बेहोश हो गया।

बाज़ पागल ऐसे भी थे जो पागल नहीं थे, उनमें ज़्यादातर तादाद ऐसे क़ातिलों की थी जिनके रिश्तेदारों ने अफ़सरों को कुछ दे-दिलाकर पागलखाने भिजवा दिया था कि वह फाँसी के फंदे से बच जायें। ये कुछ-कुछ समझते थे कि हिन्दुस्तान क्यों तकसीम हुआ है और यह पाकिस्तान क्या है, लेकिन सही वाकेआत से ये भी बेख़बर थे। अख़बारों से कुछ पता नहीं चलता था और पहरेदार सिपाही अनपढ़ और जाहिल थे। उनकी गुफ्तगू (बातचीत) से भी वो कोई नतीजा बरआमद नहीं कर सकते थे। उनको सिर्फ़ इतना मालूम था कि एक आदमी मुहम्मद अली जिन्ना है, जिसको कायदे आजम कहते हैं। उसने मुसलमानों के लिए एक अलाहेदा मुल्क बनाया है जिसका नाम पाकिस्तान है। यह कहाँ है? इसका महल-ए-वकू (स्थल) क्या है। इसके मुतअल्लिक वह कुछ नहीं जानते थे। यही वजह है कि पागलखाने में वो सब पागल जिनका दिमाग़ पूरी तरह माउफ नहीं हुआ था, इस मखमसे में गिफ़्तार थे कि वे पाकिस्तान में हैं या हिन्दुस्तान में। अगर हिन्दुस्तान में हैं तो पाकिस्तान कहाँ है। अगर वो पाकिस्तान में हैं तो ये कैसे हो सकता है कि वो कुछ अरसा पहले यहाँ रहते हुए भी हिन्दुस्तान में थे।

एक पागल तो पाकिस्तान और हिन्दुस्तान, और हिन्दुस्तान और पाकिस्तान के चक्कर में कुछ ऐसा गिरफ़्तार हुआ कि और ज़्यादा पागल हो गया। झाड़ू देते-देते एक दिन दरख़्त चढ़ गया और टहनी पर बैठ कर दो घण्टे मुस्तकिल तकरीर करता रहा, जो पाकिस्तान और हिन्दुस्तान के नाजुक मसअले पर थी। सिपाहियों ने उसे नीचे उतरने को कहा तो वो और ऊपर चढ़ गया। डराया, धमकाया गया तो उसने कहा—''मैं न हिन्दुस्तान में रहना चाहता हूँ न पाकिस्तान में—मैं इस दरख्त पर ही रहूँगा।''

बड़ी मुश्किल के बाद उसका दौरा सर्द पड़ा तो वह नीचे उतरा और अपने हिन्दू-सिख दोस्तों से गले मिल-मिल कर रोने लगा। इस ख़याल से उसका दिल भर आया कि वो उसे छोड़कर हिन्दुस्तान चले जायेंगे।

एक एम.एससी. पास रेडियो इंजीनियर, जो मुसलमान था और दूसरे पागलों से बिल्कुल अलग-थलग, बाग की एक ख़ास रविश (क्यारी) पर सारा दिन ख़ामोश टहलता रहता था, यह तब्दीली नमूदार हुई कि उसने तमाम कपड़े उतारकर दफादार के हवाले कर दिये और नंगधड़ंग सारे बाग में चलना शुरू कर दिया।

चन्यूट के एक मोटे मुसलमान पागल ने, जो मुस्लिम लीग का एक सरगर्म कारकुन था और दिन में पन्द्रह-सोलह मरतबा नहाता था, यकलख्त (एकदम) यह आदत तर्क (छोड़) कर दी। उसका नाम मुहम्मद अली था। चुनांचे उसने

एक दिन अपने जिंगले में ऐलान कर दिया कि वह कायदे आजम मोहम्मद अली जिन्ना है। उसकी देखादेखी एक सिख पागल मास्टर तारासिंह बन गया। करीब था कि उस जिंगले में ख़ून-ख़राबा हो जाय, मगर दोनों को खतरनाक पागल करार देकर अलहदा-अलहदा बन्द कर दिया गया।

लाहौर का एक नौजवान हिन्दू वकील था जो मुहब्बत में मुब्तिला होकर पागल हो गया था। जब उसने सुना कि अमृतसर हिन्दुस्तान में चला गया है तो उसे बहुत दुख हुआ। इसी शहर की एक हिन्दू लड़की से उसे मुहब्बत हो गयी थी। गो उसने इस वकील को ठुकरा दिया था, मगर दीवानगी की हालत में भी वह उसको नहीं भूला था। चुनांचे वह उन तमाम मुस्लिम लीडरों को गालियाँ देता था, जिन्होंने मिल-मिलाकर हिन्दुस्तान के दो टुकड़े कर दिये—उसकी महबूबा हिन्दुस्तानी बन गयी और वह पाकिस्तानी।

जब तबादले की बात शुरू हुई तो वकील को कई पागलों ने समझाया कि वह दिल बुरा न करे, उसको हिन्दुस्तान वापस भेज दिया जायगा। उस हिन्दुस्तान में जहाँ उसकी महबूबा रहती है। मगर वह लाहौर छोड़ना नहीं चाहता था—इस ख़याल से कि अमृतसर में उसकी प्रैक्टिस नहीं चलेगी।

यूरोपियन वार्ड में दो एंग्लो-इण्डियन पागल थे। उनको जब मालूम हुआ कि हिन्दुस्तान को आज़ाद करके अंग्रेज चले गये हैं तो उनको बहुत रंज हुआ। वह छुप-छुप कर इस मसअले पर गुफ्तगू करते रहते कि पागलखाने में उनकी हैसियत क्या होगी। यूरोपियन वार्ड रहेगा या उड़ जायगा। ब्रेकफास्ट मिलेगा या नहीं। क्या उन्हें डबलरोटी के बजाय ब्लडी इण्डियन चपाती तो ज़हरमार नहीं करनी पड़ेगी?

एक सिख था जिसको पागलखाने में दाख़िल हुए पन्द्रह बरस हो चुके थे। हर वक़्त उसकी ज़बान पर अजीबोग़रीब अल्फाज़ सुनने में आते थे, ''ओपड़ी गुड़गुड़ दी एन्क्स दी बेध्याना विमन्ना दी वाल आफ़ दी लालटेन।'' वो न दिन में सोता था न रात में। पहरेदारों का कहना था कि पन्द्रह बरस के तवील अर्से में वह एक लम्हे के लिए भी नहीं सोया। लेटा भी नहीं था। अलबत्ता किसी दीवार के साथ टेक लगा लेता था।

हर वक़्त खड़ा रहने से उसके पाँव सूज गये थे। पिंडलियाँ भी फूल गयी थीं। मगर इस जिस्मानी तकलीफ़ के बावजूद वह लेटकर आराम नहीं करता था। हिन्दुस्तान-पाकिस्तान और पागलों के तबादले के मुतअल्लिक जब कभी पागलखाने में गुफ्तगू होती थी तो वह ग़ौर से सुनता था। कोई उससे पूछता कि उसका क्या ख़याल है तो बड़ी संजीदगी से जवाब देता, ''ओपड़ी गुड़गुड़ दी एन्क्स दी बेध्याना विमन्ना दी वाल आफ़ दी पाकिस्तान गवर्नमेंट।''

लेकिन बाद में आफ़ दी पाकिस्तान गवर्नमेंट की जगह आफ़ दी टोबा टेक सिंह गवर्नमेंट ने ले ली और उसने दूसरे पागलों से पूछना शुरू किया कि टोबा टेक सिंह कहाँ है जहाँ का वो रहने वाला है। लेकिन किसी को भी नहीं मालूम था कि वो पाकिस्तान में है या हिन्दुस्तान में। जो यह बताने की कोशिश करते थे वो ख़ुद इस उलझाव में गिरफ़्तार हो जाते थे कि स्यालकोट पहले हिन्दुस्तान में होता था, पर अब सुना है कि पाकिस्तान में है। क्या पता है कि लाहौर जो अब पाकिस्तान में है कल हिन्दुस्तान में चला जायेगा या सारा हिन्दुस्तान ही पाकिस्तान बन जायेगा। और यह भी कौन सीने पर हाथ रखकर कह सकता था कि हिन्दुस्तान और पाकिस्तान दोनों किसी दिन सिरे से गायब नहीं हो जायेंगे।

उस सिख पागल के केस छिदरे होके बहुत मुख़्तसर रह गये थे। चूँकि वह बहुत कम नहाता था इसलिए दाढ़ी और बाल आपस में जम गये थे जिनके बाइस (कारण) उसकी शक्ल बड़ी भयानक हो गयी थी। मगर आदमी बेज़रर (अहानिकारक) था। पन्द्रह बरसों में उसने किसी से झगड़ा-फसाद नहीं किया था। पागलखाने के जो पुराने मुलाज़िम थे वो उसके मुतअलिक इतना जानते थे कि टोबा टेक सिंह में उसकी कई ज़मीनें थीं। अच्छा खाता-पीता ज़मींदार था कि अचानक दिमाग़ उलट गया। उसके रिश्तेदार लोहे की मोटी-मोटी ज़ंज़ीरों में उसे बाँधकर लाये और पागलखाने में दाख़िल करा गये।

महीने में एक बार मुलाकात के लिए ये लोग आते थे और उसकी ख़ैर-खैरियत दरयाफ्त करके चले जाते थे। एक मद्दत तक ये सिलसिला जारी रहा, पर जब पाकिस्तान हिन्दुस्तान की गड़बड़ शुरू हुई तो उनका आना बन्द हो गया।

उसका नाम बिशन सिंह था। मगर सब उसे टोबा टेक सिंह कहते थे। उसको ये मालूम नहीं था कि दिन कौन-सा है, महीना कौन-सा है या कितने दिन बीत चुके हैं। लेकिन हर महीने जब उसके अजीज़ व अकारिब (सम्बन्धी) उससे मिलने के लिए आते तो उसे अपने आप पता चल जाता था। चुनांचे वो दफादार से कहता कि उसकी मुलाकात आ रही है। उस दिन वह अच्छी तरह नहाता, बदन पर ख़ूब साबुन घिसता और सिर में तेल लगाकर कंघा करता। अपने कपड़े जो वह कभी इस्तेमाल नहीं करता था, निकलवा के पहनता और यूँ सज-बन कर मिलने वालों के पास आता। वो उससे कुछ पूछते तो वह ख़ामोश रहता या कभी-कभार ''ओपड़ी गुड़गुड़ दी एन्क्स दी वेध्याना विमन्ग दी वाल आफ़ दी लालटेन'' कह देता।

उसकी एक लड़की थी जो हर महीने एक उँगली बढ़ती-बढ़ती पन्द्रह बरसों में जवान हो गयी थी। बिशन सिंह उसको पहचानता ही नहीं था। वह बच्ची

थी जब भी अपने बाप को देखकर रोती थी, जवान हुई तब भी उसकी आँख में आँसू बहते थे।

पाकिस्तान और हिन्दुस्तान का क़िस्सा शुरू हुआ तो उसने दूसरे पागलों से पूछना शुरू किया कि टोबा टेक सिंह कहाँ है। जब इत्मीनानबख़्श (सन्तोष-जनक) जवाब न मिला तो उसकी कुरेद दिन-ब-दिन बढ़ती गयी। अब मुलाकात नहीं आती है। पहले तो उसे अपने आप पता चल जाता था कि मिलने वाले आ रहे हैं, पर अब जैसे उसके दिल की आवाज़ भी बन्द हो गयी थी जो उसे उनकी आमद की ख़बर दे दिया करती थी।

उसकी बड़ी ख़्वाहिश थी कि वो लोग आयें जो उससे हमदर्दी का इज़हार करते थे और उसके लिए फल, मिठाइयाँ और कपड़े लाते थे। वो उनसे अगर पूछता कि टोबा टेक सिंह कहाँ है तो यकीनन वो उसे बता देते कि पाकिस्तान में है या हिन्दुस्तान में, क्योंकि उसका ख़याल था कि वो टोबा टेक सिंह ही से आते हैं जहाँ उसकी ज़मीनें हैं।

पागलखाने में एक पागल ऐसा भी था जो ख़ुद को ख़ुदा कहता था। उससे जब एक दिन बिशन सिंह ने पूछा कि टोबा टेक सिंह पाकिस्तान में है या हिन्दुस्तान में तो उसने हस्बेआदत (आदत के अनुसार) क़हक़हा लगाया और कहा, ''वो न पाकिस्तान में है न हिन्दुस्तान में, इसलिए कि हमने अभी तक हुक्म नहीं लगाया।''

बिशन सिंह ने इस ख़ुदा से कई मरतबा बड़ी मिन्नत समाजत से कहा कि वो हुक्म दे दे ताकि झंझट ख़त्म हो, मगर वो बहुत मसरूफ था, इसलिए कि उसे और बेशुमार हुक्म देने थे। एक दिन तंग आकर वह उस पर बरस पड़ा, ''ओपड़ी गुड़गुड़ दी एन्क्स दी बेध्याना विमन्ग दी वाल आफ़ वाहे गुरुजी दा खालसा एण्ड वाहे गुरुजी की फतह। जो बोले सो निहाल सत सिरी अकाल।'' उसका शायद यह मतलब था कि तुम मुसलमान के ख़ुदा हो, सिखों के ख़ुदा होते तो ज़रूर मेरी सुनते। तबादले से कुछ दिन पहले टोबा टेक सिंह का एक मुसलमान दोस्त मुलाकात के लिए आया। पहले वह कभी नहीं आया था। जब बिशन सिंह ने उसे देखा तो एक तरफ़ हट गया और वापस आने लगा मगर सिपाहियों ने उसे रोका, ''ये तुमसे मिलने आया है—तुम्हारा दोस्त फजलदीन है।''

बिशन सिंह ने फजलदीन को देखा और कुछ बड़बड़ाने लगा। फजलदीन ने आगे बढ़कर उसके कन्धे पर हाथ रखा, ''मैं बहुत दिनों से सोच रहा था कि तुम से मिलूँ—लेकिन फुर्सत ही न मिली—तुम्हारे सब आदमी ख़ैरियत से चले गये थे...मुझसे जितनी मदद हो सकी मैंने की...तुम्हारी बेटी रूप कौर...'' वह कुछ

कहते-कहते रुक गया। ...बिशन सिंह कुछ याद करने लगा—

''बेटी रूप कौर।''

फजलदीन ने रुक कर कहा, ''हाँ...वह...भी ठीकठाक है। उनके साथ ही चली गयी थी।''

बिशन सिंह ख़ामोश रहा। फजलदीन ने कहना शुरू किया, ''उन्होंने मुझसे कहा था कि तुम्हारी ख़ैर-ख़ैरियत पूछता रहूँ। अब मैंने सुना है कि तुम हिन्दुस्तान जा रहे हो। भाई बलबीर सिंह और भाई बिधावा सिंह से सलाम कहना—और बहन अमृत कौर से भी। भाई बलबीर से कहना फजलदीन राजी-ख़ुशी है—वो भूरी भैंसें जो वो छोड़ गये थे उनमें से एक ने कट्टा दिया है...दूसरी के कट्टी हुई थी पर वो छः दिन की हो के मर गयी...और...और मेरे लायक जो ख़िदमत हो कहना, मैं हर वक़्त तैयार हूँ...और ये तुम्हारे लिए थोड़े से मरूण्डे लाया हूँ।''

बिशन सिंह ने पूछा, ''पाकिस्तान में या हिन्दुस्तान में?''

''हिन्दुस्तान में—नहीं नहीं...पाकिस्तान में'' फजलदीन बौखला-सा गया। बिशन सिंह बड़बड़ाता हुआ चला गया, ''ओपड़ी गुड़गुड़ दी एन्क्स दी बेध्याना विमन्ग दी वाल आफ़ दी पाकिस्तान एन्ड हिन्दुस्तान आफ़ दी हए फिटे मुँह।''

तबादले की तैयारियाँ मुकम्मल हो चुकी थीं। इधर से उधर और उधर से इधर आने वाले पागलों की फेहरिस्तें (सूचियाँ) पहुँच गयी थीं, तबादले का दिन भी मुकर्रर हो गया था। सख्त सर्दियाँ थीं। जब लाहौर के पागलखाने से हिन्दू-सिख पागलों से भरी हुई लारियाँ पुलिस के मुहाफिज दस्ते के साथ रवाना हुईं तो मुतअल्लिका (सम्बन्धित) अफ़सर भी हमराह थे। वाहगा के बार्डर पर तरफ़ैन के (दोनों तरफ़ से) सुपरिंटेंडेंट एक-दूसरे से मिले और इब्तेदाई कार्रवाई ख़त्म होने के बाद तबादला शुरू हो गया जो रात भर जारी रहा।

पागलों को लारियों से निकालना और उनको दूसरे अफ़सरों के हवाले करना बड़ा कठिन काम था। बाज तो बाहर निकलते ही नहीं थे। जो निकलने पर रज़ामन्द होते थे, उनको सँभालना मुश्किल हो जाता था क्योंकि इधर-उधर भाग उठते थे। जो नंगे थे उनको कपड़े पहनाये जाते, तो वो फाड़कर अपने तन से जुदा कर देते...कोई गालियाँ बक रहा है, कोई गा रहा है। आपस में लड़-झगड़ रहे हैं, रो रहे हैं, बक रहे हैं। कान पड़ी आवाज़ सुनायी नहीं देती थी—पागल औरतों का शोरोगोगा अलग था और सर्दी इतने कड़ाके की थी कि दाँत बज रहे थे।

पागलों की अकसरियत इस तबादले के हक़ में नहीं थी। इसलिए कि उनकी समझ में नहीं आता था कि उन्हें अपनी जगह से उखाड़कर कहाँ फेंका जा रहा है। चन्द जो कुछ सोच रहे थे—''पाकिस्तान ज़िन्दाबाद'' के नारे लगा रहे थे।

दो-तीन मरतबा फसाद होते-होते बचा, क्योंकि बाज मुसलमान और सिखों को ये नारे सुनकर तैश आ गया।

जब बिशन सिंह की बारी आयी और वाहगा के उस पार मुतअल्लका अफ़सर उसका नाम रजिस्टर में दर्ज़ करने लगा तो उसने पूछा, "टोबा टेक सिंह कहाँ है? पाकिस्तान में या हिन्दुस्तान में?" मुतअल्लका अफ़सर हँसा, "पाकिस्तान में।"

यह सुनकर बिशन सिंह उछलकर एक तरफ़ हटा और दौड़कर अपने बाकी मांदा साथियों के पास पहुँच गया। पाकिस्तानी सिपाहियों ने उसे पकड़ लिया और दूसरी तरफ़ ले जाने लगे। मगर उसने चलने से इनकार कर दिया, और ज़ोर-ज़ोर से चिल्लाने लगा, "टोबा टेक सिंह कहाँ है...ओपड़ी गुड़गुड़ दी एन्क्स दी बेध्याना विमन्ग दी वाल आफ़ दी टोबा टेक सिंह एण्ड पाकिस्तान।"

उसे बहुत समझाया गया कि देखो अब टोबा टेक सिंह हिन्दुस्तान में चला गया है। अगर नहीं गया तो उसे फौरन वहाँ भेज दिया जायगा। मगर वो न माना। जब उसको ज़बरदस्ती दूसरी तरफ़ ले जाने की कोशिश की गयी तो वह दरम्यान में एक जगह इस अन्दाज़ में अपनी सूजी हुई टाँगों पर खड़ा हो गया जैसे अब उसे वहाँ से कोई ताकत नहीं हटा सकेगी।

आदमी चूँकि बेज़रर था इसलिए उससे मजीद ज़बरदस्ती न की गयी। उसको वहीं खड़ा रहने दिया गया और बाकी काम होता रहा। सूरज निकलने से पहले साकित व साकिन (शान्त) बिशनसिंह के हलक से एक फलक शगाफ (आसमान को फाड़ देने वाली) चीख निकली—इधर-उधर से कई अफ़सर दौड़े आये देखा कि वो आदमी जो पन्द्रह बरस तक दिन-रात अपनी टाँगों पर खड़ा रहा, औंधे मुँह लेटा था। उधर खारदार तारों के पीछे हिन्दुस्तान था—इधर वैसे ही तारों के पीछे पाकिस्तान। दरमियान में ज़मीन के इस टुकड़े पर, जिसका कोई नाम नहीं था, टोबा टेक सिंह पड़ा था।

मोहन राकेश (1925-1972)

मोहन राकेश का जन्म 8 जनवरी 1925 को अमृतसर में हुआ था एवं मृत्यु 3 जनवरी 1972 को दिल्ली में हुई। हिन्दी कहानी को नयी दिशा देने वाले प्रमुख लेखकों में मोहन राकेश का नाम आदर से लिया जाता रहेगा। वे अपनी कहानियों, उपन्यासों और नाटकों के माध्यम से बहुत लोकप्रिय हुए। मोहन राकेश मुख्यतः आधुनिक शहरी जीवन के कथाकार हैं लेकिन उनके संवेदना का दायरा मध्यवर्ग तक ही सीमित नहीं है। निम्न वर्ग भी उनकी कहानियों में मौजूद है। प्रस्तुत कहानी 'मलबे का मालिक' उनकी विभाजन सम्बन्धी वेदना को अभिव्यक्ति देती है।

मलबे का मालिक

पूरे साढ़े सात साल के बाद लाहौर से अमृतसर आये थे। हाकी का मैच देखने का तो बहाना ही था, उन्हें ज़्यादा चाव उन घरों और बाज़ारों को फिर से देखने का था, जो साढ़े सात साल पहले उनके लिए पराये हो गये थे। हर सड़क पर मुसलमानों की कोई न कोई टोली घूमती नज़र आ जाती थी। उनकी आँखें इस आग्रह के साथ वहाँ की हर चीज़ को देख रही थीं, जैसे वह शहर न होकर एक ख़ास आकर्षण-केन्द्र हो।

तंग बाज़ारों में से गुज़रते हुए वे एक-दूसरे को पुरानी चीज़ों की याद दिला रहे थे, "देख, फतहदीना, मिसरी बाज़ार में अब मिसरी की दुकानें पहले से कितनी कम रह गयी हैं। ...उस नुक्कड़ पर सुक्खी भठियारन की भट्ठी थी, जहाँ अब वह पान वाला बैठा है...यह नमक मण्डी देख लो, खान साहब! यहाँ की एक-एक ललाइन वह नमकीन होती है कि ब..."

बहुत दिनों के बाद बाज़ारों में तुर्रेदार पगड़ियाँ और लाल तुर्की टोपियाँ दिखायी दे रही थीं। लाहौर से आये हुए मुसलमानों में काफ़ी संख्या ऐसे लोगों की थी, जिन्हें विभाजन के समय मजबूर होकर अमृतसर छोड़कर जाना पड़ा था। साढ़े सात साल में आये अनिवार्य परिवर्तनों को देखकर कहीं उनकी आँखों में हैरानी भर जाती और कहीं अफसोस घिर आता–"वल्लाह, कटड़ा जयमलसिंह इतना चौड़ा कैसे हो गया। क्या इस तरफ़ के सबके सब मकान जल गये? ...यहाँ हकीम आसिफ अली की दुकान थी? अब यहाँ एक मोची ने कब्ज़ा कर रखा है।"

और कहीं-कहीं ऐसे भी वाक्य सुनायी दे जाते, "वली, यह मस्जिद ज्यों की त्यों खड़ी है? इन लोगों ने इसका गुरुद्वारा नहीं बना दिया?"

जिस रास्ते से भी पाकिस्तानियों की टोली गुज़रती, शहर के लोग उत्सुकतापूर्वक उसकी ओर देखते रहते। कुछ लोग अब भी मुसलमानों को आते देखकर शंकित-से रास्ते से हट जाते थे, जबकि दूसरे आगे बढ़कर उनसे बगलगीर होने लगते थे। ज़्यादातर वे आगन्तुकों से ऐसे-ऐसे सवाल पूछते थे कि आजकल लाहौर का क्या हाल है? अनारकली में अब पहले जितनी रौनक होती है या नहीं?

सुना है, शाहालमी गेट का बाज़ार पूरा नया बना है? कृष्ण नगर में तो कोई ख़ास तब्दीली नहीं आयी? वहाँ का रिश्वतपुरा क्या वाकई रिश्वत के पैसे से बना है? कहते हैं पाकिस्तान में अब बुर्का बिल्कुल उड़ गया है, यह ठीक है?...इन सवालों में इतनी आत्मीयता झलकती थी कि लगता था कि लाहौर एक शहर नहीं, हज़ारों लोगों का सगा-सम्बन्धी है, जिसके हालात जानने के लिए वे उत्सुक हैं। लाहौर से आये हुए लोग उस दिन शहर-भर के मेहमान थे, जिनसे मिलकर और बातें करके लोगों को खामखाह ख़ुशी का अनुभव होता था।

बाज़ार बाँसाँ अमृतसर का एक उपेक्षित-सा बाज़ार है, जो विभाजन से पहले ग़रीब मुसलमानों की बस्ती थी। वहाँ ज़्यादातर बाँस और शहतीरों की ही दुकानें थीं, जो सबकी सब एक ही आग में जल गयी थीं। बाज़ार बाँसा की आग अमृतसर की सबसे भयानक आग थी, जिससे कुछ देर के लिए तो सारे शहर के जल जाने का अन्देशा पैदा हो गया था। बाज़ार बाँसाँ के आसपास के कई मुहल्लों को तो उस आग ने अपनी लपेट में ले ही लिया था। ख़ैर, किसी तरह वह आग काबू में आ तो गयी, पर उसमें मुसलमानों के एक-एक घर के साथ हिन्दुओं के भी चार-चार, छह-छह घर जलकर राख हो गये। अब साढ़े सात साल में उनमें से कई इमारतें तो फिर से खड़ी हो गयी थीं, मगर जगह-जगह मलबे के ढेर अब भी मौजूद थे। नयी इमारतों के बीच-बीच में मलबे के ढेर अजीब ही वातावरण प्रस्तुत करते थे।

बाज़ार बाँसा में उस दिन भी चहल-पहल नहीं थी, क्योंकि उस बाज़ार के ज़्यादातर वाशिंदे तो अपने मकानों के साथ ही शहीद हो गये थे और जो बचकर चले गये थे, उनमें शायद लौटकर आने की हिम्मत बाकी नहीं रही थी। सिर्फ़ एक दुबला-पतला बूढ़ा मुसलमान ही उस वीरान बाज़ार में आया और वहाँ की नयी और जली हुई इमारतों को देखकर जैसे भूल-भुलैया में पड़ गया। बायें हाथ को जाने वाली गली के पास पहुँचकर उसके क़दम अन्दर मुड़ने को हुए, मगर फिर वह हिचकिचाकर वहाँ बाहर ही खड़ा रह गया, जैसे निश्चय नहीं हुआ कि वह वही गली है या नहीं, जिसमें वह जाना चाहता है। गली में एक तरफ़ कुछ बच्चे कीड़ी-काड़ा खेल रहे थे और कुछ अन्तर पर दो स्त्रियाँ ऊँची आवाज़ में चीखती हुई एक-दूसरी को गालियाँ दे रही थीं।

"सब कुछ बदल गया, मगर बोलियाँ नहीं बदलीं!"...बुड्ढे मुसलमान ने धीमे स्वर में अपने से कहा और छड़ी का सहारा लिए खड़ा रहा। उसके घुटने पाजामे से बाहर को निकल रहे थे और घुटनों के थोड़ा ऊपर ही उसकी शेरबानी में तीन-चार पैबन्द लगे थे। गली में एक बच्चा रोता हुआ बाहर को आ रहा था।

उसने उसे पुचकार कर पुकारा, ''इधर आ, बेटे, आ इधर! देख तुझे चिज्जी देंगे, आ।'' और वह अपनी जेब में हाथ डालकर उसे देने के लिए कोई चीज़ ढूँढ़ने लगा। बच्चा क्षणभर के लिए चुप कर गया, लेकिन फिर उसने होंठ बिसूर लिए और रोने लगा। एक सोलह-सत्रह बरस की लड़की गली के अन्दर से दौड़ती हुई आयी और बच्चे की बाँह पकड़कर उसे घसीटती हुई गली में ले चली। बच्चा रोने के साथ-साथ अपनी बाँह छुड़ाने के लिए मचलने लगा। लड़की ने उसे बाँहों में उठा कर अपने साथ चिपका लिया और उसका मुँह चूमती हुई बोली, ''चुप कर, मेरा वीर! रोएगा तो मुझे वह मुसलमान पकड़ कर ले जायेगा, मैं वारी जाऊँ; चुप कर!''

बुड्ढे मुसलमान ने बच्चे को देने के लिए जो पैसा निकाला था, वह वापस जेब में रख लिया। सिर से टोपी उतारकर उसने थोड़ा खुजलाया और टोपी बगल में दबा ली। उसका गला खुश्क हो रहा था और घुटने ज़रा-ज़रा काँप रहे थे। उसने गली के बाहर की बन्द दुकान के तख्ते का सहारा ले लिया और टोपी फिर से सिर पर लगा ली। गली के सामने जहाँ पहले ऊँची-ऊँची शहतीरियाँ रखी रहती थीं, वहाँ अब एक तिमंज़िला मकान खड़ा था। सामने बिजली के तार पर दो मोटी-मोटी चीलें बिल्कुल जड़ होकर बैठी थीं। बिजली के खम्भे के पास थोड़ी धूप थी। वह कई पल धूप में उड़ते हुए ज़र्रों को देखता रहा। फिर उसके मुँह से निकला, ''या मालिक !''

एक नवयुवक चाबियों का गुच्छा घुमाता हुआ गली की ओर आया और बुड्ढे को वहाँ खड़े देखकर उसने पूछा, ''कहिए मियाँ जी, यहाँ किस तरह खड़े हैं?''

बुड्ढ़े मुसलमान की छाती और बाँहों में हल्की-सी कँपकँपी हुई और उसने होंठों पर ज़बान फेरकर नवयुवक को ध्यान से देखते हुए पूछा, ''बेटे, तेरा नाम मनोरी नहीं है?''

नवयुवक ने चाबियों का गुच्छा हिलाना बन्द करके मुट्ठी में ले लिया और आश्चर्य के साथ पूछा, ''आपको मेरा नाम कैसे पता है?''

''साढ़े सात साल पहले तू बेटे, इतना-सा था,'' कहकर बुड्ढे ने मुस्कराने की कोशिश की।

''आप आज पाकिस्तान से आये हैं?'' मनोरी ने पूछा।

''हाँ, मगर पहले हम इसी में रहते थे,'' बुड्ढे ने कहा, ''मेरा लड़का चिरागदीन तुम लोगों का दर्जी था। तकसीम से छह महीने पहले हम लोगों ने यहाँ अपना नया मकान बनाया था।''

''ओ, गनी मियाँ।'' मनोरी ने पहचान कर कहा।

"हाँ बेटे, मैं तुम लोगों का गनी मियाँ हूँ। चिराग और उसके बीवी-बच्चे तो नहीं मिल सकते, मगर मैंने कहा कि एक बार मकान की सूरत ही देख लूँ।..." और उसने टोपी उतार कर सिर पर हाथ फेरते हुए आँसुओं को बहने से रोक लिया।

"आप तो शायद काफ़ी पहले ही यहाँ से चले गये थे," मनोरी ने स्वर में संवेदना लाकर कहा।

"हाँ, बेटे, मेरी बदबख़्ती थी कि पहले अकेला निकलकर चला गया। यहाँ रहता, तो उनके साथ मैं भी।" और कहते-कहते उसे अहसास हो आया कि उसे ऐसी बात नहीं कहनी चाहिए। उसने बात मुँह में रोक ली, मगर आँख में आये आँसुओं को बह जाने दिया।

"छोड़िए, गनी साहब, अब बीती बातों को सोचने में क्या रखा है?" मनोरी ने गनी की बाँह पकड़ कर कहा, "आइए, आपको आपका घर दिखा दूँ?"

गली में ख़बर इस रूप से फैली थी कि गली के बाहर एक मुसलमान खड़ा है, जो रामदासी के लड़के को उठाने जा रहा था...उसकी बहन उसे पकड़ कर घसीट लायी, नहीं तो वह मुसलमान उसे ले गया होता। यह ख़बर पाते ही जो स्त्रियाँ गली में पीढ़े बिछाकर बैठी थीं, वे अपने-अपने पीढ़े उठाकर घरों के अन्दर चली गयीं। गली में खेलते हुए बच्चों को भी उन स्त्रियों ने पुकार-पुकारकर घरों में बुला लिया। मनोरी जब गनी को लेकर गली में आया, तो गली में एक फेरीवाला रह गया था या कुएँ के साथ उगे हुए पीपल के नीचे रक्खा पहलवान बिखरकर सोया दिखायी दे रहा था। घरों की खिड़कियों में से और किवाड़ों के पीछे से अलबत्ता कई चेहरे झाँक रहे थे। गनी को गली में आते देखकर उनमें हल्की-हल्की चेमेगोइयाँ शुरू हो गयीं। दाढ़ी के सब बाल सफ़ेद हो जाने के बावजूद लोगों ने चिरागदीन के बाप अब्दुल गनी को पहचान लिया था।

"वह आपका मकान था," मनोरी ने दूर से एक मलबे की ओर संकेत किया। गनी पल-भर के लिए ठिठककर फटी-फटी आँखों से उसकी ओर देखता रह गया। चिराग और उसके बीवी-बच्चों की मौत को वह काफ़ी अर्सा पहले स्वीकार कर चुका था, मगर अपने नये मकान को इस रूप में देखकर उसे जो झुरझुरी हुई, उसके लिए वह तैयार नहीं था। उसकी ज़बान पहले से ज़्यादा खुश्क हो गयी और घुटने भी और ज़्यादा काँपने लगे।

"वह मलबा?" उसने अविश्वास के स्वर में पूछा।

मनोरी ने उसके चेहरे का बदला हुआ रंग देखा। उसने उसकी बाँह को और सहारा देकर ठहरे हुए स्वर में उत्तर दिया, "आपका मकान उन्हीं दिनों जल गया था।"

गनी छड़ी का सहारा लेता हुआ किसी तरह मलबे के पास पहुँच गया।

मलबे में अब मिट्टी ही मिट्टी थी, जिसमें जहाँ-तहाँ टूटी और जली हुई ईंटें फँसी थीं। लोहे और लकड़ी का सामान उसमें से न जाने कब का निकाल लिया गया था। केवल जले हुए दरवाज़े का चौखट न जाने कैसे बचा रह गया था, जो मलबे में से बाहर को निकला हुआ था। पीछे की ओर दो जली हुई अलमारियाँ और बाकी थीं, जिनकी कालिख पर अब सफ़ेदी की हल्की-हल्की तह उभर आयी थी। मलबे को पास से देखकर गनी ने कहा, ''यह रह गया है, यह?'' और जैसे उसके घुटने जवाब दे गये और वह जले हुए चौखट को पकड़ कर बैठ गया। क्षण-भर बाद उसका सिर भी चौखट से जा लगा और उसके मुँह से बिलखने की-सी आवाज़ निकली, ''हाए ! ओए, चिरागदीना !''

जले हुए किवाड़ का चौखट साढ़े सात साल मलबे में से सिर निकाले खड़ा तो रहा था, मगर उसकी लकड़ी बुरी तरह भुरभुरा गयी थी। गनी के सिर के छूने से उसके कई रेशे झड़कर बिखर गये। कुछ रेशे गनी की टोपी और बालों पर आ गिरे : लकड़ी के रेशों के साथ एक केंचुआ भी नीचे गिरा, जो गनी के पैर से छह-आठ इंच दूर नाली के साथ बनी ईंटों की पटरी पर सरसराने लगा। वह अपने लिए सूराख ढूँढ़ता हुआ ज़रा-सा सिर उठाता, मगर दो-एक बार सिर पटक कर और निराश होकर दूसरी ओर को मुड़ जाता।

खिड़कियों में से झाँकने वाले चेहरों की संख्या पहले से कहीं बढ़ गयी थी। उनमें चेमेगोइयाँ चल रही थीं कि आज कुछ न कुछ ज़रूर होगा...चिरागदीन का बाप गनी आ गया है, इसलिए साढ़े सात साल पहले की सारी घटना आज खुल जायगी। लोगों को लग रहा था, जैसे वह मलबा ही गनी की सारी कहानी सुना देगा कि शाम के वक़्त चिराग ऊपर के कमरे में खाना खा रहा था, जब रक्खे पहलवान ने उसे नीचे बुलाया कि वह एक मिनट आकर एक ज़रूरी बात सुन जाय...पहलवान उन दिनों गली का बादशाह था। हिन्दुओं पर ही उसका काफ़ी दबदबा था, चिराग तो ख़ैर मुसलमान था। चिराग हाथ का कौर बीच में ही छोड़कर नीचे उतर आया। उसकी बीवी जुबैदा और दोनों लड़कियाँ किश्वर और सुल्ताना खिड़कियों में से नीचे झाँकने लगीं। चिराग ने ड्योढ़ी से बाहर क़दम रखा ही था कि पहलवान ने उसे कमीज के कालर से पकड़कर खींच लिया और उसे गली में गिराकर उसकी छाती पर चढ़ बैठा। चिराग उसका छुरेवाला हाथ पकड़कर चिल्लाया ''न, रक्खे पहलवान मुझे मत मार! हाय मुझे बचाओ! जुबैदा! मुझे बचा!...'' और ऊपर जुबैदा चीखती हुई नीचे ड्योढ़ी की तरफ़ भागी। रक्खे के एक शागिर्द ने चिराग की जद्दोजहद करती हुई बाँहें पकड़ लीं और रक्खा उसकी जाँघों को घुटने से दबाये हुए बोला—''चीखता क्यों है, भैण

के...तुझे पाकिस्तान दे रहा हूँ, ले!...'' और जुबैदा के नीचे पहुँचने से पहले ही उसने चिराग को पाकिस्तान दे दिया।

आसपास के घरों की खिड़कियाँ बन्द हो गयीं। जो लोग इस दृश्य के साक्षी थे, उन्होंने दरवाज़े बन्द करके अपने को इस घटना के उत्तरदायित्व से मुक्त कर लिया था। बन्द किवाड़ों में भी उन्हें देर तक जुबैदा, किश्वर और सुल्तान के चीखने की आवाज़ें सुनायी देती रहीं। रक्खे पहलवान और उसके साथियों ने उन्हें भी उसी रात पाकिस्तान देकर विदा कर दिया, मगर दूसरे तबील रास्ते से। उनकी लाशें चिराग के घर में न मिलकर बाद में नहर के पानी में पायी गयीं।

दो दिन तक चिराग के घर की खानातलाशी होती रही। जब उसका सारा सामान लूटा जा चुका, तो न जाने किसने उस घर को आग लगा दी। रक्खे पहलवान ने कसम खाई थी कि वह आग लगाने वाले को ज़िन्दा ज़मीन में गाड़ देगा, क्योंकि उसने उस मकान पर नज़र रख कर ही चिराग को मारने का निश्चय किया था। उसने उस मकान को शुद्ध करने के लिए हवन-सामग्री भी खरीद रखी थी। मगर आग लगाने वाले का पता ही नहीं चल सका, उसे ज़िन्दा गाड़ने की नौबत तो बाद में आती। अब साढ़े सात साल से रक्खा पहलवान उस मलबे को अपनी जागीर समझता आ रहा था, जहाँ न वह किसी को गाय-भैंस बाँधने देता था और न खोंचा लगाने देता था। उस मलबे से बिना उसकी अनुमति के कोई ईंट भी नहीं उठा सकता था।

लोग आशा कर रहे थे कि सारी कहानी ज़रूर किसी न किसी तरह गनी के कानों तक पहुँच जायगी...जैसे मलबे को देखकर उसे अपने-आप ही सारी घटना का पता चला जायगा। और गनी मलबे की मिट्टी नाख़ूनों से लिए हुए रो रहा था, ''बोल, चिरागदीन, बोल ! तू कहाँ चला गया, ओए ! ओ किश्वर! ओ सुल्ताना! हाय मेरे बच्चे ! ओए ! गनी को कहाँ छोड़ दिया, ओए !''

और भुरभुरे किवाड़ से कड़ी के रेशे झड़ते जा रहे थे।

पीपल के नीचे सोए हुए रक्खे पहलवान को किसी ने जगा दिया, या वह वैसे ही जाग गया। यह जानकर कि पाकिस्तान से अब्दुल गनी आया है और अपने मकान के मलबे पर बैठा है, उसके गले में थोड़ा झाग उठ आया, जिससे उसे खाँसी हो आयी और उसने कुएँ के पर्श पर थूक दिया। मलबे की ओर देखकर उसकी छाती से धौंकनी का-सा स्वर निकला और उसका निचला ओंठ थोड़ा बाहर को फैल आया।

''गनी अपने मलबे पर बैठा है,'' उसके शागिर्द लच्छे पहलवान ने उसके पास आकर बैठते हुए कहा।

"मलबा उसका कैसे है? मलबा हमारा है !" पहलवान ने झाग के कारण घरघराई हुई आवाज़ में कहा।

"मगर वह वहाँ पर बैठा है," लच्छे ने आँखों में रहस्यमय संकेत लाकर कहा।

"बैठा है, बैठा रहे, तू चिलम ला !" उसकी टाँगें थोड़ी फैल गयीं और उसने अपनी जाँघों पर हाथ फेरा।

"मनोरी ने अगर उसे कुछ बताया-वताया, तो..." लच्छे ने चिलम भरने के लिए उठते हुए उसी रहस्यपूर्ण दृष्टि से देखकर कहा।

"मनोरी की शामत आयी है !"

लच्छा चला गया।

कुएँ पर पीपल की कई पुरानी पत्तियाँ बिखरी थीं। रक्खा उन पत्तियों को उठा-उठाकर हाथों में मसलता रहा। जब लच्छे ने चिलम के नीचे कपड़ा लगाकर उसके हाथ में दिया, तो उसने कश खींचते हुए पूछा, "और भी तो किसी से गनी की बात नहीं हुई?"

"नहीं।"

"ले..." और उसने खाँसते हुए चिलम लच्छे के हाथ में दे दी। लच्छे ने देखा कि मनोरी मलबे की तरफ़ से गनी की बाँह पकड़े हुए आ रहा है। वह उकड़ू होकर चिलम के लम्बे-लम्बे कश खींचने लगा। उसकी आँखें आधा क्षण रक्खे के चेहरे पर टिकतीं और आधा क्षण गनी की ओर लगी रहतीं।

मनोरी गनी की बाँह पकड़े हुए उससे एक क़दम आगे चल रहा था, जैसे उसकी कोशिश हो कि गनी कुएँ के पास से बिना रक्खे पहलवान को देखे ही निकल जाय। मगर रक्खा जिस तरह बिखरकर बैठा था, उससे गनी ने उसे दूर से ही देख लिया। कुएँ के पास पहुँचते न पहुँचते उसकी दोनों बाँहें फैल गयीं और उसने कहा, "रक्खे पहलवान !"

रक्खे ने गर्दन उठाकर और आँखें ज़रा छोटी करके उसे देखा। उसके गले में अस्पष्ट-सी घबराहट हुई, पर वह बोला कुछ नहीं।

"रक्खे पहलवान, मुझे पहचाना नहीं?" गनी ने बाँहें नीची करके कहा, "मैं गनी हूँ, अब्दुल गनी, चिरागदीन का बाप !"

पहलवान ने सन्देहपूर्ण दृष्टि से उसका ऊपर से नीचे तक जायजा लिया। अब्दुल गनी की आँखों में उसे देखकर चमक आ गयी थी। सफ़ेद दाढ़ी के नीचे उसके चेहरे की झुर्रियाँ ज़रा फैल गयी थीं। रक्खे का निचला होंठ फड़का, फिर उसकी छाती से भारी-सा स्वर निकला, "सुना गनिया!"

गनी की बाँहें फिर फैलने को हुईं, परन्तु पहलवान पर कोई प्रतिक्रिया न

देखकर उसी तरह रह गयीं। वह पीपल के तने का सहारा लेकर कुएं की सिल पर बैठ गया।

ऊपर खिड़कियों में चेमेगोइयाँ तेज़ हो गयीं कि अब दोनों आमने-सामने आ गये हैं, तो बात ज़रूर खुलेगी... फिर हो सकता है, दोनों में गाली-गलौज भी हो... अब रक्खा गनी को कुछ नहीं कह सकता, अब वो दिन नहीं रहे. ..बड़ा मलबे का मालिक बनता था!... असल में मलबा न इसका है, न गनी का। मलबा तो सरकार की मिल्कियत है...किसी को गाय का खूँटा नहीं लगाने देता...मनोरी भी डरपोक है। उसने गनी को बताया क्यों नहीं कि रक्खे ने ही चिराग और उसके बीवी-बच्चों को मारा है?... रक्खा आदमी नहीं है, साँड़ है। दिनभर साँड़ की तरह गली में घूमता है... गनी बेचारा कितना दुबला हो गया है। दाढ़ी के सारे बाल सफ़ेद हो गये हैं!...

गनी ने कुएँ की सिल पर बैठकर कहा, ''देख, रक्खे पहलवान, क्या से क्या रह गया है? भरा-पूरा घर छोड़कर गया था और आज यहाँ मिट्टी देखने आया हूँ। बसे हुए घर की यही निशानी रह गयी है। तू सच पूछे, रक्खे, तो मेरा यह मिट्टी भी छोड़कर जाने को जो नहीं करता।'' और उसकी आँखें छलछला आयीं।

पहलवान ने फैली हुई टाँगें समेट लीं और अंगोछा कुएँ की मुँडेर से उठाकर कन्धे पर डाल लिया। लच्छे ने चिलम उसकी तरफ़ बढ़ा दी और वह कश खींचने लगा।

''तू बता, रक्खे, यह सब हुआ किस तरह?'' गनी आँसू रोकता हुआ आग्रह के साथ बोला, ''तुम लोग उसके पास थे, सबमें भाई-भाई की-सी मुहब्बत थी, अगर वह चाहता तो वह तुममें से किसी के घर में नहीं छिप सकता था? उसे इतनी भी समझ नहीं आयी !''

''ऐसा ही है,'' रक्खे को स्वयं लगा कि उसकी आवाज़ में कुछ अस्वाभाविक-सी गूँज है। उसके होंठ गाढ़े लार से चिपक-से गये थे। उसकी मूँछों के नीचे से पसीना उसके होंठों पर आ रहा था। उसके माथे पर किसी चीज़ का दबाव पड़ रहा था और उसकी रीढ़ की हड्डी सहारा चाह रही थी।

''पाकिस्तान का क्या हाल है?'' उसने वैसे ही स्वर में पूछा। उसके गले की नसों में तनाव आ गया था। उसने अँगोछे से बगलों का पसीना पोंछा और गले का झाग मुँह में खींच-खींच कर गली में थूक दिया।

''मैं क्या हाल बताऊँ, रक्खे,'' गनी दोनों हाथों से छड़ी पर ज़ोर देकर झुकता हुआ बोला, ''मेरा हाल पूछो, तो वह ख़ुदा ही जानता है। मेरा चिराग साथ होता तो और बात थी...रक्खे, मैंने उसे समझाया था कि मेरे साथ चला

चल। मगर वह अड़ा रहा कि नया मकान छोड़कर कैसे जाऊँ; यहाँ अपनी गली है, कोई ख़तरा नहीं है। भोले कबूतर ने यह नहीं सोचा कि गली में ख़तरा न सही, बाहर से तो ख़तरा आ सकता है। मकान की रखवाली के लिए चारों जनों ने जान दे दी।...रक्खे, उसे तेरा बहुत भरोसा था। कहता था कि रक्खे के रहते कोई मेरा कुछ नहीं बिगाड़ सकता। मगर जब आनी आयी, तो रक्खे के रोके न रुक सकी।''

रक्खे ने सीधा होने की चेष्टा की, क्योंकि उसकी रीढ़ की हड्डी दर्द कर रही थी। उसे अपनी कमर और जाँघों के जोड़ पर सख़्त दबाव महसूस हो रहा था। पेट की अन्तड़ियों के पास जैसे कोई चीज़ उसकी साँस को जकड़ रही थी। उसका सारा जिस्म पसीने से भीग गया था और उसके पैरों के तलुवों में चुनचुनाहट हो रही थी। बीच-बीच में फुलझड़ियाँ-सी ऊपर से उतरतीं और उसकी आँखों के सामने से तैरती हुई निकल जातीं। उसने अपनी ज़बान और होंठों के कोनों को साफ़ किया और उसके मुँह से निकला, ''हे प्रभु सच्चिआ, तू ही है, तू ही है, तू ही है !''

गनी ने लक्षित किया कि पहलवान के होंठ सूख रहे हैं और उसकी आँखों के इर्द-गिर्द दायरे गहरे हो आये हैं, तो वह उसके कन्धे पर हाथ रखकर बोला, ''जी हल्कान न कर, रक्खिया। जो होनी थी, सो हो गयी। उसे कोई लौटा थोड़े ही सकता है। ख़ुदा नेक की नेकी रखे और बद की बदी माफ करे। मेरे लिए चिराग नहीं, तो तुम लोग तो हो। मुझे आकर इतनी तसल्ली हुई कि उस जमाने की कोई तो यादगार है। मैंने तुमको देख लिया, तो चिराग को देख लिया। अल्लाह तुम लोगों को सेहतमंद रखे। जीते रहो और खुशियाँ देखो !'' और गनी छड़ी पर दबाव देकर उठ खड़ा हुआ। चलते हुए उसने फिर कहा, ''अच्छा रक्खे पहलवान, याद रखना !''

रक्खे के गले से स्वीकृति की मद्धम-सी आवाज़ निकली। अँगोछा बीच में लिए हुए उसके दोनों हाथ जुड़ गये। गनी गली के वातावरण को हसरत-भरी नज़र से देखता हुआ धीरे-धीरे गली से बाहर चला गया।

ऊपर खिड़कियों में थोड़ी देर चेमेगोइयाँ चलती रहीं कि मनोरी ने गली से बाहर निकलकर ज़रूर गनी को सब कुछ बता दिया होगा...गनी के सामने रक्खे का तालू किस तरह खुश्क हो गया था!...रक्खा अब किस मुँह से लोगों को मलबे पर गाय बाँधने से रोकेगा?...बेचारी जुबैदा! बेचारी कितनी अच्छी थी ! कभी किसी से गन्दा बोल नहीं बोली...रक्खे मरदूद का घर, न घाट, इसे किस माँ-बहन का लिहाज था?

और थोड़ी ही देर में स्त्रियाँ घरों से गली में उतर आयीं, बच्चे गली में

गुल्ली-डण्डा खेलने लगे और दो बारह-तेरह बरस की लड़कियाँ किसी बात पर एक-दूसरी से गुत्थमगुत्था हो गयीं।

रक्खा गहरी शाम तक कुएँ पर बैठा खँखारता और चिलम फूँकता रहा। कई लोगों ने वहाँ से गुज़रते हुए उससे पूछा, ''रक्खे शाह, सुना है आज गनी पाकिस्तान से आया था?''

''आया था...'' रक्खे ने हर बार एक ही उत्तर दिया।

''फिर?''

''फिर कुछ नहीं, चला गया।''

रात होने पर पहलवान रोज़ की तरह गली के बाहर बायीं ओर की दुकान के तख्ते पर आ बैठा। रोज़ अक्सर वह रास्ते से गुज़रने वाले परिचित लोगों को आवाज़ दे-देकर बुला लेता था और उन्हें सट्टे के गुर और सेहत के नुस्खे बताया करता था, मगर उस दिन वह लच्छे को अपनी वैष्नो देवी की यात्रा का विवरण सुनाता रहा, जो उसने पन्द्रह साल पहले की थी। लच्छे को विदा करके वह गली में आया, तो मलबे के पास लोक पंडित की भैंस को खड़ी देखकर वह रोज़ की आदत के मुताबिक उसे धक्के दे-देकर हटाने लगा, ''तत्-तत्-तत्...तत्-तत्...''

और भैंस को हटाकर वह सुस्ताने के लिए मलबे के चौखट पर बैठ गया। गली उस समय बिल्कुल सुनसान थी। कमेटी की कोई बत्ती न होने से वहाँ शाम से ही अँधेरा हो जाता था। मलबे के नीचे नाली का पानी हल्की आवाज़ करता हुआ बह रहा था। रात की ख़ामोशी के साथ मिली हुई कई तरह की हल्की-हल्की आवाज़ें मलबे की मिट्टी में से निकल रही थीं...च्यु च्यु च्यु...चिक्-चिक्-चिक्...चिर्र्र्र्-इर्र्र्र्-रीरीरीरी-चिर्र्र्र्...एक भटका हुआ कौआ न जाने कहाँ से उड़कर कड़ी के चौखट पर आ बैठा। उससे लकड़ी के रेशे इधर-उधर छिफ्तरा गये। कौए के वहाँ बैठते मलबे के एक कोने में लेटा हुआ कुत्ता गुर्राकर उठा और ज़ोर-ज़ोर से भौंकने लगा, वउ-अउ-अऊ-वऊ। कौवा कुछ देर सहमा-सा चौखट पर आ बैठा रहा, फिर वह पंख फड़फड़ाता हुआ उड़कर कुएँ के पीपल पर चला गया। कौए के उड़ जाने पर कुत्ता और नीचे उतर आया और पहलवान की ओर मुँह करके भौंकने लगा। पहलवान उसे हटाने के लिए भारी आवाज़ में बोला, ''दुर् दुर् दुर्...दुरे।''

मगर कुत्ता और पास आकर भौंकने लगा—वउ-अउ-वउ-वउ-वउ-वउ।

''हट हट, द्बुर्र्र्र्-दुर्र्र् दुरे।...''

—वऊ-अऊ-अऊ-अउ-अउ।...

पहलवान ने एक ढेला उठाकर कुत्ते की ओर फेंका। कुत्ता थोड़ा पीछे हट

गया, पर उसका भौंकना बन्द नहीं हुआ। पहलवान मुँह ही मुँह में कुत्ते की माँ को गाली देकर वहाँ से उठ खड़ा हुआ और धीरे-धीरे जाकर कुएँ की सिल पर लेट गया। पहलवान के वहाँ से हटने पर कुत्ता गली में उतर आया और कुएँ की ओर मुँह करके भौंकने लगा। काफ़ी देर भौंककर जब गली में उसे कोई प्राणी चलता-फिरता दिखायी नहीं दिया, तो वह एक बार कान झटककर मलबे पर लौट आया और वहाँ कोने में बैठकर गुर्राने लगा।

विष्णु प्रभाकर (1912-2009)

चर्चित कहानीकार विष्णु प्रभाकर का जन्म 21 जून 1912 को मुजफ्फरनगर (उत्तर प्रदेश) में हुआ था और उनकी मृत्यु दिल्ली में 19 अप्रैल 2009 को हुई। उन्होंने हिन्दी की विभिन्न विधाओं कहानी, उपन्यास, नाटक एवं निबन्ध साहित्य में पुस्तकों की रचना की है। उनकी प्रमुख कृतियों में अवारा मसीहा, पंखहीन, ढलती रात, अर्द्धनारीश्वर, क्षमादान आदि हैं। उन्हें पद्मभूषण की उपाधि भी दी गयी थी। इनकी प्रस्तुत कहानी 'मेरा वतन' अपनी जन्मभूमि से स्वाभाविक लगाव का चित्र है।

मेरा वतन

उसने सदा की भाँति तहमद लगा लिया था और फैज ओढ़ ली थी। उसका मन कभी-कभी साइकिल के ब्रेक की तरह तेज़ी से झटका देता, परन्तु पैर यन्त्रवत् आगे बढ़ते चले जाते। यद्यपि इस शक्ति-प्रयोग के कारण वह बे-तरह काँप-काँप जाता, पर उसकी गति में तनिक भी अन्तर न पड़ता। देखने वालों के लिए वह एक अर्द्ध-विक्षिप्त से अधिक कुछ नहीं था। वे अक्सर उसका मज़ाक़ उड़ाया करते। वे कहकहे लगाते और ऊँचे स्वर में गालियाँ देते, पर जैसे ही उनकी दृष्टि उठती—न जाने उन निरीह, भावहीन, फटी-फटी आँखों में क्या होता कि वे सहम-सहम जाते, सोडावाटर के उफान की तरह उठने वाले कहकहे मर जाते और वह नज़र दिल की अन्दरूनी बस्ती को शोले की तरह सुलगाती हुई फिर नीचे झुक जाती। वे फुसफुसाते, "ज़रूर इसका सब कुछ लुट गया है"..."इसके रिश्तेदार मारे गये हैं...", "नहीं, नहीं ऐसा लगता है कि काफिरों ने इसके बच्चों को इसी के सामने आग में भून दिया है या भालों की नोक पर टिकाकर तब तक घुमाया है जब तक उनकी चीख-पुकार बिल्ली की मिमियाहट से चिड़िया के बच्चे की चीं-चीं में पलटती हुई ख़त्म नहीं हो गयी है।"

"और यह सब देखता रहा है।"

"हाँ। यह देखता रहा है। वही खौफ़ इसकी आँखों में उतर आया है। उसी ने इसके रोम-रोम को जकड़ लिया है। वह इसके लहू में उस तरह घुल-मिल गया है कि इसे देखकर डर लगता है।"

"डर," किसी ने कहा, "इसकी आँखों में मौत की तस्वीर है, वह मौत, जो कत्ल, खूंरेजी और फाँसी का निजाम सँभालती है।"

एक बार राह चलते दर्दमन्द ने एक दुकानदार से पूछा, "यह कौन है?" दुकानदार ने जवाब दिया, "मुसीबतजदा है, जनाब। अमृतसर में रहता था। काफिरों ने सब लूटकर इसके बीवी-बच्चों को ज़िन्दा आग में जला दिया।"

"ज़िन्दा।" राहगीर के मुँह से अचानक निकल गया।

दुकानदार हंसा, "जनाब किस दुनिया में रहते हैं? वे दिन बीत गये जब

आग काफिरों के मुर्दों को जलाती थी। अब तो वह ज़िन्दों को जलाती है।''

राहगीर ने तब अपनी कड़वी भाषा में काफिरों को वह सुनायी कि दुकानदार ने ख़ुश होकर उसे बैठ जाने के लिए कहा। उसे जाने की जल्दी थी। फिर भी ज़रा-सा बैठकर उसने कहा, ''कोई बड़ा आदमी जान पड़ता है।''

''जी हाँ। वकील था, हाईकोर्ट का बड़ा वकील। लाखों रुपयों की जायदाद छोड़ आया है।''

''अच्छा... ।''

''जनाब। आदमी आसानी से पागल नहीं होता। चोट लगती है तभी दिल टूटता है। और जब एक बार टूट जाता है तो फिर नहीं जुड़ता। आज-कल चारों तरफ़ यही कहानी है। मेरा घर का मकान नहीं था, लेकिन दुकान में सामान इतना था कि तीन मकान खरीदे जा सकते थे।''

''जी हाँ,'' राहगीर ने सहानुभूति से भरकर कहा, ''आप ठीक कहते हैं, पर आपके बाल-बच्चों तो सही सलामत आ गये हैं।''

''जी हाँ। ख़ुदा का फजल है। मैंने उन्हें पहले ही भेज दिया था। जो पीछे रह गये थे उनकी न पूछिए। रोना आता है, ख़ुदा गारत करे हिन्दुस्तान को...''

राहगीर उठा। उसने बात काटकर इतना ही कहा, ''देख लेना, एक दिन वह भारत होकर रहेगा। ख़ुदा के घर में देर है, पर अन्धेर नहीं।''

और वह चला गया, परन्तु उस अर्द्ध-विक्षिप्त के कार्यक्रम में कोई अन्तर नहीं पड़ा। वह उसी तरह धीरे-धीरे बाज़ारों में से गुज़रता, शरणार्थियों की भीड़ में धक्के खाता, परन्तु उस ओर देखता नहीं। उसकी दृष्टि तो आस-पास की दुकानों पर जा अटकती थी। जैसे मिकनातीस लोहे को खींच लेता है वैसे ही वे बेज़बां इमारतें जो जगह-जगह पर खँडहर की शक्ल में पलट चुकी थीं, उसकी नज़र को और उसके साथ-साथ उसके मन, बुद्धि, चित्त और अहंकार सभी को अपनी ओर खींच लेती थीं और फिर उसे भी कुछ याद आता, वह उसे पैर के तलुए से होकर सिर में निकल जाने वाली सूली की तरह काटता हुआ, उसके दिल में घुमड़-घुमड़ उठता। इसी कारण वह मर नहीं सकता, केवल सिसकियाँ भरता रहा। उन सिसकियों में न शब्द थे, न आँसू वे बस सूखी हिचकियों की तरह उसे बेजान किये रहती थीं।

सहसा उसने देखा—सामने उसका अपना मकान आ गया है। उसके अपने दादा ने उसे बनवाया था। उसके ऊपर के कमरे में उसके पिता का जन्म हुआ था। उसी कमरे में उसने आँखें खोली थीं और उसी कमरे में उसके बच्चों ने पहली बार प्रकाश-किरण का स्पर्श पाया था।

उस मकान के कण-कण में उसके जीवन का इतिहास अंकित था। उसे फिर बहुत-सी कहानियाँ याद आने लगीं। वह उन कहानियों में इतना डूब गया कि उसे परिस्थिति का तनिक भी ध्यान नहीं रहा। वह यन्त्रवत् जीने पर चढ़ने के लिए आगे बढ़ा और जैसा कि वह सदा करता था उसने घण्टी पर हाथ रखा। बेजान घण्टी शोर मचाने लगी और तभी उसकी नींद टूट गयी। उसने घबराकर अपने चारों ओर देखा। वहाँ सब एक ही जैसे आदमी नहीं थे। वे एक जैसी ज़बान भी नहीं बोलते थे। फिर भी उनमें ऐसा कुछ था जो उन्हें 'एक' बना रहा था और वह इस 'एक' में अपने लिए कोई जगह नहीं पाता था। उसने तेज़ी से आगे बढ़ जाना चाहा, पर तभी ऊपर से एक व्यक्ति उतरकर आया। उसने ढीला पाजामा और कुरता पहना था, पूछा, ''कहिए जनबा?''

वह अचकचाया, ''जी।''

''जनबा किसे पूछते थे?''

''जी, मैं पूछता था कि मकान खाली है।''

ढीले पजामे वाले व्यक्ति ने उसे ऐसे देखा कि जैसे वह कोई चोर या उठाईगीरा हो। फिर मुँह बनाकर तलखी से जवाब दिया, ''जनाब तशरीफ ले जाइए वरना...।''

आगे उसने क्या कहा वह यह सुनने के लिए नहीं रुका। उसकी गति में तूफान भर उठा, उसके मस्तिष्क में बवंडर उठ खड़ा हुआ और उसका चिन्तन गति की चट्टान पर टकराकर पाश-पाश हो गया। उसे जब होश आया तो वह अनारकली से लेकर माल तक का समूचा बाज़ार लाँघ चुका था। वह बहुत दूर निकल आया था। वहाँ आकर वह तेज़ी से काँपा। एक टीस ने उसे कुरेद डाला, जैसे बढ़ई ने पेंच में पेंचकस डालकर पूरी शक्ति के साथ उसे घुमाना शुरू कर दिया हो। हाईकोर्ट की शानदार इमारत उसके सामने थी। वह दृष्टि गड़ाकर उसके कंगूरों को देखने लगा। उसने बरामदे की कल्पना की। उसे याद आया—वह कहाँ बैठता था, वह कौन से कपड़े पहनता था कि सहसा उसका हाथ सिर पर गया जैसे उसने साँप को छुआ हो। उसने उसी क्षण हाथ खींच लिया पर मोहक स्वप्नों ने उस रंगीन दुनिया की रंगीनी को उसी तरह बनाये रखा। वह तब इस दुनिया में इतना डूब चुका था कि बाहर की जो वास्तविक दुनिया है वह उसके लिए मृगतृष्णा बन गयी थी। उसने अपने पैरों के नीचे की धरती को ध्यान से देखा, देखता रहा। सिनेमा की तस्वीरों की तरह अतीत की एक दुनिया, एक शानदार दुनिया उसके अन्तस्तल पर उतर आयी। वह इसी धरती पर चला करता था। उसके आगे-पीछे उसे नमस्कार करते, सलाम झुकाते, बहुत से आदमी आते और

जाते थे। दूसरे वकील हाथ मिलाकर शिष्टाचार प्रदर्शित करते और...

विचारों के हनुमान ने समुद्र पार करने के लिए छलाँग लगायी। उसका ध्यान जज के कमरे पर जाकर केन्द्रित हो गया। जब वह अपने केस में बहस शुरू करता तो कमरे में सन्नाटा छा जाता। केवल उसकी वाणी की प्रतिध्वनि ही वहाँ गूँजा करती, केवल 'मी लार्ड' शब्द बार-बार उठता और 'मी लार्ड' कलम रख कर उसकी बात सुनते...

हनुमान फिर कूदे। अब वह बार एसोसिएशन के कमरे में आ गया था। इस कमरे में न जाने कितने बेबाक कहकहे उसने लगाये, कितनी बार राजनीति पर उत्तेजित कर देने वाली बहसें कीं, महापुरुषों को श्रद्धांजलियाँ अर्पित कीं, विदा और स्वागत के खेल खेले...

वह सब उस कुर्सी के बारे में सोचने लगा जिस पर वह बैठा करता था। उसे कमरे की दीवारों के साथ-साथ दरवाज़े के पायदान की याद भी आ गयी। कभी-कभी ये छोटी-छोटी तफसीलें आदमी को कितना सकून पहुँचाती हैं। इसीलिए वह सब कुछ भूलकर सदा की तरह झूमता हुआ आगे बढ़ा, पर तभी जैसे किसी ने उसे कचोट लिया। उसने देखा कि लान की हरी घास मिट्टी में समा गयी है। रास्ते बन्द हैं। केवल डरावनी आँखों वाले सैनिक मशीनगन सँभाले और हेलमेट पहने तैयार खड़े हैं कि कोई आगे बढ़े और वे शूट कर दें। उसने हरी वर्दी वाले होमगार्ड को भी देखा और देखा कि राइफल थामे पठान लोग जब मन में उठता है तब फायर कर देते हैं। वे मानो छड़ी के स्थान पर राइफल का प्रयोग करते हैं और उनके लिए जीवन की पवित्रता बन्दूक की गोली की सफलता पर निर्भर करती है। उसे स्वयं जीवन की पवित्रता से अधिक मोह नहीं था। वह खँडहरों के लिए आँसू भी नहीं बहाता था। उसने अग्नि की प्रज्वलित लपटों को अपनी आँखों से उठते देखा था। उसे तब खाण्डव-वन की याद आ गयी थी जिसकी नींव पर इन्द्रप्रस्थ-सरीखे वैभवशाली और कलामय नगर का निर्माण हुआ था। तो क्या इस महानाश की नींव पर भी किसी गरिमामय-कलाकृति का निर्माण होगा। इन्द्रप्रस्थ की उस कला के कारण महाभारत सम्भव हुआ, जिसने इस अभागे देश के मदोन्मत्त, किन्तु जर्जरित शौर्य को सदा के लिए समाप्त कर दिया। क्या आज फिर वही कहानी दोहरायी जाने वाली है।

एक दिन उसने अपने बेटे से कहा, "ज़िन्दगी न जाने क्या-क्या खेल खेलती है। वह तो बहुरूपिया है। दूसरी दुनिया बनाते हमें देर नहीं लगती। परमात्मा ने मिट्टी इसलिए बनायी है कि हम उसमें से सोना पैदा करें।"

बेटा बाप का सच्चा उत्तराधिकारी था। उसने परिवार को एक छोटे से

कस्बे में छोड़ा और आप आगे बढ़ गया। वह अपनी उजड़ी हुई दुनिया फिर से बसा लेना चाहता था, पर तभी अचानक छोटे भाई का तार मिला। लिखा था, ''पिताजी न जाने कहाँ चले गये।''

तार पढ़कर बड़ा भाई घबरा गया। वह तुरन्त घर लौटा और पिता की खोज करने लगा। उसने मित्रों को लिखा, रेडियो पर समाचार भेजे, अख़बारों में विज्ञापन निकलवाये। सब कुछ किया, पर वह यह नहीं समझ सका कि आखिर वे कहाँ गये और क्यों गये। वह उसी उधेड़-बुन में था कि एक दिन सवेरे-सवेरे क्या देखता है कि उसके पिता चले आ रहे हैं शान्त, निर्द्वन्द्व और निर्लिप्त।

''आप कहाँ चले गये थे?'' प्रथम भावोद्रेक समाप्त होने पर उसने पूछा।

शान्त मन से पिता ने उत्तर दिया, ''लाहौर।''

''लाहौर'' पुत्र अविश्वास से काँप उठा, ''आप लाहौर गये थे?''

''हाँ।''

''कैसे?''

पिता बोले, ''रेल में बैठकर गया था, रेल में बैठकर आया हूँ।''

''पर आप वहाँ क्यों गये थे?''

''क्यों गया था?'', जैसे उनकी नींद टूटी। उन्होंने अपने-आपको सँभालते हुए कहा, ''वैसे ही, देखने के लिए चला गया था।''

और आगे की बहस से बचने के लिए वे उठकर चले गये। उसके बाद उन्होंने इस बारे में किसी प्रश्न का जवाब देने से इनकार कर दिया। पुत्रों ने पिता में आने वाले इस परिवर्तन को देखा, पर न तो वे उन्हें समझा सकते थे, न उन पर क्रोध कर सकते थे, क्योंकि वे दुनिया के सभी दूसरे काम सदा की भाँति करते रहते थे। हाँ, पंजाब की बात चलती तो आह भरकर कह देते थे, ''गया पंजाब। पंजाब अब कहाँ है?''

पुत्र फिर काम पर लौट गये और वे भी घर की व्यवस्था करने लगे। इसी बीच में वे फिर एक दिन लाहौर चले गये, परन्तु इससे पहले कि उनके पुत्र इस बात को जान सकें वे लौट आये। पत्नी ने पूछा, ''आखिर क्या बात है?''

''कुछ नहीं।''

''कुछ नहीं कैसे? आप बार-बार वहाँ क्यों जाते हैं?''

तब कई क्षण चुप रहने के बाद उन्होंने धीरे से कहा, ''क्यों जाता हूँ, क्योंकि वह मेरा वतन है। मैं वहीं पैदा हुआ हूँ। वहाँ की मिट्टी में मेरी ज़िन्दगी का राज छिपा है। वहाँ की हवा में मेरे जीवन की कहानी लिखी हुई है।''

पत्नी की आँखें भर आयीं, बोली, ''पर अब क्या, अब तो सब-कुछ गया।''

"हाँ, सब-कुछ गया।" उन्होंने कहा, "मैं जानता हूँ अब कुछ नहीं हो सकता, पर न जाने क्या होता है, उसकी याद आते ही मैं अपने-आपको भूल जाता हूँ और मेरा वतन मिकनातीस की तरह मुझे अपनी ओर खींच लेता है।"

पत्नी ने जैसे पहली बार अपने पति को पहचाना हो। अवाक्-सी दो क्षण वैसे ही बैठ रही। फिर बोली, "आपको अपने मन को सँभालना चाहिए। जो कुछ चला गया उसका दुख तो ज़िन्दगीभर सालता रहेगा। भाग्य में यही लिखा था, पर अब जान-बूझकर आग में कूदने से क्या लाभ?"

"हाँ, अब तो जो कुछ बचा है उसी को सहेजकर गाड़ी खींचना ठीक है।"–उसने पत्नी से कहा और फिर जी-जान से नये कार्य-क्षेत्र में जुट गया। उसने फिर वकालत का चोगा पहन लिया। उसका नाम फिर बार एसोसिएशन में गूँजने लगा। उसने अपनी ज़िन्दगी को भूलने का पूरा-पूरा प्रयत्न किया। और शीघ्र ही वह अपने काम में इतना डूब गया कि देखने वाले दाँतों तले उँगली दबाकर कहने लगे, "इन लोगों में कितना जीवट है। सैकड़ों वर्षों में अनेक पीढ़ियों ने अपने को खपाकर जिस दुनिया का निर्माण किया था वह क्षण-भर में राख का ढेर हो गयी, और अब बिना आँसू बहाये उसी तरह की दुनिया ये लोग क्षणों में बना देना चाहते हैं।"

उनका अचरज ठीक था। तम्बुओं और कैम्पों के आस-पास, सड़कों के किनारे, राह से दूर भूत-प्रेतों के चिर-परिचित अड्डों में, उजड़े गाँवों में, खोले और खादर में, जहाँ कहीं भी मनुष्य की शक्ति कुण्ठित हो चुकी थी वहीं ये लोग पहुँच जाते थे और पादरी के नास्तिक मित्र की तरह नरक को स्वर्ग में बदल देते थे। इन लोगों ने जैसे कसम खायी थी कि धरती असीम है, फिर निराशा कहाँ रह सकती है?

ठीक उसी समय जब उसका बड़ा पुत्र अपनी नयी दुकान का मुहूर्त करने वाला था, उसे एक बार फिर छोटे भाई का तार मिला, "पिताजी पाँच दिन से लापता हैं।"

पढ़कर वह क्रुद्ध हो उठा और तार के टुकड़े-टुकड़े करके उसने दूर फेंक दिये। चिनचिनाकर बोला, "वे नहीं मानते तो उन्हें अपने किये का फल भोगना चाहिए। वे अवश्य लाहौर गये हैं।"

उसका अनुमान सच था। जिस समय वे यहाँ चिन्तित हो रहे थे उसी समय लाहौर के एक दुकानदार ने एक अर्द्ध-विक्षिप्त व्यक्ति को, जो तहमद लगाये, फैज कैप ओढ़े, फटी-फटी आँखों से चारों ओर देखता हुआ घूम रहा था, पुकारा, "शेख साहब। सुनिये तो। बहुत दिन में दिखायी दिये, कहाँ चले गये थे?"

उस अर्द्ध-विक्षिप्त पुरुष ने थकी हुई आवाज़ में जवाब दिया, ''मैं अमृतसर चला गया था।''

''क्या,'' दुकानदार ने आँखें फाड़कर कहा, ''अमृतसर?''

''हाँ, अमृतसर गया था। अमृतसर मेरा वतन है।''

दुकानदार की आँखें क्रोध से चमक उठीं, बोला, ''मैं जानता हूँ। अमृतसर में साढ़े तीन लाख मुसलमान रहते थे, पर आज एक भी नहीं हैं।''

''काफिरों ने सबको भगा दिया, पर हमने भी कसर नहीं छोड़ी। आज लाहौर में एक भी हिन्दू या सिख नहीं है और कभी होगा भी नहीं।''

वह हँसा, उसकी आँखें चमकने लगीं। उसमें एक ऐसा रंग भर उठा जो बेरंग था और वह हँसता चला गया, हँसता चला गया...''वतन, धरती, मोहब्बत सब कितनी छोटी-छोटी बाते हैं...सबसे बड़ा मजहब है, दीन, ख़ुदा का दीन। जिस धरती पर ख़ुदा का बन्दा रहता है, जिस धरती पर ख़ुदा का नाम लिया जाता है, वह मेरा वतन है, वही मेरी धरती है और वही मेरी मोहब्बत है।''

दुकानदार ने धीरे-से अपने दूसरे साथी से कहा, ''आदमी जब होश खो बैठता है, तो कितनी सच्ची बात कहता है।''

साथी ने जवाब दिया, ''जनाब। तब उसकी ज़बान से ख़ुदा बोलता है।''

''बेशक'', उसने कहा और मुड़कर उस अर्द्ध-विक्षिप्त से बोला, ''शेख साहब। आपको घर मिला?''

''सब मेरे ही घर हैं।''

दुकानदार मुस्कराया, ''लेकिन शेख साहब। ज़रा बैठिए तो, अमृतसर में किसी ने आपको पहचाना नहीं?''

वह ठहाका भरकर हँसा, ''तीन महीने जेल में रहकर लौटा हूँ।''

''सच !''

''हाँ,'' उसने आँखें मटकाकर कहा।

''तुम जीवट के आदमी हो।''

और तब दुकानदार ने ख़ुश होकर उसे रोटी और कबाब मँगाकर दिये। लापरवाही से उन्हें पल्ले में बाँधकर एक टुकड़े को चबाता हुआ वह आगे बढ़ गया।

दुकानदार ने कहा, ''अजीब आदमी है। किसी दिन लखपती था, आज फाकामस्त है।''

''ख़ुदा अपने बन्दों का ख़ूब इम्तहान लेता है।''

''जन्नत ऐसे को ही मिलती है।''

''जी हाँ। हिम्मत भी ख़ूब है। जान-बूझकर आग में जा कूदा।''

"वतन की याद ऐसे ही होती है।" उसके साथी ने जो दिल्ली का रहने वाला था कहा, "अब भी जब मुझे दिल्ली की याद आती है तो दिल भर आता है।"

उतने ही कष्ट की कल्पना करना जो दूसरे ने भोगा है असम्भव जैसा है, फिर भी यातना की समानता के कारण दो मित्र व्यक्तियों की संवेदना एक बिन्दु पर आकर एक हो जाती है।

वह आगे बढ़ रहा था। माल पर भीड़ बढ़ रही थी। कारें भी कम नहीं थीं। अंग्रेज, एंग्लो-इण्डियन तथा ईसाई नारियाँ पहले की तरह ही बाज़ार में देखी जा सकती थीं। फिर भी उसे लगा कि वह माल जो उसने देखा था यह नहीं है। शरीर अवश्य कुछ वैसा ही है, पर उसकी आत्मा वह नहीं है। लेकिन यह भी उसी दृष्टि का दोष था। कम से कम वे जो वहाँ घूम रहे थे उनका ध्यान आत्मा की ओर नहीं था।

एकाएक वह पीछे मुड़ा। उसे रास्ता पूछने की ज़रूरत नहीं थी। बैल अपनी डगर पहचानते हैं। उसके पैर भी दृढ़ता से रास्ते पर बढ़ रहे थे और विश्वविद्यालय की आलीशान इमारत एक बार फिर सामने आ रही थी। उसने नुमाइश की ओर एक दृष्टि डाली, फिर बुलनर के बुत की तरफ़ होकर वह अन्दर चला गया। उसे किसी ने नहीं रोका। वह ला कालिज के सामने निकल आया। उसी क्षण उसका दिल एक गहरी हूक से टीसने लगा। कभी वह कालेज में पढ़ा करता था...।

वह काँपा, उसे याद आया, उसने इस कालेज में पढ़ाया भी है...

वह फिर काँपा। हूक फिर उठी। उसकी आँखें भर आयीं। उसने मुँह फेर लिया। उसके सामने अब वह रास्ता था जो उसे दयानन्द कालेज ले जा सकता था। एक दिन पंजाब विश्वविद्यालय, दयानन्द विश्वविद्यालय कहलाता था।

तभी एक भीड़ उसके पास से निकल आयी। वे प्रायः सभी शरणार्थी थे। बे-घर और बे-जर, लेकिन उसे देखकर उसका दिल पिघला नहीं, कड़वा हो आया। उसने चीख-चीख कर उन्हें गालियाँ देनी चाहीं। तभी पास से जाने वाले दो व्यक्ति उसे देखकर ठिठक गये। एक ने रुक कर उसे ध्यान से देखा, दृष्टि मिली, वह सिहर उठा। सर्दी गहरी हो रही थी और कपड़े कम थे। वह तेज़ी से आगे बढ़ गया। वह जल्दी-से-जल्दी कालेज कैम्प में पहुँच जाना चाहता था। उन दो व्यक्तियों में से एक ने, जिसने उसे पहचाना था, दूसरे से कहा—"मैं इसको जानता हूँ।"

"कौन है?"

"हिन्दू"

साथी अचकचाया, "हिन्दू"

"हाँ, हिन्दू लाहौर का एक मशहूर वकील...।"

और कहते-कहते उसने ओवर कोट की जेब में से पिस्तौल निकाल लिया; वह आगे बढ़ा। उसने कहा, ''ज़रूर यह मुखबिरी करने आया है।''

उसके बाद गोली चली। एक हल्की-सी हलचल, एक साधारण-सी खटपट। एक व्यक्ति चलता-चलता लड़खड़ाया और गिर पड़ा। पुलिस ने उसे देख कर भी अनदेखा कर दिया, परन्तु जो अनेक व्यक्ति कुतूहलवश उस पर झुक आये थे, उनमें से एक ने उसे पहचान लिया। वह हतप्रभ रह गया और यन्त्रवत पुकार उठा, ''मिस्टर पुरी। तुम यहाँ कैसे...।''

मिस्टर पुरी ने आँखें खोलीं, उनका मुख श्वेत हो गया था और उस पर मौत की छाया मँडरा रही थी। उन्होंने पुकारने वाले को देखा और पहचान लिया। धीरे से कहा, ''हसन...।''

आँखें फिर मिल गयीं। बदहवास हसन ने चिल्लाकर सैनिक से कहा, ''जल्दी करो। टैक्सी लाओ। मेयो अस्पताल चलना है। अभी...''

भीड़ बढ़ती जा रही थी। फौज, पुलिस और होमगार्ड सबने उसे घेर लिया। हसन, जो उसका साथी था, जिसके साथ वह पढ़ा था, जिसके साथ उसने साथी और प्रतिद्वन्द्वी बन कर अनेक मुकदमे लड़े थे, वह अब उसे भीगी-भीगी आँखों से देख रहा था। एक बार झुक कर उसने फिर कहा, ''तुम यहाँ इस तरह क्यों आये, मिस्टर पुरी?''

मिस्टर पुरी ने इस बार प्रयत्न करके आँखें खोलीं और फुसफुसाये, ''मैं यहाँ क्यों आया? मैं यहाँ से जा ही कहाँ सकता हूँ? यह मेरा वतन है, हसन ! मेरा वतन...!''

फिर उसकी यातना का अन्त हो गया।

भीष्म साहनी (1915-2003)

हिन्दी के प्रगतिशील कहानीकारों में भीष्म साहनी का स्थान बहुत ऊँचा है। इनका जन्म 1915 में रावलपिण्डी पाकिस्तान में हुआ था। विभाजन की विभीषिकायों से इनका सीधा सम्पर्क हुआ है। विभाजन सम्बन्धी प्रसिद्ध उपन्यास 'तमस' पर इन्हें 1975 का साहित्य अकादेमी पुरस्कार प्राप्त हुआ। विदेशी भाषा प्रकाशन गृह मास्को से सात वर्ष तक सम्बद्ध रहे। प्रवासकाल में रूसी भाषा का यथेष्ट अध्ययन। लगभग दो दर्ज़न रूसी पुस्तकों का अनुवाद किया। उल्लेखनीय कृतियाँ—झरोखे, कड़ियाँ, तमस, बसन्ती और मय्यादास की माड़ी (उपन्यास), भटकती राख, भाग्यरेखा, पहला पाठ, पटरियाँ, वाड़चू, शोभायात्रा, निशाचर (कहानी-संग्रह) हानूश, कबिरा खड़ा बाज़ार में, माधवी नाटक।

अमृतसर आ गया है

गाड़ी के डिब्बे में बहुत मुसाफिर नहीं थे। मेरे सामने वाली सीट पर बैठकर सरदार जी देर से मुझे लाम के क़िस्से सुनाते रहे थे। वह लाम के दिनों में बर्मा की लड़ाई में भाग ले चुके थे। और बात-बात पर खी-खी करके हँसते और गोरे फौजियों की खिल्ली उड़ाते थे। डिब्बे में तीन पठान व्यापारी भी थे, उनमें से एक हरे रंग की पोशाक पहने ऊपर वाली बर्थ पर लेटा हुआ था। वह आदमी बड़ा हँसमुख था और बड़ी देर से मेरे साथ वाली सीट पर बैठे एक दुबले-से बाबू के साथ उसका मज़ाक़ चल रहा था। वह दुबला बाबू पेशावर का रहने वाला जान पड़ता था, क्योंकि किसी-किसी वक़्त वे आपस में पश्तो में बातें करने लगते थे। मेरे सामने दाईं ओर कोने में, एक बुढ़िया मुँह-सिर ढाँपे बैठी थी और देर से माला जप रही थी। यही कुछ लोग रहे होंगे। सम्भव है दो-एक और मुसाफिर भी रहे हों, पर वे स्पष्टतः मुझे याद नहीं।

गाड़ी धीमी रफ्तार से चली जा रही थी, और गाड़ी में बैठे मुसाफिर बतिया रहे थे और बाहर गेहूँ के खेतों में हल्की-हल्की लहरियाँ उठ रही थीं, और मैं मन ही मन बड़ा ख़ुश था क्योंकि मैं दिल्ली में होने वाला स्वतन्त्रता दिवस समारोह देखने जा रहा था।

उन दिनों के बारे में सोचता हूँ तो लगता है, हम किसी झुटपुटे में बिता रहे हैं। शायद बीत जाने पर अतीत का सारा व्यापार ही झुटपुटे में बीता जान पड़ता है। ज्यों-ज्यों भविष्य के पट खुलते जाते हैं, यह झुटपुटा और भी गहराता चला जाता है।

उन्हीं दिनों पाकिस्तान के बनाये जाने का ऐलान किया गया था और लोग तरह-तरह के अनुमान लगाने लगे थे कि भविष्य में जीवन की रूपरेखा कैसी होगी। पर किसी की भी कल्पना बहुत दूर तक नहीं जा पाती थी। मेरे सामने बैठे सरदार जी बार-बार मुझसे पूछ रहे थे कि पाकिस्तान बन जाने पर जिन्ना साहब बम्बई में ही रहेंगे या पाकिस्तान में जाकर बस जायेंगे, और मेरा हर बार यही जवाब होता ''बम्बई क्यों छोड़ेंगे, पाकिस्तान में आते-जाते रहेंगे, बम्बई छोड़

देने में क्या तुक है!'' लाहौर और गुरदासपुर के बारे में भी अनुमान लगाये जा रहे थे कि कौन-सा शहर किस ओर जायेगा। मिल बैठने के ढंग में, गप-शप में, हँसी-मज़ाक़ में कोई विशेष अन्तर नहीं आया था। कुछ लोग अपने घर छोड़कर जा रहे थे, जबकि अन्य लोग उनका मज़ाक़ उड़ा रहे थे। कोई नहीं जानता था कि कौन-सा क़दम ठीक होगा और कौन-सा गलत। एक ओर पाकिस्तान बन जाने पर जोश था तो दूसरी ओर हिन्दुस्तान के आज़ाद हो जाने का जोश। जगह-जगह दंगे भी हो रहे थे, और कौम-ए-आज़ादी की तैयारियाँ भी चल रही थीं। इस पृष्ठभूमि में लगता, देश आज़ाद हो जाने पर दंगे अपने-आप बन्द हो जायेंगे। वातावरण में इस झुटपुटे में आज़ादी की सुनहरी धूल-सी उड़ रही थी और साथ ही साथ अनिश्चय भी डोल रहा था, और इसी अनिश्चय की स्थिति में किसी-किसी वक़्त भावी रिश्तों की रूपरेखा झलक दे जाती थी।

शायद झेलम का स्टेशन पीछे छूट चुका था जब ऊपर वाली बर्थ पर बैठे पठान ने एक पोटली खोल ली और उसमें से उबला हुआ मांस और नानरोटी के टुकड़े निकाल-निकालकर अपने साथियों को देने लगा। फिर वह हँसी-मज़ाक़ के बीच मेरी बगल में बैठे बाबू की ओर भी नान का टुकड़ा और मांस की बोटी बढ़ाकर, खाने का आग्रह करने लगा था, ''का ले, बाबू ताकत आयेगी। अम जैसा हो जायेगा। बीवी बी तेरे सात कुश रएगी। का ले दालकोर, तू दाल काता ए, इसलिए दुबला ए...''

डिब्बे में लोग हँसने लगे थे। बाबू ने पश्तो में कुछ जवाब दिया और फिर मुस्कराता सिर हिलाता रहा।

इस पर दूसरे पठान ने हँसकर कहा, ''ओ जालिम, अमारे आथ से नयी लेता ए तो अपने आथ से उटा ले। ख़ुदा कसम, बर का गोश्त ए, और किसी चीज़ का नई ए।''

ऊपर बैठा पठान चहककर बोला, ओं खंजीर के तुख्म, इदर तुमें कौन देखता ए? अम तेरी बीवी को नयी बोलेगा। ओ तू हमारे साथ बोटी तोड़। अम तेरे साथ दाल पियेगा...''

इस पर कहकहा उठा, पर दुबला-पतला बाबू हँसता, सिर हिलाता रहा और कभी-कभी दो शब्द पश्तो में भी कह देता।

''ओ कितना बुरा बात ए, अम खाता ए, और तू अमारा मुं देखता ए...'' सभी पठान मगन थे।

''यह इसलिए नहीं लेता कि तुमने हाथ नहीं धोए हैं,'' स्थूलकाय सरदार जी बोले और बोलते ही खी-खी करने लगे। अधलेटी मुद्रा में बैठे सरदार जी की

आधी तोंद सीट के नीचे लटक रही थी, "तुम अभी सोकर उठे हो और उठते ही पोटली खोलकर खाने लग गये हो, इसीलिए बाबू जी तुम्हारे हाथ से नहीं लेते, और कोई बात नहीं।" और सरदार जी ने मेरी ओर देखकर आँखें मारीं और फिर खी-खी करने लगे।

"मांस नयी काता ए, बाबू, तो जाओ जनाना डब्बे में बैटो, इदर क्या करता ए?" फिर कहकहा उठा।

डिब्बे में और भी अनेक मुसाफिर थे, लेकिन पुराने मुसाफिर यही थे जो सफ़र शुरू होने से गाड़ी में बैठे थे। बाकी मुसाफिर उतरते-चढ़ते रहे थे। पुराने मुसाफिर होने के नाते उनमें एक तरह की बेतकल्लुफी आ गयी थी।

"ओ इदर आकर बैटो। तुम अमारे साथ बैटो। आओ जालम, क़िस्सा-खानी की बातें करेंगे।"

तभी किसी स्टेशन पर गाड़ी रुकी थी और नये मुसाफिरों का रेला अन्दर आ गया था। बहुत-से मुसाफिर एक साथ अन्दर घुसते चले आये थे।

"कौन-सा स्टेशन है?" किसी ने पूछा।

"वजीराबाद है शायद," मैंने बाहर की ओर देख कर कहा।

गाड़ी वहाँ थोड़ी देर के लिए खड़ी रही पर छूटने से पहले एक छोटी-सी घटना घटी। एक आदमी, साथ वाले डिब्बे में से, पानी लेने उतरा और नल पर लाकर पानी लोटे में भर रहा था, तभी वह भागकर अपने डिब्बे की ओर लौट आया। छलछलाते लोटे में से पानी गिर रहा था। लेकिन जिस ढंग से वह भागा था, उसी ने बहुत कुछ बता दिया था। नल पर खड़े और लोग भी—तीन-चार आदमी रहे होंगे—इधर-उधर अपने-अपने डिब्बे की ओर भाग गये थे। इस तरह घबराकर भागते लोगों को मैं देख चुका था। देखते ही देखते प्लेटफार्म खाली हो गया। मगर डिब्बे के अन्दर अभी भी हँसी-मज़ाक़ चल रहा था।

"कहीं कोई गड़बड़ है," मेरे पास बैठे दुबले बाबू ने कहा।

कहीं कुछ था, लेकिन क्या था, कोई भी स्पष्ट नहीं जानता था। मैं अनेक दंगे देख चुका था। इसलिए वातावरण में होने वाली छोटी-सी तब्दीली को भी भाँप गया था। भागते व्यक्ति, खटाक से बन्द होते दरवाज़े, घरों की छतों पर खड़े लोग, चुप्पी और सन्नाटा, सभी दंगों के चिन्ह थे।

तभी पिछले दरवाज़े की ओर से, जो प्लेटफार्म की ओर न खुलकर दूसरी ओर खुलता था, हल्का-सा शोर हुआ। कोई मुसाफिर अन्दर घुसना चाह रहा था।

"कहाँ घुसा आ रहा है, नहीं है जगह। बोल दिया जगह नहीं है," किसी ने कहा।

“बन्द करो जी दरवाज़ा। यों ही मुँह उठाये घुसे आते हैं।” आवाज़ें आ रही थीं।

जितनी देर कोई मुसाफिर डिब्बे के बाहर खड़ा अन्दर आने की चेष्टा करता रहे, अन्दर बैठे मुसाफिर उसका विरोध करते रहते हैं। पर एक बार जैसे-तैसे वह अन्दर आ जाये तो विरोध ख़त्म हो जाता है, और वह मुसाफिर जल्दी ही डिब्बे की दुनिया का निवासी बन जाता है, और अगले स्टेशन पर वही सबसे पहले बाहर खड़े मुसाफिरों पर चिल्लाने लगता है, “नहीं है जगह, अगले डिब्बे में जाओ...घुसे आते हैं...”

दरवाज़े पर शोर बढ़ता जा रहा था। तभी मैले-कुचैले कपड़ों और लटकती मूँछों वाला एक आदमी दरवाज़े में से अन्दर घुसता दिखायी दिया। चीकट, मैले कपड़े, ज़रूर कहीं हलवाई की दुकान करता होगा। वह लोगों की शिकायतों-आवाज़ों की ओर ध्यान दिये बिना दरवाज़े की ओर घूमकर बड़ा-सा काले रंग का सन्दूक अन्दर की ओर घसीटने लगा।

“आ जाओ, आ जाओ, तुम भी चढ़ जाओ।” वह अपने पीछे किसी से कहे जा रहा था। तभी दरवाज़े में एक पतली सूखी-सी औरत नज़र आयी और उसके पीछे सोलह-सत्रह बरस की साँवली-सी एक लड़की अन्दर आ गयी। लोग अभी भी चिल्लाये जा रहे थे। सरदार जी को कूल्हों के बल उठकर बैठना पड़ा।

“बन्द करो जी दरवाज़ा, बिना पूछे चढ़े आते हैं, अपने बाप का घर समझ रखा है। तुम घुसने मत दो जी, क्या करते हो, धकेल दो पीछे...” और लोग भी चिल्ला रहे थे।

वह आदमी अपना सामान अन्दर घसीटे जा रहा था और उसकी पत्नी और बेटी संडास के दरवाज़े के साथ लगकर खड़ी थीं।

“और कोई डिब्बा नहीं मिला? औरत जात को भी यहाँ उठा लाया है?”

वह आदमी पसीने से तर था और हाँफता हुआ सामान अन्दर घसीटे जा रहा था। सन्दूक के बाद रस्सियों से बँधी खाट की पाटियाँ अन्दर खींचने लगा।

“टिकट है जी मेरे पास, मैं बेटिकट नहीं हूँ। लाचारी है। शहर में दंगा हो गया है। बड़ी मुश्किल से स्टेशन तक पहुँचा हूँ।”

इस पर डिब्बे में बैठे बहुत-से लोग चुप हो गये, पर बर्थ पर बैठा पठान उचककर बोला, “निकल जाओ इदर से, देखता नयी ए, इदर जगा नयी ए।”

और पठान ने आव देखा न ताव, आगे बढ़कर ऊपर से ही उस मुसाफिर के लात जमा दी, पर लात उस आदमी को लगने के बजाय उसकी पत्नी के कलेजे में लगी और वह वहीं ‘हाय-हाय’ करती बैठ गयी।

उस आदमी के पास मुसाफिरों के साथ उलझने के लिए वक़्त नहीं था। वह बराबर अपना सामान अन्दर घसीटे जा रहा था। पर डिब्बे में मौन छा गया। खाट की पाटियों के बाद बड़ी-बड़ी गठरियाँ आयीं। इस पर ऊपर बैठे पठान की सहन-क्षमता चुक गयी। ''निकालो इसे, कौन ए ये?'' वह चिल्लाया। इस पर दूसरे पठान ने, जो नीचे की सीट पर बैठा था, उस आदमी का सन्दूक दरवाज़े में से नीचे धकेल दिया जहाँ लाल वर्दी वाला एक कुली खड़ा सामान अन्दर पहुँचा रहा था।

उसकी पत्नी के चोट लगने पर कुछ मुसाफिर चुप हो गये थे। केवल कोने में बैठी बुढ़िया कुरलाए जा रही थी, ''ऐ नेकबख्तो, बैठनो दो। आ जा बेटी, तू मेरे पास आ जा। जैसे-तैसे सफ़र काट लेंगे। छोड़ो बे जालिमो, बैठनो दो।''

अभी आधा सामान ही अन्दर आ पाया होगा जब सहसा गाड़ी सरकने लगी।

''छूट गया ! सामान छूट गया।'' वह आदमी बदहवास-सा होकर चिल्लाया।

''पिता जी, सामान छूट गया।'' संडास के दरवाज़े के पास खड़ी लड़की सिर से पाँव तक काँप रही थी और चिल्लाए जा रही थी।

''उतरो, नीचे उतरो'' वह आदमी हड़बड़ाकर चिल्लाया और आगे बढ़कर नीचे उतर गया। उसके पीछे उसकी व्याकुल बेटी और फिर उसकी पत्नी, कलेजे को दोनों हाथों से दबाये हाय-हाय करती नीचे उतर गयीं।

''बहुत बुरा किया है तुम लोगों ने, बहुत बुरा किया है।'' बुढ़िया ऊँचा-ऊँचा बोल रही थी, ''तुम्हारे दिल में दर्द मर गया है। छोटी-सी बच्ची उसके साथ थी। बेरहमो, तुमने बहुत बुरा किया है, धक्के देकर उतार दिया है।''

गाड़ी सूने प्लेटफार्म को लाँघती आगे बढ़ गयी। डिब्बे में व्याकुल-सी चुप्पी छा गयी। बुढ़िया ने बोलना बन्द कर दिया था। पठानों का विरोध कर पाने की हिम्मत नहीं हुई।

तभी मेरे बगल में बैठे दुबले बाबू ने मेरे बाजू पर हाथ रखकर कहा; ''आग है, देखो आग लगी है।''

गाड़ी प्लेटफार्म छोड़कर आगे निकल आयी थी और शहर पीछे छूट रहा था। तभी शहर की ओर से उठते धुएँ के बादल और उनमें लपलपाती आग के शोले नज़र आने लगे।

''दंगा हुआ है। स्टेशन पर भी लोग भाग रहे थे। कहीं दंगा हुआ है।'' शहर में आग लगी थी। बात डिब्बे-भर के मुसाफिरों को पता चल गयी और वे लपक-लपक कर खिड़कियों में से आग का दृश्य देखने लगे।

जब गाड़ी शहर छोड़कर आगे बढ़ गयी तो डिब्बे में सन्नाटा छा गया। मैंने

घूमकर डिब्बे के अन्दर देखा, दुबले बाबू का चेहरा पीला पड़ गया था और माथे पर पसीने की परत किसी मुर्दे के माथे की तरह चमक रही थी। मुझे लगा, जैसे अपनी-अपनी जगह बैठे सभी मुसाफिरों ने अपने आसपास बैठे लोगों का जायजा ले लिया है। सरदार जी उठकर मेरी सीट पर आ बैठे। नीचे वाली सीट पर पठान उठा और अपने दो साथी पठानों के साथ ऊपर वाली बर्थ पर चढ़ गया। यही क्रिया शायद रेलगाड़ी के अन्य डिब्बों में भी चल रही थी। डिब्बे में तनाव आ गया। लोगों ने बतियाना बन्द कर दिया। तीनों पठान ऊपर वाली बर्थ पर एक-साथ बैठ चुपचाप नीचे की ओर देखे जा रहे थे। सभी मुसाफिरों की आँखें पहले से ज़्यादा खुली-खुली, ज़्यादा शंकित-सी लगीं। यही स्थिति सम्भवतः गाड़ी के सभी डिब्बों में व्याप्त हो रही थी।

''कौन-सा स्टेशन था यह?'' डिब्बे में किसी ने पूछा।

''वजीराबाद,'' किसी ने उत्तर दिया।

ज्वाब मिलने पर डिब्बे में एक और प्रतिक्रिया हुई। पठानों के मन का तनाव फौरन ढीला पड़ गया। जबकि हिन्दू-सिख मुसाफिरों की चुप्पी और ज़्यादा गहरी हो गयी। एक पठान अपनी वास्कट की जेब में से नसवार की डिबिया निकालकर नसवार चढ़ाने लगा। बुढ़िया बराबर माला जपे जा रही थी। किसी-किसी वक़्त उसके बुदबुदाते होंठ नज़र आते, लगता उनमें से कोई खोखली-सी आवाज़ निकल रही है।

अगले स्टेशन पर जब गाड़ी रुकी तो वहाँ भी सन्नाटा था। कोई परिन्दा तक नहीं फड़क रहा था। हाँ, एक भिश्ती पीठ पर पानी की मशक लादे, प्लेटफार्म लाँघकर आया और मुसाफिरों को पानी पिलाने लगा।

''लो, पियो पानी, पानी पियो।'' औरतों के डिब्बे में से औरतों और बच्चों के अनेक हाथ बाहर निकल आये थे।

''बहुत मार-काट हुई है, बहुत लोग मरे हैं। लगता था, वह इस मार-काट में अकेला पुण्य कमाने चला आया है।''

गाड़ी सरकी तो सहसा खिड़कियों के पल्ले चढ़ाये जाने लगे। दूर-दूर तक, पहियों की गड़गड़ाहट के साथ, खिड़कियों के पल्ले चढ़ाने की आवाज़ आने लगी।

किसी अज्ञात आशंकावश दुबला बाबू मेरे पास वाली सीट पर से उठा और दो सीटों के बीच फ़र्श पर लेट गया। उसका चेहरा अभी भी मुर्दे जैसा पीला हो रहा था। इस पर बर्थ पर बैठा पठान उससे ठिठोली करने लगा, ''ओ...बेग़ैरत, तुम मर्द ए कि औरत ए? सीट से उटकर नीचे लेटता ए। तुम मर्द के नाम को बदनाम करता ए।'' वह बोल रहा था और बार-बार हँसे जा रहा था। फिर वह

उससे पश्तो में कुछ कहने लगा। बाबू चुप बना लेटा रहा। अन्य सभी मुसाफिर चुप थे। डिब्बे का वातावरण बोझिल बना हुआ था।

"ऐसे आदमी को आम डिब्बे में नहीं बैठने देगा। ओ बाबू, अगले स्टेशन पर उतर जाओ, और जनाना डिब्बे में बैठो।"

मगर बाबू की हाजिरजवाबी अपने कण्ठ में सूख चुकी थी। वह हकलाकर चुप हो रहा है। पर थोड़ी देर बाद अपने-आप सीट पर जा बैठा और देर तक अपने कपड़ों की धूल झाड़ता रहा। वह क्यों उठकर फ़र्श पर लेट गया था? शायद उसे डर था कि बाहर गाड़ी पर पथराव होगा या गोली चलेगी? शायद इसी कारण खिड़कियों के पल्ले चढ़ाये जा रहे थे।

कुछ भी कहना कठिन था। मुमकिन है किसी एक मुसाफिर ने किसी कारण से खिड़की का पल्ला चढ़ाया हो और उसकी देखा-देखी, बिना सोचे-समझे धड़ाधड़ खिड़कियों के पल्ले चढ़ाये जाने लगे थे।

बोझिल अनिश्चित-से वातावरण में सफ़र कटने लगा। रात गहराने लगी। डिब्बे के मुसाफिर स्तब्ध और शंकित ज्यों के त्यों बैठे थे। कभी गाड़ी की रफ्तार सहसा टूटकर धीमी पड़ जाती थी तो लोग एक-दूसरे की ओर देखने लगते। कभी रास्ते में ही रुक जाती तो डिब्बे के अन्दर का सन्नाटा और भी गहरा हो उठता। केवल पठान निश्चिन्त बैठे थे। हाँ, उन्होंने भी बतियाना छोड़ दिया था, क्योंकि उनकी बातचीत में कोई भी शामिल नहीं होने वाला था।

धीरे-धीरे पठान ऊँघने लगे, जबकि अन्य मुसाफिर फटी-फटी आँखों से शून्य में देखे जा रहे थे। बुढ़िया मुँह-सिर लपेटे, टाँगें सीट पर चढ़ाए, बैठी-बैठी सो गयी थी। ऊपर वाली बर्थ पर एक पठान ने, अधलेटे ही, कुर्ते की जेब में से काले मनकों की तसबीह निकाली और उसे धीरे-धीरे हाथ में चलाने लगा।

खिड़की के बाहर आकाश में चाँद निकल आया और चाँदनी में बाहर की दुनिया और भी अनिश्चित, और भी अधिक रहस्यमयी हो उठी। किसी-किसी वक़्त दूर किसी ओर आग के शोले उठते नज़र आते, कोई नगर जल रहा था। गाड़ी किसी वक़्त चिंघाड़ती हुई आगे बढ़ने लगती, फिर किसी वक़्त उसकी रफ्तार धीमी पड़ जाती और मीलों तक धीमी रफ्तार से ही चलती रहती।

सहसा दुबला बाबू खिड़की में से बाहर देखकर ऊँची आवाज़ में बोला, "हरबंसपुरा निकल गया है।"

उसकी आवाज़ में उत्तेजना थी, वह जैसे चीख कर बोला था। डिब्बे के सभी लोग उसकी आवाज़ सुनकर चौंक गये। उसी वक़्त डिब्बे के अधिकांश मुसाफिरों ने मानी उसकी आवाज़ को ही सुनकर करवट बदली।

"ओ बाबू, चिल्लाता क्यों ए?" तसवीह वाला पठान चौंककर बोला, "इदर उतरेगा तुम? जंजीर खींचूँ?" और खी-खी करके हँस दिया। ज़ाहिर है वह हरबंसपुरा की स्थिति से अथवा उसके नाम से अनभिज्ञ था।

बाबू ने कोई उत्तर नहीं दिया, केवल सिर हिला दिया और एक-आध बार पठान की ओर देखकर फिर खिड़की के बाहर झाँकने लगा।

डिब्बे में फिर मौन छा गया। तभी इंजन ने सीटी दी और उसकी एक-रस रफ्तार टूट गयी। थोड़ी ही देर बाद खटाक् का-सा शब्द भी हुआ। शायद गाड़ी ने लाइन बदली थी। बाबू ने झाँककर उस दिशा में देखा जिस ओर गाड़ी बढ़ी जा रही थी।

"शहर आ गया है।" वह फिर ऊँची आवाज़ में चिल्लाया, "अमृतसर आ गया है।" उसने फिर से कहा और उछलकर खड़ा हो गया, और ऊपर वाली बर्थ पर लेटे पठान को सम्बोधित करके चिल्लाया, "ओ बे पठान के बच्चे ! नीचे उतर तेरी माँ की...नीचे उतर, तेरी उस पठान बनाने वाले की मैं..."

बाबू चिल्लाने लगा और चीख-चीखकर गालियाँ बकने लगा था। तसबीह वाले पठान ने करवट बदली और बाबू की ओर देखकर बोला, "ओ क्या ऐ बाबू? अमको कुच बोला?"

बाबू को उत्तेजित देखकर अन्य मुसाफिर भी उठ बैठे।

"नीचे उतर, तेरी मैं...हिन्दू औरत को लात मारता है। हरामजादे ! तेरी उस...!"

"ओ बाबू, बक-बक नई करो। ओ खंजीर के तुख्म, गाली मत बको, अमने बोल दिया। अम तुमारा ज़बान खींच लेगा।"

"गाली देता है मादर... ।" बाबू चिल्लाया और उछलकर सीट पर चढ़ गया। वह सिर से पाँव तक काँप रहा था।

"बस-बस।" सरदार जी बोले, "यह लड़ने की जगह नहीं है। थोड़ी देर का सफ़र बाकी है, आराम से बैठो।"

"तेरी मैं लात न तोड़ूँ, तो कहना, गाड़ी तेरी बाप की है?" बाबू चिल्लाया।

"ओ अमने क्या बोला। सबी लोग उसको निकालता था, अमने बी निकाला। ये इदर अमको गाली देता ए। अम इसका ज़बान खींच लेगा।"

बुढ़िया बीच में फिर बोल उठी—"वे जीण जोगयो, आराम नाल बैठो। वे रब्ब दिये बन्दयो, कुछ होश करो।"

उसके होंठ किसी प्रेत के होठों की तरह फड़फड़ाए जा रहे थे और उनमें से क्षीण-सी फुसफुसाहट सुनायी दे रही थी।

बाबू चिल्लाये जा रहा था—"अपने घर में शेर बनता था। अब बोल, तेरी मैं उस पठान बनाने वाली की...।"

तभी गाड़ी अमृतसर के प्लेटफार्म पर /की। प्लेटफार्म लोगों से खचाखच भरा था। प्लेटफार्म पर खड़े लोग झाँक-झाँककर डिब्बों के अन्दर देखने लगे। बार-बार लोग एक ही सवाल पूछ रहे थे, "पीछे क्या हुआ है? कहाँ पर दंगा हआ है?"

खचाखच भरे प्लेटफार्म पर शायद इसी बात की चर्चा चल रही थी कि पीछे क्या हुआ है। प्लेटफार्म पर खड़े दो-तीन खोंचे वालों पर मुसाफिर टूटे पड़ रहे थे। सभी को सहसा भूख और प्यास परेशान करने लगी थी। इसी दौरान तीन-चार पठान हमारे डिब्बे के बाहर प्रकट हो गये और खिड़की में से झाँक-झाँककर अन्दर देखने लगे। अपने पठान साथियों पर नज़र पड़ते ही वे उनसे पश्तों में कुछ बोलने लगे। मैंने घूमकर देखा, बाबू डिब्बे में नहीं था। न जाने कब वह डिब्बे में से निकल गया था। मेरा माथा ठनका। गुस्से से वह पागल हुआ जा रहा था। न जाने क्या कर बैठे। पर इस बीच डिब्बे में तीनों पठान, अपनी-अपनी गठरी उठाकर बाहर निकल गये और अपने पठान साथियों के साथ गाड़ी के अगले किसी डिब्बे की ओर बढ़ गये। जो विभाजन पहले प्रत्येक के भीतर होता रहा था, अब सारी गाड़ी स्तर पर होने लगा था।

खोंचे वालों के इर्द-गिर्द भीड़ छँटने लगी। लोग अपने-अपने डिब्बों में लौटने लगे। तभी सहसा एक ओर से मुझे बाबू आता दिखायी दिया। उसका चेहरा अभी भी बहुत पीला था और माथे पर बालों की लट झूल रही थी। नजदीक पहुँचा, तो मैंने देखा, उसने अपने दायें हाथ में लोहे की एक छड़ उठा रखी थी। जाने वह उसे कहाँ मिल गयी थी। डिब्बे में घुसते समय उसने छड़ को अपनी पीठ के पीछे कर लिया और साथ वाली सीट पर बैठने से पहले उसने हौले से छड़ को सीट के नीचे सरका दिया। सीट पर बैठते ही उसकी आँखें पठान को देख पाने के लिए ऊपर को उठीं। पर डिब्बे में पठानों को न पाकर वह हड़बड़ाकर चारों ओर देखने लगा।

"निकल गये हरामी, मादर...सबके सब निकल गये !" फिर वह सिटपिटाकर उठ खड़ा हुआ और चिल्लाकर बोला, "तुमने उन्हें जाने क्यों दिया? तुम सब नामर्द हो, बुजदिल !"

पर गाड़ी में भीड़ बहुत थी। बहुत से नये मुसाफिर आये थे। किसी ने उसकी ओर ध्यान नहीं दिया।

गाड़ी सरकने लगी तो वह फिर मेरी बगल वाली सीट पर आ बैठा, पर वह बड़ा उत्तेजित था और बराबर बड़बड़ाये जा रहा था।

धीरे-धीरे हिचकोले खाती गाड़ी आगे बढ़ने लगी। डिब्बे में पुराने मुसाफिरों ने भरपेट पूरियाँ खा ली थीं और पानी पी लिया था और गाड़ी उस इलाके में आगे बढ़ने लगी थी, जहाँ उनके जान-माल को ख़तरा नहीं था।

नये मुसाफिर बतिया रहे थे। धीरे-धीरे गाड़ी फिर समतल गति से चलने लगी थी। कुछ ही देर बाद लोग ऊँघने भी लगे थे। मगर बाबू अभी भी फटी-फटी आँखों से सामने की ओर देखे जा रहा था। बार-बार मुझसे पूछता कि पठान डिब्बे में से निकलकर किस ओर को गये हैं। उसके सिर पर जनून सवार था।

गाड़ी के हिचकोलों में मैं ख़ुद ऊँघने लगा था। डिब्बे में लेट पाने के लिए जगह नहीं थी। बैठे-बैठे ही नींद में मेरा सिर कभी एक ओर को लुढ़क जाता, कभी दूसरी ओर को। किसी-किसी वक़्त झटके से मेरी नींद टूटती और मुझे सामने की सीट पर अस्त-व्यस्त-से पड़े सरदार जी के खर्राटे सुनायी देते। अमृतसर पहुँचने के बाद सरदार जी फिर से सामने वाली सीट पर टाँगें पसार कर लेट गये थे। डिब्बे में तरह-तरह की आड़ी-तिरछी मुद्राओं में मुसाफिर पड़े थे। उनकी वीभत्स मुद्राओं को देखकर लगता, डिब्बा लाशों से भरा है। पास बैठे बाबू पर नज़र पड़ती तो कभी तो वह खिड़की के बाहर मुँह किये देख रहा होता, कभी दीवार से पीठ लगाये तनकर बैठा नज़र आता।

किसी-किसी वक़्त गाड़ी किसी स्टेशन पर रुकती तो पहियों की गड़गड़ाहट बन्द होने पर निस्तब्धता-सी छा जाती। तभी लगता, जैसे प्लेटफार्म पर कुछ गिरा है या कोई मुसाफिर गाड़ी में से उतरा है और मैं झटके से उठकर बैठ जाता।

इसी तरह जब एक बार मेरी नींद टूटी तो गाड़ी की रफ्तार धीमी पड़ गयी थी और डिब्बे में अँधेरा था। मैंने उसी तरह अधलेटे खिड़की में से बाहर देखा। दूर, पीछे की ओर किसी स्टेशन के सिगनल के लाल कुमकुमे चमक रहे थे। स्पष्टतः गाड़ी कोई स्टेशन लाँघकर आयी थी। पर अभी तक उसने रफ्तार नहीं पकड़ी थी।

डिब्बे के बाहर मुझे धीमे से अस्फुट स्वर सुनायी दिये। दूर ही एक धूमिल-सा काला पुंज नज़र आया। नींद की खुमारी में मेरी आँखें कुछ देर तक उस पर लगी रहीं, फिर मैंने उसे समझ पाने का विचार छोड़ दिया। डिब्बे के अन्दर अँधेरा था, बत्तियाँ बुझी हुई थीं, लेकिन बाहर लगता था, पौ फटने वाली है।

मेरी पीठ पीछे, डिब्बे के बाहर किसी चीज़ को खरोंचने की-सी आवाज़ आयी। मैंने दरवाज़े की ओर घूमकर देखा। डिब्बे का दरवाज़ा बन्द था। मुझे फिर से दरवाज़ा खरोंचने की आवाज़ सुनायी दी। फिर मैंने साफ़-साफ़ सुना, लाठी से कोई डिब्बे का दरवाज़ा पटपटा रहा था। मैंने झाँककर खिड़की के बाहर देखा।

सचमुच एक आदमी डिब्बे की दो सीढ़ियाँ चढ़ आया था। उसके कन्धे पर एक गठरी झूल रही थी और हाथ में लाठी थी और उसने बदरंग-से कपड़े पहन रखे थे और उसकी दाढ़ी भी थी। फिर मेरी नज़र बाहर नीचे की ओर गयी। गाड़ी के साथ-साथ एक औरत भागती चली आ रही थी नंगे पाँव और उसने दो गठरियाँ उठा रखी थीं। बोझ के कारण उससे दौड़ा नहीं जा रहा था। डिब्बे के पायदान पर खड़ा आदमी बार-बार उसकी ओर मुड़कर देख रहा था और हाँफता हुआ कहे जा रहा था, "आ जा, आ जा, तू भी चढ़ आ, आ जा !"

दरवाज़े पर फिर से लाठी पटपटाने की आवाज़ आयी, "खोलो जी दरवाज़ा, ख़ुदा के वास्ते दरवाज़ा खोलो।"

वह आदमी हाँफ रहा था, "ख़ुदा के लिए दरवाज़ा खोलो, मेरे साथ में औरत जात है। गाड़ी निकल जायेगी..."

सहसा मैंने देखा, बाबू हड़बड़ाकर उठ खड़ा हुआ और दरवाज़े के पास जाकर दरवाज़े में लगी खिड़की में से मुँह निकालकर बोला, "कौन है ! इधर जगह नहीं है।"

बाहर खड़ा आदमी फिर गिड़गिड़ाने लगा, "ख़ुदा के वास्ते दरवाज़ा खोलो, गाड़ी निकल जायेगी..." और वह आदमी खिड़की में से अपना हाथ अन्दर डालकर दरवाज़ा खोल पाने के लिए सिटकनी टटोलने लगा।

"नहीं है जगह, बोल दिया, उतर जाओ गाड़ी पर से।" बाबू चिल्लाया और उसी क्षण लपककर दरवाज़ा खोल दिया।

"या अल्लाह!" उस आदमी के अस्फुट-से शब्द सुनायी दिये। दरवाज़ा खुलने पर जैसे उसने इत्मीनान की साँस ली हो।

और उसी वक़्त मैंने बाबू के हाथ में छड़ चमकती देखी। एक ही भरपूर वार बाबू ने उस मुसाफिर के सिर पर किया था। मैं देखते ही डर गया और मेरी टाँगें लरज गयीं। मुझे लगा, जैसे छड़ की वार का उस आदमी पर कोई असर नहीं हुआ। उसके दोनों हाथ अभी भी ज़ोर से डंडहरे को पकड़े हुए थे, कन्धे पर से लटकती गठरी खिसककर उसकी कोहनी पर आ गयी थी।

तभी सहसा उसके चेहरे पर लहू की दो-तीन धारें एक-साथ फूट पड़ीं। झुटपुटे में से मुझे उसके खुले होंठ और चमकते दान्त नज़र आये। वह दो-एक बार 'या अल्लाह!' बुदबुदाया, फिर उसके पैर लड़खड़ा गये। उसकी आँखों ने बाबू की ओर देखा, अधमुँदी-सी आँखें, जो धीरे-धीरे सिकुड़ती जा रही थीं मानो उसे पहचानने की कोशिश कर रही हों कि वह कौन है और उससे किस अदावत का बदला ले रहा है। इस बीच अँधेरा कुछ और छन गया था। उसके होंठ फिर

से फड़फड़ाए और उनमें उसके सफ़ेद दाँत फिर से झलक उठे। मुझे लगा, जैसे वह मुस्कराया है, पर वास्तव में केवल त्रास के ही कारण उसके होंठों में बल पड़ने लगे थे।

नीचे पटरी के साथ-साथ भागती औरत बड़बड़ाये और कोसे जा रही थी। उसे अभी भी मालूम नहीं हो पाया था कि क्या हुआ है। वह अभी भी शायद यही समझ रही थी कि गठरी के कारण उसका पति गाड़ी पर ठीक तरह से चढ़ नहीं पा रहा है, कि उसका पैर जम नहीं पा रहा है। वह गाड़ी के साथ-साथ भागती हुई, अपनी दो गठरियों के बावजूद अपने पति के पैर को पकड़-पकड़कर सीढ़ी पर टिकाने की कोशिश कर रही थी।

तभी सहसा डंडहरे से उस आदमी के दोनों हाथ छूट गये और वह कटे पेड़ की भाँति नीचे जा गिरा। और उसके गिरते ही औरत ने भागना बन्द कर दिया, मानो दोनों का सफ़र एक-साथ ही ख़त्म हो गया हो।

बाबू अभी भी मेरे निकट, डिब्बे के खुले दरवाज़े में बुत का बुत बना खड़ा था, लोहे की छड़ अभी भी उसके हाथ में थी। मुझे लगा, जैसे वह छड़ को फेंक देना चाहता है लेकिन उसे फेंक नहीं पा रहा, उसका हाथ जैसे उठ नहीं रहा था। मेरी साँस अभी भी फूली हुई थी और डिब्बे के अँधियारे कोने में मैं खिड़की के साथ सटकर बैठा उसकी ओर देखे जा रहा था।

फिर वह आदमी खड़े-खड़े हिला। किसी अज्ञात प्रेरणावश वह एक क़दम आगे बढ़ आया और दरवाज़े में से बाहर पीछे की ओर देखने लगा। गाड़ी आगे निकलती जा रही थी। दूर, पटरी के किनारे अँधियारा पुंज-सा नज़र आ रहा था।

बाबू का शरीर हरकत में आया। एक झटके में उसने छड़ को डिब्बे के बाहर फेंक दिया। फिर घूमकर डिब्बे के अन्दर दायें-बायें देखने लगा। सभी मुसाफिर सोए पड़े थे। मेरी ओर उसकी नज़र नहीं उठी।

थोड़ी देर तक वह खड़ा डोलता रहा, फिर उसने घूमकर दरवाज़ा बन्द कर दिया। उसने ध्यान से अपने कपड़ों की ओर देखा, अपने दोनों हाथों की ओर देखा, फिर एक-एक करके अपने दोनों हाथों को नाक के पास ले जाकर उन्हें सूँघा, मानो जानना चाहता हो कि उसके हाथों से ख़ून की बू तो नहीं आ रही है। फिर वह दबे पाँव चलता हुआ आया और मेरी बगल वाली सीट पर बैठ गया।

धीरे-धीरे झुटपुटा छँटने लगा, दिन खुलने लगा। साफ़-सुथरी-सी रोशनी चारों ओर फैलने लगी। किसी ने ज़ंज़ीर खींचकर गाड़ी को खड़ा नहीं किया था, छड़ खाकर गिरी उसकी देह मीलों पीछे छूट चुकी थी। सामने गेहूँ के खेतों में फिर से हल्की-हल्की लहरियाँ उठने लगी थीं।

सरदार जी बदन खुजलाते उठ बैठे। मेरी बगल में बैठा बाबू दोनों हाथ सिर के पीछे रखे सामने की ओर देखे जा रहा था। रात-भर में उसके चेहरे पर दाढ़ी के छोटे-छोटे बाल उग आये थे। अपने सामने बैठा देखकर सरदार उसके साथ बतियाने लगा, ''बड़े जीवट वाले हो बाबू, दुबले-पतले हो, पर बड़े गुर्दे वाले हो। बड़ी हिम्मत दिखायी है। तुमसे डरकर ही वे पठान डिब्बे में से निकल गये। यहाँ बने रहते तो एक न एक की खोपड़ी तुम ज़रूर दुरुस्त कर देते...'' और सरदार हँसने लगे।

बाबू जवाब में मुस्कराया—एक वीभत्स-सी मुस्कान, और देर तक सरदार जी के चेहरे की ओर देखता रहा।

अज्ञेय (1911-1987)

प्रसिद्ध उपन्यासकार एवं कहानीकार अज्ञेय का जन्म 7 मार्च 1911 को देविरया (उत्तर प्रदेश) में हुआ। और 4 अप्रैल 1987 को मृत्यु हुई। इनके पिता सरकारी नौकरी में पदस्थापित थे। अन्य कहानीकारों की भाँति अज्ञेय जी भी भारत विभाजन की पीड़ा से वंचित न रह सके। इनकी प्रस्तुत कहानी 'शरणदाता' हिन्दी साहित्य की उच्च कोटि की कहानियों में अंकित है। जिसमें दिखाया गया है कि शरण में आये हुए व्यक्ति की रक्षा का धर्म किस तरह प्रतिकूल माहौल में भी जैबुनिशा निभाती है। अज्ञेय जी अपने उपन्यासों के लिए अधिक प्रसिद्ध हैं। किन्तु इनकी कुछ कहानियाँ गैंग्रीन, चिड़ियाघर, जयदोल हिन्दी की सर्वश्रेष्ठ कहानियों में गिनी जाती हैं।

शरणदाता

"यह कभी हो ही नहीं सकता, देविन्दरलाल जी!"

रफीकुद्दीन वकील की वाणी में आग्रह था, चेहरे पर आग्रह के साथ चिन्ता और व्यथा का भाव। उन्होंने फिर दुहराया, "यह कभी नहीं हो सकता देविन्दरलाल जी!"

देविन्दरलाल ने उनके इस आग्रह को जैसे कबूलते हुए, पर अपनी लाचारी जताते हुए कहा, "सब लोग चले गये। आपसे मुझे कोई डर नहीं बल्कि आपका तो सहारा है, लेकिन आप जानते हैं, जब एक बार लोगों को डर जकड़ लेता है और भगदड़ पड़ जाती है, तब फिजा ही कुछ और हो जाती है। हर कोई हर किसी को शुबहे की नज़र से देखता है, और खामखाह दुश्मन हो जाता है। आप तो मुहल्ले के सरवरा है, पर बाहर से आने-जाने वालों का क्या ठिकाना है? आप तो देख ही रहे हैं, कैसी-कैसी वारदातें हो रही हैं..."

रफीकुद्दीन ने बात काटते हुए कहा, "नहीं साहब, हमारी नाक कट जायेगी। कोई बात है भला कि आप घर-बार छोड़कर अपने ही शहर में पनाहगजीं हो जायें? हम तो आपको जाने न देंगे—बल्कि ज़बरदस्ती रोक लेंगे। मैं तो इसे मेजारिटी का फर्ज मानता हूँ कि वह माइनारिटी की हिफाजत करे और उन्हें घर छोड़-छोड़कर भागने न दे। हम पडोसी की हिफाजत न कर सके तो मुल्क की हिफाजत क्या खाक करेंगे! और मुझे पूरा यकीन है कि बाहर की तो ख़ैर बात ही क्या, पंजाब में ही कई हिन्दू भी, जहाँ उनकी बहुतायता है, ऐसा ही सोच और कर रहे होंगे। आप न जाइए, न जाइए। आपकी हिफाजत की ज़िम्मेदारी मेरे सिर, बस?"

रफीकुद्दीन के पड़ोस के हिन्दू परिवार धीरे-धीरे एक-एक करके खिसक गये थे। होता यह कि दोपहर-शाम जब कभी साक्षात् होता, देविन्दरलाल पूछते, "कहो, लालाजी (या बाऊजी या पंडजी), क्या सलाह बनायी आपने? और वे उत्तर देते, 'जी सलाह क्या बणनी है, यहीं पर रह रहे हैं, देखी जायेगी'—पर शाम को या अगले दिन सवेरे देविन्दरलाल देखते कि वे चुपचाप ज़रूरी सामान लेकर कहीं खिसक गये हैं, कोई लाहौर से बाहर, कोई लाहौर में ही हिन्दुओं के मुहल्ले में।

और अन्त में यह परिस्थिति आ गयी कि अब उनके दाहिनी ओर चार मकान खाली छोड़कर एक मुसलमान गूजर का अहाता पड़ता था जिसमें एक ओर गूजर की भैंसें और दूसरी ओर कई छोटे-मोटे मुसलमान कारीगर रहते थे, बायीं ओर भी देविन्दर और रफीकुद्दीन के मकानों के बीच के मकान खाली थे और रफीकुद्दीन के मकान के बाद मोजंग का अड्डा पड़ता था, जिसके बाद तो विशुद्ध मुसलमान बस्ती थी। देविन्दरलाल और रफीकुद्दीन में पुरानी दोस्ती थी, और एक-एक आदमी के जाने पर चर्चा होती थी। अन्त में जब एक दिन देविन्दरलाल ने बताया कि वे भी चले जाने की बात पर विचार कर रहे हैं तब रफीकुद्दीन को धक्का लगा और उन्होंने व्यथित स्वर में कहा—"देविन्दरलाल जी, आप भी!"

रफीकुद्दीन का आश्वासन पाकर देविन्दरलाल रह गये। तब यह तय हुआ कि अगर ख़ुदा न करे कोई ख़तरे की बात हुई तो रफीकुद्दीन उन्हें पहले ख़बर भी कर देगें और हिफाजत का इन्तजाम भी कर देंगे-चाहे जैसे हो। देविन्दरलाल की स्त्री तो कुछ दिन पहले ही जालन्धर मायके गयी हुई थी, उसे लिख दिया गया कि अभी न आये, वहीं रहे। रह गये देविन्दर और उनका पहाड़िया नौकर सन्तू

किन्तु यह व्यवस्था बहुत दिन नहीं चली। चौथे ही दिन सवेरे उठकर उन्होंने देखा सन्तू भाग गया है। अपने हाथों चाय बनाकर उन्होंने पी, धोने को बर्तन उठा रहे थे कि रफीकुद्दीन ने आकर ख़बर दी सारे शहर में मारकाट हो रही है और थोड़ी देर में मोजंग में भी हत्यारों के गिरोह बँध-बँधकर निकलेंगे, कहीं जाने का समय नहीं है, देविन्दरलाल अपना ज़रूरी और कीमती सामान ले लें और उनके साथ उनके घर चले चलें। यह बला टल जाये तो फिर घर लौट आवेंगे...

'कीमती' सामान कुछ था नहीं। गहना-छल्ला सब स्त्री के साथ जालन्धर चला गया था, रुपया थोड़ा-बहुत बैंक में था और ज़्यादा फैलाव कुछ उन्होंने किया नहीं था। यों गृहस्थ को अपनी गिरिस्ती की हर चीज़ कीमती मालूम होती है....देविन्दरलाल घण्टे भर बाद ट्रंक-बिस्तर के साथ रफीकुद्दीन के यहाँ जा पहुँचे।

तीसरे पहर उन्होंने देखा, हुल्लड़ मोजंग में आ पहुँचा है। शाम होते-होते उनकी निर्निमेष आँखों के सामने ही उनके घर का ताला तोड़ा गया और जो कुछ था लुट गया। रात को जहाँ-तहाँ लपटें उठने लगीं और भादों की उमस धुआँ खाकर और भी गलघोंटू हो गयी....

रफीकुद्दीन भी आँखों में पराजय लिए चुपचाप देखते रहे। केवल एक बार उन्होंने कहा, "यह दिन भी था देखने को—और आज़ादी के नाम पर, या अल्लाह!"

लेकिन ख़ुदा जिसे घर से निकालता है, उसे फिर गली में भी पनाह नहीं देता।

देविन्दरलाल घर से बाहर तो निकल ही न सकते, रफीकुद्दीन ही आते-जाते।

काम करने का तो वातावरण ही नहीं था, वे घूम-घाम आते, बाज़ार कर आते और शहर की ख़बर ले आते, देविन्दर को सुनाते और फिर दोनों बहुत देर तक देश के भविष्य पर आलोचना किया करते। देविन्दर ने पहले तो लक्ष्य नहीं किया लेकिन बाद में पहचानने लगे कि रफीकुद्दीन की बातों में कुछ चिन्ता का और कुछ एक और पीड़ा का भी स्वर है जिसे वह नाम नहीं दे सकता—थकान? उदासी? विरक्ति? पराजय? न जाने...

शहर तो वीरान हो गया था। जहाँ-तहाँ लाशें सड़ने लगीं, घर लुट चुके थे और अब जल रहे थे। शहर के एक नामी डॉक्टर के पास कुछ प्रतिष्ठित लोग गये थे यह प्रार्थना लेकर कि वे मुहल्लों में जावें, उनकी सब लोग इ़ज़्ज़त करते हैं, इसलिए उनके समझाने का असर होगा और मरीज भी वे देख सकेंगे। वे दो मुसलमान नेताओं के साथ निकले। दो-तीन मुहल्ले घूमकर मुसलमानों की बस्ती में एक मरीज को देखने के लिए स्टेथेस्कोप निकालकर मरीज पर झुके ही थे कि मरीज के ही एक रिश्तेदार ने पीठ में छुरा भोंक दिया...

हिन्दू मुहल्ले में रेलवे के एक कर्मचारी ने बहुत से निराश्रितों को अपने घर में जगह दी थी जिनके घर-बार सब कुछ लुट चुके थे। पुलिस को उसने ख़बर दी थी कि ये निराश्रित उसके घर पर टिके हैं, हो सके तो उनके घरों और माल की हिफाजत की जाये। पुलिस ने आकर शरणागतों के साथ उसे और उसके घर की स्त्रियों को गिरफ्तार कर लिया और ले गयी! पीछे घर पर हमला हुआ, लूट हुई और घर में आग लगा दी गयी। तीन दिन बाद उसे और उसके परिवार को थाने से छोड़ा गया और हिफाजत के लिए हथियारबन्द पुलिस के दो सिपाही साथ किये गये। थाने से पचास क़दम के फासले पर पुलिसवालों ने अचानक बन्दूक उठाकर उस पर और उसके परिवार पर गोली चलायी। वह और तीन स्त्रियाँ मारी गयीं। उसकी माँ और स्त्री घायल होकर गिर गयी और सड़क पर पड़ी रहीं......

विषाक्त वातावरण, द्वेष और घृणा की चाबुक से तड़फड़ाते हुए हिंसा के घोड़े, विष फैलाने को सम्प्रदायों के अपने संगठन और उसे भड़काने को पुलिस और नौकरशाही! देविन्दरलाल को अचानक लगता कि वह और रफीकुद्दीन ही गलत हैं जो कि बैठे हुए हैं जबकि सब कुछ भड़क रहा है, उफन रहा है, झुलस और जल रहा है...और वे लक्ष्य करते कि वह अस्पष्ट स्वर जो रफीकुद्दीन की बातों में पाते थे, धीरे-धीरे कुछ स्पष्ट होता जाता है—एक लज्जित सी रुखाई का स्वर—

हिन्दुस्तान-पाकिस्तान की अनुमानित सीमा के पास के एक गाँव में कई सौ मुसलमानों ने सिक्खों के गाँव में शरण पायी। अन्त में जब आसपास के गाँव के और अमृतसर शहर के लोगों के दबाव ने उस गाँव में उनके लिए फिर

आसन्न संकट की स्थिति पैदा कर दी, तब गाँव के लोगों ने अपने मेहमानों को अमृतसर स्टेशन पहुँचाने का निश्चय किया जहाँ से वे सुरक्षित मुसलमान इलाके में जा सकें और दो-ढाई सौ आदमी किरपानें निकालकर उन्हें घेरे में लेकर स्टेशन पहुँचा आये—किसी को कोई क्षति नही पहुँची...

घटना सुनाकर रफीकुद्दीन ने कहा, "आखिर तो लाचारी होती है। अकेले इनसान को झुकना ही पड़ता है। वहाँ तो पूरा गाँव था, फिर भी उन्हें हारना पड़ा। लेकिन आखिर तक उन्होंने निबाहा, इसकी दाद देनी चाहिए। उन्हें पहुँचा आये..."

देविन्दरलाल ने हामी भरी, लेकिन सहसा पहला वाक्य उनके स्मृतिपटल पर उभर आया, "आखिर तो लाचारी होती है। अकेले इनसान को झुकना ही पड़ता है!"

उन्होंने एक तीखी नज़र से रफीकुद्दीन की ओर देखा, पर वे कुछ बोले नहीं।

अपराह्न में छः-सात आदमी रफीकुद्दीन से मिलने आये। रफीकुद्दीन ने उन्हें अपने बैठक में ले जाकर दरवाज़े बन्द कर लिए। डेढ़-दो घण्टे तक बातें हुईं। सारी बात प्रायः धीरे-धीरे ही हुई, बीच-बीच में कोई स्वर ऊँचा उठ जाता और एक-आध शब्द देविन्दरलाल के कान में पड़ जाता—'बेवकूफी, गद्दारी, इस्लाम' ... वाक्यों को पूरा करने की कोशिश उन्होंने आयासपूर्वक नहीं की। दो घण्टे बाद जब उनको विदा करके रफीकुद्दीन बैठक से निकलकर आये, तब भी उनसे लपककर पूछने की स्वाभाविक प्रेरणा को उन्होंने दबाया, पर जब रफीकुद्दीन उनकी ओर खिंचा हुआ चेहरा झुकाये उनकी बगल से निकलकर बिना एक शब्द कहे भीतर जाने लगे तब उनसे रहा न गया और उन्होंने आग्रह के स्वर में पूछा—"क्या बात है रफीक साहब, ख़ैर तो है?"

रफीकुद्दीन ने मुँह उठाकर एक बार उनकी ओर देखा, बोले नहीं। फिर आँखें झुका ली।

अब देविन्दरलाल ने कहा, "मैं समझता हूँ। मेरी वजह से आपको जलील होना पड़ रहा है और ख़तरा उठाना पड़ रहा है सो अलग, लेकिन आप मुझे जाने दीजिए। मेरे लिए आप जोखिम में न पड़ें। आपने जो कुछ किया है उसके लिए मैं बहुत शुक्रगुजार हूँ। आपका एहसान..."

रफीकुद्दीन ने दोनों हाथ देविन्दरलाल के कन्धों पर रख दिये, कहा, "देविन्दरलाल जी!" उनकी साँस तेज़ चलने लगी। फिर सहसा भीतर चले गये।

लेकिन खाने के वक़्त देविन्दरलाल ने फिर सवाल किया। बोले "आप ख़ुशी से न जाने देगें तो मैं चुपचाप खिसक जाऊँगा। आप सच-सच बतलाइए आपसे उन्होंने क्या कहा?"

"धमकियाँ देते रहे और क्या?"

"फिर भी क्या धमकी आखिर..."

"धमकी को भी क्या होती है क्या? उन्हें शिकार चाहिए, हल्ला करके न मिलेगा तो आग लगाकर लेंगे।"

"ऐसा! तभी तो मैं कहता हूँ, मैं चला। मैं इस वक़्त अकेला आदमी हूँ, कहीं निकल ही जाऊँगा। आप घर-बार वाले आदमी—ये लोग तो सब तबाह कर डालने पर तुले हैं।"

"गुण्डे हैं बिल्कुल।"

"मैं आज ही चला जाऊँगा..."

"यह कैसे हो सकता है, आखिर आपको चले जाने से हमी ने रोका था, हमारी भी तो कुछ ज़िम्मेदारी है..."

"आपने भला चाहकर ही रोका था, उससे आगे कोई ज़िम्मेदारी नहीं है..."

"आप जायेंगे कहाँ..."

"देखा जायेगा..."

"नहीं, यह नामुमकिन बात है।"

किन्तु बहस के बाद तय हुआ कि देविन्दरलाल वहाँ से टल जायेंगे। रफीकुद्दीन और कहीं पडोस में उनके एक और मुसलमान दोस्त के यहाँ छिपकर रहने का प्रबन्ध कर देंगे, वहाँ तकलीफ़ तो होगी पर ख़तरा नहीं होगा, क्योंकि देविन्दरलाल घर में नहीं रहेंगे। वहाँ पर रहकर जान की हिफाजत तो रहेगी, तब तक कुछ और उपाय सोचा जायेगा निकलने का...

देविन्दरलाल शेख अताउल्लाह के अहाते के अन्दर पिछली तरफ़ पेड़ों के झुरमुट की आड़ में बनी हुई एक ग़ैराज में पहुँच गये। ठीक ग़ैराज में तो नहीं, ग़ैराज की बगल में एक कोठरी थी जिसके सामने दीवारो से घिरा हुआ एक छोटा-सा आँगन था। पहले शायद यह ड्राइवर के रहने के काम आती हो। कोठरी में ठीक सामने और ग़ैराज की तरफ़ के किवाड़ों को छोड़कर खिड़की वग़ैरह नहीं थी। एक तरफ़ एक खाट पड़ी थी आले में एक लोटा। फ़र्श कच्चा, मगर लिपा हुआ। ग़ैराज के बाहर लोहे की चादर का मज़बूत फाटक था, जिसमें ताला पड़ा था। फाटक के अन्दर ही कच्चे फ़र्श में एक गढ़ा-सा ख़ुदा हुआ था जिसकी एक ओर चूना मिली मिट्टी का लोटा देखकर गढ़े का उपयोग समझते देर न लगी।

देविन्दरलाल का ट्रंक और बिस्तर जब कोठरी के कोने में रख दिया गया और बाहर आँगन का फाटक बन्द करके उसमें भी ताला लगा दिया गया, तब थोड़ी देर वे हतबुद्धि खड़े रहे। यह है आज़ादी। पहले विदेशी सरकार लोगों को

क़ैद करती थी वे आज़ादी के लिए लड़ना चाहते थे, अब अपने ही भाई अपनों को तनहाई क़ैद दे रहे हैं क्योंकि वे आज़ादी के लिए ही लड़ाई रोकना चाहते हैं, फिर मानव प्राणी का स्वाभाविक वस्तुवाद जागा और उन्होंने ग़ैराज-कोठरी-आँगन का निरीक्षण इस दृष्टि से आरम्भ किया कि क्या-क्या सुविधाएँ वे अपने लिए कर सकते हैं।

ग़ैराज ठीक है, थोड़ी-सी दुर्गन्ध होगी, ज़्यादा नहीं, बीच का किवाड़ बन्द रखने से कोठरी में नहीं आयेगी। नहाने का कोई सवाल ही नहीं-पानी शायद मुँह-हाथ धोने को काफ़ी हो जाया करेगा......।

कोठरी...ठीक है। रोशनी नही है, पढ़ने-लिखने का सवाल ही नहीं उठता, पर कामचलाऊ रोशनी आँगन से प्रतिबिम्ब होकर आ जाती है क्योंकि आँगन की एक ओर सामने के मकान की कोनेवाली बत्ती से रोशनी पड़ती है। बल्कि आँगन में इस जगह खड़े होकर शायद कुछ पढ़ा जा सके। लेकिन पढ़ने को है ही कुछ नहीं, वह तो ध्यान ही न रहा था।

देविन्दरलाल फिर ठिठक गये। सरकारी क़ैद में तो गा-चिल्ला भी सकते हैं, यहाँ तो चुप रहना होगा!

उन्हें याद आया उन्होंने पढ़ा है, जेल में लोग चिड़िया, कबूतर, गिलहरी, बिल्ली आदि से दोस्ती करके अकेलापन दूर करते हैं, यह भी न हो तो कोठरी में मकड़ी-चाँटा आदि का अध्ययन करके....उन्होंने एक बार चारों ओर नज़र दौड़ाई। मच्छरों से भी बन्धु भाव हो सकता है, यह उनका मन किसी तरह नहीं स्वीकार कर पाया।

वे आँगन में खड़े होकर आकाश देखने लगे। आज़ाद देश का आकाश, और नीचे से, अभ्यर्थना में—जलते हुए घरों का धुआँ! धूपेन धापयामः। लाल चन्दन-रक्त चन्दन...

अचानक उन्होंने आँगन की दीवार पर छाया देखी—एक बिलार! उन्होंने बुलाया 'आओ, आओ' पर वह वहीं बैठा स्थिर दृष्टि से ताकता रहा।

जहाँ बिलार आता है, वहाँ अकेलापन नहीं है। देविन्दरलाल ने कोठरी में जाकर बिस्तरा बिछाया और थोड़ी देर में निर्द्वन्द्व भाव से सो गये।

दिन छिपे के वक़्त केवल एक बार खाना आता था। यों वह दो वक़्त के लिए काफ़ी होता था। उसी समय कोठरी और ग़ैराज के लोटे भर दिये जाते थे। लाता था एक जवान लड़का, जो स्पष्ट ही नौकर नहीं था, देविन्दरलाल ने अनुमान किया कि शेख साहब का लड़का होगा। वह बोलता बिल्कुल नहीं था। देविन्दरलाल ने पहले दिन पूछा था कि शहर का क्या हाल है तो उसने एक अजनबी दृष्टि

से उन्हें देख लिया था फिर पूछा कि अभी अमन हुआ है या नहीं? तो उसने नकारात्मक सिर हिला दिया था और सब खैरियत? तो फिर हिलाया था—हाँ।

देविन्दरलाल चाहते तो खाना दूसरे वक़्त के लिए रख सकते थे, पर एक बार आता है तो एक बार ही खा लेना चाहिए, यह सोचकर वे डटकर खा लेते थे और बाकी बिलार को दे देते थे। बिलार ख़ूब हिल गया था, आकर गोद में बैठ जाता और खाता रहता, फिर हड्डी-वड्डी लेकर आँगन के कोने में बैठकर चबाता रहता या ऊब जाता तो देविन्दरलाल के पास आकर घुरघुराने लगता।

इस तरह शाम कट जाती थी, रात घनी हो आती थी। तब वे सो जाते थे। सुबह उठकर आँगन में कुछ वरजिश कर लेते थे कि शरीर ठीक रहे, बाकी दिन कोठरी में बैठे कभी कंकड़ों से खेलते कभी आँगन की दीवार पर बैठने वाली गौरैया देखते कभी दूर से कबूतर की गुटर-गूँ सुनते और कभी सामने के कोने से शेखजी के घर के लोगों की बातचीत भी सुन पड़ती। अलग-अलग आवाज़ें वे पहचानने लगे थे और तीन-चार दिन में ही वे घर के भीतर के जीवन और व्यक्तियों से परिचित हो गये थे। एक भारी सी जनानी आवाज़ थी—शेख साहब की बीवी की, एक और तीखी जनानी आवाज़ थी जिसके स्वर में वय का खुरदरापन था—घर की कोई और बुजुर्ग स्त्री, एक विनीत युवा स्वर जो प्रायः पहली आवाज़ थी—जैबू! ओ जैबू! पुकार के उत्तर में बोलता था और इसलिए शेख साहब की लड़की जेबुन्निसा का स्वर था। दो मर्दानी आवाज़ें भी सुन पड़ती थीं—एक तो आबिद मियाँ की, जो शेख साहब का लड़का हुआ और यह वही लड़का है जो खाना लेकर आता है और एक बडी भारी और चरबी से चिकनी आवाज़ जो शेख साहब की है। इस आवाज़ को देविन्दरलाल सुन तो सकते लेकिन इसकी बात के शब्दाकार कभी पहचान में न आते—दूर से तीखी आवाज़ों के बोल ही स्पष्ट समझ आते हैं।

जैबू की आवाज़ से देविन्दरलाल का लगाव था। घर की युवती लड़की की आवाज़ थी, इस स्वाभाविक आकर्षण से ही नहीं, वह विनीत थी, इसलिए। मन-ही-मन वे जेबुन्निसा के बारे में अपने ऊहापोह को रोमानी खिलवाड़ कहकर अपने को थोड़ा झिड़क लेते थे, पर अक्सर वे यह सोचते थे कि क्या यह आवाज़ भी लोगों में फिरकापरस्ती का ज़हर भरती होगी? शेख साहब पुलिस के किसी दफ्तर में शायद हेड क्लर्क हैं। देविन्दरलाल को यहाँ लाते समय रफीकुद्दीन ने यही कहा था कि पुलिसियों का घर सुरक्षित होता है, वह बात ठीक भी है, लेकिन सुरक्षित होता है इसलिए शायद बहुत-से उपद्रवों की जड़ भी होता है। ऐसे घर में सभी लोग ज़हर फैलानेवाले हों तो अचम्भा क्या...

लेकिन खाते वक़्त भी वे सोचते, खाने में कौन-सी चीज़ किस हाथ की

बनी होगी। परोसा किसने होगा। सुनी बातों से वे जानते थे कि पकाने में बड़ा हिस्सा तो उस तीखी खुरदुरी आवाज़ वाली स्त्री का रहता था, पर परोसना शायद जेबुन्निसा के ही जिम्मे था और यही सब सोचते-सोचते देविन्दरलाल खाना खाते और कुछ ज़्यादा ही खा लेते थे...

खाने में बड़ी-बड़ी मुसलमानी रोटियों के बजाय छोटे-छोटे हिन्दू फुलके देखकर देविन्दरलाल के जीवन की एकरसता में थोड़ा-सा परिर्वतन आया। मांस तो था, लेकिन आज रबड़ी भी थी जबकि पीछे मीठे के नाम पर एक-आध बार शाह टुकड़ा और एक बार फिरनी आयी थी। आबिद जब खाना रखकर चला गया, तब देविन्दरलाल क्षण भर उसे देखते रहे। उनकी उँगलियाँ फुलकों से खेलने-सी लगीं, उन्होंने एकाध को उटाकर फिर रख दिया, पल भर के लिए अपने घर का दृश्य उनकी आँखों के आगे दौड़ गया। उन्होंने फिर दो-एक फुलके उठाये और फिर रख दिये।

हठात् वे चौंके।

तीन-एक फुलकों की तह के बीच में काग़ज़ की एक पुड़िया-सी पड़ी थी। देविन्दर लाल ने पुड़िया खोली।

पुड़िया में कुछ नहीं था।

देविन्दरलाल ने उसे फिर गोल करके फेंक देनेवाले ही थे कि हाथ ठिठक गया। उन्होंने कोठरी से आँगन में जाकर कोने में पंजों पर खड़े होकर बाहर की रोशनी में पुर्जा देखा उस पर कुछ लिखा था। केवल एक सतर :

"खाना कुत्ते को खिलाकर खाइएगा।"

देविन्दरलाल ने काग़ज़ की चिन्दियाँ कीं, चिन्दियों को मसला। कोठरी से ग़ैराज में जाकर उसे गड्ढे में डाल दिया, फिर आँगन में लौट आये और टहलने लगे।

मस्तिष्क ने कुछ नहीं कहा। सन्न रहा। केवल एक नाम उसके भीतर खोया-सा चक्कर काटता रहा, जैबू... जैबू... जैबू...

थोड़ी देर बाद वह फिर खाने के पास जाकर खड़े हो गये।

यह उनका खाना है—देविन्दरलाल का। मित्र के नहीं, तो मित्र के मित्र के यहाँ से आया है और उनके मेज़बान के, उनके आश्रयदाता के।

जैबू के।

जैबू के पिता के।

कुत्ता यहाँ-कहाँ है?

देविन्दरलाल टहलने लगे।

आँगन की दीवार पर छाया सरकी। बिलार बैठा था।

देविन्दरलाल ने बुलाया। वह लपककर कन्धे पर आ रहा। देविन्दरलाल ने उसे गोद में लिया और पीठ सहलाने लगे। वह घुरघुराने लगा। देविन्दरलाल कोठरी में गये, फिर थोड़ी देर बिलार को पुकारते रहे, फिर धीरे-धीरे बोले, "देखो बेटा, तुम मेरे मेहमान, मैं शेख साहब का, है ना। वे मेरे साथ जो करना चाहते हैं वही मैं तुम्हारे साथ करना चाहता हूँ, चाहता नही हूँ पर करने जा रहा हूँ। वे भी चाहते हैं कि नहीं, पता नहीं, यही तो जानता है। इसीलिए तो मैं तुम्हारे साथ वह करना चाहता हूँ जो मेरे साथ वे पता नहीं चाहते हैं कि नहीं...नहीं, सब बात गड़बड़ हो गयी। अच्छा, रोज मेरी जूठन तुम खाते हो, आज तुम्हारी मैं खाऊँगा। हाँ, यही ठीक है। लो खाओ...."

बिलार ने मांस खाया। हड्डी झपटना चाहता था पर देविन्दरलाल ने उसे गोदी में लिए-लिए ही रबड़ी खिलायी, वह सब चाट गया। देविन्दरलाल उसे गोदी में लिए सहलाते रहे।

जानवरों में तो सहज ज्ञान होता है खाद्य-अखाद्य का, नहीं तो वे बचते कैसे? सब जानवरों में होता है, और बिल्ली तो जानवरों में शायद सबसे अधिक ज्ञान के सहारे जीने वाली है, तभी तो कुत्ते की तरह पतली नहीं...बिल्ली जो खा ले वह सर्वथा खाद्य है—यों बिल्ली सड़ी मछली खा ले जिसे इनसान न खाये वह और बात है...

सहसा बिलार ज़ोर से गुस्से से चीखा और उछलकर गोद से बाहर जा कूदा, चीखता-गुर्राता-सा कूदकर दीवार पर चढ़ा और ग़ैराज की छत पर जा पहुँचा। वहाँ से थोड़ी देर तक उनके कानों में अपने आपसे ही लड़ने की आवाज़ आती रही। फिर धीरे-धीरे गुस्से का स्वर दर्द के स्वर में परिणत हुआ, फिर एक करुण रिरियाहट में, एक दुर्बल चीख में, एक बुझती हुई-सी कराह में, फिर एक सहसा चुप हो जानेवाली लम्बी साँस में...

मर गया...

देविन्दरलाल फिर खाने को देखने लगे। वह कुछ साफ़-साफ़ दीखता हो सो नहीं, पर देविन्दरलालजी की आँखें निस्पन्द उसे देखती रहीं।

आज़ादी। भाईचारा। देश-राष्ट्र...

एक ने कहा कि हम ज़ोर करके देखेंगे और रक्षा करेंगे पर घर से निकाल दिया। दूसरे ने आश्रय दिया, और विष दिया।

और साथ में चेतावनी, कि विष दिया जा रहा है।

देविन्दरलाल का मन ग्लानि से भर उमड़ आया। इस धक्के को राजनीति की भुरभुरी रेत की दीवार के सहारे नहीं, दर्शन के सहारे ही झेला जा सकता था।

उन्होंने खाना उठाकर आँगन में रख दिया। दो घूँट पानी पिया फिर टहलने लगे। तनिक देर बाद उन्होंने ट्रंक खोला, एक बार सरसरी दृष्टि से सब चीज़ों को देखा, फिर ऊपर के खाने में से दो-एक काग़ज़, दो-एक फोटो, एक सेविंग बैंक की पासबुक और एक बड़ा-सा लिफाफा निकालकर एक काले शेरवानी-नुमा कोट की जेब में रखकर कोट पहन लिया। आँगन में आकर एक क्षणभर कान लगाकर सुना।

फिर वे आँगन की दीवार पर चढ़कर बाहर फाँद गये और बाहर सड़क पर निकल आये—वे स्वयं नहीं जान सके कि कैसे।

इसके बाद की घटना, घटना नहीं है। घटनाएँ सब अधूरी होती हैं, पूरी तो कहानी होती है। कहानी की संगति मानवीय तर्क या विवेक या कला या सौन्दर्य-बोध की बनायी हुई संगति है, इसलिए मानव को दीख जाती है और वह पूर्णता का आनन्द पा लेता है। घटना की संगति मानव पर किसी शक्ति की—कह लीजिए काल या प्रकृति या संयोग या दैव या भगवान की बनायी हुई संगति है। इसलिए मानव को सहसा नहीं भी दीखती, इसलिए इसके बाद जो कुछ हुआ और जैसे हुआ वह बताना ज़रूरी नहीं। इतना बताने से काम चल जायेगा कि डेढ़ महीने बाद अपने घर का पता लेने के लिए देविन्दरलाल अपना पता देकर दिल्ली रेडियो से अपील करवा रहे थे तब एक दिन उन्हें लाहौर की मुहरवाली एक छोटी-सी चिट्ठी मिली थी :

"आप बचकर चले गये, इसके लिए ख़ुदा का लाख-लाख शुक्र है। मैं मनाती हूँ कि रेडियो पर जिनके नाम आपने अपील की है, वे सब सलामती से आपके पास पहुँच जाये। अब्बा ने जो किया या करना चाहा उसके लिए मैं माफी माँगती हूँ और यह भी याद दिलाती हूँ कि उसकी काट मैंने ही कर दी थी। अहसान नहीं जताती, मेरा कोई अहसान आप पर नहीं है—सिर्फ़ यह इल्तजा करती हूँ कि आपके मुल्क में अकलीयत का कोई मजलूम हो तो याद कर लीजिएगा। इसलिए नहीं कि वह मुसलमान है, इसलिए कि आप इनसान हैं। ख़ुदा हाफिज।

देविन्दरलाल की स्मृति में शेख अताउल्लाह की चरबी से चिकनी भारी आवाज़ गूँज गयी—'जैबू! जैबू!' और फिर ग़ैराज की छत पर छटपटा कर धीरे-धीरे शान्त होने वाले बिलार की वह दर्द-भरी कराह, जो केवल एक लम्बी साँस बनकर चुप हो गयी थी।

उन्होंने चिट्ठी की छोटी-सी गोली बनाकर चुटकी से उड़ा दी।

कमलेश्वर (1932-2007)

कमलेश्वर जी का स्थान कहानीकारों में काफ़ी ऊँचा है। पत्रकारिता में भी इनको सर्वश्रेष्ठ स्थान प्राप्त है। वे नयी कहानियाँ, सारिका, कथायात्रा आदि अनेक पत्रिकाओं तथा दैनिक जागरण, दैनिक भास्कर के सम्पादक रहे। वे राष्ट्रभाषा शिखर सम्मान, साहित्य अकादेमी पुरस्कार, हिन्दी अकादेमी के 'शलाका सम्मान', उत्तर प्रदेश के 'भारत भारती पुरस्कार' आदि से सम्मानित हुए। उन्होंने यूरोप, रूस, चीन आदि की गहन यात्रा की। उनकी कहानियों में 'कितने पाकिस्तान' का सर्वश्रेष्ठ स्थान है जो भारत विभाजन के परिपेक्ष्य में लिखी गयी है। हिन्दी के कथाकारों में कमलेश्वर का विशिष्ट स्थान है। वास्तविक ज़िन्दगी की उनकी पकड़ काफ़ी मज़बूत है और उनके कथा-साहित्य ने रचनात्मकता के साथ ही जीवन और इतिहास के चिन्तन के नये रास्ते खोल दिये हैं।

कितने पाकिस्तान

कितना लम्बा सफ़र है! और यह भी समझ नहीं आता कि यह पाकिस्तान बार-बार आड़े क्यों आता रहा है। सलीमा! मैंने कुछ बिगाड़ा तो नहीं तेरा...तब तूने क्यों अपने को बिगाड़ लिया? तू हँसती है...पर मैं जानता हूँ, तेरी इस हँसी में ज़हर बुझे तीर हैं। यह मेहँदी के फूल नहीं हैं सलीमा, जो सिर्फ़ हवा के साथ महकते हैं।

हवा! हँसी आती है इस हवा को सोचकर। तूने ही तो कहा था कि मुझे हवा लग गयी है। याद है उन दिनों की?

तुम्हें सब याद है। औरतें कुछ नहीं भूलतीं, सिर्फ़ ज़ाहिर करती हैं कि भूल गयी हैं। वे ऐसा न करें तो जीना मुश्किल हो जाये। तुम्हें औरत या सलीमा कहते भी मुझे अटपटा लगता है। बन्नो कहने को दिल करता है। वही बन्नो जो मेहँदी के फूलों की ख़ुशबू मिली रहती थी। जब मेरी नाक के पास मेहँदी के फूल लाकर तुम मुँह से उन्हें फूँका करती थीं कि महक उड़ने लगे और कहा करती थीं—"इनकी महक तभी उड़ती है जब हवा चलती है..."

सच पूछो तो मुझे वही हवा लग गयी। वही हवा, बन्नो! पर अब तुम्हें बन्नो कहते मन झिझकता है। पता नहीं ख़ुद तुम्हें यह नाम बर्दाश्त होगा या नहीं। और अब इस नाम में रखा भी क्या है।

मेरा मन हुआ था कि उस रात मैं सीढ़ियों से फिर ऊपर चढ़ जाऊँ और तुमसे कुछ पूछूँ-कुछ याद दिलाऊँ। पर ऐसा क्या था जो तुम्हें याद नहीं होगा!

ओफ! मालूम नहीं कितने पाकिस्तान बन गये—एक पाकिस्तान बनने के साथ-साथ। कहाँ-कहाँ, कैसे-कैसे, सब बातें उलझकर रह गयीं। सुलझा तो कुछ भी नहीं।

वह रात भी वैसी ही थी। पता नहीं पिछवाड़े का पीपल बोला था या बदरू मियाँ—"कादिर मियाँ!... बन गया साला पाकिस्तान... भैयन, अब बन गया पूरा पाकिस्तान..."

कितनी डरावनी थी वह चाँदनी रात—नीचे आँगन में तुम्हीं पड़ी थीं बन्ना...चाँदनी में दूध-नहायी और पिछवाड़े पीपल खड़खड़ा रहा था और बदरू

मियाँ की आवाज़ जैसे पाताल से आ रही थी—"कादिर मियाँ!...बन गया साला पाकिस्तान..."

दोस्त! इस लम्बे सफ़र के तीन पड़ाव हैं—पहला, जब मुझे बन्नो के मेहँदी के फूलों की हवा लग गयी थी, दूसरा—जब इस चाँदनी रात में मैंने पहली बार बन्नो को नंगा देखा था और तीसरा—तब, जब उस कमरे की चौखट पर बन्नो हाथ रखे खड़ी थी और पूछ रही थी—"और है कोई?"

हाँ था। कोई और भी था। ...कोई।

बन्नो, एक थरथराते अन्धे क्षण के बाद हँसी क्यों थी? मैंने क्या बिगाड़ा था तेरा! तू किससे बदला ले रही थी? मुझसे? मुनीर से? या पाकिस्तान से? या किसे ज़लील कर रही थी—मुझे, अपने को, मुनीर को या...

पाकिस्तान हमारे बीच बार-बार आ जाता है। यह हमारे या तुम्हारे लिए कोई मुल्क नहीं है, एक दुखद सच्चाई का नाम है। वह चीज़ या वजह जो हमें ज़्यादा दूर करती है, जो हमारी बातों के बीच एक सन्नाटे की तरह आ जाती है। जो तुम्हारे घरवालों, रिश्तेदारों या धर्मवालों के प्रति दूसरों के एहसास की गहराई को उथला कर देती है। तब उन दूसरों को उनके इस कोई के दुख उतने बड़े नहीं लगते जितने वे होते हैं, उनकी ख़ुशी उतनी ख़ुशी नहीं लगती जितनी वह होती है। कहीं कुछ कम हो जाता है। एहसास की कुछ ऐसी ही आ गयी कमी का नाम शायद पाकिस्तान है—यानी मेहँदी के फूल हों, पर हवा न चले, या कोई फूँक मारकर उनमें गन्ध न पैदा करे। जैसे कि फूल हों, रंग न हो। रंग हो गन्ध न हो। गन्ध हो, हवा न हो। यानी एहसास की रुकी हुई हवा ही पाकिस्तान हो।

सुनो, अगर ऐसा न होता तो मुझे चुनार छोड़कर दरवेश क्यों बनना पड़ता? वही चुनार जहाँ मेहँदी फूलती थी। मिशन स्कूल के अहाते के पास—जहाँ से हम गंगाघाट के पीपल तले आते थे और राजा भरथरी के किले की टूटी दीवार पर बैठकर इमलियाँ खाया करते थे।

वह शाम मुझे अच्छी तरह याद है जब कम्पाउण्डर जामिन अली ने आकर दादा से कहा था—"और तो कुछ नहीं है, पर लोग मानेंगे नहीं। मंगल को कुछ दिनों के लिए कहीं बाज़ार भेज दीजिए। यहाँ रहेगा तो बन्नो वाली बात बार-बार उखड़ेगी। शादी तो नहीं हो पायेगी, दंगा हो जायेगा।"

तुम नहीं सोच सकते कि सुनकर मुझपर क्या बीती थी! चुनार छोड़ दूँ—फिर छूट ही गया...कैसी होती थीं चुनार की रातें...गंगा का पानी। काशी जाती नावें। भरथरी के किले की सूनी दीवारें और गंगा के किनारे चुंगी की वह कोठरी जिसमें छप्पर में बैठकर मैं बन्ना के आने-जाने का अन्दाज़ लगाया करता था। नालियों

की धार से फटी ज़मीन वाली वे गलियाँ—जिनसे बन्नो बार-बार गंगा-किनारे आने की कोशिश करती थी और आ नहीं पाती थी। इन्तज़ार...इन्तज़ार...

हमें तो यह भी पता नहीं चला था कि कब हम बड़े मान लिए गये थे। कब हमारा सहज मिलना-जुलना एकाएक बड़ी-बड़ी बातों को बायस बन गया था।

बस्ती में तनाव पैदा हो जायेगा, इसका तो अन्दाज़ तक नहीं था। यह कैसे और क्यों हुआ, बन्नो? पर तुम्हें भी क्या मालूम होगा। फिर हमने बात ही कहाँ की?

तीनों—पड़ाव ऐसे ही गुज़र गय—कहीं रुककर हम बात भी नहीं कर पाये। न तब, जब मेहँदी के फूलों की हवा लगी थी; न तब, जब उस चाँदनी रात में तुम्हें पहली बार नंगा देखा था; और न तब, जब चौखट पर हाथ रखे तुम पूछ रही थीं—और है कोई!

मेहँदी के फूल! चुनार! मेरा घर, तुम्हारा घर! मेरे घर से गुज़रती थी ईंटोंवाली गली—जो शहर-बाज़ार को जाती थी। जो गंगा के किनारे-किनारे चलकर भरथरी महाराज के किले के बड़े फाटक तक पहुँचती थी।

जहाँ से सड़क किले की ओर मुड़ती थी, वहीं थी चुंगी। गंगा-घाट पर लगने वाली नावों से उतरे सामान पर महसूल लगता था। मछली, केंकड़े, कछुए आते थे, मौसम में उस पार से आम भी आते थे। चुंगी वाले मुंशीजी दिन-भर रामनाम जपते और महसूल के बदले में जिंस लेते रहते थे। वे दिन में दस बार पीपल तले के महादेव को गंगाजल चढ़ाते थे और छप्पर में बैठकर तीन-चार लड़कों को पढ़ाया करते थे।

चुंगी के पास कोहनी जैसा मोड़ था, बायीं तरफ़ खरंजों की सड़क किले को जाती थी, दायीं तरफ़ से आकर जो सड़क मिलती थी, वह कच्ची थी। उस कच्ची सड़क पर नालियों ने रास्ते बना लिए थे, जिनका पानी गंगाघाट की रेत में सूखता रहता। इसी कच्ची सड़क पर कई गलियाँ नालियों के साथ-साथ उतरती थीं—बहते पानी से कटी-फटी गलियाँ! यही गलियाँ बन्नो की गलियाँ थीं।

जहाँ बन्नो की गलियाँ ख़त्म होती थीं, वहाँ से पथरीली सड़क मिशन स्कूल तक जाती थी—जो अंग्रेजों की पुरानी कोठी थी। यहीं पर थी मेहँदी की बाड़ और धतूरों का मैदान।

इस धतूरे के मैदान ने मुझे बड़ा दुख दिया था। जब बस्ती में मुझे और बन्नो को लेकर तनाव पैदा हो गया था तो एक बार बन्नो जैसे-तैसे चुंगी तक आयी और बोली थी—"मौलवी साहब के साथ वाले अगर ज़्यादा बदमाशी देंगे मंगल, तो मैं धतूरे खाकर सो जाऊँगी। तुम शहर छोड़कर मत जाना—तुमने शहर

छोड़ा तो गंगाजी यहाँ हैं, सोच लेना... ।"

ज़्यादा बात नहीं हो पायी थी। वह चली गयी थी। मैं कुछ बता भी नहीं पाया था कि मेरे घर में क्या कोहराम मचा हुआ है, कि कैसे रोज़ बाज़ार में दादा जी को वे लोग धमकियाँ दे रहे थे जिन्हें वे पहचानते तक नहीं थे। सभी को डर था कि कहीं किसी दिन मेरी हत्या न कर दी जाये या रात-बिरात कहीं मुसलमान घर में न घुस पड़ें।

पाकिस्तान तो बन चुका था बन्नो, उसके बाद भी तुम्हारे अब्बा भरथरीनामा लिख रहे थे—

माता जी पिछले तप से नृप बना, अब नृप से बनूँ फकीर।
आखिर वक़्त वफात के, हर होंगे दिलगीर।।
तेरी अपनी खल्क सुपुर्द करी उनके सिर पर सर गरदान किया।
बर्बाद सब सल्तनत करी बन जोगी मुल्क वीरान किया।

लोग कहते थे ड्रिल मास्टर का दिमाग़ बिगड़ गया है जो भरथरीनामा लिख रहे हैं। यह तुरक नहीं है, यहीं का कोई काछी-कहार है। तभी हमें पता चला था कि मुसलमान वही है जो ईरानी-तूरानी है, यहाँ का मुसलमान भी मुसलमान नहीं है...ड्रिल मास्टर साहब को सबने अलग-सा कर दिया था, पर उन्हीं की बन्नो की बात लेकर सब खड़े हो गये थे। जैसे वे ज़्यादा बड़े सरपरस्त थे।

तुम्हें नहीं मालूम, पर मुझे मालूम है बन्नो, ड्रिल मास्टर साहब ने कुछ भी नहीं कहा था, इसके सिवा कि जो मौलवी साहब और बाकी लोग ठीक समझे, वही ठीक होगा। वे ख़ुद कुछ सोच ही नहीं पा रहे थे। एक दिन छिपकर आये थे और दादाजी के पास रो पड़े थे। उस दिन के बाद वे भरथरीनामा तो लिखते रहे थे पर किसी को सुनाने की हिम्मत नहीं करते थे। वे लिखते रहे, इसका पता मुझे उस वक़्त मिला था जब घरवालों की घबराहट और ख़ुद कुछ न समझ पाने, तय न कर पाने के कारण मैं शहर छोड़ रहा था और चुंगी वाले मुंशीजी ने मुझे चुपचाप विदाई देते-देते एक पुरजा मेरे पसीने से तर हाथ में थमा दिया था।

वह रात बहुत डरावनी थी। बस्ती पर काल मँडरा रहा था। सब दहशत के मारे हुए थे। पता नहीं कब क्या हो जाये। कब 'या अली, या अली' की आवाज़ें उठने लगें और ख़ूनख़राबा हो जाये। गंगा भी उस दिन घहरा रही थी। तट का पीपल भी अशान्त था। बहुत तेज़ हवा थी। किला साँय-साँय कर रहा था और पाँच-सात हिन्दुओं के साथ—हाँ, कहना पड़ता है बन्नो, हिन्दुओं के साथ-दादा मुझे स्टेशन छोड़ने आ रहे थे ताकि मैं जिऊँ-जागूँ...कहीं भी परदेश में रहकर। पहले सोचा गया कि मामा के यहाँ जौनपुर चला जाऊँ और वहाँ रेलवे वर्कशाप,

कुर्ला, में काम कर रहे मौसा के पास रहूँ—वहीं नौकरी ढूँढ़ लूँ।

कैसी थी वह रात, बन्नो! और कितना बेइज़्ज़त होकर मैं निकल रहा था। दिमाग़ में हज़ारों हथौड़े बज रहे थे। एक मन करता था कि लौट पड़ूँ, घर से गँड़ासा उठाऊँ और तुम्हारे 'उन मुसलमानों' पर टूट पड़ूँ। ख़ून की होली खेलकर तुम्हें जीतूँ और न जीत पाऊँ तो तुम्हें भी मारकर गंगा में जल-समाधि ले लूँ।

पर कहीं दहशत भी होता था और यह ख़याल भी आता था कि ड्रिल मास्टर साहब ने तो कुछ भी नहीं कहा है। मुखालफत भी नहीं कि है...सिवा इसके कि वे चुप रह गये हैं, उन्हें भरथरीनामा लिखना है। अब लगता है कि वे भरथरीनामा न लिख रहे होते तो शायद इतना विरोध न होता...

शहर को साँप सूँघ गया था। दादा को बता दिया था कि अगली सुबह मेरी शक्ल न दिखायी दे। आधी रात तक सोचना-विचारना चलता रहा, फिर आखिरी गाड़ी रह गयी थी पार्सल, जो मुगलराय जाती थी।

हाँ, पाँच-सात हिन्दुओं के साथ मुझे स्टेशन तक पहुँचाया गया। हम बाज़ार वाली सड़क से भी नहीं आये। किले वाले सुनसान रास्ते से स्टेशन की सड़क पकड़ी थी। मुंशी जी लालटेन लिए पक्की सड़क तक आये थे। और तभी वह पुरजा उन्होंने पसीजी हथेली में थमा दिया था। वहाँ तो रोशनी थी नहीं। स्टेशन पर सब साथ थे। पार्सल ढाई बजे रात को छूटी थी। दादा जी कितने परेशान-बेहाल थे। सब बहुत डरे हुए, अपमानित, और शायद इसीलिए बहुत खूँख्वार भी हो रहे थे। लग रहा था कि मुझे शहर से हटा देने के बाद दंगा ज़रूर होगा। अब ये लौटकर जाने वाले हिन्दू दंगा करेंगे। ढलती रात में ये सोते हुए मुसलमानों को चीर-फाड़ डालेंगे। हिन्दू का हिन्दू होना भी कितना तकलीफ़देह है बन्नो...यह होते ही कुछ कीमती घट जाता है।

बहुत तकलीफ़देह थी वह विदाई। उतरती रात की हवा में खुनकी थी और स्टेशन पर पत्थर का फ़र्श काफ़ी ठण्डा था। सामने विंध्या की पहाड़ियाँ और ताड़ के पेड़ चुपचाप खड़े थे।

अब तुम्हें क्या बताऊँ...क्या कभी सोचा था कि इस तरह मेरा घर छूट जायेगा? अपने शहर से बेइज़्ज़त होकर कोई कहीं भी चैन नहीं पाता। मुझे वे गलियाँ याद आ रही थीं जिनमें बन्नो आने की कोशिश करती थी। मैं चुंगी पर बैठकर कितनी प्रतीक्षा करता था और जहाँ मेहँदी के फूल पड़े दिखायी देते थे, समझ लेता था कि बन्नो यहाँ तक आ पायी है। आगे नहीं बढ़ पायी। किसी ने देख लिया होगा, टोका होगा या रोका होगा।

सच कहता हूँ तुमसे, उसी दिन से एक पाकिस्तान मेरे सीने में शमशीर की

तरह उतर गया था। लोगों के नाम बदल या अधूरे रह गये थे। बस्ती में हवा का बहना बन्द हो गया था। और लगा था कि बन्नो घिर गयी है। शर्म, डर, ग़ुस्सा, आँसू, ख़ून, बदहवासी, पागलपन, प्यार—क्या-क्या उबल-धधक रहा था मेरे भीतर। सच कहूँ तो यह सब होने के बाद अगर बन्नो मिल भी जाती तो कुछ नहीं होता। जो होना था, हो चुका था।

पार्सल गाड़ी में बैठकर वह पुरजा पढ़ा था। तुम्हारे पास वही कहने को था जो मास्टर साहब के पास था। उसी पुरजे से पता चला कि मास्टर साहब भरथरीनामा लिखते जा रहे हैं—

क्यों बनता दरवेश छोड़ दल लश्कर फौज रिसाले को।
क्यों बनखण्ड में रहता है तज गुल नरगिस गुललाले को।।
क्यों भगवा वेश बनाता है तज अतलस शाल दुशाले को।
क्यों दर-दर अलख जगाता है तज कामरू ढाके बंगाले को।।
क्यों हुआ सैदाई! छोड़ सब बादशाही।।

हाँ...सैदाई ही कह लो...अतलस शाल-दुशाले और नरगिस गुलेलाला—सब कुछ तो था सचमुच। नीम, आक, मेहँदी और धतूरे के फूल किस नरगिस से कम थे, बन्नो? पर उस पाकिस्तान का हम क्या करते?

गाड़ी चली आयी और मैं सचमुच दरवेश हो गया। फिर कभी घर लौटने का मोह नहीं हुआ।

मैं जानता था कि मास्टर साहब की साँस भी चुनार में घुट रही होगी। बन्नो की साँसों का कुछ पता नहीं था। बस, इतना-भर लगता था कि उसने गंगा में डूबकर जान नहीं दी होगी। वह होगी। रातों में किसी का बिस्तरा गर्म करती होगी। प्यार करती होगी। मार खाती होगी। जिनह को बर्दाश्त करती होगी। बीबी की तरह पूरी ईमानदारी से मन्नतें मानती होगी, मेहँदी रचाती होगी। बच्चों का गू-मूत करती होगी। सुखी होगी, पछताती होगी। सब भूल गयी होगी। जो नहीं भूल पायी होगी—वह रुका हुआ वक़्त उसका पाकिस्तान बन गया होगा। उसे सताने के लिए...

ख़ैर बन्नो...जो हुआ सो हो गया। मैं मुगलसराय से इलाहाबाद आया और इलाहाबाद से बम्बई। कुर्ला की रेलवे वर्कशाप में मौसा ने कुछ काम दिला दिया। कुछ दिन वहीं गुज़ारे...फिर मैं पूना चला गया। अस्पताल की लिंब फैक्टरी में, जहाँ लकड़ी के हाथ-पैर बनते हैं। मुझे मालूम था कि अब कोई भी चुनार नाम की जगह में जी नहीं पायेगा—न मेरा घर, न तुम्हारा घर। पर यह पता नहीं था कि दादा इतनी दूर चले आयेंगे और साथ में कई घरों को लेते आयेंगे।

सच पूछो तो चुनार में रह ही क्या गया था? जब पाकिस्तान बन जाता है तो आदमी आधा रह जाता है। फसलें तबाह हो जाती हैं। गलियाँ सिकुड़ जाती हैं और आसमान कट-फट जाता है। बादल रीत जाते हैं और हवाएँ नहीं चलतीं, वे क़ैद हो जाती हैं।

दादा के खत से मालूम हुआ था कई वर्ष बाद, कि कुछ घर जुलाहों-बढ़ई के साथ लेकर वे फसलों, गलियों, आसमान, बादल और हवा की तलाश में निकल पड़े थे और भिवंडी आ गये थे। यह नहीं मालूम था कि बन्नो का घर भी साथ आया था। ड्रिल मास्टर क्या करते आकर? यह मैंने भी सोचा था। दादा का आना तो ठीक था। वे सूती कपड़े का व्यापार करते थे। आठ घर मुसलमान जुलाहों, दो घर हिन्दू बढ़इयों को लेकर वे भिवंडी आ गये थे। पता नहीं शुरू-शुरू में उन्हें क्या परेशानी हुई।

बन्नो, तुम्हारे बारे में मुझे तब पता चला जब दादा एक बार मुझसे पूना मिलने आये। तब बहुत मामूली तरह से उन्होंने बताया था कि ड्रिल मास्टर साहब का घर भी आया है। उन्हें भिवंडी स्कूल में जगह मिल गयी है और यह भी कि उन्होंने बन्नो की शादी कर दी है। दामाद वहीं उनके साथ वाले मुहल्ले में रहता है, करघे चलाता है। रेशम का बढ़िया कारीगर है।

जिस तरह दादा ने यह ख़बर दी थी, उससे लग रहा था कि वे जान-बूझकर इसे मामूली बना देने की कोशिश कर रहे थे।

लेकिन मुझे यह नहीं मालूम था बन्नो, कि बाजे मुहल्ले में दादा और तुम्हारा घर एक ही है कि ऊपर वे रहते हैं और तुम लोग नीचे। बाकी लोग बंगालपुरा और नयी बस्ती में हैं। शायद मास्टर साहब पिछले पछतावे को भूल सकने के लिए ही ऐसा कर बैठे हों। मन तो बहुत हुआ कि जल्दी से जल्दी चलकर तुम्हें देख आऊँ पर सच पूछो तो मन उखड़ा हुआ था। यह सब सुनकर और भी उखड़ गया था कि तुम भी वहीं हो और शादीशुदा हो। और फिर बातों-बातों में दादाजी ने घुमा-फिराकर यह भी कह दिया था कि मैं भिवंडी न आऊँ तो बेहतर है—क्योंकि उन्हें मास्टर साहब का ख़याल था। वे जानते थे कि मास्टर साहब ने कुछ नहीं किया था, और दादा जी उन्हें मेरी उपस्थिति से दुःखी या जलील नहीं करना चाहते थे। कितनी अजीब स्थिति थी यह...क्या यह नहीं हो सकता था कि घर ऐसा ही रहता और इसमें रहने को मुझे भी जगह मिलती?

मन में तरह-तरह के ख़याल आते थे—दबा हुआ गुस्सा कहीं फूट पड़ा तो?

अगर मेरे भीतर का धधकता हुआ पाकिस्तान फट पड़ा तो? अगर मैंने तुम्हारे आदमी को तुम्हारे साथ न सोने दिया तो? अगर भिवंडी से उसे भी मैं

उसी तरह निकाल सका, जैसे, कि कभी मैं निकाला गया था, तो? किसी रात मैं बर्दाश्त न कर पाया और तुम्हारे कमरे में घुस पड़ा तो?

मुझे मालूम है, दादा और मास्टर साहब—दोनों एक-दूसरे को अपने मासूम होने का भरोसा दे रहे थे। पर मेरे पास क्या भरोसा था? उनका क्या बिगड़ा था! बिगड़ा तो मेरा था। मैं तभी से एक नकाब लगाये घूम रहा था। हाथों में दस्ताने पहने और कमर में खंजर दबाये।

लेकिन बन्नो, भिवंडी में भी दंगा हो गया। मेरी-तुम्हारी वजह से नहीं—उसी एहसास की कमी की वजह से। सुना तो मैं सन्न रह गया। पता नहीं अब क्या हुआ होगा? पाँच बरस पहले तो मैं वजह हो सकता था, पर अब तो मैं वहाँ नहीं था। गया तक नहीं था। इसी वजह से कि तुम दिखायी दोगी और मैं दंगा शुरू कर दूँगा।

पर तुम मुझे दिखायी दीं तो इस हालत में।

रात चाँदनी थी और बन्नो नंगी थी

मैं जब भिवंडी पहुँचा तो दंगा ख़त्म हुए दस-बारह दिन हो चुके थे। घुसते ही बस्ती में जगह-जगह काले चकत्ते दिखायी पड़ते थे। कुछ घर, फिर एक काला मैदान, फिर मकानों-घरों का एक सहमा हुआ झुण्ड और उसके बाद फिर एक काला मैदान। उड़ती हुई राख। आग और अंगारों की महक अब नहीं थी। पर राख की एक अलग महक होती है, बुझे हुए शोरे जैसी। कुछ तेज़ खरैंदी—जो नथुनों से होकर भीतर तक काट करती है।

सुनो, तुमने भी इस महक को ज़रूर महसूस किया होगा। ऐसा कौन है इस देश में जो राख की महक को न पहचानता हो। जब मैं एस. टी. स्टैण्ड (बस-अड्डे) पर उतरा, शाम हो रही थी। गश्ल से जो दहशत होता है वैसा कुछ नहीं था। वहाँ, जहाँ पर सिनेमा के पोस्टर लगे हुए हैं, दो-तीन पुलिसवाले बतियाते खड़े थे। बसें ज़्यादातर खाली थीं। वे चुपचाप खड़ी थीं। संगमनेर, अलीबाग, भीरवाड़ा या सिन्नर जानेवाली बसों की तो बात ही क्या, शिर्डी जाने वाला भी कोई नहीं था।

बस-अड्डे की टीन तले चार-पाँच पुलिसवाले और दिखायी दिये, खानाबदोशों की तरह छोटी-सी गृहस्थी जमाये हुए। अगर उनकी बन्दूकें गन्नों के ढेर की तरह जमा न होतीं तो शायद यह भी नहीं मालूम पड़ता कि वे पुलिसवाले हैं।

दोनों सड़कें खाली थीं। डाक बंगले में जहाँ कलक्टर डेरा डाले पड़े थे, कुछेक लोग चल-फिर रहे थे। थाना कल्याण जाने वाली टैक्सियाँ भी नहीं थीं।

दंगाग्रस्त इलाकों से गुज़रना कैसा लगता है, शायद इसका भी अन्दाज़ तुम्हें हो, मुझे बहुत नहीं था। एक ख़ास किस्म का सन्नाटा...या तपकन। वीरान रास्ते

और साफ़-साफ़ दिखायी देनेवाले खालीपन। कोई देखकर भी नहीं देखता। देखता है तो गौर से देखता है पर बिना किसी इनसानी रिश्ते के। यह क्यों हो जाता है? एहसास इतना क्यों मर जाता है? या कि भरोसा इतना ज़्यादा टूट जाता है।

इतने छोटे-से कस्बे में बाजे मोहल्ले का पता पूछना भी दुश्वार हो गया। ख़ैर, जैसे-तैसे मोहल्ला मिला। घर भी मिला पर उसमें सन्नाटा छाया हुआ था। हिन्दुओं ने यह क्या कर डाला था—क्या इतने सन्नाटे में कोई इनसान रह सकता है।

मुझे मालूम था बन्नो, ड्रिल मास्टर साहब, तुम्हारा शौहर मुनीर—सब यहीं होंगे। मेरे घरवाले भी होंगे। पर ऊपर के खण्ड में अँधेरा था। चाँदनी रात न होती तो मैं घबरा ही जाता।

सचमुच, एक क्षण के लिए लगा कि अगर मैंने चुनार न छोड़ दिया होता, तो उसकी भी यही दशा होती। फिर बन्नो, तुम्हारा ख़याल आया। कैसे तुम्हारे सामने पड़ूँगा। सारा खौलता हुआ ख़ून ठण्डा पड़ गया था। मैं जैसे चुनार की उन्हीं गलियों में आ गया था—उसी उम्र के साथ।

घर का दरवाज़ा खुला था। मैंने आहिस्ता से भीतर क़दम रखा। एक आँगन-सा। आँगन के एक कोने में दो-एक घड़े रखे थे। उन्हीं के पास दो सुरमई छायाएँ थीं। दोनों औरतें थीं। एक औरत कमर तक नंगी थी। दूसरी उसी के पास बैठी बार-बार उसके गले तक हाथ ले जाती थी और नंगी छातियों से कमर तक लाती थी। पता नहीं क्या कर रही थी। पर एक औरत की नंगी पीठ दिखायी दे रही थी। वे दोनों औरतें वहाँ बैठी क्या कर रही थीं, मैं समझ नहीं पाया। सहमकर बाहर आ गया।

बाहर खड़ा था कि ड्रिल मास्टर साहब दिखायी दिये। उन्होंने एक मिनट बाद ही पहचान लिया। लेकिन उन्होंने आवभगत नहीं की। वे सोच ही नहीं पाये कि मुझे किस तरह लें! किस बरस के किस दिन से बात शुरू करें, किस रिश्ते से करें, कहाँ से करें। वे कुछ कहें इसके पहले ही मैंने उबार लिया, जैसे किसी अजनबी से मैंने पूछा हो, वैसे ही दादा जी के बारे में पूछ दिया।

"वो तो चुनार चले गये परसों!" मास्टर साहब ने कहा।

"परसों..." मैं और क्या कहता।

"हाँ, रुके नहीं। बहुत-से लोग वापस चले गये हैं।" वे बोले।

और मैं उसी क्षण समझ गया कि सब बातों के बावजूद दादाजी शायद फिर भी चुनार लौट सकते थे पर मास्टर साहब नहीं। मास्टर साहब के चुनार छोड़ने का सबब वह नहीं था, जो दादाजी का या मेरा रहा होगा। उनका यहाँ चले आना वक़्त का दिया हुआ वनवास था। और वक़्त के दिये हुए वनवास से

लौट सकना आसान नहीं होता। मुझे तो सिर्फ़ कुछ लोगों ने वनवास दिया था।

घरवाले वहाँ नहीं थे, इसलिए कुछ कह भी नहीं पा रहा था। दंगा-ग्रस्त शहर—कहाँ पनाह मिल सकती थी? मास्टर साहब अपने घर टिका लें, यह हो नहीं सकता था।

''सब सामान वग़ैरह भी ले गये हैं...''

''नहीं, ज़्यादा सामान तो यहीं है...'' वे बोले।

''ताला बन्द कर गये हैं?''

''हाँ, पर एक चाबी मेरे पास है।'' उन्होंने मुझे सकुचाते हुए सहारा दिया।

''मैं एक दिन रुकँगा, वैसे भी कल शाम चला जाना है।'' मैंने खामख्वाह कहा, क्योंकि कोई और चारा नहीं था। अजनबी बस्ती में रात पड़े मैं कहाँ जा सकता था!

मुझे छोड़कर वे घर में घुस गये। एक मिनट बाद वे एक मोमबत्ती और चाबी लेकर आये और बगल के जीने से ऊपर चढ़ा ले गये। ताला खोलकर मुझे पकाड़ाते हुए बोले—''खाना-वाना खाया है?''

''हाँ'' मैंने कहाँ और भीतर चला गया।

''कुछ ज़रूरत हो तो बता देना...'' वे बोले और नीचे चले गये। भरथरीनामा का शायर काफ़ी समझदार था। 'बता देना'! यह नहीं कि माँग लेना।

बन्नो, कितनी विचित्र थी वह रात! तुम्हें मालूम भी नहीं था कि ऊपर मैं ही हूँ। मास्टर साहब ने बताया या नहीं बताया, क्या मालूम। कुछ भी कह दिया होगा। सुबह-सुबह पुलिस न आती तो तुम्हें ज़िन्दगी-भर पता न चलता कि रात छत पर मँडराने वाली छाया कौन थी।

चारों तरफ़ सन्नाटा...सन्नाटा...

रात चाँदनी थी। हवा बन्द थी। मैं साँस लेने या शायद बन्नो को देख सकने के लिए खुली छत पर खाट डालकर लेट गया था। कुछ देर आहट लेता रहा। शायद कोई आहट तुम्हारी हो बन्नो...पर फिर मन डूब गया। चाहे कितनी गर्मी हो पर औरत को तो आदमी के साथ ही लेटना पड़ता है।

पिछवाड़े वाला पीपल चाँदनी में नहाया हुआ था। मैंने खाट ऐसी जगह डाल ली थी, जहाँ से आँगन में देख सकूँ...पर जो कुछ देखा वह बहुत भयावना था।

दो खाटें आँगन में पड़ी थीं। एक पर अम्मी थी, दूसरी पर बन्नो! कितना अजीब लगा था बन्नो को लेटा हुआ देखकर...

चाँदनी भर रही थी और बन्नो अपना ब्लाउज खोले, धोती कमर तक सरकाए नंगी पड़ी थी। उसकी नंगी छातियाँ पानी भरे गुब्बारे की तरह मचल

रही थीं और वह अधमरी मछली की तरह आहिस्ता-आहिस्ता बिछल रही थी।

"आये अल्ला..." यह बन्नो की आवाज़ थी।

"सो जा, सो जा!" अम्मी बोली थी।

"ये फटे जा रहे हैं..." बन्नो ने कहा और उसने अपनी दोनों छातियाँ कसकर दबा ली थीं जैसे उन्हें निचोड़ रही हो।

अम्मी उठकर बैठ गयीं—"ला, सूँत दूँ!" कहते हुए उन्होंने बन्नो की भरी छातियों को सूँतना शुरू कर दिया था। दूध की छोटी-छोटी फुहारें बन्नो की छातियों से झर रही थीं और वह हल्के-हल्के कराहती और सिसकारती थी। दूध की टूटी-टूटी फुहार, जैसे इत्र के फव्वारे में कुछ अटक गया हो। फिर दस-बीस बूँदें एकाएक भलभलाकर टपक पड़ती थीं। दो-चार बूँदें उसके पेट की सलवटों में समाकर पारे की तरह चमकती थीं। उसकी नाभि में भरा दूध बड़े मोती की तरह जगमगा रहा था।

अम्मी उसकी छातियों का दूध अपनी ओढ़नी के कोने से सुखाती और चार-छः बार के बाद वहीं किनारे की नाली में कोना निचोड़ देती थी। मटमैली नाली में पनीले का दूध का पतला साँप कुछ दूर सरककर कहीं घुस जाता था।

ओह बन्नो! यह मैंने क्या देखा था? मैं दहशत के मारे सन्न रह गया था। सारा बदन पसीने से तर था। सिसकारियाँ और कराहटें और आसमान में लटकते दो डबडबाये स्तन! कुछ दहशत, कुछ उलझन, कुछ बेहद गलत देख लेने को गहरा पछतावा...।

बहुत रात गये मैं छत पर टहलता रहा। जब नीचे शान्ति हो गयी और मैंने देख लिया कि बन्नो धोती का पल्ला छाती पर डालकर लेट गयी है, तब मैं भी लेट गया। यह कैसा दृश्य था? आसमान में जगह-जगह दूध-भरी छातियाँ लटकी हुई थीं...इधर-उधर...।

आँख लगी ही थी कि एकाएक पिछवाड़े खड़खड़ाहट हुई। कोई रो रहा था और नाक पोंछते हुए कह रहा था—"कादिर मियाँ! बन गया साला पाकिस्तान! भैयन, अब बन गया पूरा पाकिस्तान...।"

फिर रोना रुक गया था। कुछ देर बाद वही आवाज़ फिर आयी थी—"कादिर मियाँ, अब यहीं इहराम बाँधेंगे और तलबिया कहेंगे! अपना हज्ज तो हो गया, समझे कादिर मियाँ!"

अगर पिछवाड़े पीपल न होता तो शायद पाताल से आती यह आवाज़ सुनकर मैं भाग जाता। पर अब तो खुली आँखों को तरह-तरह के दृश्य दिखायी दे रहे थे—आसमान से गिरता ख़ून, अँधेरे में भागती हुई लाशें, बीच बाज़ार

खड़े हुए धड़ और कटी गर्दनों से फूटते हुए फव्वारे। लपटों में नंगे नाचते हुए लोग...।

पीपल न खड़खड़ाता तो मैं बहुत डर जाता। उसके पत्तों की आवाज़ ऐसे आ रही थी जैसे अस्पताल के दफ्तर में बैठे हुए टाइप बाबू अपनी मशीन पर कुछ छाप रहे हों...बस यही आवाज़ जानी-पहचानी थी। बाकी सब बहुत भयानक था।

सुबह माथा बेतरह भारी था। आँखों में जलन थी। हाथ-पैर सुन्न थे। उठना पड़ा, क्योंकि पुलिस आयी थी। मास्टर साहब ने आकर जगाया था। वे डरे हुए थे। बोले—"पुलिस तुम्हें पूछ रही है...।"

"क्यों?"

"बाहरवाले की तहकीकात करती है। हमसे पूछ रहे थे रात कौन आया है, कहाँ से आया है, क्यों आया है?"

सुनते ही मेरे आग लग गयी थी। तुम्हीं बताओ, "जब मैं घर से उस अँधेरी रात में निकला या निकाला गया था तो कोई पूछने आया था कि इस रात में कौन जा रहा है, कहाँ जा रहा है, क्यों जा रहा है?"

पूरे आदमी को न समझना, सिर्फ़ उसके एक वक्ती हिस्से को समझना ही तो पाकिस्तान है बन्ना! जब पुलिस मुझे सुबह-सुबह जगाकर थाने ले गयी तो मैं समझ गया कि अब हम और तुम—दोनों—पाकिस्तान में घिर गये हैं...पर यह घिर जाना कितना दुःखद था!

थाने पर मेरी तहकीकात हुई। मैं यहाँ क्यों आया हूँ? क्या बताता मैं उन्हें? आदमी कहीं क्यों आता-जाता है? पुलिसवाले मुझे बहुत परेशान करते अगर मास्टर साहब वहाँ ख़ुद न पहुँच गये होते। उन्होंने ही सारी तफसील दी थी। उस वक़्त उनका मुसलमान होना कारगर साबित हुआ था। पर मुझे लग रहा था कि उस मौजूदा माहौल में मास्टर साहब फिर तो वही गलती नहीं कर रहे थे जो उन्होंने भरथरीनामा शुरू करके की थी।

थाने में सवालों के जवाब देना आसान भी था और टेढ़ा भी। आखिर वहाँ से निकलकर हम सामने पड़े कटी लकड़ियों के ढेर पर बैठ गये थे। मास्टर साहब चाहते थे कि मैं होश-हवास में आ जाऊँ, क्योंकि मेरा रंग फक हो गया था।

वहीं तीन बत्ती के पास दो-तीन लोग और बैठे थे। शायद किसी की जमानत या तफतीश के लिए आये थे। उनके चेहरे लटके हुए और ग़मजदा थे। मौलाना की आँखों में खौफ़ था। वे साथ बैठे लोगों को बता रहे थे—"रसूल ने कहा है कि सूर तीन बार फूँका जायेगा। पहली बार फूँकेंगे तो लोग घबरा जायेंगे, सब पर खौफ़ बरपा हो जायेगा। दूसरी बार जब सूर में फूँक मारी जाएँगी तो सब मर

जायेंगे। तीसरी आवाज़ पर लोग जी उठेंगे और अपने रब के सामने पेश होने के लिए निकल आयेंगे...यही होना है...सूर में अभी पहली बार फूँक मारी गयी।''

''भरथरीनामा लिख रहे हैं?'' मैंने पूछा।

''हाँ...भरमता मन मेरा, आज यहाँ रैन बसेरा!

कहो बात जल्द कटे रात, जल्द हो फजर सबेरा!!...''

कहते-कहते मास्टर साहब उधर देखने लगे जहाँ छत की सूनी मुँडेरों पर घास के पीले फूल खिले थे। घनी घास में से अबाबीलें छोटी मछलियों की तरह उछलती थीं। घास की टहनी से पीले फूल चोंच से तोड़कर उड़ती थीं। चोंच से फूल गिर जाते थे तो उड़ते-उड़ते फिर तोड़ती थीं...अबाबीलों का उड़ते-उड़ते या घनी घास में से उछलकर फूलों तक आना, पीले फूलों का तोड़ना, चकराते हुए फूलों का गिरना और अबाबीलों का दूर आसमान से फिर लौटकर आना...।

मास्टर साहब ख़ामोशी से यही देख रहे थे। आखिर मैंने उन्हें टोका—''कल रात...।''

''हाँ, वह बदरू है...पगला गया है। उसके चालीस करघे थे, जलकर राख हो गये। पिछ़वाड़े पीपल के नीचे ही तब से बैठा है। रात-भर रोता है। गालियाँ बकता है...'' मास्टर साहब बोले।

''घर में कुछ...'' मैंने बहुत हिम्मत करके कहा तो जोगी की तरह मास्टर साहब सब बता गये, ''हाँ...बन्नो को तकलीफ़ हैं। दंगे से तीन दिन पहले बच्चा हुआ था। डॉ. सारंग के जच्चा-बच्चा घर में थी। दंगाइयों ने वहाँ भी आग लगा दी। रास्ता रुँध गया तो जान बचाने के लिए दूसरी मंज़िल से जच्चाओं को फेंका गया। बच्चों को फेंका गया। नौ जच्चा थीं। दो मर गयीं। पाँच बच्चे मर गये। बन्नो का बच्चा भी गली में गिरकर मर गया। उस वक़्त मारकाट मची हुई थी। सवेरे हम बन्नो को जैसे-तैसे ले आये। अब उसके दूध उतरता है तो तकलीफ़ होती है...।''

कुछ देर ख़ामोशी रही। अबाबीलें घास के फूल तोड़ रही थीं। उठने का बहाना खोजते हुए मैंने कहा, ''सोचता हूँ, दोपहर ही पूना चला जाऊँ...।''

''जा सको तो चुनार चले जाओ। अपने दादा को देख आओ...'' मास्टर साहब बोले।

''क्यों, उन्हें कुछ हो गया है क्या?''

''हाँ...उनकी एक बाँह कट गयी है। घर के सामने ही मारकाट हुई। वे न होते तो शायद हम लोग ज़िन्दा भी न बचते। हमला तो हमपर हुआ था। वे गली में उतर गये तभी बाँह पर वार हुआ। बायीं बाँह कटकर अलग गिर पड़ी। लेकिन

उनकी हिम्मत...अपनी ही कटी बाँह को ज़मीन से उठाकर वे लड़ते रहे...ख़ून की पिचकारी छूट रही थी। कटी बाँह ही उनका हथियार थी...दंगाई तब आग के गोले फेंककर भाग गये। गली में उनकी बाँह के चिथड़े पड़े थे। जब उठाया तो बेहोश थे। दाहिने हाथ में कटी बाँह की कलाई तब भी जकड़ी हुई थी...पर उस ख़ुदा का लाख-लाख शुक्र। थाना अस्पताल में मरहम-पट्टी हुई। आठ दिन बाद लौटे। दूसरे ही दिन चुनार चले गये...।''

''तो उनकी बाँह का क्या हाल था?...'' मैं सुनकर सन्न रह गया था।

''ठीक था। चल-फिर सकते थे। कहते थे वहीं चुनार अस्पताल में यही करवाते रहेंगे। या ख़ुदा...रहमकर...बेहतर हो देख आओ...'' मास्टर साहब ने कहा और अपने आँखें हथेलियों से ढाँप लीं।

मेरी चेतना बुझ-सी रही थी। मैं किस जहान में था? ये लोग कौन थे, जिनके बीच मैं था? क्या ये जो कुछ लोग आदमियों की तरह दिखायी पड़ते थे–सच थे या कोई खौफ़नाक सपना? अब तो कटा-फटा आदमी ही सच लगता था। पूरे शरीर का आदमी देखकर दहशत होती थी।

...मैं फिर आकर कमरे में लेट गया था। मास्टर साहब भीतर चले गये थे। तभी नीचे से कुछ आवाज़ें आयी थीं। अम्मी...मास्टर साहब, बन्नो का आदमी मुनीर और बन्नो–सभी थे। मुनीर कह रहा था, ''यहाँ रहने की जिद समझ में नहीं आती...''

''तुम्हारी समझ में नहीं आयेगी।'' यह आवाज़ बन्नो की थी, ''हम तो पहले इसी धरती से अपना बच्चा लेंगे, जिसने खोया है। फिर जब जगह चले जायेंगे। जहाँ कहोगे...''

मैंने झाँककर देखा। दुबला-पतला मुनीर ग़ुस्से से काँप रहा था। चीखकर बोला, ''तो ले अपना बच्चा यहीं से...जिसने मन आये, ले।''

मैं सकते में आ गया–कहीं कुछ...कहीं इसमें मेरा ज़िक्र तो नहीं था...पर शायद मैं गलत समझा था। बन्नो भी बिफरकर बोली थी, ''तू अब क्या देगा बच्चा मुझे...। अपना ख़ून बेच-बेचकर शराब पीने से फुर्सत है?...''

तड़ाक!...शायद मुनीर ने बन्नो को मारा था। छोटा-सा कोहराम मच गया था।

बाद में बन्नो मुनीर को कोसती रही थी, ''मुझे मालूम नहीं है क्या? जितनी बार बम्बई जाता है, ख़ून बेचकर आता है। फिर रात-भर पड़ा काँपता रहता है...''

यह सब मैं क्या सुन रहा था, बन्नो! तेरे भीतर भी एक और पाकिस्तान रो रहा था। सभी तो अपने-अपने पाकिस्तान लिए हुए तड़प रहे हैं। आधे और

अधूरे, कटे-फटे, अंग-भंग।

ओफ! कितना अँधेरा था उस चाँदनी रात में...जब मैं भिवंडी से उसी तरह चला जैसे एक दिन चुनार से चला था। अड्डे से एक टैक्सी थाना जा रही थी। उसी में बैठ लिया था। जब तक बस्ती रही, काले मैदान भी बीच-बीच में नज़र आते रहे। राख की तेज़ महक भीतर तक उतरती रही। आसमान में डबडबाए स्तन लटकते रहे। चौराहों पर खड़े मुंडहीन धड़ों से ख़ून के फव्वारे छूटते रहे!

थाना! थाना से बस पकड़कर बम्बई। बम्बई से गाड़ी पकड़कर पूना और पूना में फिर कई दिन बुखार से तपता पड़ा रहा।

मैं सब कुछ भूल जाना चाहता था बन्नो...सिर्फ़ अपने में सिमट आना चाहता था। उम्र का यह सफ़र बेहूदा है कि आदमी कटता-फटता जाता है। लहू—लुहान होकर चलता जाता है।

और ऐसे अकेलेपन में अगर कोई यह आवाज़ सुने कि 'और है कोई?' तो क्या बीत सकती है, इसका अन्दाज़ किसी को नहीं हो सकता। तुम्हें भी नहीं बन्नो!...

और है कोई?

चार या पाँच महीने हो गये थे। दादाजी का खत मिल गया था कि वे फिर भिवण्डी लौट आये हैं। सिंधियों और मारवाड़ियों के कारण माल ज़्यादा नहीं मिल पाता इसलिए बाज़ार मन्दा है। सब करघे चल भी नहीं रहे हैं। एक बाँह न रहने के कारण बदन का पासंग बिगड़ गया है। मज़ाक़ में उन्होंने यह भी लिखा था कि उनका नाम 'टोंटा' पड़ गया है।

बाकी कोई ख़बर उन्होंने नहीं दी थी सिवा इसके कि मुनीर बन्नो को लेकर बम्बई चला गया है। पता नहीं वे लोग बम्बई में हैं या पाकिस्तान चले गये। ड्रिल मास्टर नीम-पागल हो गये हैं। घर में ड्रिल करते हैं, स्कूल में कोई पोथी लिखते रहते हैं।

...उस दिन मैं बम्बई न आता तो तुमसे मुलाकात भी न होती, बन्नो! और कितनी तकलीफ़देह थी वह मुलाकात। बाद में मैं पछताता रहा कि काश, मैं ही होता उसकी जगह। तुमने भी क्या सोचा होगा कि मैं यही सब करता हूँ? पर सच कहूँ बन्नो, करता तो मैं भी रहा हूँ पर तुम्हारे साथ नहीं। शायद तुम्हारे कारण करता रहा हूँ।

पूना का दोस्त नहीं था वह। वहीं बम्बई का था। उसका नाम केदार है। कुछ दिन पूना में साथ रहा था, तभी दोस्ती हुई। मैं भिवंडी जाने के लिए बम्बई आया था। बम्बई उतरकर मन उखड़ भी गया था कि क्या करूँगा वहाँ जाकर।

उस शाम से तुम्हारा कोई लेना-देना नहीं है बन्नो! वह शाम मैं और केदार साथ गुजारना चाहते थे। कुलावा के एक शराब घर में हमने थोड़ी-सी पी थी। फिर वहाँ से टहलते हुए हैंडलूम हाउस तक आये थे।

उसी के पास कोई गली थी। अब जाऊँ तो पहचान तो लूँगा पर यों याद नहीं है। केदार और मैं दोनों उसी में चले गये। शायद आगे चलकर दाहिने को मुड़े थे। वहीं पर एक सिगरेटवाले की दुकान थी। नीचे कारें खड़ी थीं। लगता था वोहरा मुसलमानों की बस्ती है। बहुत शान्त, साफ़-सुथरी।

उस बिल्डिंग में लिफ्ट था। यों सीढ़ियाँ भी बहुत साफ़-सुथरी थीं। केदार के साथ मैं सीढ़ियों से ही ऊपर गया था। पाँच मंज़िल तक चढ़ते-चढ़ते मेरी साँस फूल आयी थी। उस वक़्त घरों की खिड़कियों से खाना बनाने की गन्ध आ रही थी। छठी मंज़िल एकदम वीरान थी। जिस फ्लैट की घण्टी केदार ने बजायी थी वह उतना साफ़-सुथरा नहीं लग रहा था।

दरवाज़ा खुला और हम हिप्पो की तरह हाँफते हुए एक सिन्धी के सामने खड़े थे। वह हमें उस कमरे में ले गया जिसमें मामूली तरह के सोफे लगे हुए थे। वह सिन्धी अब भी हाँफ रहा था। लगता था ज़्यादा बात करेगा तो अभी उसकी साँस उखड़ जायेगी और फिर कभी लौटकर नहीं आयेगी।

मुझे उलझन हो रही थी। मैं खुली हवा में साँस लेने के लिए खिड़की के पास खड़ा हो गया था। दूर-दूर तक गन्दी छतें नज़र आ रही थीं तरह-तरह के आकारों की। मेरे बारे में केदार ने बता दिया था कि मैं वहीं सोफे पर बैठूँगा और इन्तज़ार करूँगा। उस हाँफते सिन्धी ने कोकाकोला की एक बोतल मँगवाकर मेरे लिए रख दी और केदार को लेकर अपनी मेज़ के पास चला गया। वहाँ वह केदार को एक गुँजला हुआ काला बुर्का दिखा रहा था। कह क्या रहा था, यह वहाँ से सुनायी नहीं पड़ा।

उसके बाद वे दोनों कहाँ गुम हो गये, कुछ पता नहीं चला। दो-एक मिनट बाद केदार के हँसने की आवाज़ बगल से आयी थी।

फिर केदार तो नहीं आया, वह सिन्धी उसी तरह हाँफता हुआ आया और ज़ोर-ज़ोर से साँस छोड़ता हुआ बोला, "बिअर..." बाकी शब्द उसके हाँफने से ही साफ़ हो रहे थे—"पिएँगे, मँगवाऊँ?"

"पी लूँगा..." मैंने कहा तो उसने लड़की को हाँफकर दिखाया और वह बीयर ले आया। सिन्धी ने नहीं पी। मैं ही बैठा पीता रहा।

"आप..." वह उसी तरह हाँफ रहा था, "बम्बई..." मतलब था—"नहीं रहते..."

"नहीं, पूना रहता हूँ।" मैंने कहा।

"घूमने..." वह फिर हाँफा।

"काम से आया था..." मैंने उसे बता दिया।

"बिजनेस..." हाँफना बदस्तूर था।

"नहीं पर्सनल काम था। भिवंडी जाऊँगा।"

फिर वह बैठा-बैठा तब तक हाँफता रहा जब तक केदार सामने आकर नहीं खड़ा हुआ। उसे देखते ही सिन्धी हड़बड़ाकर उठ खड़ा हुआ। मुझे भी उलझन हो रही थी। मैं गिलास ख़त्म करके फौरन केदार के पास आ गया। हम तीनों बीच वाले बड़े कमरे में आ गये थे। केदार मेरी बीयर के पैसे दे ही रहा था कि बगल का दरवाज़ा खुला। मैंने इतना ही देखा कि एक औरत के हाथ ने केदार को उसका कंघा और चाबियों का गुच्छा दिया और उस हाँफते हुए सिन्धी के साथ मुझे खड़ा देखकर पूछा—"और है कोई?"

मैंने पलटकर देखा—दरवाज़े की चौखट पर हाथ रखे पेटीकोट और ब्लाउज पहने तुम खड़ी थीं बन्नो! और पूछ रही थीं—'और है कोई?'

हाँ! कोई...कोई और भी था।

एक थरथराते अन्धे क्षण के बाद तुमने भी पहचान लिया था और तब कैसी टेढ़ी मुस्कराहट आयी थी, तुम्हारे होठों पर...ज़हर बुझी मुस्कराहट। या वही घोर तिरस्कार की मुस्कराहट थी? या सहज...कुछ भी नहीं मालूम।

पता नहीं यह बदला तुम मुझसे ले रही थीं, अपने से, मुनीर से या पाकिस्तान से? मैं सीढ़ियाँ उतर आया था। आगे-आगे मैं था, पीछे-पीछे केदार। मन हुआ था सीढ़ियाँ चढ़ जाऊँ और तुमसे पूछूँ—"बन्नो! क्या यही होना था? मेरा हश्र यही होना था?"

अब कौन-सा शहर है जिसे छोड़कर मैं भाग जाऊँ? कहाँ-कहाँ भागता रहूँ जहाँ पाकिस्तान न हो। जहाँ मैं पूरा होकर अपनी तमाम हसरतों और एहसासों को लेकर जी सकूँ।

बन्नो! हर जगह पाकिस्तान है जो मुझे-तुम्हें आहत करता है, पीटता है। लगातार पीटता और जलील करता चला जा रहा है।

कृश्न चन्दर (1914-1977)

23 नवम्बर 1914 को वजीराबाद अविभक्त पंजाब में जन्मे कृश्न चन्दर उस दौर के बहुत सफल लेखक थे जब अधिकतर लेखक हिन्दी और उर्दू दोनों ही भाषाओं में लिखते थे। शुरुआत उन्होंने उर्दू से की थी लेकिन भारत विभाजन के बाद हिन्दी में लिखना शुरू किया। कृश्न चन्दर का बचपन जम्मू के पुंछ क्षेत्र में बीता और उनकी बहुत-सी कहानियाँ कश्मीर की पृष्ठभूमि पर लिखी गयी हैं। वामपन्थी विचारधारा वाले कृश्न चन्दर के लेखन में धर्मनिरपेक्षता और मानवीय मूल्यों की झलक मिलती है। यद्यपि कृश्न चन्दर की मुख्य पहचान एक कहानीकार के रूप में है फिर भी 63 वर्ष के अपने जीवन में उन्होंने 30 से अधिक कहानी-संग्रह, 20 उपन्यास, अनेक रेडियो-नाटक और हिन्दी फ़िल्मों की पटकथाएँ भी लिखीं। उनका उपन्यास 'एक गधे की आत्मकथा' आज भी पाठकों में उतना ही लोकप्रिय है।

पेशावर एक्सप्रेस

जब मैं पेशावर से चली तो मैंने सन्तोष की साँस ली। मेरे डिब्बे में अधिकतर हिन्दू लोग बैठे थे। ये लोग पेशावर से, होईमरदान से, कोहाट से, चारसहरा से, खैबर से, लंडी कोतल से, बन्नूँ बौशहरा मानसहारा से आये थे और पाकिस्तान में अपने जीवन तथा धन-दौलत को सुरक्षित न पाकर हिन्दुस्तान की ओर जा रहे थे। स्टेशन पर कड़ी निगरानी थी और सैनिक बड़ी चौकसी से काम कर रहे थे। उन लोगों को, जो पाकिस्तान में पनाहगर्जी और हिन्दुस्तान में शरणार्थी कहलाते थे, उस समय तक चैन न आया जब तक मैंने पंजाब की रोमांचकारी धरती की ओर पाँव न बढ़ाये। ये लोग रंग-रूप से बिल्कुल पठान मालूम होते थे—गोरे-चिट्टे, सुदृढ़ हाथ-पैर, सिर पर कुल्ला और धारीदार रंगीन पगड़ी, जिस्म पर कमीज और सलवार। ये लोग पश्तो में बात करते थे। कभी-कभी अत्यन्त कर्कश पंजाबी ज़बान में बातचीत करते थे। सुन्दर मुख बलोची सिपाही अपनी पगड़ियों के पीछे मोर के छत्र की तरह ख़ूबसूरत तुर्रे लगाये हुए, हाथों में आधुनिक राइफलें लिए हुए इन हिन्दू पठानों और उनकी बीवी-बच्चों की ओर मुस्कुरा-मुस्कुरा कर देख रहे थे जो एक ऐतिहासिक त्रास और उपद्रव के प्रभाव से उस देश से भागे जा रहे थे जहाँ वे हज़ारों वर्षों से रहते चले आये थे, जिसकी पथरीली ज़मीन से उन्होंने शक्ति प्राप्त की थी, जिसके शीतल झरनों से उन्होंने पानी पिया था और जिनके मनोरम उद्यानों से उन्होंने अंगूरों का रस पिया था। आज यह वतन सहसा बेगाना हो गया था और इसने अपने दयालु हृदय के द्वार उनके लिए बन्द कर लिये थे, और वे एक नये देश के तपते हुए मैदानों की कल्पना दिल में सँजोये बिन बुलाये बादल के समान वहाँ से विदा हो रहे थे। इस बात की ख़ुशी अवश्य थी कि उनकी जानें बच गयी थीं। उनकी बहुत-सी धन-सम्पत्ति तथा उनकी बहुओं, बेटियों, माँओं और बीवियों की इज़्ज़त सुरक्षित थी लेकिन उनका दिल रो रहा था और आँखें सरहद के पथरीले सीने पर यों गड़ी हुई थीं मानो उसे चीरकर अन्दर घुस जाना चाहती हैं और उसके स्नेह भरे ममता के फव्वारे से पूछना चाहती हैं—"बोल माँ, आज किस अपराध के कारण तूने अपने

बेटों को घर से निकाल दिया है, अपनी बहुओं को इस लुभावने आँगन से वंचित कर दिया है जहाँ वे कल तक सुहाग की रानियाँ बनी बैठी थीं, अपनी अलबेली कुँवारियों को, जो अंगूर की बेल की भाँति तेरी छाती से लिपट रही थीं, झंझोड़कर अलग कर दिया है। किसलिए आज यह देश विदेश हो गया है?'' मैं चलती जा रही थी और डिब्बों में बैठी हुई जनता अपने देश की पथरीली और ऊँची ज़मीन, उनकी विशाल चट्टानों, उसके हरियाले इलाकों, उसकी हरी-भरी घाटियों, कुंजों और बागों की ओर निहार रही थी जैसे हर जाने-पहचाने दृश्य को अपने सीने में छुपा के ले जाना चाहती है, जैसे निगाह हर पल रुक जाये और मुझे यों लगा कि इस बहुत बड़े दुःख और शोक की वजह से मेरे क़दम भारी हुए जा रहे हैं और रेल की पटरी मुझे जवाब दिये जा रही है।

हसन अब्दाल तक लोग यों ही उदास, निराश तथा शोक की तस्वीर बने रहे। हसन अब्दाल के स्टेशन पर बहुत से सिख आये हुए थे। पंजा-साहब से लम्बी-लम्बी कृपाणें लिए, चेहरों पर हवाइयाँ उड़ी हुई, बाल-बच्चे सहमे-सहमे से। ऐसा लगता था कि अपनी ही तलवार के घाव से ये लोग ख़ुद मर जायेंगे। डिब्बों में बैठकर उन लोगों ने सन्तोष की साँस ली और फिर उनकी सरहद के दूसरे हिन्दू और सिख पठानों से वार्ता शुरू हो गयी। किसी का घर-बार जल गया था। कोई केवल एक कमीज और सलवार में भागा था। किसी के पाँव में जूती न थी। और कोई इतना होशियार था कि अपने घर की टूटी चारपाई भी उठा लिया था। जिन लोगों की सचमुच बहुत हानि हुई थी, वे लोग गुमसुम बैठे थे—ख़ामोश, चुपचाप और जिसके पास कभी कुछ न था, वह अपनी लाखों की सम्पत्ति के खोये जाने का ग़म मना रहा था और दूसरों को अपने काल्पनिक महलों के क़िस्से सुना-सुनाकर प्रभावित कर रहा था और मुसलमानों को गालियाँ दे रहा था। बलोची सिपाही सम्मानजनक ढंग से दरवाज़ों पर राइफलें थामे खड़े थे और कभी-कभी एक-दूसरे की ओर कनखियों से देखकर मुस्करा उठते थे।

तक्षशिला स्टेशन पर मुझे बहुत देर तक खड़ा रहना पड़ा। न जाने किसकी प्रतीक्षा थी। शायद आस-पास के गाँवों से हिन्दू शराणार्थी आ रहे थे। जब गार्ड ने स्टेशनमास्टर से बार-बार पूछा तो उसने कहा, ''यह गाड़ी आगे न जा सकेगी।'' एक घण्टा और बीत गया। अब लोगों ने अपने खाने-पीने का सामान खोला और खाने लगे। सहमे-सहमे बच्चे कहकहे लगाने लगे। मासूम कुँवारियाँ खिड़कियों से बाहर झाँकने लगीं। बड़े-बूढ़े हुक्का गुड़गुड़ाने लगे। कुछ देर बाद दूर से शोर सुनायी दिया और ढोलों के बजने की आवाज़ें आने लगीं।

हिन्दू शरणार्थियों का जत्था आ रहा था। शायद लोगों ने सिर निकालकर

इधर-उधर देखा। जत्था दूर से आ रहा था और नारे लगा रहा था। समय बीतता गया। जत्था पास आता गया। ढोलों की आवाज़ और तेज़ होती गयी। जत्थे के पास आते ही गोलियों की आवाज़ कानों में पड़ी और लोगों ने अपने सिर खिड़कियों से पीछे हटा लिए। यह हिन्दुओं का जत्था था जो आस-पास के गाँवों से आया था। गाँव के मुसलमान उसे अपनी सुरक्षा में ला रहे थे। हर एक मुसलमान ने एक-एक काफिर की लाश अपने कन्धे पर उठा रखी थीं। स्टेशन पर पहुँचकर जत्थे ने इन लाशों को अत्यन्त विश्वास के साथ बलोची सिपाहियों को सौंप दिया और कहा—''इन शरणार्थियों को अत्यन्त सुरक्षापूर्वक हिन्दुस्तान की सीमा पर ले जाओ।'' अतः बलोची सिपाहियों ने हँसकर इस बात का जिम्मा लिया और हर डिब्बे में पन्द्रह-बीस लाशें रख दी गयीं। तत्पश्चात जत्थे ने हवा में फायर किया और स्टेशनमास्टर को गाड़ी चलाने का हुक्म दिया। मैं चलने लगी थी कि फिर मुझे रोक दिया गया और जत्थे के सरदार ने हिन्दू शरणार्थियों से कहा कि दो सौ आदमी के चले जाने से उनके गाँव वीरान हो जायेंगे और उनका व्यापार तबाह हो जायेगा। इसलिए वे गाड़ी में से दो सौ आदमी उतारकर अपने गाँव ले जायेंगे। चाहे कुछ भी हो, पर वह अपने देश को इस तरह बर्बाद होता हुआ नहीं देख सकते। इस पर बलोची सिपाहियों ने उनकी बुद्धिमानी और दूरदर्शिता की प्रशंसा की तथा उनके स्वदेशप्रेम को सराहा। उन्होंने हर डिब्बे से कुछ आदमी निकालकर जत्थे के हवाले किये। पूरे दो सौ आदमी निकाले गये थे, न एक कम न एक ज़्यादा।

''लाइन लगाओ, काफिरो!'' सरदार बोला। सरदार अपने इलाके का सबसे बड़ा जागीरदार था और अपने लहू के बहाव में पवित्र जिहाद की गूँज सुन रहा था।

काफिर पत्थर के बुत बने खड़े थे। जत्थे के लोगों ने उठा-उठाकर लाइन में खड़ा किया। दो सौ आदमी; दो सौ ज़िन्दा लाशें। चेहरे हँसते हुए, आँखें वातावरण में तीरों की बरसात-सी महसूसती हुईं।

पहल बलोची सिपाहियों ने की। पन्द्रह आदमी फायरिंग से धड़ाम।

यह तक्षशिला का स्टेशन था।

बीस और धड़ाम।

यहाँ एशिया की सबसे बड़ी यूनिवर्सिटी थी और लाखों विद्यार्थी इस सभ्यता और संस्कृति के खजाने से लाभान्वित होते थे।

पचास और धड़ाम।

तक्षशिला के संग्रहालय में इतने मनोरम बुत थे, इतने सुन्दर सुंगतराशी के अद्वितीय नमूने, प्राचीन सभ्यता के झिलमिलाते हुए चिराग।

पचास और धड़ाम।

पृष्ठभूमि में सरकूप का महल था और खेलों का अमफी थियेटर और मीलों तक फैले हुए एक विशाल नगर के खँडहर, तक्षशिला की पुरातन महानता की अभिव्यक्ति के स्थल।

तीस और धड़ाम।

यहाँ कनिष्क ने राज किया था और प्रजा को शान्ति तथा सौन्दर्य-सम्पत्ति से भर दिया था।

पचीस और...।

यहाँ बुद्ध का ब्रह्मज्ञानस्वरूप संगीत गूँजा था। यहाँ भिक्षुओं ने शान्ति-अहिंसामय जीवन का सन्देश दिया था।

अब अन्तिम समूह पर मौत मँडरा रही थी।

यहाँ पहली बार हिन्दुस्तान की सीमा पर इस्लाम का झंडा लहराया था, समानता, भ्रातृत्व और मानवता का झंडा।

सब मर गये। अल्लाहो-अकबर! फ़र्श ख़ून से लाल था और जब मैं प्लेटफार्म से गुज़री तो मेरे पाँव पटरी से फिसले जाते थे जैसे मैं अभी गिर जाऊँगी और गिरकर शेष बचे यात्रियों को भी समाप्त कर दूँगी।

हर डिब्बे में मौत छा गयी थी और लाशों को बीच में रख दिया गया था। ज़िन्दा लाशों की भीड़ चारों ओर थी। बलोची सिपाही मुस्करा रहे थे। कहीं कोई-कोई बच्चा रोने लगा। और चीखती-चिल्लाती मैं रावलपिंडी के प्लेटफार्म पर आ खड़ी हुई।

यहाँ से कोई शरणार्थी गाड़ी में सवार न हुआ। एक डिब्बे में मुसलमान नौजवान पन्द्रह-बीस बुर्कापोश औरतों को लेकर सवार हुए। हर नौजवान राइफल लिए था। एक डिब्बे में बहुत-से हथियार लादे गये। मशीन-गनें और कारतूस, पिस्तौल और राइफलें।

जेहलम और गोजरखाँ के बीच में मुझे सिग्नल खींचकर खड़ा कर दिया गया। मैं रुक गयी। सशस्त्र नौजवान गाड़ी से उतरने लगे। बुर्कापोश स्त्रियों ने शोर मचाना शुरू किया—"हम हिन्दू हैं, हम सिख हैं, हमें ये बलात् लिए जा रहे हैं।" उन्होंने बुर्के फाड़ दिये और चिल्लाने लगीं। नौजवान मुसलमान हँसते हुए उन्हें घसीटकर गाड़ी से निकाल लाये।

"हाँ, ये हिन्दू औरतें हैं। हम इन्हें रावलपिंडी से इनके आरामदायक घरों, इनके समृद्ध घरानों, इनके इज़्ज़तदार माँ-बाप से छीनकर लाये हैं। अब ये हमारी हैं। हम इनके साथ जो चाहे बर्ताव करेंगे। अगर किसी में हिम्मत है तो इन्हें

हमसे छीनकर ले जाये।''

सरहद के दो नौजवान हिन्दू पठान छलाँग मारकर गाड़ी से उतर पड़े। बलोची सिपाहियों ने बड़े आराम से फायर करके उनकी जीवन लीला समाप्त कर दी। पन्द्रह-बीस नौजवान और निकले, उन्हें सशस्त्र मुसलमानों के गिरोह ने मिनटों में भूनकर रख दिया। वास्तव में हाड़-मांस की दीवार लोहे की गोली से मुक़ाबला नहीं कर सकती। वे नौजवान हिन्दू स्त्रियों को घसीटकर जंगल में ले गये और मैं मुँह छिपाकर वहाँ से भागी। काला, डरावना धुआँ मेरे मुँह से निकल रहा था, जैसे ब्रह्माण्ड पर नीचता और कमीनगी की स्याही पुत गयी थी। साँस मेरे सीने में यों उलझने लगी जैसे यह लोहमयी छाती भी फट जायेगी और अन्दर भड़कते हुए लाल-लाल शोले इस जंगल को जलाकर भस्म कर डालेंगे जो इस समय मेरे आगे-पीछे फैला हुआ था और जिसने इन पन्द्रह औरतों को आँख झपकते ही निगल लिया था।

लालमूसा के निकट उन लाशों से इतनी दुर्गन्ध आने लगी कि बलोची सिपाही उन्हें बाहर फेंकने पर विवश हो गये। वे हाथ के संकेत से एक आदमी को बुलाते और एक लाश को बाहर उठाकर लाने का आदेश देते और जब वह आदमी एक लाश को उठाये दरवाज़े पर आता तो उसे गाड़ी से बाहर धक्का दे देते। थोड़े ही समय में सब लाशें एक-एक सहयात्री के साथ बाहर फेंक दी गयीं। इस तरह डिब्बों में आदमी कम हो जाने से टाँगें फैलाने को स्थान भी मिल गया।

फिर लालमूसा गुज़र गया और वजीराबाद आ गया। वजीराबाद का प्रसिद्ध जंक्शन, वजीराबाद का प्रसिद्ध शहर जहाँ हिन्दुस्तान भर के लिए छुरियाँ और चाकू तैयार होते हैं। वजीराबाद जहाँ के हिन्दू और मुसलमान सदियों से बैसाखी का मेला बड़ी धूम-धाम से मनाते हैं और इसकी खुशियों में मिलकर भाग लेते हैं। वजीराबाद का स्टेशन लाशों से अटा हुआ था। शायद ये लोग बैसाखी का मेला देखने आये थ—लाशों का मेला। शहर में धुआँ उठ रहा था और स्टेशन के पास अँग्रेजी बैंड की धुन सुनायी दे रही थीं। भीड़ की कोलाहलभरी तालियों और कहकहों की आवाज़ें भी सुनायी दे रही थी। कुछ ही क्षणों में भीड़ स्टेशन पर आ गयी। आगे-आगे देहाती नाचते-गाते आ रहे थे और उनके पीछे नंगी औरतों की भीड़ थी। नितान्त नंगी औरतें—बूढ़ी, नौजवान, बच्चियाँ, दादियाँ और पोतियाँ, माताएँ, बहुएँ और बेटियाँ, कुँआरियाँ और गर्भवती औरतें नाचते-गाते हुए पुरुषों के घेरे में थीं। औरतें हिन्दू और सिख थीं और पुरुष मुसलमान थे। दोनों ने मिलकर यह अद्भुत बैसाखी मनायी थी। औरतों के बाल खुले हुए थे। उनके अंगों पर घावों के निशान थे और वे इस प्रकार सीधी तनकर चल रही थीं जैसे

उनके अंग हज़ारों वस्त्रों से ढके हुए हों, जैसे उनकी आत्माओं पर शान्तिप्रदायक मृत्यु के संगीन साये छा गये हों। उनकी निगाहों का तेज़ द्रौपदी को भी लजा रहा था और होंठ दाँतों के अन्दर यों भिंचे हुए थे जैसे किसी भीषण ज्वालामुखी का मुँह बन्द किये हुए हों, शायद अभी जो फट पड़ेगा और अपनी आग से दुनिया को नरक बनाकर रख देगा।

भीड़ में आवाज़ आयी—'पाकिस्तान ज़िन्दाबाद!', 'इस्लाम ज़िन्दाबाद!', 'कायदे-आजम मुहमद अली जिनाह ज़िन्दाबाद।'

नाचते-थिरकते हुए क़दम दूर हट गये और जब यह अद्भुत-अनोखी भीड़ डिब्बों के सामने थी, डिब्बों में बैठी हुई स्त्रियों ने घूँघट काढ़ लिए और डिब्बों की खिड़कियाँ एक के बाद एक बन्द होने लगीं।

बलोची सिपाहियों ने कहा,"खिड़कियाँ बन्द मत करो हवा रुकती है।" फिर भी खिड़कियाँ बन्द होती गयीं। बलोची सिपाहियों ने बन्दूकें तान लीं... ठाँय...ठाँय...फिर भी खिड़कियाँ बन्द होती गयीं। और फिर भी डिब्बों में एक भी खिड़की खुली न रही। हाँ, कुछ शरणार्थी मर अवश्य गये।

नंगी औरतों को शरणार्थियों के साथ बैठा दिया गया। और मैं 'इस्लाम ज़िन्दाबाद, कायदे-आजम मुहम्मद अली जिनाहज ज़िन्दाबाद' के नारों के बीच चल पड़ी।

गाड़ी में बैठा हुआ एक बच्चा लुढ़कता-लुढ़कता एक बूढ़ी दादी के पास चला गया और उससे पूछने लगा—"माँ, तुम नहा के आयी हो?"

दादी ने अपने आँसुओं को रोकते हुए कहा—"हाँ, नन्हे आज मुझे मेरे देश के बेटों ने, भाइयों ने नहलाया है।"

"तुम्हारे कपड़े कहाँ हैं, अम्मा?"

"उन पर मेरे सुहाग के ख़ून के छींटे थे, बेटा! वे लोग धोने के लिए ले गये हैं।"

दो नंगी लड़कियों ने गाड़ी से छलाँग लगा दी और मैं चीखती-चिल्लाती भागी कि लाहौर पहुँचकर ही दम लिया।

मुझे नम्बर एक प्लेटफार्म पर खड़ा किया गया। नम्बर दो प्लेटफार्म पर दूसरी गाड़ी खड़ी थी। यह अमृतसर से आयी थी। इसमें मुसलमान शरणार्थी बन्द थे। थोड़ी देर पश्चात मुस्लिम खिदमतगार मेरे डिब्बे की तलाशी लेने लगे। जेवर, नकदी और दूसरा अमूल्य सामान शरणार्थियों से ले लिया गया। तत्पश्चात चार सौ यात्री डिब्बों से निकालकर स्टेशन पर खड़े किये गये। ये कसाईखाने के बकरे थे। चूँकि अभी-अभी नम्बर दो प्लेटफार्म पर जो मुस्लिम शरणार्थियों की गाड़ी

आकर रुकी थी, उसमें चार-सौ मुसलमान यात्री थे और पचास मुस्लिम औरतें अपहृत कर ली गयी थीं, इसलिए यहाँ पर भी पचास औरतें चुन-चुनकर निकाल ली गयीं और चार सो हिन्दू यात्रियों को तलवार के घाट उतार दिया गया ताकि हिन्दुस्तान और पाकिस्तान में जनसंख्या का सन्तुलन बना रहे।

मुस्लिम खिदमतगारों ने एक दायरा बना रखा था। छुरे हाथ में थे और दायरे में बारी-बारी एक शरणार्थी उनके छुरे के निशान पर आता था और बड़ी निर्दयता से मौत के घाट उतार दिया जाता था। कुछ ही क्षणों में चार सौ आदमी ख़त्म कर दिये गये। और मैं फिर आगे चली। अब मुझे अपने शरीर के अंग-अंग से घिन आने लगी थी। मैं इस प्रकार स्वयं को अपवित्र और घृणित अनुभव कर रही थी जैसे शैतान ने मुझे सीधा नरक से धक्का देकर पंजाब में भेज दिया हो। अटारी पहुँच कर वातावरण बदल-सा गया। मुगलपुरा ही से बलोची सिपाही बदले गये थे और उनका स्थान डोगरों और कुछ सिपाहियों ने ले लिया था। अटारी पहुँचकर तो मुसलमानों की इतनी लाशें हिन्दू शरणार्थियों ने देखीं कि उनके मन ख़ुशी से बाग-बाग हो गये। स्वतन्त्र भारत की सीमा आ गयी थी, अन्यथा इतना सुरम्य दृश्य किस प्रकार देखने को मिलता। और जब मैं अमृतसर स्टेशन पर पहुँची तो सिखों के नारों ने धरती-आकाश को गुंजायमान कर दिया। यहाँ भी मुसलमानों की लाशों के ढेर थे। हिन्दू, जाट, सिख और डोगरे हर डिब्बे में झाँककर पूछते थे—''कोई शिकार है।'' तात्पर्य यह कि कोई मुसलमान है।

एक डिब्बे में चार हिन्दू ब्राह्मण सवार हुए। सिर घुटा हुआ, लम्बी चोटी, राम नाम की धोती बाँधे हरिद्वार की यात्रा कर रहे थे। यहाँ हर डिब्बे में आठ-दस सिख और जाट भी बैठ गये। ये लोग राइफलों और बल्लमों से लैस थे और पूर्वी-पंजाब में शिकार खोजने जा रहे थे। इनमें से एक के मन में कुछ सन्देह जागा। उसने एक ब्राह्मण से पूछा—

''ब्राह्मण देवता, किधर जा रहे हो?''

''हरिद्वार तीरथ करने।''

''हरिद्वार जा रहे या पाकिस्तान जा रहे हो!''

''मियाँ, अल्लाह अल्लाह करो।'' दूसरे ब्राह्मण के मुँह से निकला।

जाट हँसा—''तो आओ, अल्लाह अल्लाह करें। ओ नत्थासिंह! शिकार मिल गया, भाई, आओ ऐहदा अल्लाह बेली करिएँ।'' इतना कहकर जाट ने बल्लम नकली ब्राह्मण के सीने में झोंक दिया। दूसरे ब्राह्मण भागने लगे। जाटों ने उन्हें पकड़ लिया और कहा—''ऐसे नहीं, ब्राह्मण देवता! ज़रा डॉक्टरी जाँच तो कराते जाओ। हरिद्वार जाने से पहले डॉक्टरी जाँच बहुत ज़रूरी है न?''

डॉक्टरी जाँच का अर्थ यह था कि वे लोग खुतना देखते थे और जिसके खुतना हुआ होता उसे वहीं मार डालते। चारों मुसलमान जो ब्राह्मण का वेश बनाकर अपनी जान बचाने के लिए भाग रहे थे वहीं मार दिये गये और मैं आगे चली।

मार्ग में एक स्थान पर जंगल में ही मुझे सहसा रोक दिया गया। लोग अर्थात् शरणार्थी और सिपाही, जाट और सिख, सब निकल-निकलकर जंगल की ओर दौड़ पड़े। मैंने सोचा, शायद मुसलमानों की एक बहुत बड़ी सेना उन पर आक्रमण करने के लिए आ रही है। इतने में क्या देखती हूँ कि जंगल में बहुत-से-मुसलमान किसान अपनी बीवी-बच्चों को लिए छिपे बैठे हैं। "सत् श्री अकाल" और "हिन्दू धर्म की जय" के नारों से जंगल काँप उठा और वे लोग घेरे में ले लिए गये। एक जाट के नेजे पर एक नन्हे-से बच्चे की लाश थी और वह उसे हवा में घुमा-घुमाकर कह रहा था—"आयी बैसाखी, आयी बैसाखी, जट्टा लाये हैं।"

जालन्धर से इधर पठानों का एक गाँव था। यहाँ पर मुझे रोककर लोग गाँव में घुस गये। जाट पठानों ने डटकर मुक़ाबला तो किया, मगर अन्त में मारे गये। बच्चे और मर्द मौत के घाट उतार दिये गये तो औरतों की बारी आयी। और वहीं उसी खुले मैदान में जहाँ गेहूँ के खलिहान लगाये जाते थे और सरसों के फूल मुस्कराते थे और पतिव्रता पत्नियाँ अपने पतियों की नज़रों का सामना न कर सकने के कारण कमज़ोर शाखों की तरह झुकी-झुकी जाती थीं, उसी विशाल मैदान में जहाँ पंजाब के दिल ने हीर-राँझे और सोहनी-महीवाल की अमर प्रेम कहानी के गीत गाये थे, उन्हीं शीशम, शिरीष और पीपल के पेड़ों के नीचे वक्ती चकले आबाद हो गये। पचास औरतें और पाँच सौ पति, पचास भेड़ें और पाँच सौ कसाई, पचास सोहनियाँ और पाँच सौ महीवाल। शायद अब चेनाब में कभी तूफान नहीं आयेगा। शायद अब कोई वारिसशाह की हीर न गाएगा। शायद अब मिर्ज़ा-साहिबाँ की पवित्र-प्रेम-गाथा इन मैदानों में कभी न गूँजेगी। लाखों बार लानत हो इन रहनुमाओं पर और उनकी सात पीढ़ियों पर जिन्होंने इस ख़ूबसूरत पंजाब, इस अलबेले प्यारे सुनहरे पंजाब के टुकड़े-टुकड़े कर दिये थे और इसकी पवित्र आत्मा को कलंकित कर दिया था और इसके सुदृढ़ शरीर में घृणा की पीप भर दी थी। आज पंजाब मुर्दा, उसका सीधा-सादा, भोला-भाला, निडर दिल मुर्दा। और न महसूस करते हुए, आँख और कान न रखते हुए भी मैंने पंजाब की मौत देखी। भय और आश्चर्य से मेरे क़दम उस पटरी पर रुक गये।

पठान मर्दों और औरतों की लाशें उठाये जाट, सिख और डोगरे एवं सरहदी

हिन्दू लौट आये और मैं आगे चली। आगे एक नहर आती थी। थोड़े-थोड़े समय के अन्तर पर मैं रोक दी जाती ज्यों ही कोई डिब्बा नहर के पुल पर गुज़रता, लाशों को नीचे नहर के पानी में गिरा दिया जाता। इस प्रकार हर डिब्बे के रुकने के बाद सब लाशें पानी में गिरा दी गयीं तो लोगों ने देशी शराब की बोतलें खोल लीं और मैं ख़ून, शराब और घृणा की भाप उगलती हुई आगे बढ़ी।

लुधियाना पहुँचकर लुटेरे गाड़ी से उतर गये और शहर में जाकर उन्होंने मुसलमानों के मुहल्लों का पता-ठिकाना ढूँढ़ निकाला। वहाँ हमला किया, लूटमार की और धन-सम्पत्ति अपने कन्धों पर लादे हुए तीन-चार घण्टों के बाद स्टेशन पर लौट आये। जब तक लूटमार न हो चुकती, जब तक दस-बीस मुसलमानों का रक्तपात न हो चुकता, जब तक शरणार्थी घृणा लिप्त न हो चुकते, मेरा आगे बढ़ना कठिन तो क्या असम्भव था। मेरी आत्मा में इतने घाव थे और मेरे शरीर का रोम-रोम गन्दे, अपवित्र खूनियों के कहकहों से ऐसे रच गया था कि मुझे स्नान की अत्यधिक आवश्यकता महसूस हो रही थी, परन्तु मैं जानती थी कि इस यात्रा में मुझे कोई स्नान नहीं करने देगा।

अम्बाला स्टेशन पर रात के समय मेरे एक फर्स्ट क्लास कम्पार्टमेंट में एक मुसलमान डिप्टी कमिश्नर, उसकी बीवी और बच्चे सवार हुए। इसी डिब्बे में एक सरदार साहब अपनी बीवी समेत थे। सैनिक सुरक्षा में मुसलमान डिप्टी कमिश्नर को गाड़ी में सवार कर दिया गया और सैनिकों को उनके जीवन और सम्पत्ति की रक्षा का कड़ा निर्देश दे दिया गया।

रात को दो बजे मैं अम्बाला से चली और दस मील आगे जाकर रोक दी गयी। फर्स्ट क्लास का डिब्बा अन्दर से बन्द था, इसलिए खिड़की के शीशे तोड़कर लोग अन्दर आ गये। डिप्टी कमिश्नर और उसकी बीवी और उसके छोटे-छोटे बच्चों को कत्ल कर दिया गया। डिप्टी कमिश्नर की एक नौजवान ख़ूबसूरत लड़की थी। वह किसी कॉलेज में पढ़ती थी। दो-एक नौजवान ने सोचा कि इसे बचा लिया जाये। यह सौन्दर्य, यह स्निग्धता, यह कौमार्य, यह जवानी किसी के काम आ सकती है। इतना सोचकर उन्होंने जल्दी से लड़की और जेवरों के बक्स को सँभाला और गाड़ी से उतरकर जंगल में चले गये। लड़की के हाथ में एक किताब थी।

यहाँ यह कान्फ्रेंस शुरू हुई कि लड़की को छोड़ दिया जाये या मार दिया जाय।

लड़की ने कहा—"मुझे मारते क्यों हो? मुझे हिन्दू बना लो। मैं तुम्हारे धर्म में आ जाती हूँ। तुममें से कोई एक मुझसे शादी कर लो। मेरी जान लेने से क्या लाभ?"

"ठीक कहती है" एक बोला, "मेरे ख़याल में।"

दूसरे ने बात काटते हुए और लड़की के पेट में छुरा भौकते हुए कहा, "मेरे ख़याल में इसे ख़त्म कर देना ही बेहतर है। चलो, गाड़ी में वापस चलो, क्या कांफ्रेंस लगा रखी है तुमने।"

लड़की जंगल में घास के फ़र्श पर तड़प-तडप कर मर गयी। उसकी किताब उसके रक्त से सन गयी। किताब का शीर्षक था—"कम्यूनिज्म प्राक्टिकल एंड फिलासफी, बाई जान स्टूची।" वह कुशाग्र बुद्धि लड़की होगी। उसके दिल में अपने देश एवं राष्ट्र की सेवा का संकल्प होगा। उसकी आत्मा में किसी से प्रेम करने, किसी को चाहने, किसी के गले लग जाने, किसी बच्चे को दूध पिलाने की भावना होगी। वह लड़की थी, वह माँ थी, वह बीवी थी, वह प्रेमिका थी, वह ब्रह्मांड की सर्जना का पावन रहस्य थी, और अब उसकी लाश जंगल में पड़ी थी। गीदड़, गिद्ध और कौवे उसकी लाश को नोच-नोच कर खाएँगे।

"कम्यूनिज्म : प्राक्टिकल एंड फिलासफी"। वहशी दरिन्दे उन्हें नोच-नोच कर खा रहे थे और कोई नहीं बोलता, कोई आगे नहीं बढ़ता। अवाम में से कोई भी इन्कलाब का द्वार नहीं खोलता। और मैं रात के अन्धकार में आग और शोलों को छिपाकर आगे बढ़ रही हूँ और मेरे डिब्बों में लोग शराब पी रहे हैं। साथ ही महात्मा गाँधी के जयकारे बोल रहे हैं।

चिरकाल बाद मैं बम्बई लौटी हूँ। यहाँ मुझे नहला-धुला कर शेड में रख लिया गया है। मेरे डिब्बों में अब शराब के फव्वारे नहीं हैं, ख़ून के छींटे नहीं हैं, वहशी ख़ूनी ठहाके नहीं हैं। परन्तु रात के एकान्त में जैसे भूत जाग उठते हैं, मुर्दा रूहें जाग्रत हो उठती हैं और घायलों की चीखें, औरतों के बैन और बच्चों की पुकार हर तरफ़ वातावरण में गूँजने लगती हैं और मैं चाहती हूँ कि अब मुझे कोई इस सफ़र पर न ले जाये। मैं इस शेड से बाहर नहीं निकलना चाहती। मैं इस खौफ़नाक सफ़र पर दोबारा नहीं जाना चाहती। अब मैं उस वक़्त जाऊँगी जब मेरे सफ़र पर दोनों ओर गेहूँ के खलिहान लहराएँगे, सरसों के फूल झूम-झूम कर पंजाब के रसीले प्रेम गीत गाएँगे, किसान—हिन्दू और मुसलमान—दोनों मिलकर खेत काटेंगे, बीज बोएँगे, हरे-हरे खेतों में बातें करेंगे और उनके दिलों में स्नेह-प्रेम तथा आँखों में औरत के लिए प्यार, मुहब्बत और इज़्ज़त का भाव होगा।

मैं काठ की एक बेजान गाड़ी हूँ लेकिन फिर भी मैं चाहती हूँ कि इस ख़ून और मांस तथा घृणा के भार से मुझे न लादा जाय। मैं अकालग्रस्त क्षेत्रों

में अनाज ढोऊँगी। मैं कोयला और तेल और लोहा लेकर कारखानों में जाऊँगी। मैं अपने डिब्बों में किसानों और मज़दूरों की ख़ुशहाल टोलियाँ लेकर जाऊँगी। इज़्ज़तदार स्त्रियों की मीठी निगाहें अपने पुरुषों का दिल टटोल रही होंगी और उनके आँचलों में नन्हे-मुन्ने सुन्दर बच्चों के चेहरे कमल के फूलों की तरह दिखायी देंगे। वे इस मौत को नहीं अपितु उस भावी जीवन को झुककर सलाम करेंगे जब न कोई हिन्दू होगा, न मुसलमान बल्कि सब मज़दूर होंगे और इनसान होंगे।

ख़्वाज़ा अहमद अब्बास(1914-1987)

हिन्दी के प्रसिद्ध लेखक, पत्रकार एवं फ़िल्मकार ख़्वाज़ा अब्बास का जन्म पानीपत में 7 जून 1914 को हुआ था। उनका अधिकतर वक़्त बम्बई में गुज़रा। 72 वर्ष की आयु में 1987 में उनकी मृत्यु हो गयी। वे एक उपन्यासकार एवं कहानीकार होने के अतिरिक्त फ़िल्मों के पटकथा लेखक एवं निदेशक रहे। 'जागते रहो', 'धरती के लाल', 'आवारा', 'सात हिन्दुस्तानी', 'श्री 420' आदि के वे पटकथा लेखक थे। उन्हें 1969 में पद्मश्री का भी सम्मान प्राप्त हुआ था।

सरदार जी

लोग समझते हैं सरदार जी मर गये। नहीं यह मेरी मौत थी। पुराने मैं की मौत। मेरे तअस्सुब (धर्मान्धता) की मौत। घृणा की मौत जो मेरे दिल में थी।

मेरी यह मौत कैसे हुई, यह बताने के लिए मुझे अपने पुराने मुर्दा मैं को ज़िन्दा करना पड़ेगा।

मेरा नाम शेख बुराहानुद्दीन है।

जब दिल्ली और नयी दिल्ली में साम्प्रदायिक हत्याओं और लूट-मार का बाज़ार गर्म था और मुसलमानों का ख़ून सस्ता हो गया था, तो मैंने सोचा—

...वाह री किस्मत! पड़ोसी भी मिला तो सिख।...जो पड़ोसी का फर्ज निभाना या जान बचाना तो क्या, न जाने कब कृपाण झोंक दे!

बात यह है कि उस वक़्त तक मैं सिखों पर हँसता भी था। उनसे डरता भी था और काफ़ी नफरत भी करता था। आज से नहीं, बचपन से ही। मैं शायद छह साल का था, जब मैंने पहली बार किसी सिख को देखा था। जो धूप में बैठा अपने बालों को कंघी कर रहा था। मैं चिल्ला पड़ा, 'अरे वह देखो, औरत के मुँह पर कितनी लम्बी दाढ़ी!'

जैसे-जैसे उम्र गुज़रती गयी, मेरी यह हैरानी एक नस्ली नफरत में बदलती गयी।

घर की बड़ी-बूढ़ियाँ जब किसी बच्चे के बारे में अशुभ बात का ज़िक्र करतीं जैसे यह कि उसे नमूनिया हो गया था उसकी टाँग टूट गयी थी तो कहतीं, अब से दूर किसी सिख फिरंगी को नमूनिया हो गया था या अब से दूर किसी सिख फिरंगी की टाँग टूट गयी थी। बाद में मालूम हुआ कि यह कोसना सन् 1857 की यादगार था जब हिन्दू-मुसलमानों के स्वतन्त्रता युद्ध को दबाने में पंजाब के सिख राजाओं और उनकी फौजों ने फिरंगियों का साथ दिया था। मगर उस वक़्त ऐतिहासिक सच्चाइयों पर नज़र नहीं थी, सिर्फ़ एक अस्पष्ट-सा खौफ़, एक अजीब-सी नफरत और एक गहरी धर्मान्धता। डर तो अँग्रेज से भी लगता था और सिख से भी। मगर अँग्रेज से ज़्यादा। उदाहरणतः जब मैं कोई दस वर्ष का था एक रोज़ दिल्ली से अलीगढ़ जा रहा था। हमेशा थर्ड या इंटर में सफ़र करता

था। सोचा कि अबकी बार सैकेंड में सफ़र करके देखा जाये। टिकट खरीद लिया और एक खाली डिब्बे में बैठकर गद्दों पर ख़ूब कूदा। बाथरूम के आईने में उचक-उचक कर अपना प्रतिबिम्ब देखा। सब पंखों को एक साथ चला दिया। रोशनियों को भी जलाया कभी बुझाया। मगर अभी गाड़ी चलने में दो-तीन मिनट बाकी थे कि लाल-लाल मुँह वाले चार फौजी गोरे आपस में डेम-ब्लडी किस्म की बातचीत करते हुए दर्जे में घुस आये। उनको देखना था कि सैकेंड क्लास में सफ़र करने का मेरा शौक रफू-चक्कर हो गया और अपना सूटकेस घसीटता हुआ मैं भागा और एक अत्यन्त खचाखच भरे हुए थर्ड क्लास के डिब्बे में आकर दम लिया। यहाँ देखा तो कई सिख, दाढ़ियाँ खोले, कच्छे पहने बैठे थे मगर मैं उनसे डर कर दर्जा छोड़ कर नहीं भागा सिर्फ़ उनसे ज़रा फासले पर बैठ गया।

हाँ, डर सिखों से भी लगता था मगर अँग्रेजों से उनसे ज़्यादा। मगर अँग्रेज अँग्रेज थे। वे कोट-पतलून पहनते थे, तो मैं भी पहनना चाहता था। वे 'डैम...ब्लडी फूल' वाली ज़बान बोलते थे, जो मैं भी सीखना चाहता था। इसके अलावा वे हाकिम थे और मैं भी कोई छोटा-मोटा हाकिम बनना चाहता था। वे छुरे-काँटे से खाते थे, मैं भी छुरी-काँटे से भोजन करना चाहता था ताकि दुनिया मुझे सुसंस्कृत समझे।

उन दिनों मुझे काल और ऐतिहासिक सच्चाइयों की समझ नहीं थी। मन में मात्र एक अस्पष्ट-सा भय था। एक विचित्र-सी घृणा और धर्मान्धता थी। डर अँग्रेजों से भी लगता था और सिखों से भी, पर अँग्रेजों से ज़्यादा लगता था।

मगर सिखों से जो डर लगता था, उसमें नफरत घुल-मिल गयी थी। कितने अजीब अजीब थे ये सिख, जो मर्द होकर भी सिर के बाल औरतों की तरह लम्बे-लम्बे रखते थे! यह और बात है कि अँग्रेज फैशन की नकल के सिर के बाल मुंडाना मुझे भी पसन्द नहीं था। अब्बा के इस हुक्म के बावजूद कि हर जुम्मा को सिर के बाल खशखशी कराए जाएँ, मैंने बाल ख़ूब बढ़ा रखे थे ताकि हॉकी और फुटबाल खेलते वक़्त बाल हवा में उड़ें जैसे अँग्रेज खिलाड़ियों के। अब्बा कहते यह क्या औरतों की तरह पट्टे बढ़ा रखे हैं। मगर अब्बा तो थे ही पुराने विचारों के। उनकी बात कौन सुनता था। उनका बस चलता तो सिर पर उस्तरा चलवाकर बचपन में ही हमारे चेहरों पर दाढ़ियाँ बँधवा देते। हाँ, इस पर याद आया कि सिखों के अजीब होने की दूसरी निशानी उनकी दाढ़ियाँ थीं और फिर दाढ़ी-दाढ़ी में भी फर्क होता है। मसलन अब्बा की दाढ़ी जिसे बड़े ढंग से नाई फ्रेंच-कट बनाया करता था। या ताऊजी की दाढ़ी, जो नुकीली और चोंचदार थी मगर वह भी क्या दाढ़ी हुई जिसे कभी कैंची ही न लगे और झाड़-झंखाड़ की

तरह बढ़ती रहे...उल्टा तेल, दही और जाने क्या-क्या मलकर बढ़ाई जाये, और जब ख़ूब लम्बी हो जाये तो उसमें कंघी की जाये, जैसे औरतें सिर के बालों में करती हैं, औरतों या फिर मेरे जैसे स्कूल के फैशनपरस्त लड़के। इसके अलावा मेरे दादा हजूर की दाढ़ी भी लम्बी थी और वह भी उसमें कंघी करते थे, लेकिन उनकी तो बात ही कुछ और थी, आखिर वे मेरे दादा जान ठहरे, और सिख तो फिर सिख थे।

मैट्रिक पास करने के बाद मुझे पढ़ने-लिखने के लिए मुस्लिम विश्वविद्यालय भेजा गया। कॉलेज में जो पंजाबी लड़के पढ़ते थे, उन्हें हम दिल्ली और उत्तर प्रदेश वाले...मूर्ख, गँवार तथा उजड्ड समझते थे। न बात करने का सलीका, न खान-पीने की तमीज। तहजीब तो छू तक नहीं गयी थी उन्हें। ये बड़े-बड़े लस्सी के गिलास छकने वाले भला क्या जानें केवड़ेदार फालूदे और लिपटन की चाय का आनन्द! ज़बान बड़ी बेहूदा। बात करें तो लगे लट्ठ मार रहे हैं...असी, तुसी, साडे, तुहाडे...लाहौल विलाकूवत! मैं तो उन पंजाबियों से सदा कतराता रहता था। मगर, ख़ुदा भला करे हमारे वार्डन का कि उन्होंने एक पंजाबी को मेरे कमरे में जगह दे दी। मैंने सोचा चलो, जब साथ रहना ही है तो थोड़ी-बहुत दोस्ती ही कर ली जाये।

कुछ ही दिनों में हमारी गाढ़ी छनने लगी। उसका नाम गुलाम रसूल था। रावलपिंडी का रहने वाला था। काफ़ी मज़ेदार आदमी था। लतीफे ख़ूब सुनता था।

आप कहेंगे, बात चल रही थी सरदार जी की...यह गुलाम रसूल कहाँ से टपक पड़ा! मगर दरअसल, उसका इस क़िस्से से गहरा नाता है। बात यह है कि वह जो लतीफे सुनाता था, वे प्रायः सिखों के बारे में ही होते थे। जिनको सुन-सुनकर मुझे पूरी सिख कौम की आदतें, उनके असली गुणों और सामूहिक चरित्र का पूरी तरह ज्ञान हो गया था। गुलाम रसूल का कहना था कि तमाम सिख बेवकूफ और बुद्धू होते हैं। बारह बजे तो उनकी अक्ल बिल्कुल खब्त हो जाती है। इसके सबूत में कितनी ही घटनाएँ पेश की जा सकती हैं। मिसाल के तौर पर एक सरदार जी दिन के बारह बजे साइकिल पर सवार अमृतसर के हाल बाज़ार से गुज़र रहे थे। चौराहे पर एक सिख सिपाही ने रोका और पूछा, "तुम्हारी साइकिल की लाइट कहाँ है?" साइकिल सवार सरदार जी गिड़गिड़ा कर बोले, "जमादार साहब अभी-अभी बुझ गयी है, घर से जला कर चला था।" इस पर सिपाही ने चालान काटने की धमकी दी। एक राह चलते सफ़ेद दाढ़ी वाले सरदार जी ने बीच-बचाव कराया—"चलो भाई कोई बात नहीं। लाइट बुझ गयी है तो अब जला लो।" और इसी तरह के सैकड़ों लतीफे उसे याद थे, जिन्हें वह

पंजाबी संवादों के साथ सुनाता था तो सुनने वालों के पेट में बल पड़ जाते थे। वास्तव में उन्हें सुनने का मजा पंजाबी में ही आता था। क्योंकि उजड्ड ज़बान में ही हो सकता था।

सिख न केवल बेवकूफ और बुद्धू थे बल्कि गन्दे थे जैसा कि एक सबूत गुलाम रसूल यह देता था कि वे बाल नहीं मुँड़वाते थे। इसके विपरीत हम साफ़-सुथरे गाजी मुसलमान हैं जो हर आठवारे जुमे के जुमे गुसल करते हैं। सिख लोग तो कच्छा पहने सबके सामने, नल के नीचे बैठकर नहाते जो रोज़ हैं लेकिन बालों और दाढ़ी में न जाने कैसे गन्दी और गिलीज चीज़ें मलते रहते हैं। वैसे मैं भी सिर पर एक हद तक गाढ़े दूध जैसी 'लैमन-जूस ग्लैसरीन' लगाता हूँ लेकिन वह विलायत के मशहूर सुगन्धी कारखाने से आती है, मगर दही किसी गन्दे-सादे हलवाई की दुकान से।

ख़ैर जी, हमें दूसरों के रहन-सहन वग़ैरह से क्या लेना-देना। पर सिखों का एक सबसे बड़ा दोष यह था कि उनमें अक्खड़ता, बदतमीजी और मारधाड़ में मुसलमानों का मुक़ाबला करने का हौसला था। अब देखो न, दुनिया चाहती है कि एक अकेला मुसलमान दस हिन्दुओं या सिखों पर भारी पड़ता है। फिर ये सिख क्यों मुसलमानों का रौब नहीं मानते? कृपाण लटकाये अकड़-अकड़कर मूँछों बल्कि दाढ़ी पर भी ताव देते हुए चलते थे। गुलाम रसूल कहता, ''इनकी हेकड़ी एक दिन हम ऐसी निकालेंगे कि खालसा जी को याद करेंगे!

कॉलेज छोड़े कई साल गुज़र गये।

विद्यार्थी से मैं पहले क्लर्क बन गया और फिर हैडक्लर्क। अलीगढ़ का छात्रावास छोड़कर नयी दिल्ली के एक सरकारी मकान में रहने लगा। शादी हो गयी, बच्चे हो गये। उन दिनों एक सरदार जी मेरे पड़ोस में आबाद हुए तो मुद्दतों के बाद सहसा मुझे गुलाम रसूल का कथन याद आ गया।

यह सदार जी रावलपिंडी से तबादला करवाकर आये थे, क्योंकि रावलपिंडी ज़िला में गुलाम रसूल की भविष्यवाणी के मुताबिक सरदारों की हेकड़ी अच्छी तरह निकाली गयी थी। गाजियों ने उनका सफाया कर दिया था। बड़े सूरमा बनते थे। कृपाणें लिए फिरते थे। बहादुर मुसलमानों के आगे उनकी एक न चली। उनकी दाढ़ियाँ मूँड़कर उन्हें मुसलमान बनाया गया था। ज़बरदस्ती उनका खतना किया गया था। हिन्दू अख़बार हमेशा की तरह मुसलमानों को बदनाम करने के लिए लिख रहे थे कि मुसलमानों ने सिख औरतों, बच्चों का कत्ल किया है। हालाँकि यह कार्य इस्लामी परम्परा के खिलाफ़ है। कोई मुसलमान मुजाहद कभी औरत या बच्चे पर हाथ नहीं उठाया। हो न हो, अख़बारों में औरतों और बच्चों की

लाशों के चित्र जो छापे जा रहे थे, वे या तो जाती थे, या सिखों ने मुसलमानों को बदनाम करने के वास्ते ख़ुद अपनी औरतों और बच्चों का कत्ल किया होगा। रावलपिंडी और पश्चिमी पंजाब के मुसलमानों की असलियत सिर्फ़ इतनी है कि मुसलमानों की बहादुरी की धाक बैठी है और अगर नौजवान मुसलमानों पर हिन्दू और सिख लड़कियाँ ख़ुद लट्टू हो जाएँ तो उनका क्या कसूर है—यदि वे इस्लाम के प्रचार के सिलसिले में इन लड़कियों को शरण में ले लें।

हाँ, तो सिखों की कोरी बहादुरी का भाँडा फूट गया था। भला अब तो मास्टर तारा सिंह लाहौर में कृपाण निकालकर मुसलमानों को धमकी दे।

रावलपिंडी से भागे हुए उस सरदार और उसकी कंगाली देखकर मेरा सीना इस्लाम की महानता की रूह (आत्मा) से भर गया।

हमारे पड़ोसी सरदार जी की उम्र कोई साठ साल की होगी। दाढ़ी बिल्कुल सफ़ेद हो चुकी थी। हालाँकि मौत के मुँह से बच कर आये थे, लेकिन हजरत चौबीस घण्टे दाँत निकाले हँसते रहते। इसी से प्रकट होता था कि वे दरअसल, कितने मूर्ख और भावहीन हैं।

शुरू-शुरू में उन्होंने मुझे अपनी दोस्ती के जाल में फँसाना चाहा। आते-जाते ज़बरदस्ती बातें करने लगते। उस दिन न जाने उनका कौन-सा त्योहार था। उन्होंने हमारे यहाँ कड़ाप्रसाद की मिठाई भेजी (जो मेरी बेगम ने तुरन्त भंगन को दे दी) पर मैंने ज़्यादा मुँह नहीं लगाया। कोई बात हुई, सूखा-सा जवाब दे दिया बस। मैं जानता था कि सीधे-मुँह दो-चार बातें कर लीं तो यह पीछे ही पड़ जायेगा। आज बातें तो कल गाली-गलौज। गालियाँ तो आप जानते ही हैं सिखों की दाल-रोटी होती हैं, कौन अपनी ज़बान गन्दी करे, ऐसे लोगों से सम्बन्ध बढ़ाकर।

एक इतवार की दोपहर को मैं बैठा बेगम को सिखों की मूर्खताओं के लतीफे सुना रहा था। उनकी आँखों देखी तसदीक करने के लिए ठीक बारह बजे मैंने अपने नौकर को सरदार जी के घर भेजा कि उनसे पूछ कर आये कि क्या बजा है? उन्होंने कहला भेजा कि बारह बजकर दो मिनट हुए हैं। मैंने कहा, ''बारह बजे का नाम लेते हुए घबराते हैं!'' और हम ख़ूब हँसे।

इसके बाद भी मैंने कई बार मूर्ख बनाने के लिए सरदार जी से पूछा, ''क्यों सरदार जी, बारह बज गये?''

और वे बेशर्मी से दाँत फाड़ कर जवाब देते—

''जी असाँ तो चौबीस घण्टे बारह बजे रहते हैं!'' और यह कहकर वे ख़ूब हँसे, मानो यह बढ़िया मज़ाक़ हुआ।

मुझे सबसे ज़्यादा डर बच्चों की तरफ़ से था। अव्वल तो किसी सिख का

विश्वास नहीं कि कब किसी बच्चे के गले पर कृपाण चला दे, फिर ये लोग रावलपिंडी से आये थे ज़रूर दिल में मुसलमानों से बैर रखते होंगे और बदला लेने की ताक में होंगे। मैंने बेगम को ताकीद कर दी बच्चे हरगिज सरदार जी के मकान की तरफ़ न जाने दिये जाएँ।

मगर बच्चे तो बच्चे ही होते हैं। कुछ दिन बाद मैंने देखा कि वे सरदार जी की छोटी बेटी मोहनी और उनके पोतों के संग खेल-कूद रहे हैं। वह बच्ची, जिसकी उम्र मुश्किल से दस साल की होगी, सचमुच मोहिनी ही थी। गोरी-चिट्टी, तीखे नैन-नक्श...बेहद सुन्दर।

इन कम्बख्तों की औरतें काफ़ी सुन्दर होती हैं। मुझे याद आया...गुलाम रसूल कहा करता था कि अगर पंजाब से सिख मर्द चले जाएँ और औरतों को छोड़ जाएँ तो फिर हूरों की तलाश में भटकने की ज़रूरत नहीं!...हाँ, तो जब मैंने अपने बच्चों को उनके साथ खेलते देखा, तो मैं उनको घसीटता हुआ घर के अन्दर ले आया और ख़ूब पिटाई की। फिर मेरे सामने कम-से-कम उनकी हिम्मत नहीं हुई कि वे कभी उधर का रुख करें।

बहुत जल्द सिखों की असलियत पूरी तरह ज़ाहिर हो गयी। रावलपिंडी से तो वह कायरों की तरह पिटकर आये थे, लेकिन पूर्वी पंजाब में मुसलमानों को अल्प संख्या में पाकर उन पर अत्याचार ढाना शुरू कर दिया। हज़ारों बल्कि लाखों मुसलमानों को शहीद होना पड़ा। इस्लामी ख़ून की नदियाँ बह गयीं। हज़ारों औरतों को नंगा करके जुलूस निकाला गया। जब से पश्चिमी पाकिस्तान से भागे हुए सिख इतनी बड़ी तादाद में दिल्ली आने शुरू हुए थे इस महामारी का यहाँ तक पहुँचना यकीनी हो गया था। मेरे पाकिस्तान जाने में अभी कुछ हफ्तों की देर थी इसलिए मैंने अपने बीवी-बच्चों को तो बड़े भाई के साथ हवाई जहाज़ से कराची भेज दिया और ख़ुद, ख़ुदा का भरोसा करके यहीं ठहरा रहा। हवाई जहाज़ में सामान चूँकि ज़्यादा नहीं जा सकता था, इसलिए मैंने पूरी एक वैगन बुक करवा ली। मगर जिस दिन मैं सामान भेजने वाला था, उस दिन सुना कि पाकिस्तान जाने वाली गाड़ियों पर हमले किये जा रहे हैं, इसलिए सामान घर में ही पड़ा रहा।

पन्द्रह अगस्त को आज़ादी का जश्न मनाया गया, पर मुझे इस आज़ादी से भला क्या दिलचस्पी थी! मैंने छुट्टी मनायी और दिनभर लेटा-लेटा 'डॉन' तथा 'पाकिस्तान टाइम्स' पढ़ता रहा। दोनों अख़बारों में इस घोषित आज़ादी के परखचे उड़ाये गये थे...और सिद्ध किया गया था कि किस प्रकार हिन्दुओं और अँग्रेजों ने मुसलमानों का बीज नाश करने की साजिश की थी। यह तो

हमारे कायदेआजम का ही चमत्कार था, कि पाकिस्तान लेकर ही रहे। फिर भी अँग्रेजों ने सिखों के दबाव में आकर अमृतसर जो है, हिन्दुस्तान को दे दिया। वरना सारी दुनिया जानती है कि अमृतसर शुद्ध इस्लामी शहर है...और यहाँ की सुनहरी मस्जिद संसार में 'गोल्डन मॉस्क' के नाम से मशहूर है...नहीं-नहीं, वह तो गुरुद्वारा है और 'गोल्डन टेंपल' कहलाता है। सुनहरी मस्जिद तो दिल्ली में है। सुनहरी मस्जिद ही नहीं जामा मस्जिद, लाल-किला भी। निजामुद्दीन औलिया का मजार, हुमायूँ का मकबरा, सफदरजंग का मदरसा...यानी चप्पे-चप्पे पर इस्लामी हुकूमत के निशान पाये जाते हैं। फिर भी आज इसी दिल्ली बल्कि कहना चाहिए कि शाहजहाँनाबाद पर हिन्दू साम्राज्य का झंडा फहराया जा रहा था! सोचकर मेरा दिल भर आया कि दिल्ली जो कभी मुसलमानों की राजधानी थी, सभ्यता और संस्कृति का प्रमुख केन्द्र थी, हमसे छीन ली गयी और हमें पश्चिमी पंजाब और सिन्ध, बलोचिस्तान वग़ैरह जैसे उजड्ड और गँवारू इलाकों में ज़बरदस्ती भेजा जा रहा था, जहाँ किसी को साफ़-सुथरी उर्दू बोलनी भी नहीं आती। जहाँ सलवारों जैसा जोकराना लिवास पहना जाता है। जहाँ हल्की-फुल्की पाव भर में बीस चपातियों की बजाय दो-दो सेर की नानें खायी जाती हैं।

फिर मैंने दिल को मज़बूत करके कि कायदेआजम और पाकिस्तान की ख़ातिर यह कुर्बानी तो हमें देनी होगी मगर फिर भी दिल्ली छोड़ने के ख़याल से दिल मुर्झाया ही रहा...शाम को जब मैं बाहर निकला और सरदार जी ने दाँत निकालकर कहा—"क्यों बाबू जी! तुमने ख़ुशी नहीं मनायी?" तो मेरे जी में आयी कि उसकी दाढ़ी को आग लगा दूँ। हिन्दुस्तान की आज़ादी और दिल्ली में सिख शाही आखिर रंग लाकर ही रही। अब पश्चिमी पंजाब से आये हुए रिफ्यूजियों की संख्या हज़ारों से लाखों तक पहुँच गयी। ये लोग असल में पाकिस्तान बदनाम करने के लिए अपने घर-बार छोड़ वहाँ से भागे थे। यहाँ आकर गली-कूचे में अपना रोना रोते फिरते हैं। कांग्रेसी प्रोपेगंडा मुसलमानों के विरुद्ध जोरों से चल रहा है और इस बार कांग्रेसियों ने चाल यह चली कि बजाय कांग्रेस का नाम लेने के राष्ट्रीय स्वयंसेवक संघ और शहीदी दल के नाम से काम कर रहे थे हालाँकि दुनिया जानती है कि ये हिन्दू चाहे कांग्रेसी हों या महासभाई सब एक ही थैली के चट्टे-बट्टे हैं। चाहे दुनिया को दिखाने की खातिर वे बाह्य रूप से गाँधी और जवाहरलाल नेहरू को गालियाँ ही क्यों न देते हों।

एक दिन सुबह ख़बर मिली कि दिल्ली में कत्लेआम शुरू हो गया है। करोलबाग में मुसलमानों के सैकड़ों घर जला दिये गये...चाँदनी चौक के मुसलमानों की दुकानें लूट ली गयीं और हज़ारों का सफाया हो गया!

ख़ैर, मैंने सोचा नयी दिल्ली तो एक अरसे से अंग्रेजों का शहर रहा है। लार्ड माउंटबेटन यहाँ रहते हैं। कम-से-कम यहाँ तो वे मुसलमानों पर ऐसा अत्याचार नहीं होने देंगे।

यह सोच कर मैं दफ्तर की तरफ़ चल पड़ा, क्योंकि उस दिन मुझे अपने प्रॉविडेंट फंड का हिसाब करना था। असल में इसलिए ही मैंने पाकिस्तान जाने में देर कर दी थी। अभी मैं गोल मार्केट तक ही पहुँचा था कि दफ्तर का एक हिन्दू बाबू मिला। उसने कहा, ''कहाँ चले जा रहे हो? जाओ वापस जाओ, बाहर न निकलना। कनॉट प्लेस में बलवाई मुसलमानों को मार रहे हैं।''

मैं वापस भाग आया।

अपने स्क्वेयर में पहुँचा ही था कि सरदार जी से मुठभेड़ हो गयी। कहने लगे, ''शेख जी, फ़िक्र न करना। जब तक हम सलामत हैं, तुम्हें कोई हाथ नहीं लगा सकता।''

मैंने सोचा कि इसकी दाढ़ी के पीछे कितना कपट छुपा हुआ है। दिल में तो...ख़ुश है कि चलो अच्छा हुआ मुसलमानों का सफाया हो रहा है—मगर ज़बानी हमदर्दी जताकर मुझ पर एहसान कर रहा है क्योंकि सारे स्क्वेयर में बल्कि तमाम सड़क पर मैं अकेला मुसलमान था। मुझे इन काफिरों की सहानुभूति या दया नहीं चाहिए! मैं अपने क्वार्टर में आ गया कि मैं मारा भी जाऊँ तो दस-बीस को मार कर। सीधा अपने कमरे में गया, जहाँ पलँग के नीचे मेरी शिकारी दोनाली बन्दूक रखी थी। जब से दंगे शुरू हुए थे मैंने कारतूस और गोलियों का जखीरा जमा कर रखा था। पर वहाँ बन्दूक न मिली। सारा घर छान मारा। उसका कहीं पता न चला।

''क्यों हुजूर, क्या ढूँढ़ रहे हैं आप?'' यह मेरा वफादार नौकर मम्दू था।

''मेरी बन्दूक कहाँ गयी?'' मैंने पूछा, उसने कोई जवाब न दिया मगर उसके चेहरे से साफ़ ज़ाहिर था कि उसे मालूम है। शायद उसने छुपाई है या चुराई है।

''बोलता क्यों नहीं?'' मैंने डपट कर कहा तब असलियत मालूम हुई कि मम्दू ने मेरी बन्दूक चुराकर अपने दोस्तों को दे दी है, जो दरियागंज में मुसलमानों की हिफाजत के लिए हथियार जमा कर रहे थे। वह भी बड़े जोश में था, ''सरकार, सैकड़ों बन्दूकें हैं हमारे पास। सात मशीनगनें, दस पिस्तौल और एक तोप। हम काफिरों को भूनकर रख देंगे, भूनकर!''

मैंने कहा—

''मेरी बन्दूक से दरियागंज से काफिरों को भून दिया गया तो इससे मेरी हिफाजत कैसे होगी? मैं तो यहाँ निहत्था काफिरों के चंगुल में फँसा हुआ हूँ।

यहाँ मुझे भून दिया गया तो कौन जिम्मेदार होगा?" मैंने मम्दू से कहा कि जैसे भी हो, वह छुपता-छुपाता दरियागंज जाये और मेरी बन्दूक तथा सौ-दो सौ कारतूस भी ले आये। वह चला तो गया, लेकिन मुझे विश्वास था कि अब वह लौटकर नहीं आयेगा।

अब मैं घर में बिल्कुल अकेला रह गया था। सामने कारनिस पर मेरी बीवी-बच्चों की तस्वीरें चुपचाप मुझे घूर रही थीं। यह सोचकर मेरी आँखों में आँसू आ गये कि अब उनसे मुलाकत होगी भी या नहीं, मेरी आँखें भर आयीं। मगर फिर इस ख़याल से कुछ सन्तुष्टि भी हुई कि कम-से-कम वे तो सकुशल पाकिस्तान पहुँच गये हैं। काश, मैंने प्रॉविडेंट फंड का लालच न किया होता!

"सतसिरी अकाल?" "हरहर महादेव!" दूर से आवाज़ें करीब आ रही थीं। ये दंगाई थे। ये मेरी मौत के दूत थे। मैंने ज़ख़्मी हिरन की तरह इधर-उधर देखा जो गोली खा चुका हो और जिसके पीछे शिकारी कुत्ते लगे हों...बचाव की कोई सूरत न थी। क्वार्टर के किवाड़ पतली लकड़ी के थे और उनमें शीशे लगे हुए थे। मैं अन्दर बन्द होकर बैठा भी रहा, तो भी बलवाई दो मिनट में किवाड़ तोड़कर अन्दर आ सकते थे।

"सतसिरी अकाल!"

"हरहर महादेव!"

आवाज़ें और निकट आ रही थीं, मेरी मौत निकट आ रही थी।

इतने में दरवाज़े पर दस्तक हुई। सरदार जी दाखिल हुए।

"शेख जी, तुम हमारे क्वार्टर में आ जाओ...जल्दी करो"...बिना सोचे-समझे अगले क्षण मैं सरदार जी के बरामदे की चिकों के पीछे था। मौत की गोली सन से मेरे सिर पर से गुज़र गयी, क्योंकि मैं वहाँ दाख़िल हुआ ही था कि एक लारी आकर रुकी और उसमें दस-पन्द्रह युवक उतरे। उनके अगुआ के हाथ में एक सूची थी।

"मकान नं 8 शेख बुरहानुद्दीन?" उसने काग़ज़ पर नज़र डालते हुए हुक्म दिया और पूरा दल टूट पड़ा। मेरी गृहस्थी की दुनिया मेरी आँखों के सामने उजड़ गयी। कुर्सियाँ, मेज़ें, सन्दूक, तस्वीरें, किताबें, दरियाँ, कालीन यहाँ तक कि मैले कपड़े—हर चीज़ लारी में पहुँचा दी गयी।

डाकू!

लुटेरे!!

कज्जाक!!!

और यह सरदार जी, जो मुँह की हमदर्दी जताकर मुझे यहाँ ले आये, यह

कौन-सा कम लुटेरे हैं! वे बाहर जाकर बलवाइयों से बोले, ''ठहरिए साहब, इस घर पर हमारा हक है। हमें भी लूट का हिस्सा मिलना चाहिए।'' यह कहकर उन्होंने अपने बेटे और बेटी को इशारा किया, और वे भी लूट में शामिल हो गये। कोई मेरी पतलून उठाये चला आ रहा था, कोई सूटकेस और कोई मेरे बीवी-बच्चों की तस्वीरें ला रहा था। लूट का यह सारा माल सीधा अन्दर वाले कमरे में पहुँचाया जा रहा था।

''अच्छा रे सरदार! ज़िन्दा रहा तो तुझसे भी निपट लूँगा।...'' मगर उस वक़्त तो मैं चूँ भी नहीं कर सकता था। क्योंकि दंगाई जो सब के सब हथियारबन्द थे मुझसे कुछ ही गज के फासले पर जमा थे। उन्हें मालूम हो गया कि मैं यहाँ हूँ तो...

''अरे अन्दर जाओ तुसी...'' सहसा मैंने देखा कि सरदार जी हाथ में नंगी कृपाण लिए मुझे भीतर बुला रहे हैं। मैंने एकबारगी उस दढ़ियल चेहरे को देखा, जो लूटमार की भाग-दौड़ से और भी डरावना हो गया था...और फिर कृपाण को, जिसकी चमकीली धार मुझे मौत की दावत दे रही थी। बहस करने का मौक़ा नहीं था। अगर मैं ज़रा भी बोला और बलवाइयों ने सुन लिया, तो अगले ही पल गोली मेरे सीने से पार होगी। कृपाण और बन्दूक वाले कई बलवाइयों से कृपाण वाला बुड्ढा बेहतर है। मैं कमरे में चला गया, झिझकता हुआ चुपचाप।

''यहाँ नहीं जी, अन्दर आओ।''

मैं और अन्दर कमरे में चला गया, जैसे बकरा कसाई के साथ बलि की वेदी में दाख़िल होता है। मेरी आँखें कृपाण की धार से चौंधियायी जा रही थीं।

''यह लो जी, अपनी चीज़ें सँभाल लो।'' कहकर सरदार जी ने वह सारा सामान मेरे सामने रख दिया, जो उन्होंने और उनके बच्चों ने झूठमूठ की लूट में हासिल किया था।

सरदारनी बोली, ''बेटा अफ़सोस है कि हम तेरा कुछ भी सामान नहीं बचा सके।''

मैं कोई जवाब न दे सका।

इतने में बाहर से कुछ शोर-शराबा सुनायी दिया। बलवाई मेरी लोहे की अलमारी निकालकर उसे तोड़ने की कोशिश कर रहे थे। ''इसकी चाबियाँ मिल जातीं तो मामला आसान हो जाता।''

''चाबियाँ तो इसकी अब पाकिस्तान में मिलेंगी। भाग गया न डरपोक! मुसलमान का बच्चा था तो मुक़ाबला करता।''

नन्ही मोहनी मेरी बीवी की कुछ रेशमी कमीजें और गरारे न जाने किससे छीन कर ला रही थी। उसने बलवाइयों की बात सुनी तो बोली, ''तुम बड़े बहादुर

हो, शेखजी डरपोक क्यों होने लगे...वह तो कोई भी पाकिस्तान नहीं गये।''

''नहीं गया तो यहाँ से कहाँ मुँह काला कर गया?''

''मुँह काला क्यों करते! वह तो हमारे घर...''

मेरे दिल की धड़कन पल भर के लिए बन्द हो गयी। बच्ची अपनी गलती महसूस करते ही ख़ामोश हो गयी। मगर बलवाइयों के लिए यही काफ़ी था।

सरदार जी के सिर पर जैसे ख़ून सवार हो गया। उन्होंने मुझे अन्दर बन्द करके दरवाज़े को कुंडी लगा दी। अपने बेटे के हाथ कृपाण थमायी और ख़ुद बाहर निकल आये।

बाहर क्या हुआ मुझे ठीक से पता नहीं चला।

थप्पड़ों की आवाज़...फिर मोहनी के रोने की आवाज़ और उसके बाद सरदार जी की आवाज़, पंजाबी गालियाँ! कुछ पल्ले नहीं पड़ा कि किसे गालियाँ दे रहे हैं और क्यों दे रहे हैं। मैं चारों तरफ़ से बन्द था। इसलिए ठीक सुनायी न दिया।

और फिर...गोली की आवाज़...सरदार जी की चीख...लारी चालू होने की गड़गड़ाहट...और फिर सारी स्क्वेयर पर सन्नाटा छा गया। जब मुझे कमरे की क़ैद से निकाला गया तो सरदार जी पलँग पर पड़े थे, और उनके सीने के निकट सफ़ेद कमीज छाती पर ख़ून से लाल हो रही थी। उसका बेटा पड़ोसी के घर से डॉक्टर को फ़ोन कर रहा था।

''सरदार जी! यह तुमने क्या किया?'' मेरी ज़बान से न जाने ये शब्द कैसे निकले। हैरान था। मेरी बरसों की दुनिया, विचारों, मान्यताओं, संस्कारों और धार्मिक भावनाओं का संसार ध्वस्त हो गया था। ''सरदार जी, यह तुमने क्या किया?''

''मुझे कर्जा उतारना था, बेटा।''

''कर्जा?''

''हाँ, रावलपिंडी में तुम्हारे जैसे ही एक मुसलमान ने अपनी जान देकर मेरी और मेरे परिवार की इज़्ज़त बचायी थी।''

''उसका नाम क्या था सरदार जी?''

''गुलाम रसूल।''

''गुलाम रसूल!''...और मुझे ऐसा लगा मानो किस्मत ने मेरे साथ धोखा किया है। दीवार पर लटके घण्टे ने बारह बजाने शुरू कर दिये...एक...दो...तीन...चार...पाँच...

सरदार जी की निगाहें घण्टे की तरफ़ घूम गयीं...जैसे मुस्करा रहे हों और मुझे अपने दादा हुज़ूर याद आ गये, जिनकी कई फुट लम्बी दाढ़ी थी...सरदार जी की शक्ल उनसे कितनी मिलती-जुलती थी!...छह...सात...आठ...नौ...

मानो वे हँस रहे हों...उनकी सफ़ेद दाढ़ी और सिर के खुले बालों ने उनके चेहरे के गिर्द एक प्रभामंडल-सा बनाया हुआ था।

...दस...ग्यारह...बारह...जैसे वे कह रहे हों, ''जी, असाँ दे तो चौबीस घण्टे बारह बजे रहते हैं।''

फिर वे निगाहें हमेशा के लिए बन्द हो गयीं!...और मेरे कानों में गुलाम रसूल की आवाज़ दूर...बहुत दूर से आयी...''मैं कहता था न कि बारह बजे इन सिखों की अक्ल मारी जाती है...और ये कोई न कोई बेवकूफी कर बैठते हैं।... अब इन सरदार जी को ही देखो...एक मुसलमान की खातिर अपनी जान दे दी!''

पर ये सरदार जी नहीं मरे थे। मैं मरा था।

देवेन्द्र सत्यार्थी (1908-2003)

देवेन्द्र सत्यार्थी का जन्म 28 मई 1908 को संगरूर (पंजाब) में हुआ और उनकी मृत्यु 12 फरवरी 2003 को हुई। वे प्रसिद्ध लेखक थे उन्हें पद्मश्री सम्मान से भी सम्मानित किया गया था। इनकी प्रस्तुत कहानी में मानवीय रिश्तों की विद्रूपता का दर्दनाक प्रसंग उभरा है। यहाँ विभाजन के हादसे का अनोगुंजित गहरा मानवीय सरोकार भी देखा जा सकता है।

जन्मभूमि

गाड़ी हरबंसपुरा के स्टेशन पर खड़ी थी। इसे यहाँ रुके पचास घण्टे से ऊपर हो चुके थे। पानी का भाव पाँच रुपये गिलास से एकदम पचास रुपये गिलास तक चढ़ गया, और पचास रुपये गिलास के हिसाब से पानी खरीदते समय लोगों को बड़ी नरमी से बात करनी पड़ती थी। वे डरते थे कि पानी का भाव और न चढ़ जाये। कुछ लोग अपने दिल को तसल्ली दे रहे थे कि जो इधर हिन्दुओं पर बीत रही है वही उधर मुसलमानों पर भी बीत रही होगी, उन्हें भी पानी इससे सस्ते भाव पर नहीं मिल रहा होगा, उन्हें भी नानी याद आ रही होगी।

प्लेटफार्म पर खड़े-खड़े मिलिटरी वाले भी तंग आ चुके थे। ये लोग सवारियों को हिफाजत से नये देश में ले जाने के लिए जिम्मेवार थे। पर उनके लिए पानी कहाँ से लाते? उनका अपना राशन भी कम था। फिर भी बचे-खुचे बिस्कुट और मूँगफली के दाने डिब्बों में बाँटकर उन्होंने हमदर्दी जताने में कोई कसर नहीं उठा रखी थी। इस पर सवारियों में छीना-झपटी देखकर उन्हें आश्चर्य होता और वे बिना कुछ कहे-सुने परे को घूम जाते।

जैसे सवारियों के मन में यमदूतों की कल्पना उभर रही हो, और जन्म-जन्म के पाप उनकी आँखों के सामने नाच रहे हों। जैसे जन्मभूमि से प्रेम करना ही उनका सबसे बड़ा दोष हो। इसीलिए तो वे जन्मभूमि को छोड़कर भाग निकले थे। कहकहे और हँसी-ठठोले जन्मभूमि ने अपने पास रख लिए थे। गोरी स्त्रियों के चेहरों पर जैसे किसी ने काले-नीले धब्बे डाल दिये हों। अभी तक उन्हें अपने सिरों पर चमकती हुई छुरियाँ लटकती महसूस होती थीं। युवतियों के कानों में गोलियों की सनसनाहट गूँज उठती, और वे काँप-काँप जातीं। उनकी कल्पना में विवाह के गीत बलवाइयों के नारों और मारधाड़ के शोर में हमेशा के लिए दब गये थे। पायल की झंकार घायल हो गयी थी। उनके गालों की लालिमा मटमैली होती चली गयी। जीवन का संगीत मृत्यु की खाइयों में भटककर रह गया। कहकहे शोक में डूब गये और हँसी-ठठोलों पर मानो श्मशान की राख उड़ने लगी। पाँच दिन की यात्रा में सभी के चेहरों की रौनक ख़त्म हो गयी थी।

यह सब क्यों हुआ, कैसे हुआ? इस पर विचार करने की किसे फुरसत थी? यह सब कैसे हुआ कि लोग अपनी ही जन्मभूमि में बेगाने हो गये? हर चेहरे पर खौफ़ था, त्रास था। बहुतों को इतना इत्मीनान ज़रूर था कि जान पर आ बनने के बाद वे भाग निकलने में सफल हो गये। यह सब क्यों हुआ, कैसे हुआ?

नये देश की कल्पना उन्हें इस गाड़ी में ले आयी थी। अब यह गाड़ी आगे क्यों नहीं बढ़ती? सुनने में तो यहाँ तक आया था कि स्टेशन पर बलवाइयों ने गाड़ी की पूरी-की-पूरी सवारियों के ख़ून से हाथ रंग लिए थे। पर अब हालत काबू में थी। यद्यपि कुछ लोग पचास रुपये गिलास के हिसाब से पानी बेचनेवालों को बदमाश बलवाइयों के शरीफ भाई मानने के लिए तैयार न थे। नये देश में ये सब मुसीबतें तो न होंगी। वहाँ सब एक-दूसरे पर भरोसा कर सकेंगे। पर जब प्यास के मारे साँस अटकने लगती तो वे तड़पकर रह जाते।

इनमें ऐसे लोग भी थे, जिनके घर जला दिये गये। वे बिल्कुल ख़ामोश थे। जैसे उनके दिल बुझ गये हों, दिमाग़ बुझ गये हों। कुछ ऐसे भी थे, जिनकी हालत पर झट यह कहा जा सकता था कि न आषाढ़ में हरे न सावन में सूखे।

जन्मभूमि में हाथ हमेशा खाली रहे। अब नये देश में भी कौन-से उनके हाथ भर जायेंगे? वे बढ़-बढ़कर बातें करने लगते। सौ से छूटते ही उनके बोल लाखों पर आकर रुकते। पर प्यास के मारे उनका बुरा हाल था।

खचाखच भरे हुए डिब्बे पर आलुओं की बोरी का गुमान होता था। एक अधेड़ आयु की स्त्री जो बहुत दिनों से बीमार थी, एक कोने में बैठी थी। उसके तीन बच्चे थे। एक लड़की सात बरस की थी, एक पाँच वर्ष बरस की, और तीसरा बच्चा अभी दूध पीता था। यह गोद का बच्चा ही उसे बुरी तरह परेशान कर रहा था। कभी-कभी तंग आकर वह उसका मुँह झटक देती। इस स्त्री का पति कई बार बच्चे को अपनी बाँहों में थामकर खड़ा हो जाता और अपनी पत्नी की आँखों में झाँककर यह कहना चाहता कि यह तीसरा बच्चा पैदा ही न हुआ होता तो बहुत अच्छा होता।

बच्चे को अपनी गोद में लेते हुए बीमार स्त्री का पति कह उठा, ''तुम घबराओ मत। तुम ठीक हो जाओगी। बस अब थोड़ा-सा फासला और रहता है।''

बीमार स्त्री ख़ामोश बैठी रही। शायद वह कहना चाहती थी कि यदि गाड़ी और रुकी रही तो बलवाई आ पहुँचेंगे और ये गिनती के मिलिटरी वाले भला कैसे हमारी जान बचा सकेंगे। जैसे ये सब सवारियाँ लाशें हों और गिद्ध इनकी बू सूँघ सकते हों।

पास से किसी ने पूछ लिया, ''बहिनजी को क्या कष्ट है?''

"उस गाँव में कोई डॉक्टर न था जहाँ मैं पढ़ाता था।" बीमार स्त्री का पति कह उठा।

"तो आप स्कूल मास्टर हैं?"

"यह कहिए कि स्कूल मास्टर था," बीमार स्त्री के पति ने एक लम्बी आह भरते हुए कहा, "अब भगवान जाने नये देश में हम पर क्या बीतेगी।"

वह अपने मन को समझाता रहा। ज़रा गाड़ी चले तो सही। वे बहुत जल्द अपने राज्य में पहुँचने वाले हैं। वहाँ डॉक्टरों की कमी न होगी। कहीं-न-कहीं उसे स्कूल मास्टर की जगह मिल ही जायेगी। उसकी आमदनी पहले से बढ़ जायेगी। वह अपनी पत्नी से कहना चाहता था कि जो चीज़ जन्मभूमि में आज तक नहीं मिल सकी, अब नये देश और जनता के राज्य में उसकी कुछ कमी न होगी।

बड़ी लड़की कान्ता ने बीमार माँ के समीप सरककर पूछा, "माँ, गाड़ी कब चलेगी?"

छोटी लड़की शान्ता खिड़की के बाहर झाँक रही थी।

कान्ता और शान्ता का भैया ललित पिता की बाँहों में बराबर रोये जा रहा था।

स्कूल मास्टर को अपने स्कूल का ध्यान आ गया, जहाँ वह पिछले दस बरस से हेडमास्टर था। टैक्सला के समीप के इस गाँव को शुरू-शुरू में यह स्वीकार न था कि वहाँ स्कूल ठहर सके। उसने बड़े प्रेम से लोगों को समझाया था कि यह गाँव टैक्सला से दूर नहीं—टैक्सला जिसका प्राचीन नाम तक्षशिला है और जहाँ दूर-दूर के देशों के विद्यार्थी शिक्षा पाने आया करते थे। यह विचार आते ही उसकी कल्पना को झटका-सा लगा क्योंकि इस युग के लोगों ने एक-दूसरे के ख़ून से हाथ रँगने की कसमें खायीं और अत्याचार की ये घटनाएँ ढोलों और शहनाइयों के संगीत के साथ-साथ हुईं। शिक्षित लोग भी बलवाइयों के संग-सगाती बनते चले गये। शायद उन्हें भूलकर भी ख़याल न आया कि अभी तो प्राचीन तक्षशिला की ख़ुदाई के बाद हाथ आने वाले मूर्ति-कला के बहुमूल्य नमूने भी बराबर अपना सन्देश सुनाये जा रहे थे। यह कैसी जन्मभूमि थी? इस जन्मभूमि पर किसे गर्व हो सकता था, वहाँ कत्लेआम के लिए ढोल और शइनाइयाँ बजाना ज़रूरी समझा गया।

इतिहास पढ़ाते समय उसने अनेक बार विद्यार्थियों को बताया कि यही वह उनकी जन्मभूमि है, जहाँ कभी कनिष्क का राज्य था, जहाँ अहिंसा का मन्त्र फूँका गया था, जहाँ भिक्षुओं ने त्याग, शान्ति और निर्वाण के उपदेश दिये और अनेक बार गौतम बुद्ध के बताये हुए मार्ग की ओर उँगली उठायी। आज उसी धरती पर घर जलाये जा रहे थे, और शायद ढलती बर्फ़ों के शीतल जल से भरपूर नदियों के साथ-साथ गरम-गरम ख़ून की नदी बहाने का मनसूबा बाँधा जा रहा था।

डिब्बे में बैठे हुए लोगों के कन्धे झिंझोड़-झिंझोड़कर वह कहना चाहता था कि गौतम बुद्ध को संसार में बार-बार आने की आवश्यकता नहीं। अब गौतम बुद्ध कभी जन्म नहीं लेगा, क्योंकि उसकी अहिंसा का सदा के लिए अन्त हो गया। अब लोग निर्वाण नहीं चाहते। उन्हें दूसरों की आबरू उतारने में आनन्द आता है।

अब तो नग्न स्त्रियों और युवतियों के जुलूस निकालने की बात किसी के टाले टाल नहीं सकती। आज जन्मभूमि अपनी सन्तानों की लाशों से पटी पड़ी है। अब यह इनसान के मांस और रक्त की सड़ाँध कभी ख़त्म नहीं होगी।

नन्हा ललित रो-रोकर सो गया था। कान्ता और शान्ता बराबर सहमी-सहमी निगाहों से कभी माँ की तरफ़ और कभी खिड़की के बाहर देखने लगती थीं। एक-दो बार उनकी निगाह ललित की तरफ़ भी उठ गयी। वे चाहती थीं कि थोड़ी देर और उनका पिता ललित को उठाये खड़ा रहे। क्योंकि उसकी जगह उन्हें आराम से टाँगें फैलाने का अवसर मिल गया था।

शान्ता ने कान्ता के बाल नोच डाले और कान्ता रोने लगी। पास से माँ ने शान्ता को चपत दे मारी, और इस पर शान्ता भी रोने लगी। उधर ललित भी जाग उठा और वह बेसुरे अन्दाज़ से रोने-चीखने लगा।

स्कूल मास्टर के विचारों का क्रम टूट गया। प्राचीन तक्षशिला के विश्वविद्यालय और भिक्षुओं के उपदेश से हटकर वह यह कहने के लिए तैयार हो गया कि कौन कहता है कि इस देश में कभी गौतम बुद्ध का जन्म हुआ था। वह कान्ता और शान्ता से कहना चाहता था कि रोने से कुछ लाभ नहीं। नन्हा ललित तो बेसमझ है और इसीलिए बार-बार रोने लगता है, तुम तो समझदार हो। तुम्हें तो बिल्कुल नहीं रोना चाहिए। क्योंकि यदि तुम इसी तरह रोती रहोगी तो बताओ तुम्हारे चेहरों पर कमल के फूल कैसे खिल सकते हैं? पास से किसी की आवाज़ आयी, ''यह सब फिरंगी की चाल है। जिन बस्तियों ने बड़े-बड़े हमलावरों के हमले बरदाशत किये, अनगिनत सदियों से अपनी जगह पर कायम रहीं, आज वे भी लुट गयीं।''

''ऐसे-ऐसे कत्लेआम तो उन हमलावरों ने भी न किये होंगे। हमारे स्कूलों में झूठा और मनगढ़न्त इतिहास पढ़ाया जाता रहा है!'' एक और मुसाफिर ने ज्ञान बघारा।

स्कूल मास्टर ने चौंककर उस मुसाफिर की तरफ़ देखा। वह कहना चाहता था कि तुम सच कहते हो। मुझे मालूम न था। नहीं तो मैं कभी इस झूठे मनगढ़न्त इतिहास का समर्थन न करता। वह यह भी कहना चाहता था कि इसमें उसका तो कोई दोष नहीं। क्योंकि सभ्यता के चेहरे से सुन्दर खोल साँप की केंचुली

की तरह अभी-अभी उतरा है, और अभी-अभी मालूम हुआ है कि मानव ने कुछ भी उन्नति नहीं की, बल्कि यह कहना होगा कि उसने पतन की तरफ़ ही बड़े वेग से पग बढ़ाये हैं।

"जिन्होंने बलवाइयों और हत्यारों का साथ दिया और मानवता की परम्परा का अपमान किया," स्कूल मास्टर ने साहस दिखाते हुए कहा, "जिन्होंने नग्न स्त्रियों और युवतियों के जुलूस निकाले, जिन्होंने अपनी इन माताओं और बहनों की आबरू पर हाथ डाला, जिन्होंने माताओं के दूध-भरे स्तन काट डाले और जिन्होंने बच्चों की लाशों को नेजों पर उछाल कर कहकहे लगाये, उनकी आत्माएँ सदा अपवित्र रहेंगी। और फिर यह सब कुछ यहाँ भी हुआ और वहाँ भी, जन्मभूमि में भी और नये देश में भी!"

इसके उत्तर में सामने वाला मुसाफिर चुप बैठा रहा। उसकी ख़ामोशी ही उसका उत्तर था। शायद वह कहना चाहता था कि इन बातों से क्या लाभ। ऊपर से उसने इतना ही कहा, "हमें यह कैसी आज़ादी मिली है?"

कान्ता और शान्ता के आँसू थम गये थे। ललित भी कुछ क्षणों के लिए ख़ामोश हो गया। स्कूल मास्टर की निगाहें अपनी बीमार पत्नी की ओर गयीं, जो खिड़की के बाहर देख रही थी। शायद वह पूछना चाहती थी कि जन्मभूमि छोड़ने पर हम क्यों मजबूर हुए। या क्या यह गाड़ी यहाँ इसीलिए रुक गयी है कि हमें फिर से अपने गाँव लौट चलने का विचार आ जाये।

स्कूल मास्टर के होंठ बुरी तरह सूख रहे थे। उसका गला बुरी तरह खुश्क हो चुका था। उसे यह महसूस हो रहा था कि कोई उसकी आत्मा में काँटे चुभो रहा है। एक हाथ सामने वाले मुसाफिर के कन्धे पर रखते हुए वह बोला–

"सरदार जी, बताओ तो सही कि कल का इनसान उस अन्न को भला कैसे अपना भोजन बनायेगा, जिसका जन्म उस धरती की कोख से होगा, जिसे अनगिनत मासूम बेगुनाहों की लाशों की खाद प्राप्त हुई?"

सरदार जी का चेहरा तमतमा उठा। जैसे वह ऐसे विचित्र प्रश्न के लिए तैयार न हों। किसी कदर सँभलकर उसने भी प्रश्न कर डाला, "आप बताओ, इसमें धरती का क्या दोष है?"

"हाँ-हाँ, इसमें धरती का क्या दोष है?" स्कूल मास्टर कह उठा, "धरती को तो खाद चाहिए। फिर वह कहीं से भी क्यों न मिले।"

सरदार जी प्लेटफार्म की ओर देखने लगे। बोले, "यह गाड़ी भी अजीब ढ़ीठ है, चलती ही नहीं। बलवाई जाने कब आ जाएँ!"

स्कूल मास्टर के मन में अनगिनत लाशों का दृश्य घूम गया, जिनके

बीचोबीच बच्चे रेंग रहे हों। वह इन बच्चों के भविष्य पर विचार करने लगा। यह कैसी नयी पौध है? वह पूछना चाहता था। यह नयी पौध भी कैसी सिद्ध होगी? उसे उन अनगिनत युवतियों का ध्यान आया, जिनकी इज़्ज़त पर हाथ डाला गया था। पुरुष की दहशत के सिवा इन युवतियों की कल्पना में और क्या उभर सकता है? उनके लिए निश्चय ही यह आज़ादी बरबादी बनकर आयी। वे निश्चय ही आज़ादी के नाम पर थूकने से भी नहीं कतराएँगी। उसे उन कन्याओं का ध्यान आया, जो अब माताएँ बननेवाली थीं। ये कैसी माताएँ बनेंगी? वह पूछना चाहता था। ये घृणा के बीज भला क्या फल लाएँगे? उसने सोचा, इस प्रश्न का उत्तर किसी के पास न होगा। वह डिब्बे में एक-एक व्यक्ति का कन्धा झिंझोड़कर कहना चाहता था कि मेरे इस प्रश्न का उत्तर दो। नहीं तो यदि यह गाड़ी पचास-पचपन घण्टों तक रुकने के पश्चात् आगे चलने के लिए तैयार भी होगी तो मैं ज़ंजीर खींचकर गाड़ी को रोक लूँगा।

"क्या यह गाड़ी अब आगे नहीं जायेगी, हे भगवान्?" बीमार स्त्री ने अपने चेहरे से मक्खियाँ उड़ाते हुए पूछ लिया।

"निराश होने की क्या ज़रूरत है? गाड़ी आखिर चलेगी ही।" स्कूल मास्टर कह उठा।

स्कूल मास्टर खिड़की से सिर निकालकर बाहर की ओर देखने लगा। एक-दो बार उसका हाथ जेब की तरफ़ बढ़ा अन्दर गया और फिर बाहर आ गया। इतना महँगा पानी खरीदने का उसे साहस न हुआ। जाने क्या सोचकर उसने कहा, "गाड़ी अभी चल पड़े तो नये देश की सीमा में घुसते उसे देर न लगेगी। फिर पानी की कुछ कमी न होगी। ये कष्ट के क्षण बहुत शीघ्र बीत जायेंगे।"

कन्धे पर पड़ी हुई फटी-पुरानी चादर को वह बार-बार सँभालता था। इसे वह अपनी जन्मभूमि से बचाकर लाया था। बलवाइयों के अचानक गाँव में आ जाने के कारण वह कुछ भी तो नहीं निकाल सका था। बड़ी कठिनाई से वह अपनी बीमार पत्नी और बच्चों के साथ भाग निकला था। अब इस चादर पर उँगलियाँ घुमाते हुए उसे गाँव का जीवन याद आने लगा। एक-एक घटना मानो एक-एक तार थी और इन्हीं तारों की सहायता से समय के जुलाहे ने जीवन की चादर बुन डाली थी। इसी चादर पर उँगलियाँ घुमाते हुए उसे मानो उस मिट्टी की सुगन्ध आने लगी, जिसे वह वर्षों से सूँघता आया था। जैसे किसी ने उसे जन्मभूमि की कोख से ज़बरदस्ती उखाड़कर इतनी दूर फेंक दिया। जाने अब गाड़ी कब चलेगी?

अब यह जन्मभूमि नहीं रह गयी। देश का बँटवारा हो गया। अच्छा चाहे

बुरा। जो होना था सो हो गया। अब देश के बँटवारे को झुठलाना सहज नहीं। पर क्या जीवन का बँटवारा भी हो गया?

अपनी बीमार पत्नी के समीप झुककर वह उसे दिलासा देने लगा, ''इतनी चिन्ता नहीं किया करते। नये देश में पहुँचने भर की देर है। एक अच्छे से डॉक्टर से तुम्हारा इलाज कराएँगे। मैं फिर किसी स्कूल में पढ़ाने लगूँगा। तुम्हारे लिए फिर से सोने की बालियाँ गढ़ा दूँगा।'' कोई और समय होता तो वह अपनी पत्नी से उलझ जाता कि भागते समय इतना भी न हुआ कि चुड़ैल अपनी सोने की बालियाँ ही उठा लाती। बल्कि वह उस कजलौटी तक के लिए झगड़ा खड़ा कर देता, जिसे वह दर्पण के समीप छोड़ आयी थी—कजलौटी, जिसकी सहायता से वह इस अधेड़ आयु में भी कभी-कभी आँखों में बीते सपनों की याद ताजा कर लेती थी।

कान्ता ने झुककर शान्ता की आँखों में कुछ देखने का प्रयास किया। जैसे वह पूछना चाहती हो कि बताओ पगली, हम कहाँ जा रहे हैं।

''मेरा झुनझुना?'' शान्ता ने पूछ लिया।

''मेरी गुड़िया!'' कान्ता बोली।

''यहाँ न झुनझुना है, न गुड़िया!'' स्कूल मास्टर ने अपनी आँसू-भरी आँखों से अपनी बच्चियों की ओर देखते हुए कहा, ''मेरी बेटियो! झुनझुने बहुतेरे, गुड़िया बहुतेरी, नये देश में हर चीज़ मिलेगी।''

पर रह-रहकर उसका मन पीछे की तरफ़ मुड़ने लगता। यह कैसा आकर्षण है? यह जन्मभूमि पीछे रह गयी। अब नया देश समीप है। गाड़ी चलने भर की देर है। उसने झुँझलाकर इधर-उधर देखा। जैसे वह डिब्बे में बैठे हुए एक-एक व्यक्ति से पूछना चाहता हो कि बताओ गाड़ी कब चलेगी।

''जन्मभूमि हमेशा के लिए छूट रही है!'' उसने अपने कन्धों पर पड़ी हुई चादर को बायें हाथ की उँगलियों से सहलाते हुए कहना चाहा। जैसे इस चादर के भी कान हों, और वह सब सुन सकती हो। खिड़की से सिर निकालकर उसने पीछे की तरफ़ देखा और उसे यों लगा जैसे जन्मभूमि अपनी बाँहें फैलाकर उसे बुला रही हो। जैसे वह कह रही हो कि मुझे यों छोड़कर चले जाओगे, मेरा आशीर्वाद तो तुम्हारे लिए हमेशा था और हमेशा रहेगा!

स्कूल मास्टर की बीमार पत्नी ने नन्हे ललित से समझौता कर लिया था। इस दूध की एक-एक बूँद पर पचासों रुपये निछावर किए जा सकते थे। यह दूध पचास रुपये गिलास के हिसाब से बिकने वाले दूध से अवश्य महँगा था।

चादर पर दायें हाथ की उँगलियाँ फेरते हुए स्कूल मास्टर को जन्मभूमि की

धरती का ध्यान आ गया, जो शताब्दियों से रूई की खेती के लिए विख्यात थी।

उसकी कल्पना में कपास के दूर तक फैले हुए खेत उभरे। यह इसी कपास का जादू ही तो था कि जन्मभूमि रूई के अनगिनत ढेरों पर गर्व कर सकती थी।

जन्मभूमि में रूई से कैसे-कैसे बारीक तार निकाले जाते थे। घर-घर चरखे चलते थे। सजीव चरखा कातने वालियों की रंगीली महफिलें-वे 'त्रिंजन'! वह बढ़-बढ़कर सूत कातने की होड़! वे सूत की अंटियाँ तैयार करने वाले हाथ! वे जुलाहे जो परम्परागत कथाओं में मूर्ख समझे जाते थे, पर जिनकी उँगलियों को महीन-से-महीन कपड़ा बुनने की कला आती थी। जैसे जन्मभूमि पुकार-पुकारकर कह रही हो—तुम कद के लम्बे हो और शरीर के गठे हुए। तुम्हारे हाथ-पाँव मज़बूत हैं। तुम्हारा सीना कितना चौड़ा है। तुम्हारे जबड़े इतने सख़्त हैं कि पत्थर तक चबा जाओ। यह सब मेरे कारण ही तो है। देखो, तुम मुझे छोड़कर मत जाओ...स्कूल मास्टर ने झट खिड़की के बाहर देखना बन्द कर दिया और उसकी आँखें अपनी बीमार पत्नी के चेहरे पर जम गयीं।

वह कहना चाहता था कि मुझे वे दिन अभी तक याद हैं, ललित की माँ, जब तुम्हारी आँखें काजल के बिना ही काली-काली और बड़ी-बड़ी नज़र आया करती थीं। मुझे याद हैं वे दिन, जब तुम्हारे शरीर में हिरनी की-सी मस्ती थी। उन दिनों तुम्हारे चेहरे पर चाँद की चाँदनी थी, सितारों की चमक थी। मुस्कान, हँसी, कहकहा—तुम्हारे चेहरे पर ख़ुशी के तीनों रंग थिरक उठते थे। तुम पर जन्मभूमि कितनी दयालु थी। तुम्हारे सिर पर वे काले घुँघराले केश! उन सावन के काले-काले मेघों को अपने कन्धों पर सँभाले तुम मटक-मटक कर चला करती थीं—गाँव की गलियों में, और पगडंडियों पर। घुर-घुर धाँ-भाँ-जैसे मटकी में गिरते समय ताजा दुहे जाने वाला दूध बोल उठे। स्कूल मास्टर को यों लगा, जैसे अभी बहुत कुछ बाकी हो।

जैसे वह वर्षों के घूमते हुए भँवर में चमकती हुई किरन के दिल की बात भाँपकर कह सकता हो कि बीते सपने कल्पना के कला-भवन में सदैव थिरकते रहेंगे। जैसे वह ताक में पड़ी सुराही से कह सकती हो—ओ सुराही, तेरी गरदन टेढ़ी है, भला मैं वे दिन कैसे भूल सकता हूँ जब तुम नयी-नयी इस घर में आयी थीं।

वह चाहता था कि गाड़ी जल्द-से-जल्द नये देश की सीमा में प्रवेश कर जाये। फिर उसके सब कष्ट मिट जायेंगे। पत्नी का इलाज भी हो सकेगा। जन्मभूमि पीछे रह जाने के विचार से कुछ उलझन-सी अवश्य महसूस हुई। पर उसने तुरन्त अपने मन को समझा लिया। वह यह प्रयास करने लगा कि नये देश में जन्मभूमि की कल्पना कायम कर सके। आखिर एक गाँव को तो जन्मभूमि

नहीं कहते—जन्मभूमि तो बहुत विशाल है, बहुत महान् है। उसकी महिमा का गान तो देवता भी पूरी तरह नहीं कर सकते। जिधर से गाड़ी यहाँ तक आयी थी, और जिधर गाड़ी को जाना था, दोनों तरफ़ एक-जैसी भूमि दूर तक चली गयी थी। उसे विचार आया कि भूमि तो सब जगह एक-जैसी है। जन्मभूमि और नये देश की भूमि में बहुत अधिक अन्तर तो नहीं हो सकता। वह चाहता था कि जन्मभूमि की वास्तविक कल्पना कायम करे। पौ फटने से पहले का दृश्य—दूर तक फैला क्षितिज—किनारे-किनारे पहाड़ियों की झालर—आकाश पर बगलों की पंक्ति खुली कैंची के रूप में उड़ाती हुई—पूरब की ओर उषा का उजाला !...

धरती ऐसी जैसी किसी युवती की गरदन के नीचे ऊँची घाटियों के बीचोबीच ताजा श्वेत मक्खन दूर तक फैला हुआ हो। वह चिल्लाकर कहना चाहता था कि जन्मभूमि का यह दृश्य नये देश में भी ज़रूर नज़र आयेगा। अपने कन्धों पर पड़ी हुई चादर को वह दायें हाथ की उँगलयों से सहलाने लगा।

जैसे वह इस चादर के मुख से अपना समर्थन चाहता हो। लटकती डालियाँ, महकती कलियाँ, इन्द्रधनुष के रंग, आकाश-गंगा का दूधिया-सौन्दर्य, युवतियों के कहकहे, नव कुलवधुओं की लाज—जन्मभूमि का रूप इन्हीं पर कायम था।

अपने खमीर पर, अपनी तासीर पर जन्मभूमि मुसकराती आयी है और मुसकराती रहेगी। वह कहना चाहता था कि नये देश में भी जन्मभूमि का रूप किसी से कम थोड़ी होगा, वहाँ भी गेहूँ के खेत दूर तक फैले हुए नज़र आयेंगे।

जन्मभूमि का यह दृश्य नये देश में भी उसके साथ-साथ जायेगा, उसे विश्वास था।

उसके बायें हाथ की अँगुलियाँ बराबर कन्धे पर पड़ी हुई फटी-पुरानी और मैली चादर से खेलती रहीं। जैसे ले-देकर आज यही चादर जन्मभूमि की प्रतीक बन गयी हो।

"फिरंगी ने देश का नक्शा बदल डाला," सरदार जी कह रहे थे, पास से कोई बोला, "यह उसकी पुरानी चाल।"

एक बुढ़िया ने कहा, "फिरंगी तो बहुत दिनों से इस देश में बस गया था। मैं न कहती थी कि हम बुरा कर रहे हैं जो फिरंगी को उनके बंगलों से निकालने की सोच रहे हैं? मैं न कहती थी कि फिरंगी का सराप लगेगा?"

दूसरी बुढ़िया बोली, "यह सब फिरंगी का सराप ही तो है, बहिन जी !"

स्कूल मास्टर को पहली बुढ़िया पर बहुत क्रोध आया। उसकी आवाज़ में जन्मभूमि के सन्देह बोल उठे, उसने सोचा। दूसरी बुढ़िया उससे भी कहीं अधिक मूर्ख थी जो बिना सोचे हाँ में हाँ मिलाये जा रही थी।

परे कोने में एक कन्या चीथड़ों में लिपटी हुई बैठी थी। जैसे उसकी सहमी-सहमी निगाहें इस डिब्बे के प्रत्येक यात्री से पूछना चाहती हों—क्या ये मेरे आखिरी घाव हैं? उसके बायीं तरफ़ उसकी माँ बैठी थी, जो शायद फिरंगी से कहना चाहती थी कि मेरी गुलामी मुझे लौटा दो, क्योंकि गुलामी में मेरी बिटिया की आबरू नहीं लुटी थी।

डिब्बे में बैठे हुए जो लोग भीड़ के कारण बेहद भिंचे हुए थे, उनकी आँखों में भय की यह दशा थी कि वे प्रतिक्षण बड़े वेग से बुड्ढे हो रहे थे। सरदार जी बोले, "इतनी लूट तो बाहर से आने वाले हमलावरों ने भी न की होगी।"

पास से किसी ने कहा, "इतना सोना लूट लिया गया कि सौ-सौ पीढ़ियों तक ख़त्म नहीं होगा।"

"लूट का सोना ज़्यादा दिन नहीं ठहरता।" एक और यात्री बोल उठा।

सरदार जी का चेहरा तमतमा उठा। बोले, "पुलिस के सिपाही भी तो सोना लूटने वालों के साथ रहते थे। पर लूट का सोना पुलिस के सिपाहियों के पास भी कितने दिन ठहरेगा? आज भी दुनिया सतगुरु नानक देव जी महाराज की आज्ञा पर चले तो शान्ति हो सकती है।"

छप्पन, सत्तावन, अट्ठावन—इतने घण्टों से गाड़ी हरबंसपुरा के स्टेशन पर रुकी खड़ी थी। अब तो प्लेटफार्म पर खड़े-खड़े मिलिटरी वालों के तने हुए शरीर भी ढीले पड़ गये थे। किसी में इतनी हिम्मत न थी कि डिब्बे के नीचे जाकर देखे कि आखिर गाड़ी रुकने का कारण क्या है। डिब्बे में हर किसी का दम घुटा जा रहा था, और हर कोई चाहता था कि और नहीं तो इस डिब्बे से निकलकर किसी दूसरे डिब्बे में कोई अच्छी-सी जगह ढूँढ़ ले। पर यह डर भी तो था कि कहीं यह न हो कि न इधर के रहें न उधर के और गाड़ी चल पड़े।

"फिरंगी का सराप ख़त्म होने पर ही चलेगी गाड़ी!" बुढ़िया बोली।

"सच है, बहिन जी!" दूसरी बुढ़िया कह उठी।

स्कूल मास्टर ने उड़ने वाले पक्षी के समान बाँहें हवा में उछालते हुए कहा, "फिरंगी को दोष देते रहने से तो न जन्मभूमि का भला होगा न नये देश का।"

पहली बुढ़िया ने रूखी हँसी हँसते हुए कहा, "फिरंगी चाहे तो गाड़ी अभी चल पड़े।"

कान्ता ने खिड़की से झाँककर दूसरे डिब्बे की खिड़की में किसी को पानी पीते देख लिया था। वह भी पानी के लिए मचलने लगी। उसकी बीमार माँ ने कराहती हुई आवाज़ में कहा, "पानी का तो अकाल पड़ रहा है, बिटिया !"

अब शान्ता भी पानी की रट लगाने लगी। सरदार जी ने जेब में हाथ डाल

कर कुछ नोट निकाले और पाँच-पाँच रुपये के पाँच नोट स्कूल मास्टर की तरफ़ बढ़ाते हुए कहा, ''इससे आधा गिलास पानी ले लिया जाये।''

स्कूल मास्टर ने झिझकते हाथों से नोट स्वीकार किये। आधा गिलास पानी की कल्पना से उसकी आँखें चमक उठीं। खाली गिलास उठाकर वह पानी की तलाश में नीचे प्लेटफार्म पर उतर गया। अब 'हिन्दू पानी!' और 'मुस्लिम पानी!' का भेद नहीं रह गया था। बड़ी कठिनाई से एक व्यक्ति के पास पानी नज़र आया।

बावन रुपये गिलास के हिसाब से पच्चीस रुपये का पानी आधे गिलास से कुछ कम ही आना चाहिए था। पानी बेचने वाले ने पेशगी रुपये वसूल कर लिए और बड़ी मुश्किल से एक-तिहाई गिलास पानी दिया।

डिब्बे में आकर सरदार जी के गिलास में थोड़ा पानी उड़ेलते समय जल्दी में कोई एक घूँट पानी फ़र्श पर गिर गया। झट से पानी का गिलास कान्ता के मुँह पर थमाते हुए उसने कहा, ''पी लो बेटा!'' उधर से शान्ता ने हाथ बढ़ाये।

स्कूल मास्टर ने कान्ता के मुँह से गिलास हटाकर उसे शान्ता के मुँह पर थमा दिया।

फिर काँपते हाथों से गिलास उसने अपनी बीमार पत्नी के होठों की तरफ़ बढ़ाया जिसने आँखों-ही-आँखों में अपने पति से कहा कि पहले आप भी अपने होंठ गीले कर लेते। पर पति इसके लिए तैयार न था।

कान्ता और शान्ता ने मिलकर ज़ोर से गिलास पर हाथ मारे। बीमार माँ के कमज़ोर हाथों से छूटकर गिलास फ़र्श पर गिर पड़ा। स्कूल मास्टर ने झट लपककर गिलास उठा लिया। बड़ी मुश्किल से इसमें एक घूँट पानी बच पाया था। यह एक घूँट पानी उसने झट अपने गले में उड़ेल लिया।

सरदार जी कह रहे थे, ''इतना कुछ होने पर भी इनसान ज़िन्दा है और ज़िन्दा रहेगा।''

स्कूल मास्टर कह उठा, ''इनसानियत जन्मभूमि का सबसे बड़ा वरदान है। जैसे एक पौधे को एक स्थान से उठाकर दूसरे स्थान पर लगाया जाता है, ऐसे ही हम नये देश से जन्मभूमि का पौधा लगायेंगे। हमें इसकी देखभाल करनी पड़ेगी और इस पौधे को नयी ज़मीन में जड़ पकड़ते कुछ समय अवश्य लगेगा।''

यह कहना कठिन था कि बीमार औरत के गले में कितने घूँट पानी गुज़रा होगा। पर इतना तो प्रत्यक्ष था कि पानी पीने के बाद उसकी अवस्था और भी डाँवाडोल हो गयी। अब उसमें इतनी शक्ति न थी कि बैठी रह सके। सरदार जी ने न जाने क्या सोचकर कहा, ''दरिया भले ही सूख जाये, पर दिलों के दरिया तो सदा बहते रहेंगे। दिल दरिया समुन्दरों डूबें !''

स्कूल मास्टर कह उठा, "कभी ये दिलों के दरिया जन्मभूमि में बहते थे। अब ये दरिया नये देश में बहा करेंगे।"

बीमार स्त्री बुखार से काँपने लगी। सरदार जी बोले, "यह अच्छा होगा कि इसे थोड़ी देर के लिए नीचे प्लेटफार्म पर लिटा दिया जाये। बाहर की खुली हवा इसके लिए अच्छी रहेगी।"

स्कूल मास्टर ने एहसान-भरी निगहों से सरदार जी की तरफ़ देखा और उनकी मदद से बीमार पत्नी को डिब्बे से उतार कर प्लेटफार्म पर लिटा दिया।

सरदार जी फिर अपनी जगह पर बैठे और स्कूल मास्टर अपनी पत्नी के चेहरे पर रूमाल से पंखा करने लगा। वह धीरे-धीरे उसे दिलासा देने लगा, "तुम अच्छी हो जाओगी। हम बहुत जल्द नये देश में पहुँचने वाले हैं। वहाँ मैं अच्छे-अच्छे डॉक्टरों से तुम्हारा इलाज करवाऊँगा।"

बीमार औरत के चेहरे पर दबी-दबी-सी मुसकान उभरी। पर उसके मुख से एक भी शब्द न निकला, मानो उसकी खुली-खुली आँखें कह रही हों—मैं जन्मभूमि को नहीं छोड़ सकती। मैं नये देश में नहीं जाना चाहती। मैं इस धरती की कोख से जन्मी और इसी में समा जाना चाहती हूँ।

उसकी साँस ज़ोर-ज़ोर से चलने लगी। उसकी आँखें पथराने लगीं। स्कूल मास्टर घबराकर बोला, "यह तुम्हें क्या हो रहा है? गाड़ी अब और नहीं रुकेगी। नया देश समीप ही तो है। अब जन्मभूमि का विचार छोड़ दो। हम आगे जायेंगे।"

खिड़की से कान्ता और शान्ता फटी-फटी आँखों से देख रही थीं, उनकी समझ में कुछ नहीं आ रहा था। सरदार जी ने खिड़की से सिर बाहर निकालकर पूछा, "अब बहनजी का क्या हाल है?"

स्कूल मास्टर बोला, "यह अब जन्मभूमि में ही रहेंगी।"

सरदार जी बोले, "कहो तो थोड़ा पानी खरीद लें।"

बीमार औरत ने बुझते दीप की तरह साँस लिया और उसके प्राण-पखेरू निकल गये।

लाश के समीप खड़े-खड़े स्कूल मास्टर ने बड़े ध्यान से देखा और कहा, "अब वह पानी नहीं पीएगी।"

उधर इंजन ने सीटी दी और गाड़ी धीरे-धीरे प्लेटफार्म के साथ-साथ रेंगने लगी। उसने एक बार पत्नी की लाश की तरफ़ देखा फिर उसकी निगाहें गाड़ी की तरफ़ उठ गयीं। खिड़की से कान्ता और शान्ता उसकी तरफ़ देख रही थीं। लाश के साथ रह जाये या लपककर डिब्बे में जा बैठे, यह प्रश्न बिजली के कौंध की तरह उसके हृदय और मस्तिष्क को चीरता चला गया।

उसने अपने कन्धे से झट वह फटी-पुरानी मैली चादर उतारी, जिसे वह जन्मभूमि से बचाकर लाया था और जिसके धागे-धागे में अभी तक जन्मभूमि साँस ले रही थी।

इस चादर को उसने अपने सामने पड़ी हुई लाश पर फैला दिया और गाड़ी की तरफ़ लपका। कान्ता की आवाज़ एक क्षण के लिए वातावरण में लहरायी, "माँ।" गाड़ी तेज़ हो गयी थी, कान्ता की आवाज़ हवा में उछलकर रह गयी थी। स्कूल मास्टर ने शान्ता को गोद में उठा लिया और पलटकर लाश की तरफ़ देखा।

कृष्णा सोबती (1925)

कृष्णा सोबती हिन्दी साहित्य में अपनी कहानियों और उपन्यासों के लिए जानी जाती हैं। इनका जन्म 18 फरवरी 1925 में गुज़रात (पाकिस्तान) में हुआ। उन्होंने हिन्दी की कथा भाषा को एक विलक्षण ताज़गी दी है। भारत विभाजन की पीड़ा से वह वंचित न रह सकीं जिसका इज़हार उन्होंने प्रस्तुत कहानी 'सिक्का बदल गया' में किया है। उनकी कहानियाँ कथ्य और शिल्प दोनों दृष्टियों से उनके रचनात्मक वैविध्य को रेखांकित करती है। कहना न होगा कि आज के बदलते परिवेश में भी इनकी कहानियों की प्रासंगिकता बनी हुई है।

सिक्का बदल गया

खद्दर की चादर ओढ़े, हाथ में माला लिए शाहनी जब दरिया के किनारे पहुँची तो पौ फट रही थी। आसमान के परदे पर लालिमा फैलती जा रही थी। शाहनी ने कपड़े उतारकर एक ओर रखे और 'श्रीराम, श्रीराम' करती पानी में हो ली। अंजलि भरकर सूर्य देवता को नमस्कार किया, अपनी उनींदी आँखों पर छींटे दिये और पानी से लिपट गयी।

चनाब का पानी आज भी पहले-सा ही सर्द था, लहरें लहरों को चूम रही थीं। दूर काश्मीर की पहाड़ियों से बर्फ पिघल रही थी। उछल-उछल आते पानी के भँवरों से टकराकर कगारे गिर रहे थे, लेकिन दूर-दूर तक बिछी रेत आज न जाने क्यों ख़ामोश लगती थी। शाहनी ने कपड़े पहने, इधर-उधर देखा, कहीं किसी की परछाईं तक न थी। पर नीचे रेत में अगणित पाँवों के निशान थे। वह कुछ सहम-सी उठी।

आज इस प्रभात की मीठी नीरवता में न जाने क्यों कुछ भयावना-सा लग रहा है। वह पिछले पचास वर्षों से यहाँ नहाती आ रही है। कितना लम्बा अरसा है। शाहनी सोचती है, एक दिन इसी दरिया के किनारे वह दुल्हन बन कर उतरी थी। और आज...आज शाहजी नहीं, उसका वह पढ़ा-लिखा लड़का नहीं, आज वह अकेली है, शाहजी की लम्बी-चौड़ी हवेली में अकेली है। पर नहीं...यह क्या सोच रही है वह सवेरे-सवेरे। अभी भी दुनियादारी से मन नहीं फिरा उसका। शाहनी ने लम्बी साँस ली और 'श्रीराम, श्रीराम', करती बाजरे के खेतों से होती घर की राह ली। कहीं-कहीं लिपे-पुते आँगनों पर से धुआँ उठ रहा था। टन... टन-बैलों की घंटियाँ बज उठती हैं। फिर भी...फिर भी कुछ बँधा-बँधा-सा लग रहा है। 'जम्मीवाला' कुआँ भी आज नहीं चल रहा। ये शाहजी की ही असामियाँ हैं। शाहनी ने नज़र उठाई। यह मीलों फैले खेत अपने ही हैं। भरी-भराई नयी फसल को देखकर शाहनी किसी अपनत्व के मोह में भीग गयी। यह सब शाहजी की बरकतें हैं। दूर-दूर गाँवों तक फैली हुई ज़मीनें, ज़मीनों में कुएँ—सब अपने हैं। साल में तीन फसल, ज़मीन तो सोना उगलती है। शाहनी कुएँ की ओर बढ़ी, आवाज़ दी, ''शेरे, शेरे, हसैना हसैना... ।''

शेरा शाहनी का स्वर पहचानता है। वह न पहचानेगा? अपनी माँ जैना के मरने के बाद वह शाहनी के पास ही पलकर बड़ा हुआ। उसने पास पड़ा गड़ासा 'शटाले' के ढेर के नीचे सरका दिया। हाथ में हुक्का पकड़कर बोला—''ऐहे-सैना-सैना... ।'' शाहनी की आवाज़ उसे कैसे हिला गयी है। अभी तो वह सोच रहा था कि उस शाहनी की ऊँची हवेली की अँधेरी कोठरी में पड़ी सोने-चाँदी की सन्दूकचियाँ उठाकर...कि तभी ''शेरे शेरे... ।'' शेरा गुस्से से भर गया। किस पर निकाले अपना क्रोध? शाहनी पर। चीखकर बोला—''ऐ मर गयीं एं...रब्ब तैनू मौत दे...''

हसैना आटे वाली कनाली एक ओर रख, जल्दी-जल्दी बाहर निकल आयी। ''ऐ आयी आं—क्यों छावले (सुबह-सुबह) तड़पना एं?''

अब तक शाहनी नजदीक पहुँच चुकी थी। शेरे की तेज़ी सुन चुकी थी। प्यार से बोली, ''हसैना, यह वक्त लड़ने का है? वह पागल है तो तू ही जिगरा कर लिया कर।''

''जिगरा।'' हसैना ने मान भरे स्वर में कहा—''शाहनी, लड़का आखिर लड़का ही है। कभी शेरे से भी पूछा है कि मुँह अँधेरे ही क्यों गालियाँ बरसाई हैं इसने?'' शाहनी ने लाड़ से हसैना की पीठ पर हाथ फेरा, हँसकर बोली—''पगली मुझे तो लड़के से बहू प्यारी है। शेरे...''

''हाँ शेरनी।''

''मालूम होता है, रात को कुल्लूवाल के लोग आये हैं यहाँ?'' शाहनी ने गम्भीर स्वर में कहा।

शेरे ने ज़रा रुककर, घबराकर कहा—''नहीं—शाहनी...'' शेरे के उत्तर की अनसुनी कर शाहनी ज़रा चिन्तित स्वर में बोली, ''जो कुछ भी हो रहा है, अच्छा नहीं। शेरे, आज शाहजी होते तो शायद कुछ बीच-बचाव करते। पर...'' शाहनी कहते-कहते रुक गयी। आज क्या हो रहा है। शाहनी को लगा जैसे जी भरा-भरा आ रहा है। शाहजी को बिछुड़े कई साल बीत गये, पर—पर आज कुछ पिघल रहा है—शायद पिछली स्मृतियाँ...आँसुओं को रोकने के प्रयत्न में उसने हसैना की ओर देखा और हल्के से हँस पड़ी। और शेरा सोच ही रहा है, क्या कह रही है शाहनी आज। आज शाहजी क्या, कोई भी कुछ नहीं कर सकता। यह होकर रहेगा—क्यों न हो? हमारे ही भाई-बन्दों से सूद ले-लेकर शाहजी सोने की बोरियाँ तोला करते थे। प्रतिहिंसा की आग शेरे की आँखों में उतर आयी। गड़ासे की याद हो आयी। शाहनी की ओर देखा—नहीं-नहीं, शेरा इन पिछले दिनों में तीस-चालीस कत्ल कर चुका है। पर-पर वह ऐसा नीच नहीं...सामने बैठी शाहनी नहीं, शाहनी के हाथ उसकी आँखों में तैर गये। वह सर्दियों की रातें—कभी-कभी शाहजी

की डाँट खाकर वह हवेली में पड़ा रहता था। और फिर लालटेन की रोशनी में वह देखता है, शाहनी के ममता भरे हाथ दूध का कटोरा थामे हुए—''शेरे-शेरे, उठ, पी ले।'' शेरे ने शाहनी के झुर्रियाँ पड़े मुँह की ओर देखा तो शाहनी धीरे से मुस्करा रही थी। शेरा विचलित हो गया। आखिर शाहनी ने क्या बिगाड़ा है हमारा? शाहजी की बात शाहजी के साथ गयी, वह शाहनी को ज़रूर बचायेगा। लेकिन कल रात वाला मशवरा। वह कैसे मान गया था फिरोज की बात। ''सब कुछ ठीक हो जायगा—सामान बाँट लिया जायगा।''

''शाहनी चलो तुम्हें घर तक छोड़ आऊँ।''

शाहनी उठ खड़ी हुई। किसी गहरी सोच में चलती हुई शाहनी के पीछे-पीछे मज़बूत क़दम उठाता शेरा चल रहा है। शंकित-सा इधर-उधर देखता जा रहा है। अपने साथियों की बातें उसके कानों में गूँज रही हैं। पर क्या होगा शाहनी को मारकर?

''शाहनी।''

''हाँ शेरे।''

शेरा चाहता है कि सिर पर आने वाले ख़तरे की बात कुछ तो शाहनी को बता दे, मगर वह कैसे क़हे?

''शाहनी...''

शाहनी ने सिर ऊँचा किया। आसमान धुएँ से भर गया था। ''शेरे...'' शेरा जानता है यह आग है। जबलपुर में आज आग लगनी थी, लग गयी। शाहनी कुछ न कह सकी। उसके नाते-रिश्ते सब वही हैं...

हवेली आ गयी। शाहनी ने शून्य मन से ड्योढ़ी में क़दम रखा। शेरा कब लौट गया उसे कुछ पता नहीं। दुर्बल-सी देह और अकेली, बिना किसी सहारे के। न जाने कब तक वहीं पड़ी रही शाहनी। दुपहर आयी और चली गयी। हवेली खुली पड़ी है। आज शाहनी नहीं उठ पा रही। जैसे उसका अधिकार आज स्वयं ही उससे छूट रहा है। शाहजी के घर की मालकिन...लेकिन नहीं, आज मोह नहीं हट रहा। मानो पत्थर हो गयी हो। पड़े-पड़े साँझ हो गयी, पर उठने की बात फिर भी नहीं सोच पा रही। अचानक रसूली की आवाज़ सुनकर चौंक उठी—

''शाहनी-शाहनी, सुनो ट्रकें आती हैं लेने?''

''ट्रकें...?'' शाहनी इसके सिवाय और कुछ न कह सकी। हाथों ने एक-दूसरे को थाम लिया। बात की बात में ख़बर गाँव भर में फैल गयी। बीबी ने अपने विकृत कंठ से कहा—''शाहनी, आज तक ऐसा न हुआ, न कभी सुना, ग़ज़ब हो गया, अँधेर पड़ गया।''

शाहनी मूर्तिवत वहीं खड़ी रही। नवाब बीबी ने स्नेह-सनी उदासी से कहा—"शाहनी, हमने तो कभी न सोचा था।"

शाहनी क्या कहे कि उसी ने ऐसा कब सोचा था। नीचे से पटवारी बेगू और जैलदार की बातचीत सुनायी दी। शाहनी समझी कि वक़्त आन पहुँचा। मशीन की तरह नीचे उतरी, पर ड्योढ़ी न लाँघ सकी। किसी गहरी, बहुत गहरी आवाज़ से पूछा—"कौन? कौन है वहाँ?"

कौन नहीं है आज वहाँ? सारा गाँव है, जो उसके इशारे पर नाचता था कभी। उसकी असामियाँ हैं जिन्हें उसने अपने नाते-रिश्तों से कभी कम नहीं समझा। लेकिन नहीं, आज उसका कोई नहीं, आज वह अकेली है। यह भीड़ की भीड़, उनमें कुल्लूवाल के जाट। वह क्या सुबह ही न समझ गयी थी?

बेगू पटवारी और मसीत के मुल्ला इस्माइल ने जाने क्या सोचा। शाहनी के निकट आ खड़े हुए। बेगू आज शाहनी की ओर देख नहीं पा रहा। धीरे से ज़रा गला साफ़ करते हुए कहा—"शाहनी, रब्ब नू एही मंजूर सी।"

शाहनी के क़दम डोल गये। चक्कर आया और दीवार के साथ लग गयी। इसी दिन के लिए छोड़ गये थे शाहजी उसे? बेजान-सी शाहनी की ओर देख कर बेगू सोच रहा है—"क्या गुज़र रही है शाहनी पर। मगर क्या हो सकता है। सिक्का बदल गया है..."

शाहनी का घर से निकलना छोटी-सी बात नहीं। गाँव का गाँव खड़ा है हवेली के दरवाज़े से लेकर उस दारे तक जिसे शाहजी ने अपने पुत्र की शादी में बनवा दिया था। तब से लेकर आज तक फैसले, सब मशविरे यहीं होते रहे हैं। इस बड़ी हवेली को लूट लेने की बात भी यहीं सोची गयी थी। यह नहीं कि शाहनी कुछ न जानती हो। वह जानकर भी अनजान बनी रही। उसने कभी बैर नहीं जाना। किसी का बुरा नहीं किया। लेकिन बूढ़ी शाहनी यह नहीं जानती कि सिक्का बदल गया है...

देर हो रही थी। थानेदार दाऊद खाँ ज़रा अकड़कर आगे आया और ड्योढ़ी पर खड़ी जड़ निर्जीव छाया को देखकर ठिठक गया। वही शाहनी है जिसके शाहजी उसके लिए दरिया के किनारे खेमे लगवा दिया करते थे। यह तो वही शाहनी है जिसने उसकी मंगतेर को सोने के कनफूल दिये थे मुँह दिखायी में। अभी उसी दिन जब वह 'लीग' के सिलसिले में आया था तो उसने उद्दण्डता से कहा था—"शाहनी, भागोवाल मसीत बनेगी, तीन सौ रुपया देना पड़ेगा।" शाहनी ने अपने उसी सरल स्वभाव से तीन सौ रुपये आगे रख दिये थे। और आज...?

—"शाहनी।" दाऊद खां ने आवाज़ दी। वह थानेदार है, नहीं तो उसका

स्वर शायद आँखों में उतर आता।

शाहनी गुम-सुम, कुछ न बोल पायी।

''शाहनी।'' ड्योढ़ी के निकट जाकर बोला—''देर हो रही है शाहनी। (धीरे से) कुछ साथ रखना हो तो रख लो। कुछ साथ बाँध लिया है? सोना-चाँदी...''

शाहनी अस्फुट स्वर में बोली—''सोना-चाँदी?'' ज़रा ठहरकर सादगी से कहा—''सोना-चाँदी! बच्चा वह सब तुम लोगों के लिए है। मेरा सोना तो एक-एक ज़मीन में बिछा है।''

दाऊद खाँ लज्जित-सा हो गया। ''शाहनी तुम अकेली हो, अपने पास कुछ होना ज़रूरी है। कुछ नकदी ही रख लो। वक़्त का कुछ पता नहीं...''

''वक़्त?'' शाहनी अपनी गीली आँखों से हँस पड़ी। ''दाऊद खाँ, इससे अच्छा वक़्त देखने के लिए क्या मैं ज़िन्दा रहूँगी।'' किसी गहरी वेदना और तिरस्कार से कह दिया शाहनी ने।

दाऊद खाँ निरूत्तर है। साहस कर बोला—''शाहनी, कुछ नकदी ज़रूरी है।''

''नहीं बच्चा, मुझे इस घर से''—शाहनी का गला रुँध गया—''नकदी प्यारी नहीं। यहाँ की नकदी यहीं रहेगी।''

शेरा आन खड़ा हुआ पास। दूर खड़े-खड़े उसने दाऊद खाँ को शाहनी के पास देखा तो शक गुज़रा कि हो न हो कुछ मार रहा है शाहनी से। ''खाँ साहिब देर हो रही है।''

शाहनी चौंक पड़ी। देर—मेरे घर में मुझे देर। आँसुओं की भँवर में न जाने कहाँ से विद्रोह उमड़ पड़ा। मैं पुरखों के इस बड़े घर की रानी और यह मेरे ही अन्न पर पले हुए...नहीं, यह सब कुछ नहीं। ठीक है-देर हो रही है—देर हो रही है। शाहनी के जैसे कानों में यही गूँज रहा है—देर हो रही है—पर नहीं, शाहनी रो-रोकर नहीं, शान से निकलेगी इस पुरखों के घर से, मान से लाँघेगी यह देहरी, जिस पर एक दिन वह रानी बनकर आ खड़ी हुई थी। अपने लड़खड़ाते क़दमों को सँभालकर शाहनी ने दुपट्टे से आँखें पोंछीं और ड्योढ़ी से बाहर हो गयी। बड़ी-बूढ़ियाँ रो पड़ी। उनके दुख-सुख की साथिन आज इस घर से निकल पड़ी है। किसकी तुलना हो सकती थी इसके साथ। ख़ुदा ने सब कुछ दिया था, मगर—मगर दिन बदले, वक़्त बदले...

शाहनी ने दुपट्टे से सिर ढाँपकर अपनी धुंधली आँखों में से हवेली को अन्तिम बार देखा। शाह जी के मरने के बाद भी जिस कुल की अमानत को उसने सहेजकर रखा, आज वह उसे धोखा दे गयी। शाहनी ने दोनों हाथ जोड़ लिए—यही अन्तिम दर्शन था, यही अन्तिम प्रणाम था। शाहनी की आँखें फिर

कभी इस ऊँची हवेली को न देख पायेंगी। प्यार ने ज़ोर मारा—सोचा, एक बार घूम-फिर कर पूरा घर क्यों न देख आयी मैं? जी छोटा हो रहा है, पर जिनके सामने हमेशा बड़ी बनी रही है उनके सामने वह छोटी न होगी। इतना ही ठीक है। बस हो चुका। सिर झुकाया। ड्योढ़ी के आगे कुलवधू की आँखों से निकलकर कुछ बूँदें चू पड़ीं। शाहनी चल दी—ऊँचा-सा भवन पीछे खड़ा रह गया। दाऊद खाँ, शेरा, पटवारी, जैलदार और छोटे-बड़े, बच्चे, बूढ़े मर्द-औरतें सब पीछे-पीछे।

ट्रकें अब तक भर चुकी थीं। शाहनी अपने को खींच रही थी। गाँव वालों के गलों में जैसे धुआँ उठ रहा है। शेरे, ख़ूनी शेरे का दिल टूट रहा है। दाऊद खाँ ने आगे बढ़कर ट्रक का दरवाज़ा खोला। शाहनी बढ़ी। इस्माइल ने आगे बढ़कर भारी आवाज़ से कहा—''शाहनी, कुछ कह जाओ। तुम्हारे मुँह से निकली सीस झूठ नहीं हो सकती।'' और अपने साफ़े से आँखों का पानी पोंछ लिया। शाहनी ने उठती हुई हिचकी को रोककर रुँधे-रुँधे गले से कहा, ''रब्ब तुहानू सलामत रक्खे बच्चा, खुशियाँ बक्शे...।''

वह छोटा-सा जन-समूह रो दिया। ज़रा भी दिल में मैल नहीं शाहनी के। और हम-हम शाहनी को नहीं रख सके। शेरे ने बढ़कर शाहनी के पाँव छुए। ''शाहनी, कोई कुछ नहीं कर सका। राज भी पलट गया...'' शाहनी ने काँपता हुआ हाथ शेरे के सिर पर रखा और रुक-रुककर कहा—''तैनू भाग जगण चन्ना'' (ओ चाँद तेरे भाग जगें)। दाऊद खाँ ने हाथ का संकेत किया। कुछ बड़ी-बूढ़ियां शाहनी के गले लगीं और ट्रक चल पड़ी।

अन्न-जल उठ गया। वह हवेली, नयी बैठक, ऊँचा चौबारा, बड़ा 'पसार' एक-एक करके घूम रहे हैं शाहनी की आँखों में। कुछ पता नहीं—ट्रक चल पड़ी है या वह स्वयं चल रही है। आँखें बरस रही हैं। दाऊद खाँ विचलित होकर देख रहा है इस बूढ़ी शाहनी को। कहाँ जायगी अब वह?

''शाहनी मन में मैल न लाना। कुछ कर सकते तो उठा न रखते। वक़्त ही ऐसा है। राज पलट गया है, सिक्का बदल गया है...''

रात को शाहनी जब कैम्प में पहुँचकर ज़मीन पर पड़ी तो लेटे-लेटे आहत मन से सोचा—''राज पलट गया है...सिक्का क्या बदलेगा? वह तो मैं वहीं छोड़ आयी।...''

और शाहजी की शाहनी की आँखें और भी गीली हो गयीं।

आस-पास के हरे-हरे खेतों से घिरे गाँवों में रात ख़ून बरसा रही थी।

शायद राज पलटा भी खा रहा था और—सिक्का बदल रहा था...

रजिया सज्जाद ज़हीर (1917)

रजिया सज्जाद ज़हीर का जन्म 15 फ़रवरी 1917 को अजमेर में हुआ था। उनकी शिक्षा अजमेर और इलाहाबाद में हुई। इलाहाबाद से ही उन्होंने उर्दू में एम.ए. पास किया और अजमेर में अध्यापन शुरू किया। उनकी शादी प्रसिद्ध प्रगतिशील लेखक सज्जाद ज़हीर से हुई। उनकी कहानियों के दो संग्रह 'ज़र्द ग़ालिब' एवं 'अल्लाह दे बन्दा ले' चर्चित हैं। प्रस्तुत कहानी 'नमक' में अपनी संस्कृति एवं विरासत से कटे हुए और अपने ज़मीन से उखड़े हुए आदमी की अन्तर्वेदना को व्यक्त किया गया है।

नमक

अनसख बीबी को देखकर सफिया हैरान रह गयी थी, किस कदर वो उसकी अम्मा मरहूमा से मिलती थी। वही भारी-भरकम जिस्म, छोटी-छोटी चमकदार आँखें जिनमें नेकी, मुहब्बत और रहमदिली की रोशनियाँ जगमगाया करती थीं। शफाक, चकला चेहरा जैसे कोई खुली हुई मुकद्दस किताब और वैसा ही सफ़ेद, बारीक मलमल का दुपट्टा जैसा उसकी अम्मा ओढ़ कर मुहर्रम की मजलिसों में जाती थीं।

जब सफिया ने कई बार उनकी तरफ़ मुहब्बत से देखा तो उन्होंने भी उसके मुतअल्लिक घर की बहू से पूछा। उन्हें बताया गया कि वो मुसलमान है। कल ही सुबह लाहौर जा रही हैं अपने भाइयों से मिलने जिन्हें उसने कई साल से देखा नहीं। लाहौर का नाम सुनकर वह उठकर सफिया के पास आ बैठीं और उसे बताने लगीं कि उनका लाहौर कितना प्यारा शहर है। वहाँ लोग कैसे ख़ूबसूरत होते हैं। उम्दा खाने के शौकीन, नफीस कपड़ों के दिल-दादा, सैरसपाटे के रसिया, ज़िन्दादिली की तस्वीर...कीर्तन होता रहा। वह आहिस्ता-आहिस्ता बातें करती रहीं। सफिया ने दो एक बार बीच में उनसे पूछा भी "माताजी, आपको तो यहाँ आये बहुत साल हो गये होंगे?"

"हाँ बेटी, बस जब हिन्दुस्तान बँटा था जब ही आये थे, वैसे तो अब यहाँ भी हमारी कोठी बन गयी है। बिजनेस है, सब ठीक ही है, पर लाहौर याद बहुत आता है बेटी, क्योंकि हमारा वतन तो जी लाहौर ही है।" फिर पलकों से कुछ सितारे टूट कर दूधिया आँचल में जज्ब हो जाते। बात आगे चल पड़ती मगर घूम फिर कर उसी जगह पर आ जाती—साडा लाहौर।

कीर्तन कोई ग्यारह बजे ख़त्म हुआ। जब वो प्रसाद हाथ में लिए उठने लगी और सफिया सबसे अलग, बहुत धीमे से पूछने लगी—"आप लाहौर से कोई सौगात माँगना चाहें तो मुझे हुक्म दीजिए।" वो दरवाज़े से लगी खड़ी थीं, बहुत ही हिचकिचाकर, बहुत ही आहिस्ता से बोलीं, "अगर ला सको तो थोड़ा-सा लाहौरी नमक लाना।"

पन्द्रह दिन यों गुज़रे कि पता भी नहीं चला–जिमखाना की शामें, दोस्तों की मुहब्बतें, भाइयों की खातिरदारियाँ, उनका बस न चलता था कि बिछड़ी हुई परदेसी बहन के लिए क्या कुछ कर दें। दोस्तों अजीजों की ये हालत कि कोई कुछ लिए आ रहा है, कोई कुछ। कहाँ रखें, कैसे पैक करें, क्योंकर ले जायें–एक मसला था। और उनमें सबसे बड़ा मसला था–एक बादामी काग़ज़ की पुड़िया, जिसमें कोई सेर भर लाहौरी नमक था।

उसका भाई एक बहुत बड़ा पुलिस अफ़सर था। उसने सोचा कि वो ठीक राय दे सकेगा। चुपके से पूछने लगी, "क्यों भइया, नमक ले जा सकते हैं?"

वो हैरान होकर बोला, "नमक? नमक तो नहीं ले जा सकते, ग़ैर-कानूनी है और...और नमक का आप क्या करेंगी, आप लोगों के हिस्से में तो हमसे बहुत ज़्यादा नमक आया है।" वह झुंझला गयी–"मैं हिस्से-बुखरे की बात नहीं कर रही हूँ–आया होगा, मुझे तो लाहौर का नमक चाहिए, मेरी माँ ने यही मँगवाया है।"

भाई की समझ में कुछ नहीं आया। माँ का ज़िक्र था, वो तो तकसीम (बँटवारा) से पहले ही मर चुकी थी। ज़रा नर्मी से समझाने के अन्दाज़ में बोला, "देखिए बहन जी आपको कस्टम से गुज़रना है और अगर एक भी चीज़ ऐसी-वैसी निकली तो फिर आपके सामान की चन्दी-चन्दी बिखेर देंगे कस्टम वाले, कानून जो...।"

वो बिगड़ कर बोलीं, "निकल आया क्या मायने, मैं क्या चोरी से ले जाऊँगी? छिपा के ले जाऊँगी मैं, मैं तो दिखाके, जताके ले जाऊँगी।"

"भई ये बात तो आप बहुत ही गलत करेंगी...कानून–।"

"और फिर वही कानून, कानून कहे जाते हो...क्या सब कानून हुकूमत ही के होते हैं...कुछ मुहब्बत, मुरव्वत, आदमियत, इंसानियत के नहीं होते? आखिर कस्टम वाले भी इनसान होते हैं, कोई मशीन तो नहीं होते।"

"हाँ वो मशीन तो नहीं होते, पर मैं आपको यकीन दिलाता हूँ वो शायर भी नहीं होते, उनको तो अपनी ड्यूटी करनी होती है।"

"अरे तो बाबा मैं कब कह रही हूँ कि वो ड्यूटी न करें...एक तोहफा है वह भी चन्द पैसों का, शौक से देख लें, कोई सोना-चाँदी नहीं, स्मगल की हुई चीज़ नहीं, ब्लैक मार्किट का माल नहीं।"

"अब आपसे कौन बहस करे, आप अदीब (लेखक) ठहरीं और सभी अदीबों का दिमाग़ थोड़ा-सा तो ज़रूर ही घूमा होता है। वैसे मैं आपको बताये देता हूँ कि आप ले नहीं जा पायेंगी, और बदनामी मुफ्त में हम सब की भी होगी, आखिर आप कस्टम वालों को क्या जानती हैं।" उसने गुस्से से जवाब दिया–"कस्टम

वालों को जानें या न जानें, पर हम इनसानों को थोड़ा-सा ज़रूर जानते हैं, और रही दिमाग़ की बात, सो अगर कुछ ज़्यादा लोगों का दिमाग़ हम अदीबों की तरह घूमा हुआ होता तो यह दुनिया कुछ बेहतर ही जगह होती भइया..." मारे गुस्से के उसकी आँखों से आँसू बहने लगे थे। उसका भाई सिर हिलाकर चुप हो गया।

ये झकझक ख़त्म हुई, तो रात काफ़ी आ गयी थी। अगले रोज़ दो बजे दिन को उसे रवाना होना था। सुबह के लिए बहुत मसरूफ प्रोग्राम बन चुका था। इसलिए उसे सारी पैकिंग रात ही को करनी थी। कमरे का दरवाज़ा अन्दर से बन्द करके वो सामान बाँधने लगी। इधर-उधर फैली हुई चीज़ें रफ्ता-रफ्ता सब सिमटकर सूटकेस और बिस्तरबन्द में चली गयीं, सिर्फ़ दो दोस्त का तोहफा, सन्तरे और माल्टे को मिलाकर पैदा किया हुआ फल; माल्टे की तरह रंगीन और मीठा, सन्तरे की तरह नाजुक और रसीला—ऐसा तरहदार जैसे एंग्लो-इंडियन लड़की...और वो नमक की पुड़िया।

अब सफिया का गुस्सा उतर चुका था। जज़्बात की बजाय अक्ल आहिस्ता-आहिस्ता उस पर हावी हो रही थी। उसे ले तो जाना है, पर कैसे? अच्छा, अगर उसे हाथ में ले ले और सबसे पहले कस्टम वालों के सामने यही रख दे? लेकिन अगर कस्टम वालों ने न जाने दिया? तो मजबूरी है, छोड़ देंगे। मगर फिर उस वायदे का क्या होगा जो हमने अपनी माँ से किया था? हम अपने को सय्यद कहते हैं, फिर वायदा करके झुठलाने के क्या मायने? जान देकर भी वायदा पूरा करना होगा—मगर कैसे? अच्छा अगर इसे केनुओं की टोकरी में सबसे नीचे रख लिया जाय तो इतने केनुओं के ढेर में भला कौन इसे देखेगा? और अगर देख लिया? जी नहीं, फलों की टोकरियाँ तो आते वक़्त भी किसी की नहीं देखी जा रही थीं—उधर से केले, इधर से केनू सब ही ला रहे थे, ले जा रहे थे। यही ठीक है, फिर देखा जायेगा।

उसने केनू सब कालीन पर उलट दिये, टोकरी खाली की और नमक की पुड़िया उठाकर टोकरी की तह में रख दी—एक बार झाँककर उसने पुड़िया को देखा और उसे ऐसा महसूस हुआ कि उसने अपने किसी प्यारे को क़ब्र की तारीक (अन्धकारमय) गहराई में उतार दिया हो। कुछ देर उकड़ू बैठी वो उस पुड़िया को तकती रही—और उन कहानियों को याद करती रही जो वो अपने बचपन में अम्माँ से सुना करती थी, जिनमें शहजादा अपनी रान चीर कर हीरा छिपा लेता था। और देवों, खौफ़नाक भूतों और राक्षसों के सामने से होता हुआ गुज़र जाता था। इस ज़माने में ऐसी कोई तकरीब नहीं हो सकती थी, वरना वो अपना दिल चीरकर उसमें वो नमक छिपा लेती। उसने एक आह भरी।

फिर वह केनुओं को एक-एक करके टोकरी में रखने लगी, पुड़िया के इधर-उधर, आसपास और ऊपर, यहाँ तक कि वो बिल्कुल छिप गयी। मुतमइन (सन्तुष्ट) होकर उसने हाथ झाड़े, सूटकेस पलँग के नीचे खिसकाया, टोकरी उठाकर पलँग के सिरहाने रखी और लेटकर दोहर ओढ़ ली।

रात का तकरीबन डेढ़ बजा था। आखीर मार्च की सुहानी हवा खिड़की की जाली से आ रही थी। बाहर चाँदनी साफ़ और ठण्डी थी। खिड़की के करीब लगा हुआ चम्पा का एक घना दरख़्त सामने की दीवार पर पत्तियों के अक्स लहरा रहा था। कभी शागिर्दपेशे की तरह से किसी दबी हुई खाँसी की आहट आती, दूर से किसी कुत्ते के भौंकने या रोने की आवाज़, चौकीदार की सीटी—और फिर सन्नाटा—ये पाकिस्तान था जहाँ उसके तीन माँजाये (भाई) थे। उसके बेशुमार, उसे बेहद चाहने वाले दोस्त थे। उसके बाप की क़ब्र थी, उसके नन्हे-नन्हे भतीजे-भतीजियाँ थे जो उससे बड़ी मासूमियत से पूछते थे, ''फूफीजान, आप हिन्दुस्तान में क्यों रहते हैं जहाँ हम लोग नहीं आ सकते''—और उन सबके और उसके बीच में एक सरहद थी और बहुत-सी नोकदार लोहे की छड़ों का जंगला था जो कस्टम कहलाता था...

कल वो लाहौर से चली जायगी, हो सकता है साल भर बाद फिर आये। एक साल से पहले तो वो आ भी नहीं सकती थी—और ये भी हो सकता था कि अब कभी न आ सके।

उसकी आँखें आहिस्ता-आहिस्ता बन्द होने लगीं। फिर उसे एक सफ़ेद दुपट्टे का दूधिया आँचल लहराता दिखायी देने लगा, जिस पर यहाँ-वहाँ सितारे झिलमिला रहे थे।

''हमें वहाँ से आये तो बहुत दिन हो गये, यहाँ हमारी कोठी भी है, बिजनेस भी, हम यहाँ बस भी गये थे पर हमारा वतन तो जी लाहौर है।'' फिर इक़बाल का मकबरा, उसके पसेमन्जर (पृष्ठभूमि) में लाहौर का क़िला, क़िले के पीछे डूबती हुई सूरज की तारीखी किरनें, आसपास से फैलता—उभरता अँधेरा, इस रंगीन अँधेरे में बहती हुई नर्म हवा, इस हवा में रची हुई मोलसिरी की ख़ुशबू—और मकबरे की सीढ़ियों पर बैठे हुए दो इनसान—सिर झुकाये, चुपचाप, मुलूल (दुखी) और उदास, जैसे दो साकित (स्थिर) बेजान परछाइयाँ...

''तो तुम कल चली जाओगी?''

''हाँ।''

''अब कब आओगी?''

''मालूम नहीं, शायद अगले साल, शायद कभी नहीं।'' फिर तारीकियों पर

एक दूधिया आँचल लहराने लगा, "हमारा वतन तो जी लाहौर है"...

एकदम उसकी आँख खुल गयी। शायद उसने मकबरे की सीढ़ियों के नीचे लगी दूब से घास की एक पत्ती तोड़ी थी जिस पर ठण्डी ओस जमनी शुरू हो गयी थी...नहीं, नींद से करवट लेते हुए उसका हाथ केनुओं की लबालब भरी टोकरी पर जा पड़ा था...मीठे, रसीले, ठण्डे केनू जिनको देते वक़्त उसके दोस्त ने कहा था, "ये हिन्दुस्तान पाकिस्तान के इत्तेहाद (एकता) का मेवा है।"

और वक़्त गुज़रता रहा, यहाँ तक कि सफिया फर्स्ट क्लास के वेटिंग रूम में बैठी थी। क्योंकि दिल्ली तक का किराया उसके भाई ने दिया था, वो हाथ में टिकट दबाये वेटिंग रूम के बाहर प्लेटफार्म पर टहल रहा था और वो अन्दर बैठी चाय की प्याली हाथ में लिए, केनुओं की टोकरी पर निगाहें जमाये ये सोच रही थी कि आसपास इधर-उधर इतने लोग हैं सिर्फ़ एक वो है जो ये जानती है कि इस टोकरी की तह में केनुओं के नीचे नमक की पुड़िया है।

मगर जब उसका सामान कस्टम होने के लिए बाहर निकाला जाने लगा तो उसे एक झुरझुरी-सी आयी और एकदम से उसने फ़ैसला किया कि मुहब्बत का ये तोहफा चोरी से नहीं जायगा। नमक कस्टम को दिखायेगी वो। और उसने जल्दी से वो पुड़िया निकालकर अपने हाथ में थामे हुए बड़े-से हैण्डबैग में रख ली जिसके अन्दर उसका पैसों का पर्स और पासपोर्ट वग़ैरह था। जब सामान कस्टम होकर रेल की तरफ़ चला तो वो एक कस्टम आफ़िसर की तरफ़ बढ़ी—ज़्यादातर मेज़ें खाली हो चुकी थीं, एक-दो पर इक्का-दुक्का सामान रखा था और वहीं वो आफ़िसर साहब खड़े थे—लम्बा कद, दुबला पतला जिस्म, खिचड़ी बाल, आँखों पर ऐनक, जो लगता था वक़्त से पहले उनकी आँखों पर चढ़ा दी गयी है। वो कस्टम आफ़िसर की वर्दी पहने तो थे, मगर वह उन पर जँच नहीं रही थी।

सफिया कुछ हिचकिचा के बोली, "मैं आपसे कुछ पूछना चाहती हूँ।" उन्होंने नज़र भरकर उसे गौर से देखा, बोले, "फरमाइये।" उनके लहजे ने सफिया की हिम्मत बढ़ा दी, "आप...आप कहाँ के रहने वाले हैं?"

उन्होंने कुछ हैरान होकर उसे फिर गौर से देखा—"खानाजाद का वतन दिल्ली है, आप सभी तो हमारी ही तरफ़ की मालूम होती हैं, अपने अजीजों से मिलने आयी होंगी।"

"जी हाँ, मैं लखनऊ की हूँ। अपने भाइयों से मिलने आयी थी, वो लोग तकसीम के बाद से इधर ही आ गये हैं। आपको...आपको भी तो शायद इधर आये...?"

"जी, बस जब पाकिस्तान बना था तब ही आये थे, मगर वतन तो दिल्ली

ही है।''

सफिया ने हैंडबैग मेज़ पर रख दिया और नमक की पुड़िया निकाल कर उनके सामने रख दी–और फिर आहिस्ता-आहिस्ता रुक-रुक कर उनको सब कुछ बता दिया।

उन्होंने पुड़िया को अहिस्ता-अहिस्ता अपनी तरफ़ सरकाना शुरू किया–जब सफिया की बात ख़त्म हो गयी तो उन्होंने पुड़िया को अपने दोनों हाथों में उठाया, अच्छी तरह लपेटा और ख़ुद सफिया के बैग में रख दिया। अपने हाथ में बैग उठाया और उसे सफिया को देते हुए बोले, ''मुहब्बतें तो कस्टम से इस तरह गुज़र जाती हैं कि कानून हैरान रह जाता है।''

जब वो चलने लगी तो वो भी खड़े हो गये और कहने लगे, ''जामा मस्जिद की सीढ़ियों को मेरा सलाम कहियेगा और उन खातून को ये नमक देते वक़्त मेरी तरफ़ से कहियेगा कि अगर लाहौर अभी तक उनका वतन है तो दिल्ली मेरा...बाकी और बाकी सब रफ्ता-रफ्ता ठीक हो जायेगा।''

फिर सफिया कस्टम के जंगले से निकलकर दूसरे प्लेटफार्म पर आ गयी और वो वहीं खड़े रहे।

प्लेटफार्म पर उसके बहुत से दोस्त, भाई और अजीज रिश्तेदार थे। हसरतभरी नज़रों, बहते हुए आँसुओं, ठण्डी साँसों और भिंचे हुए होठों को बीच में से काटती हुई रेल सरहद की तरफ़ बढ़ी। अटारी में पाकिस्तानी पुलिस उतरी, हिन्दुस्तानी पुलिस सवार हुई, कुछ समझ में नहीं आता था कि कौन पाकिस्तान है, कौन हिन्दुस्तान है। कहाँ से लाहौर ख़त्म हुआ और किस जगह से अमृतसर शुरू हो गया–एक ज़मीन थी, एक ज़बान थी, एक-सी सूरतें और लिबास, एक-सा लबोलहजा और अन्दाज़ थे, वो गलियाँ भी एक ही-सी थीं जिनसे दोनों बड़े प्यार से एक-दूसरे को नवाज रहे थे। बस मुश्किल सिर्फ़ ये थी कि भरी हुई बन्दूकें दोनों हाथ में थीं।

अमृतसर में फर्स्ट क्लास वालों का सामान उनके डिब्बे के सामने ही कस्टम होने वाला था। जब सफिया का सारा सामान देखा जा चुका तो वो बाकी लोगों से अलग उन नौजवान कस्टम आफ़िसर से मुखातिब हुई जो बातचीत, लबोलहजे और सूरत से बंगाली से लगते थे, ''देखिए, मेरे पास नमक है–थोड़ा सा।'' फिर उसने हैंडबैग खोला और वो पुड़िया उनकी तरफ़ बढ़ाते हुए, अटकते हुए, झिझकते, हिचकिचाते अल्फाज़ में उनको सब कुछ कह सुनाया। उन्होंने सिर झुका लिया था, सुन रहे थे, बीच-बीच में सिर उठाते, गौर से उसे देखते फिर चुप सुनने लगते–जब बात पूरी हो गयी तो उन्होंने एक बार फिर सफिया को ऊपर से

नीचे तक देखा, धीरे से बोले, ''इधर आइये ज़रा''—चलते वक़्त वह किसी और अफ़सर से बोले ''इनका सामान देखना।'' प्लेटफार्म के बिल्कुल उधर वाले सिरे पर एक कमरा था, कुछ बाबुओं के दफ्तर-सा लगता था। वो उसके अन्दर घुसे, सफिया दाख़िल होते हिचकिचायी—वो मुस्कुरा के बोले, ''आइये-आइये न''—फिर उन्होंने जेब से रूमाल निकाल कर रोशनाई के धब्बे लगी मेज़ के पास रखी एक घटिया सी कुर्सी को झाड़ा और बोले, ''बैठिये''—सफिया ने पुड़िया और बैग मेज़ पर रख दिया—बैठी। उन्होंने बाहर की तरफ़ झाँककर एक पुलिस वाले को इशारा किया, सफिया के पैर तले की ज़मीन खिसकने लगी—अब क्या होगा।

''दो चाय लाओ, अच्छी वाली''—पुलिस सफिया को घूरता हुआ चला गया। फिर उन्होंने मेज़ की दराज खींची और उसमें अन्दर दूर तक हाथ डालकर एक किताब निकाली, थपथपा के उसकी धूल झाड़ी, फिर किताब को सफिया के सामने रखकर उन्होंने पहला सफहा खोल दिया, बायें हाथ पर नजरूल इस्लाम की तस्वीर थी और टाइटल वाले सफ़हे पर अंग्रेजी में कुछ धुँधले अल्फाज़ थे—

''रामसुर्रहमान की तरफ़ से सुनील के लिए प्यार के साथ, ढाका 1946''

''तो क्या आप ईस्ट बंगाल के हैं?''

''हाँ, मेरा वतन ढाका है,'' उन्होंने बड़े फख्र से जवाब दिया।

''तो आप यहाँ कब आये?''

''बस जब डिवीजन हुआ तभी आये, मगर हमारा वतन ढाका है, मैं तो कोई बारह-तेरह साल का था, पर नजरूल और टैगोर को तो हम लोग बचपन से ही पढ़ते थे। जिस दिन हम यहाँ आ रहे थे उससे ठीक एक बरस पहले मेरे सबसे पुराने, सबसे प्यारे, बचपन के दोस्त ने मुझे ये किताब दी थी। उस दिन मेरी सालगिरह थी—फिर हम कलकत्ते रहे, पढ़ा, नौकरी भी मिल गयी पर हम वतन आते-जाते थे।''

''वतन?'' सफिया ने ज़रा हैरान होकर पूछा।

''मैंने आप से कहा न कि मेरा वतन ढाका है''—उन्होंने ज़रा बुरा मानकर कहा।

''हाँ, हाँ ठीक है,'' सफिया जल्दी से बोली।

''तो पहले तो बस इधर ही कस्टम था अब उधर भी कुछ गोल-मोल हो गया है।''

उन्होंने चाय की प्याली सफिया की तरफ़ खिसकायी और ख़ुद एक बड़ा सा घूँट भरकर बोले, ''वैसे तो डाब कलकत्ते में भी होता है जैसे नमक यहाँ भी होता है, पर हमारे यहाँ के डाब की क्या बात है, हमारी ज़मीन, हमारे पानी का

मज़ा ही कुछ और है।"

उठते वक़्त उन्होंने पुड़िया सफिया के बैग में रख दी और ख़ुद उस बैग को उठाकर आगे-आगे चलने लगे। सफिया ने उनके पीछे चलना शुरू किया। जब सफिया अमृतसर के अन्दर उतरने वाले पुल पर चढ़ रही थी तो वो पुल की सबसे निचली सीढ़ी के पास सिर झुकाये चुपचाप खड़े थे—और सफिया सोचती जा रही थी कि उसका वतन कहाँ है—वो जो कस्टम के उस तरफ़ है या इस तरफ़?

उपेन्द्रनाथ अश्क (1910-1966)

उपेन्द्रनाथ अश्क का जन्म जालन्धर (पंजाब) में 14 दिसम्बर 1910 को हुआ था एवं इनकी मृत्यु 19 जनवरी 1966 में हुई। अश्क के संवेदनशील मन मस्तिष्क पर अपने माता-पिता की अमिट छाप पड़ी। बचपन अभावों में बीता। पारिवारिक वातावरण और अपने निकट के मध्यवर्गीय समाज से अपनी रचनाओं के लिए सामग्री एवं दृष्टि मिली। इसी की बल पर उन्होंने इस वर्ग का अप्रतिम चित्रण अपनी रचनाओं में किया। इनका कार्य क्षेत्र अध्यापन से लेकर पत्रकारिता, वकालत, रेडियो, रंगमंच और प्रकाशन तक फैला रहा। प्रस्तुत पुस्तक में इनकी कहानी भारत विभाजन की छाया से घिरी हुई है। यहाँ अश्क जी की प्रस्तुत कहानी में बँटवारे के बाद के लूटपाट भरे प्रसंगों में छिपी मानसिकता का रोचक चित्रण हुआ है।

चारा काटने की मशीन

रेल की लाइनों के पार, इस्लामाबाद की नयी आबादी के मुसलमान जब सामान का मोह छोड़, जान का मोह लेकर भागने लगे तो हमारे पड़ोसी लहनासिंह की पत्नी चेती।

"तुम हाथ पर हाथ धरे नामर्दों की भाँति बैठे रहोगे" सरदारनी ने कहा– "और लोग एक से एक बढ़िया घर पर कब्जा कर लेंगे।"

सरदार लहनासिंह और चाहे जो सुन ले, परन्तु औरत जात के मुँह से 'नामर्द' सुनना उन्हें कभी गवारा न था। इसलिए उन्होंने अपनी ढीली पगड़ी को उतारकर फिर से जूड़े पर लपेटा; धरती पर लटकती हुई तहमद का किनारा कमर में खोंसा, कृपाण को म्यान से निकालकर उसकी धार का निरीक्षण करके उसे फिर म्यान में रखा और फिर इस्लामाबाद के किसी बढ़िया 'नये' मकान पर अधिकार जमाने के विचार से चल पड़े।

वे अहाते ही में थे कि सरदारनी ने दौड़कर एक बड़ा-सा ताला उनके हाथ में दे दिया। "मकान मिल गया तो उस पर अपना कब्जा कैसे जमाओगे?"

सरदार लहनासिंह ने एक हाथ में ताला लिया, दूसरा कृपाण पर रखा और लाइनें पार कर इस्लामाबाद की ओर बढ़े।

खालसा कालेज रोड, अमृतसर पर पुतली घर के समीप ही हमारी कोठी थी। उसके बराबर एक खुला अहाता था। वही सरदार लहनासिंह चारा काटने की मशीनें बेचते थे। अहाते के कोने में दो-तीन अँधेरी सीली कोठरियाँ थीं।

मकान की किल्लत के कारण सरदार साहब वहीं रहते थे। यद्यपि काम उन्होंने डेढ़-दो हज़ार रुपये से आरम्भ किया था, पर लड़ाई के दिनों में (किसानों के पास रुपये का बाहुल्य होने से) उनका काम ख़ूब चमका। रुपया आया तो सामान भी आया और सुख-सुविधा की आकांक्षा भी जगी। यद्यपि प्रारम्भ में उस अहाते और उन कोठरियों को पाकर पति-पत्नी बड़े प्रसन्न हुए थे, परन्तु अब उनकी पत्नी जो 'सरदारनी' कहलाती थी, उन कोठरियों तथा उनकी सील और अँधेरे को अतीव उपेक्षा से देखने लगी थी। ग्राहकों को मशीनों की फुर्ती दिखाने

के लिए दिन भर उसमें चारा कटता रहता था। अहाते भर में मशीनों की कतारें लगी थीं जो भावना रहित हो अपने तीखे छुरों से चारे के पूले काटती रहती थीं। सरदारनी के कानों में उनकी कर्कश ध्वनि हथौड़ों की अनवरत चोटों सी लगती थी। जहाँ-तहाँ पड़े हुए चूरी के पूले और चारे के ढेर अब उनकी आँखों को अखरने लगे। सरदार लहनासिंह तो—यद्यपि उनकी पगड़ी और तहमद रेशमी हो गयी थी और उनके गले में लकीरदार गबरून की कमीज का स्थान घुटनों तक लम्बी बोस्की कमीज ने ले लिया था वही पुराने लहनासिंह थे। उन्हें न कोठरियों की तंगी अखरती थी, न तारीकी, न मशीनों की कर्कशता, न चारे के ढेरों की निरीहता बल्कि वे तो इस सारे वातावरण में बड़े मस्त रहते थे। वे उन सरदारों में से हैं जिनके सम्बन्ध में एक सिख लेखक ने लिखा है कि जिधर से पलटकर देख लो, सिख दिखायी देंगे।

कुछ पतले-दुबलें हों, यह बात नहीं। अच्छे-ख़ासे हृष्ट-पुष्ट आदमी थे और उनकी मर्दुमी के परिणामस्वरूप पाँचों बच्चे जोंको की तरह सरदारनी से चिपटे रहते थे। परन्तु वह सरदारनी का ढंग था। उसे यदि सरदार लहनासिंह से कोई काम कराना होता, जिसमें बुद्धि की आवश्यकता हो तो वह उन्हें 'बुद्धू' कहकर उकसाती और यदि ऐसा काम कराना होता जिसमें कुछ बहादुरी की ज़रूरत हो तो उन्हें नामर्द का ताना देती। उसका ढंग था तो अशिष्ट पर रुपया आने और अच्छे कपड़े पहनने से ही तो अशिष्ट आदमी शिष्ट नहीं हो जाता फिर सरदारनी को नये धन का भान चाहे हो शिष्टता का भान कभी न था।

सरदार लहनासिंह इस्लामाबाद पहुँचे तो वहाँ मार-धाड़ मची हुई थी। उनकी चारा काटने की मशीनें जिस प्रकार भावना रहित होकर चरी के निरीह पूले काटती थीं, कुछ उसी प्रकार उन दिनों एक धर्म के अनुयायी दूसरे धर्म के अनुयायियों को काट रहे थे। सरदार लहनासिंह ने अपनी चमचमाती हुई कृपाण निकाली कि यदि किसी मुसलमान से मुठभेड़ हो जाये तो उसे अपनी मर्दुमी का प्रमाण दे दें। परन्तु इस ओर जीवित मुसलमान का निशान तक न था। हाँ, गलियों में रक्तपात के चिह्न अवश्य थे। और दूर लूट-मार की आवाज़ें भी आ रही थीं।

तभी, जब वे सतर्कता से बढ़े जा रहे थे, उनको अपने मित्र गुरदयाल सिंह मकान का ताला तोड़ते दिखायी दिये।

सरदार लहनासिंह ने रुककर प्रश्नसूचक दृष्टि से उनकी ओर देखा।

"मैं तो इस मकान पर कब्जा कर रहा हूँ।" सरदार गुरदयाल सिंह ने एक उचटती हुई दृष्टि अपने मित्र पर डाली और निरन्तर अपने काम में लगे रहे।

तब सरदार लहनासिंह ने ढीली होती हुई पगड़ी का सिरा निकालकर पेच

कसा और अपने मित्र के नये मकान की ओर देखा, उसे देखकर उन्हें अपने लिए मकान देखने की याद आयी और वे तत्काल बढ़े। दो-एक मकान छोड़कर उन्हें सरदार गुरदयाल सिंह की अपेक्षा कहीं बड़ा और सुन्दर मकान दिखायी दिया, जिस पर ताला लगा था। आव देखा न ताव, उन्होंने गली में से एक बड़ी-सी ईंट उठायी और दो-चार चोटों में ही ताला तोड़ डाला।

वह मकान यद्यपि बहुत बड़ा न था, परन्तु उनकी कोठरियों की तुलना में तो स्वर्ग से कम न था, कदाचित् किसी शौकीन क्लर्क का मकान था, क्योंकि एक छोटा-सा रेडियो भी वहाँ था और ग्रामोफ़ोन भी। गहने-कपड़े न थे और ट्रंक खुले पडे थे। मकानवाला शायद मार-धाड़ से साथ ले जा सकता था, ले गया था, फिर भी ज़रूरत का काफ़ी सामान घर में पड़ा था, यह सब देखकर सरदार लहनासिंह ने उल्टी कलाई मुँह पर रखी और ज़ोर से बकरा बुलाया। फिर तहमद की कोर को दोनों ओर से कमर में खोंसा और सामान का निरीक्षण करने लगे।

जितनी काम की चीज़ें थीं, वे सब चुनकर उन्होंने एक ओर रखीं अनावश्यक उठाकर बाहर फेंकीं, वही बड़ा ताला जो घर से लाये थे मकान में लगाया, गुरदयाल सिंह को बुलाकर समझाया कि उनके मकान का ख़याल रखें और स्वयं अपना सामान लाने चले कि मकान पूर्ण रूप से उनका हो जाये।

जब वे अपने घर पहुँचे तो उन्हें ख़याल आया कि सामान ले जायेंगे कैसे? इस भगदड़ में ताँगा-इक्का कहाँ? तब अहाते से साइकिल लेकर वे अपने पुराने मित्र रामधन ग्वाले के यहाँ पहुँचे जिसकी बैलगाड़ी (ट्रकों पर लाने-ले जाने से पहले) पर वे अपनी चारा काटने की मशीनें लादा करते थे। मिन्नत-समाजत कर, दोहरी मज़दूरी का लालच देने के बाद वे उसे ले आये।

जब सारा सामान गाड़ी में लद और वे चलने को तैयार हुए तो सरदारनी ने साथ चलने का अनुरोध किया तब उन्होंने उस नेकबख़्त को समझाया कि वहाँ के दूसरे सरदार अपनी सिंहनियों को बुला लेंगे तो वे भी ले जायेंगे। वे लाख सिंहनियाँ सही—सरदार लहनासिंह ने समझाया—पर हैं तो औरतें ही और दंगे-फसाद में औरतों ही को अधिक सहना पड़ा है, फिर उन्होंने समझाया कि अहाते का भी तो ख़याल रखना चाहिए। शरणार्थी धड़ाधड़ आ रहे हैं, कौन जाने यहाँ घर खुला देखकर जम जाये।

सरदारनी मान गयी, परन्तु जब सरदार लहनासिंह चलने लगे तो उसने सुझाया कि वे सामान के साथ चारा काटने की मशीन ले जाकर अवश्य अपने नये घर में स्थापित कर दें ताकि उनकी मिलकियत में किसी प्रकार का सन्देह न रहे और सभी को पता चल जाये कि यह मकान चारा काटने की मशीनों वाले

सरदार लहनासिंह का है।

सरदारनी का यह प्रस्ताव सरदार जी को बहुत अच्छा लगा।

यद्यपि बैलगाड़ी में और स्थान न था, परन्तु सामान में सबसे ऊपर चारा काटने की मशीन किसी-न-किसी प्रकार रखी गयी, गिर न जाये इसलिए रस्सों से उसे कसकर बाँधा गया और सरदार लहनासिंह अपने नये घर पहुँचे। गली ही में उन्होंने देखा कि सरदार गुरदयाल सिंह की सिंहनी और बच्चे तो नये मकान में पहुँच भी गये हैं, तब उन्हें लगा कि उनसे भारी गलती हो गयी है। उन्हें भी अपनी सिंहनी को तत्काल ले आना चाहिए, यदि दुबला-पतला गुरदयाल अपनी सिंहनी को ला सकता है तो वे क्यों नहीं ला सकते।

यह सोचना था कि सारे सामान को उसी प्रकार ड्योढ़ी में रख वही बड़ा-सा ताला लगा, उन्होंने गुरदयाल सिंह से कहा कि भाई ज़रा ख़याल रखना, मैं भी अपनी सिंहनी को ले आऊँ, संगत हो जायेगी।

और उसी बैलगाड़ी पर सरदार लहनासिंह उल्टे पाँव लौटे। घर पहुँचकर उन्होंने अपनी सरदारनी को बच्चों के साथ तत्काल तैयार होने को कहा।

परन्तु एक-डेढ़ घण्टे के बाद जब अपने बीवी-बच्चों सहित सरदार लहनासिंह इस्लामाबाद पहुँचे तो उनके नये मकान का ताला टूटा पड़ा था। ड्योढ़ी से उनका सारा सामान गायब था। केवल चारा काटने की मशीन अपने पहरे पर मुस्तैदी से जमी हुई थी। घबराकर उन्होंने गुरदयाल सिंह को आवाज़ दी परन्तु उनके मकान में कोई और सरदार विराजमान थे। उनसे पता चला कि गुरदयाल सिंह दूसरी गली के एक और अच्छे मकान में चले गये हैं तब सरदार लहनासिंह कृपाण निकालकर अपने मकान की ओर बढ़े कि देखें चोर और क्या-क्या ले गये हैं।

ड्योढ़ी में उनके प्रवेश करते ही दो लम्बे-तड़ंगे सिखों ने उनका रास्ता रोक लिया, बैलगाड़ी पर सवार उनके बीवी-बच्चों की ओर संकेत करते हुए उन्होंने कहा कि यह मकान शरणार्थियों के लिए नहीं। इसमें थानेदार बलवन्तसिंह रहते हैं। थानेदार का नाम सुनकर लहनासिंह की कृपाण म्यान में चली गयी और पगड़ी कुछ और ढीली हो गयी।

"हुजूर, इस मकान पर तो मेरा ताला पड़ा था। मेरा सारा सामान...।"

"चलो-चलो बाहर निकलो। अदालत में जाकर दावा करो। दूसरों के सामान को अपना बताते हो।"

और उन्होंने सरदार लहनासिंह को ड्योढ़ी से ढकेल दिया तभी लहनासिंह की दृष्टि चारा काटने की मशीन पर गयी और उन्होंने कहा :

"देखिए, यह मेरी चारा काटने की मशीन है, किसी से पूछ लीजिए, मुझे

यहाँ सभी जानते हैं।"

परन्तु शोर सुनकर अपने 'नये' मकानों से जो सरदार या लाला बाहर निकले उनमें एक भी परिचित आकृति लहनासिंह को न दिखायी दी।

"यों क्यों नहीं कहते कि चारा काटने की मशीन चाहिए," उन्हें धकेलने वाले एक सिख ने कहा और वह अपने साथी से बोला, "सृट्ट ओ करतारसिंहा, मशीन नूँ बाहर। ग़रीब शरणार्थी हण। असां इह मशीन साली की करनी ए।"

दो-ढाई घण्टे के असफल वाबेले के बाद जब सरदार लहनासिंह रात आ गयी जानकर वापस अपने अहाते को चले तो उनके बीवी-बच्चे पैदल जा रहे थे और बैलगाड़ी पर केवल चारा काटने की मशीन लदी हुई थी।

गुलज़ार (1934)

गुलज़ार का जन्म 18 अगस्त 1934 को दिना गाँव ज़िला झेलम (पाकिस्तान) में हुआ था। इनकी पूरा नाम सम्पूरण सिंह कालरा है। साहित्य अकादेमी पुरस्कार से सम्मानित, बाद में सिनेमा जगत के सबसे बड़े पुरस्कार दादा साहेब फालके पुरस्कार से सम्मानित हुए। अनेक प्रसिद्ध फ़िल्मों के संचालक एवं गीतकार। उनकी प्रस्तुत कहानी भारत विभाजन की पीड़ा को समेटे हुए हमारे सामने खड़ी है।

तकसीम

ज़िन्दगी कभी-कभी ज़ख़्मी चीते की तरह छलाँग लगाती दौड़ती है, और जगह-जगह अपने पंजों के निशान छोड़ती जाती है। ज़रा इन निशानों को एक लकीर से जोड़ के देखिए तो कैसी अजीब तहरीर बनती है।

चौरासी-पिचासी (84-85) की बात है जब कोई एक साहब मुझे अमृतसर से अक्सर खत लिखा करते थे कि मैं उनका 'तकसीम' में खोया हुआ भाई हूँ। इक़बाल सिंह नाम था उनका और गालेबन खालसा कॉलिज में प्रोफ़ेसर थे। दो-चार खत आने के बाद मैंने उन्हें तफसील से जवाब भी दिया कि मैं तकसीम के दौरान देहली में था और अपने माता-पिता के साथ ही था, और मेरा कोई भाई या बहन उन फिसादों में गुम नहीं हुआ था, लेकिन इक़बाल सिंह इसके बावजूद इस बात पर बजिद रहे कि मैं उनका गुमशुदा भाई हूँ। और शायद अपने बचपन के वाकेआत से नावाकिफ हूँ या भूल चुका हूँ। उनका ख़्याल था कि मैं बहुत छोटा था जब एक काफिले के साथ सफ़र करते हुए गुम हो गया था। हो सकता है कि जो लोग मुझे बचाकर अपने साथ ले आये थे, उन लोगों ने बताया नहीं मुझे, या मैं उनका इतना एहसानमन्द हूँ कि अब कोई और सूरत-ए-हाल मान लेने के लिए तैयार नहीं। मैंने यह भी बताया था उन्हें कि 1947 में इतना कम उम्र भी नहीं था। करीब ग्यारह बरस की उम्र थी मेरी। लेकिन इक़बाल सिंह किसी सूरत मानने के लिए तैयार नहीं थे। मैंने जवाब देना बन्द कर दिया। कुछ अरसे बाद खत आने भी बन्द हो गये।

करीब एक साल गुज़रा होगा कि बम्बई की एक फ़िल्मकार, संई परांजपे से उनका एक पैगाम मिला। कोई हर भजन सिंह साहब हैं देहली में, मुझसे बम्बई आकर मिलना चाहते हैं। मुलाकात क्यों करना चाहते हैं, इसकी वजह संई ने नहीं बतायी, लेकिन कुछ भेद भरे सवाल पूछे जिनकी मैं उनसे उम्मीद नहीं करता था।

पूछने लगीं—

"तकसीम के दिनों में तुम कहाँ थे?"

"देहली में" मैंने बताया। "क्यों?"

"यूँ ही।"

संई बहुत ख़ूबसूरत उर्दू बोलती हैं, लेकिन आगे अँग्रेजी में पूछा—

"और वालिदेन तुम्हारे?"

"देहली में थे। मैं साथ ही था उनके, क्यों?"

थोड़ी देर बात करती रहीं, लेकिन मुझे लग रहा था जैसे अँग्रेजी का परदा डाल रही हैं बात पर, क्योंकि मुझसे हमेशा उर्दू में बात करती थीं जिसे वह हिन्दी कहती हैं। संई आखिर फूट ही पड़ीं।

"देखो गुलज़ार यूँ है कि आई ऐम नाट एपोज्ड टू टैल यू, लेकिन देहली में कोई साहब हैं जो कहते हैं कि तुम तकसीम में खोए हुए उनके बेटे हो।"

यह एक नयी कहानी थी।

करीब एक माह बाद बम्बई के मशहूर अदाकार अमोल पालेकर का फ़ोन आया। कहने लगे—

"मिसेज दण्डवते तुम से बात करना चाहती हैं। देहली में हैं।"

"मिसेज दण्डवते कौन?" मैंने पूछा।

"ऐक्स फाइनेंस ऑफ जनता गवर्नमेंट, मिस्टर मधु दण्डवते की पत्नी।"

"वह क्यों?"

"पता नहीं! लेकिन वह किसी वक़्त तुम्हें कहाँ पर फ़ोन कर सकती हैं?"

मेरा कोई सरोकार नहीं था मिस्टर या मिसेज मधु दण्डवते के साथ। कभी मिला भी नहीं था। मुझे हैरत हुई। अमोल पालेकर को मैंने दफ्तर और घर पर मिलने का वक़्त बता दिया।

अफसाना बल खा रहा था। मुझे नहीं मालूम था यह भी उसी संई वाले अफसाने की कड़ी है, लेकिन अमोल चूँकि अदाकार हैं और अच्छा अदाकार अच्छी अदाकारी कर गया और मुझे इसकी वजह नहीं बतायी?, लेकिन मुझे यकीन है कि वह उस वक़्त भी वह जानता होगा।

कुछ रोज़ बाद प्रमिला दण्डवते का फ़ोन आया। उन्होंने बताया कि देहली से एक सरदार हरभजन सिंह जी बम्बई आकर मुझसे मिलना चाहते हैं क्योंकि उनका ख़याल है कि मैं तकसीम में खोया हुआ उनका बेटा हूँ। वह नवम्बर का महीना था। इतना याद है। मैंने उनसे कहा मैं जनवरी में देहली आ रहा हूँ। इंटरनेशनल फ़िल्म उत्सव में। दस जनवरी में देहली में हूँगा, तभी मिल लूँगा। उन्हें यहाँ मत भेजिए। मैंने उनसे यह भी पूछा कि सरदार हरभजन सिंह कौन है? उन्होंने बताया जनता राज के दौरान वह पंजाब में सिविल सप्लाई मिनिस्टर थे। जनवरी में देहली गया। अशोका होटल में ठहरा था। हरभजन सिंह साहब

के यहाँ से फ़ोन आया कि वह कब मिल सकते हैं। तब तक मुझे यह अन्दाज़ा हो चुका था कि वह कोई बहुत आस्थावान बुजुर्ग इनसान हैं। बात करने वाले उनके बेटे थे। बड़ी इज़्ज़त से मैंने अर्ज किया :

''आज उन्हें जेहमत न दें। कल दोपहर के वक़्त आप तशरीफ लावें। मैं आपके साथ चल कर उनके दौलतखाने पर मिल लूँगा।''

हैरत हुई यह जानकर कि संई भी वहाँ थी, अमोल पालेकर भी वहीं थे और मेरे अगले रोज़ की इस एपोइंटमेण्ट के बारे में वह दोनों जानते थे।

अगले रोज़ दोपहर को जो साहब मुझे लेने आये वह उनके बड़े बेटे थे। उनका नाम इक़बाल सिंह था।

पंजाबियों की उम्र हो जाती है लेकिन बूढ़े नहीं होते। उठकर बड़े प्यार से मिले! मैंने बेटे की तरह ही ''पैरी पोना'' किया। उन्होंने माँ से मिलाया।

''यह तुम्हारी माँ है, बेटा—''

माँ को भी ''पैरी पौना'' किया। बेटे उन्हें दार जी कह के बुलाते थे। दूसरे बेटे, बहुएँ, बच्चे अच्छा-ख़ासा एक परिवार था। काफ़ी खुला बड़ा घर। यह खुलापन भी पंजाबियों के रहन-सहन में ही नहीं, उनके मिजाज़ में भी शामिल है।

तमाम रस्मी बातों के बाद कुछ खाने को भी आ गया, पीने को भी आ गया और दार जी ने बताया कि मुझे कहाँ खोया था।

''बड़े सख्त दंगे हुए जी हर तरफ़ आग ही आग थी और आग में झुलसी हुई ख़बरें, पर हम भी टिके ही रहे। ज़मींदार मुसलमान था और हमारे पिताजी का दोस्त था और बड़ा मेहरबान था हम पर और सारा कस्बा जानता था कि उसके होते कोई बेवक़्त हमारे दरवाज़े पर दस्तक भी नहीं दे सकता। उसका बेटा स्कूल में मेरे साथ पढ़ा था (शायद आज नाम लिया था) लेकिन जब पीछे से आने वाले काफिले हमारे कस्बे से गुज़रते थे तो दिल दहल जाता था। अन्दर ही अन्दर काँप जाते थे हम। ज़मींदार रोज़ सुबह और शाम को आकर मिल जाता था। हौसला दे जाता था। मेरी पत्नी को बेटी बना रखा था उसने।

एक रोज़ चीखता-चिल्लाता एक ऐसा काफिला गुज़रा कि सारी रात छत की मुँडेर पर खड़े गुज़री। हमीं नहीं सारा कस्बा जाग रहा था। लगता था वही आखिरी रात है, सुबह प्रलय आने वाली है। हमारे पाँव उखड़ गये। पता नहीं क्यों लगा कि बस यही आखिरी काफिला है। अब निकल लो। इसके बाद कुछ नहीं बचेगा। अपने मोहसिन, अपने ज़मींदार से दगा करके निकल आये।''

वह रोज़ कहा करता था—

''मेरी हवेली पर चलो, मेरे साथ रहो। कुछ दिन के लिए ताला मार दो

घर को। कोई नहीं छुएगा।'' लेकिन हम झूठमूठ का हौसला दिखाते रहे। अन्दर ही अन्दर डरते थे। सच बताऊँ सम्पूर्ण काका ईमान हिल गये थे, जड़ें काँपने लगी थीं। सारे काफिले उसी रास्ते से गुज़र रहे थे। सुना था मियांवाली से हो के जम्मू में दाख़िल हो जाओ तो आगे नीचे तक जाने के लिए फ़ौज की टुकड़ी मिल जायेगी।

घर वैसे के वैसे ही खुले छोड़ आये। सच तो यह है कि दिल ने बाँग दे दी थी, अब वतन की मिट्टी छोड़ने का वक़्त आ गया। कूच कर चलो। दो लड़के बड़े, एक छोटी लड़की आठ साल नौ साल की और सब से छोटे तुम! दो दिन का सफ़र था मियांवाली तक पैदल। खाने को जिस गाँव से गुज़रते कुछ न कुछ मिल जाता था। दंगे सब जगह हुए थे, हो भी रहे थे लेकिन दंगेवालों के लश्कर हमेशा बाहर ही से आते थे। मियांवाली तक पहुँचते-पहुँचते काफिला बहुत बड़ा हो गया। कई तरफ़ से लोग आ-आकर जुड़ते जाते थे। बड़ी ढाढस होती थी बेटा, अपने जैसे दूसरे बदहाल लोगों को देखकर। मियांवाली हम रात को पहुँचे। इसी बीच कई बार बच्चों के हाथ छूटे हम से, बदहवास होकर पुकारने लगते थे। और भी थे वो हम जैसे, एक कोहराम सा मचा रहता था।

''पता नहीं कैसे यह ख़बर फैल गयी कि उस रात मियांवाली पर हमला होने वाला है। मुसलमानों का लश्कर आ रहा है—खौफ़ और डर का ऐसा सन्नाटा कभी नहीं सुना—रात की रात ही सब चल पड़े।

दार जी कुछ देर के लिए चुप हो गये। उनकी आँखें नम हो रही थीं। लेकिन माँ चुपचाप टकटकी बाँधे मुझे देखे जा रही थी। कोई इमोशन नहीं था उनके चेहरे पर। दार जी बड़े धीरे से बोले—

''बस उसी रात उस कूच में छोटे दोनों बच्चे हम से छूट गये। पता नहीं कैसे? पता हो तो...''

''तो....''

वह जुमला अधूरा छोड़कर चुप हो गये।

मुझे बहुत तफसील से याद नहीं बेटे, बहुएँ कुछ उठीं। कुछ जगहें बदल के बैठ गये। दार जी ने बताया—

''जम्मू पहुँचकर बहुत अरसा इन्तज़ार किया। एक-एक कैम्प जाकर ढूँढ़ते थे और आने वाले काफिलों को देखते थे। बेमुशार लोग थे जो काफिला की शक्ल में ही कुछ पंजाब की तरफ़ चले गये, कुछ नीचे उतर गये। जहाँ-जहाँ जिस किसी के रिश्तेदार थे। जब मायूस हो गये हम, तो पंजाब आ गये। वहाँ के कैम्प खोजते रहे। बस एक तलाश ही रह गयी। बच्चे गुम हो चुके थे, उम्मीद छूट चुकी थी।''

बाईस साल बाद एक जत्था हिन्दुस्तान से जा रहा था। गुरुद्वारा पंजा साहब की यात्रा करने बस दर्शन के लिए। अपना घर देखने का भी कई बार ख़याल आया था लेकिन यह भली मानस हमेशा इस ख़याल से ही टूट के निढ़ाल हो जाती थी। उन्होंने अपनी बीवी की तरफ़ इशारा करते हुए कहा–

"और फिर यह गिल्ट भी हम से छूटा नहीं कि हमने अपने कस्बे के ज़मींदार का ऐतबार नहीं किया, सोच के एक शर्मिन्दगी का एहसास होता था।

"बहरहाल हमने जाने का फ़ैसला कर लिया, और जाने से पहले मैंने एक खत लिखा ज़मींदार के नाम और उनके बेटे अयाज के नाम भी, अपने हिजरत के हालात भी बताये, परिवार के सभी और दोनों गुमशुदा बच्चों का ज़िक्र भी किया–सत्या और सम्पूर्ण का। ख़याल था शायद अयाज तो न पहचान सके, लेकिन ज़मींदार अफजल हमें नहीं भूल सकता। खत मैंने पोस्ट नहीं किया, सोचा वहीं जा के करूँगा। बीस-पच्चीस दिन का दौरा है अगर मिलना चाहेगा तो चाचा अफजल ज़रूर जवाब देगा। बुलवाया तो जायेंगे, वरना–अब क्या फायदा कबरें खोल के? क्या मिलना है?"

एक लम्बी साँस लेकर हरभजन सिंह जी बोले :

"वह खत मेरी जेब ही में पड़ा रहा पन्ना जी–मन माना ही नहीं। वापसी में कराची से होकर आया और जिस दिन लौट रहा था, पता नहीं क्या सूझी, मैंने डाक में डाल दिया।"

"न चाहते हुए भी एक इन्तज़ार रहा, लेकिन कुछ माह गुज़र गये तो वह भी ख़त्म हो गया। आठ साल के बाद मुझे जवाब आया।" "अफजल चाचा का?" मैंने चौंक कर पूछा। वह चुप रहे। मैंने फिर पूछा, "अयाज का?" सर को हलकी-सी जुम्बिश देकर बोले, "हाँ! उसी खत का जवाब था। खत से पता चला कि तकसीम के कुछ साल बाद ही अफजल चाचा का इन्तकाल हो गया था। सारी ज़मींदारी अयाज ही सँभाला करता था। चन्द रोज़ पहले ही अयाज का इन्तकाल हुआ था। उसके काग़ज़-पत्तर देखे जा रहे थे तो किसी एक कमीज की जेब से वह खत निकला। मातमपुरसी के लिए आये लोगों में किसी ने वह खत पढ़के सुनाया, तो एक शख़्स ने इत्तला दी कि जिस गुमशुदा लड़की का ज़िक्र है इस खत में वह अयाज के इन्तकाल पर मातमपुरसी करने आयी हुई है मियांवाली से। उसे बुलाकर पूछा गया तो उसने बताया कि उसका असली नाम सत्या है। वह तकसीम में अपने माँ-बाप से बिछुड़ गयी थी और अब उसका नाम दिलशाद है।"

माँ की आँखें अब भी खुश्क थीं, लेकिन दारजी की आवाज़ फिर से रुँध

गयी थी। "वाहे गुरु का नाम लिया और उसी रोज़ रवाना हो गये। दिलशाद वहीं मिली, अफजल चाचा के घर। लो जी उसे सब याद था। पर अपना घर याद नहीं। हमने पूछा, वह खोयी कैसे? बिछड़ी कैसे हमसे, तो बोली—"मैं चल चल के थक गयी थी। मुझे बहुत नींद आ रही थी। मैं एक घर के आँगन में तन्दूर लगा था उसके पीछे जाके सो गयी थी। जब उठी तो कोई भी नहीं था। सारा दिन ढूँढ़ के फिर वहीं जाके सो जाती थी। तीन दिन बाद उस घरवाले आये तो उन्होंने जगाया। मियाँ बीवी थे। फिर वहीं रख लिया कि शायद कोई ढूँढ़ता हुआ आ जाये। पर कोई आया ही नहीं। उन्हीं के घर नौकरानी-सी हो गयी। खाना कपड़ा मिलता था। पर बहुत अच्छी तरह रखा उसने—फिर बहुत साल बाद, शायद आठ-नौ साल बाद मालिक ने मुझसे निकाह पढ़ाके अपनी बेगम बना लिया। अल्लाह के फजल से, दो बेटे हैं। एक पाकिस्तान एयरफोर्स में है, दूसरा कराची में अच्छे ओहदे पर नौकरी कर रहा है।"

राइटर्स को कुछ किलिशे किस्म के सवालों की आदत होती है, जिसकी ज़रूरत नहीं। "वह हैरान नहीं हुई आपको देखकर? या मिलकर? रोयी नहीं?"

"नहीं—हैरान तो हुई, लेकिन ऐसी कोई ख़ास प्रभावित नहीं हुई।"

दार जी ने कहा—"बल्कि जब भी सोचता हूँ उसके बारे में तो लगता है, बार-बार मुस्करा देती थी हमारी बातें सुनकर, जैसे हम कोई कहानी सुनाने आये हैं। उसे लगा कि हमी उसके माँ-बाप हैं।"

"और सम्पूरन? —उसके साथ नहीं थी?"

"नहीं उसे तो याद भी नहीं।"

माँ ने फिर वही कहा जो इन बातों के दरमियान दो-तीन बार कह चुकी थी, "पिन्नी (सम्पूरन) तू मान क्यूँ नहीं जाता। क्यों छुपाता है हमसे। अपना नाम भी छुपा रखा है तूने। जैसे सत्या दिलशाद हो गयी, तुझे भी किसी ने गुलज़ार बना दिया होगा।" थोड़े से वक्फे के बाद फिर बोली—"गुलज़ार किसने नाम दिया तुझे? नाम तो तेरा सम्पूरन सिंह है।"

मैंने दार जी से पूछा—"मेरी ख़बर कैसे मिली आपको। या कैसे ख़याल आया कि मैं आपका बेटा हूँ?"

"ऐसा है पुत्तर, वाहे गुरु की करनी तीस-पैंतीस साल बाद मिल गयी, तो उम्मीद बँध गयी शायद वाहे गुरु बेटे से भी मिला दें। इक़बाल ने एक दिन तुम्हारा इंटरव्यू पढ़ा किसी परचे में और बताया तुम्हारा असली नाम सम्पूरन सिंह है और तुम्हारी पैदाइश भी उसी तरफ़ की है पाकिस्तान की तो, उसने तलाश शुरू कर दी। हाँ मैंने यह नहीं बताया तुम्हें कि उसका नाम इक़बाल अफजल

चाचा का दिया हुआ था।''

माँ ने पूछा, ''काका तू जहाँ मरजी है रह। तू मुसलमान हो गया है तो कोई बात नहीं पर मान तो ले तू ही मेरा बेटा है, पिन्नी।''

मैं अपने खानदान की सारी तकसीम देकर एक बार फिर हरभजन सिंह जी को नाउम्मीद करके लौट आया।

इस बात को भी सात-आठ साल हो गये।

अब सन् 1993 है। इतने अर्सा बाद इक़बाल की चिट्ठी मिली और भोग का कार्ड मिला कि सरदार हरभजन सिंह जी परलोक सिधार गये। माँ ने कहलाया है कि छोटे को ज़रूर ख़बर देना। मुझे लगा जैसे सचमुच मेरे दार जी गुज़र गये।

राजिन्दर सिंह बेदी (1915-1984)

राजिन्दर सिंह बेदी का जन्म 1 सितम्बर 1915 को लाहौर में हुआ था एवं उनकी मृत्यु 1984 में हुई। इनकी मातृभाषा पंजाबी थी किन्तु इनका सारा लेखन उर्दू में है। प्रारम्भिक जीवन में ऑल इंडिया रेडियो जम्मू के डायरेक्टर रहे किन्तु उसके बाद स्वतन्त्र रूप से लेखन में संलग्न रहे। इन्होंने एक फ़िल्म का भी निर्माण किया। 1962 में इनके उपन्यास 'एक चादर मैली सी' का प्रकाशन हुआ और 1965 में उन्हें इसी उपन्यास पर साहित्य अकादेमी पुरस्कार मिला। इनकी प्रस्तुत कहानी लाजवन्ती भारत विभाजन के परिप्रेक्ष्य में लिखी गयी थी।

लाजवन्ती

"हथ लाइयाँ कुम्हलाँनी लाजवन्ती दे बूटे !"
(यह छुई-मुई के पौधे हैं री, हाथ भी लगाओ तो कुम्हला जाते हैं।)

–एक पंजाबी गीत

बँटवारा हुआ और बेशुमार ज़ख़्मी लोगों ने उठकर अपने बदन पर से ख़ून पोंछ डाला और फिर सब मिलकर उनकी तरफ़ मुतवज्जे हो गये जिनके बदन सही व सालिम थे, लेकिन दिल ज़ख़्मी।

गली-गली, मुहल्ले-मुहल्ले में 'फिर बसाओ' कमेटियाँ बन गयी थीं और शुरू-शुरू में बड़ी तंदही के साथ 'कारोबार में बसाओ', 'ज़मीन पर बसाओ' और 'घरों में बसाओ' प्रोग्राम शुरू कर दिया गया था। लेकिन एक प्रोग्राम ऐसा था जिसकी तरफ़ किसी ने तवज्जोह न दी थी। वह प्रोग्राम मुगविया (अपहृत) औरतों के सिलसिले में था, जिनका स्लोगन था 'दिल में बसाओ'। और इस प्रोग्राम की नारायण बावा के मन्दिर और उसके आसपास बसने वाले कदामत पसन्द तबके की तरफ़ से बड़ी मुखालफत होती थी...

इस प्रोग्राम को हरकत में लाने के लिए मन्दिर के पास मुहल्ले 'मुल्ला शकूर' में एक कमेटी कायम हो गयी और ग्यारह वोटों की अकसरियत से सुन्दरलाल बाबू को उसका सेक्रेटरी चुन लिया गया। वकील साहब सदर, चौकी कलाँ का बूढ़ा मुहर्रिर और मुहल्ले के दूसरे मोतबर लोगों का ख़याल था कि सुन्दरलाल से ज़्यादा जाँफिशानी के साथ उस काम को कोई और न कर सकेगा। शायद इसलिए कि सुन्दरलाल की अपनी बीवी अगवा हो चुकी थी और उसका नाम था भी लाजो, लाजवन्ती।

चुनाँचे प्रभातफेरी निकालते हुए जब सुन्दरलाल बाबू, उसका साथी रसालू और नेकीराम वग़ैरह मिलकर गाते : "हथ लाइयाँ कुम्हलाँनी लाजवन्ती दे बूटे" तो सुन्दरलाल की आवाज़ एकदम बन्द हो जाती और वह ख़ामोशी के साथ चलते-चलते लाजवन्ती की बाबत सोचता : 'जाने वह कहाँ होगी, किस हाल में होगी, हमारी बाबत क्या सोच रही होगी, वह कभी आयेगी भी या नहीं?'...और

पत्थरीले फ़र्श पर चलते-चलते उसके क़दम लड़खड़ाने लगते।

और अब तो यहाँ तक नौबत आ गयी थी कि उसने लाजवन्ती के बारे में सोचना ही छोड़ दिया था। उसका ग़म अब दुनिया का ग़म हो चुका था। उसने अपने दुख से बचने के लिए लोकसेवा में अपने आपको गर्क कर दिया। इसके बावजूद दूसरे साथियों की आवाज़ में आवाज़ मिलाते हुए उसे यह ख़याल ज़रूर आता, इनसानी दिल कितना नाज़ुक होता है। ज़रा-सी बात पर उसे ठेस लग सकती है। वह लाजवन्ती के पौधे की तरह है, जिसकी तरफ़ हाथ भी बढ़ाओ तो कुम्हला जाता है। लेकिन उसने अपनी लाजवन्ती के साथ बदसुलूकी करने में कोई भी कसर न उठा रखी थी। वह उसे जगह-बेजगह उठने-बैठने, खाने की तरफ़ बेतवज्जोही बरतने और ऐसी ही मामूली-मामूली बातों पर पीट दिया करता था।

और लाजो एक पतली शहतूत की डाल की तरह नाज़ुक-सी देहाती लड़की थी। ज़्यादा धूप देखने की वजह से उसका रंग सँवला चुका था। तबीयत में एक अजीब तरह की बेकरारी थी। उसका इज्तरार शबनम के उस कतरे की तरह था जो पारा किरास के बड़े-से पत्ते पर कभी इधर और कभी उधर लुढ़कता रहता है। उसका दुबलापन उसकी सेहत के ख़राब होने की दलील थी। एक सेहतमन्दी की निशानी थी, जिसे देखकर भारी-भरकम सुन्दरलाल पहले तो घबराया, लेकिन जब उसने देखा कि लाजो हर किस्म का बोझ, हर किस्म का सदमा, हत्ता कि मार-पीट तक सह गुज़रती है तो वह अपनी बदसुलूकी को ब-तद्रीज (क्रमशः) बढ़ाता गया और उसने उन हदों का ख़याल भी न किया जहाँ पहुँच जाने के बाद किसी भी इनसान का सब्र टूट सकता है। इन हदों को धुँधला देने में लाजवन्ती ख़ुद भी तो ममद (सहायक) साबित हुई थी। चूँकि वह देर तक उदास न बैठ सकती थी इसलिए बड़ी-से-बड़ी लड़ाई के बाद भी लपककर उसके पास चली आती और गले में बाँहें डालते हुए कह उठती : "फिर मारा तो मैं तुमसे नहीं बोलूँगी..." साफ़ पता चलता था, वह एकदम सारी मारपीट भूल चुकी है। गाँव की दूसरी लड़कियों की तरह वह भी जानती थी कि मर्द ऐसा ही सुलूक किया करते हैं, बल्कि औरतों में कोई भी सरकशी करती तो लड़कियाँ ख़ुद ही नाक पर उँगली रखके कहतीं : 'ले वह भी कोई मर्द है भला, औरत जिसके काबू में नहीं आती...' और यह मारपीट उनके गीतों में चली गयी थी। ख़ुद लाजो गाया करती थी : 'मैं शहर के लड़के से शादी न करूँगी। वह बूट पहनता है मेरी कमर बड़ी पतली है...।' लेकिन पहली ही फुर्सत में लाजो ने शहर ही के एक लड़के से लौ लगा ली और उसका नाम था सुन्दरलाल, जो एक बरात के साथ लाजवन्ती के गाँव चला आया था और जिसने दूल्हा के कान में सिर्फ़ इतना-सा कहा था : 'तेरी

साली तो बड़ी नमकीन है यार, बीवी भी चटपटी होगी। 'लाजवन्ती ने सुन्दरलाल की इस बात को सुन लिया था, मगर वह यह भूल ही गयी कि सुन्दरलाल कितने बड़े-बड़े और भद्दे बुट पहने हुए है और उसकी अपनी कमर कितनी पतली है!

और प्रभातफेरी के समय ऐसी ही बाते सुन्दरलाल को याद आतीं और वह यही सोचता : एक बार सिर्फ़ एक बार लाजो मिल जाये तो मैं उसे सचमुच ही दिल में बसा लूँ और लोगों को बता दूँ कि इन बेचारी औरतों के अगवा हो जाने में उनका कोई कुसूर नहीं। फसादियों की हवसनाकियों का शिकार हो जाने में उनकी कोई गलती नहीं। वह समाज जो इन मासूम और बेकुसूर औरतों को कुबूल नहीं करता, उन्हें अपना नहीं लेता...एक गला-सड़ा समाज है और उसे ख़त्म कर देना चाहिए...वह उन औरतों को घरों में आबाद करने की तलकीन (उपदेश) किया करता और उन्हें ऐसा मर्तबा देने की प्रेरणा करता जो घर में किसी भी औरत, किसी भी माँ, बेटी, बहन या बीवी को दिया जाता है। फिर वह कहता : 'उन्हें इशारे और किनाए से भी ऐसी बातों की याद नहीं दिलानी चाहिए जो उनके साथ हुई; क्योंकि उनके दिल ज़ख़्मी हैं। वह नाजुक हैं, छुई-मुई की तरह...हाथ भी लगाओ तो कुम्हला जायेंगे...'

गोया 'दिल में बसाओ' प्रोग्राम को अमली जामा पहनाने के लिए मुहल्ला मुल्ला शकूर की इस कमेटी ने कई प्रभातफेरियाँ निकालीं। सुबह चार-पाँच बजे का वक़्त उनके लिए मौज़ूँतरीन (बहुत उपयुक्त) वक़्त होता था। न लोगों का शोर, न ट्रैफिक की उलझन। रात-भर चौकीदारी करनेवाले कुत्ते तक बुझे हुए तनूरों में सिर देकर पड़े होते थे। अपने-अपने बिस्तरों में दुबके हुए लोग प्रभातफेरीवालों की आवाज़ सुनकर सिर्फ़ इतना कहते : "ओ! वही मंडली है!" और फिर कभी सब्र और कभी तुनकमिजाज़ी से वह बाबू सुन्दरलाल का प्रोपेगेंडा सुना करते। वे औरतें जो बड़ी महफूज उस पार पहुँच गयी थीं, गोभी के फूलों की तरह फैली पड़ी रहतीं और उनके खाविंद उनके पहलू में डंठलों की तरह अकड़े पड़े-पड़े प्रभातफेरी के शोर पर एहतजाज (विरोध) करते हुए मुँह में कुछ मिनमिनाते चले जाते। या कहीं कोई बच्चा थोड़ी देर के लिए आँखें खोलता और 'दिल में बसाओ' के फरियादी और अंदोहगीं प्रोपेगेंडे को सिर्फ़ एक गाना समझ के फिर सो जाता।

लेकिन सुबह के समय कान में पड़ा हुआ शब्द बेकार नहीं जाता। वह सारा दिन एक तकरार के साथ दिमाग़ में चक्कर लगाता रहता है और बाज वक़्त तो इनसान इसके मानी को भी नहीं समझता, पर गुनगुनाता चला जाता है। इसी आवाज़ के घर कर जाने की बदौलत ही, उन्हीं दिनों जबकि मिस मृदुला साराभाई हिन्द और पाकिस्तान के दरम्यान अगवाशुदा औरतें तबादले में लायी

तो मुहल्ला मुल्ला शकूर के कुछ आदमी उन्हें फिर से बसाने के लिए तैयार हो गये। उनके वारिस शहर से बाहर चौकी कलाँ पर उनसे मिलने के लिए गये। मुगविया औरतें और उनके लवाहकीन कुछ देर एक-दूसरे को देखते रहे और फिर सिर झुकाए अपने-अपने बरबाद घरों को फिर से आबाद करने के काम पर चल दिये। रिसालू और नेकीराम और सुन्दरलाल बाबू कभी 'महेन्द्र सिंह ज़िन्दाबाद' और कभी 'सोहनलाल ज़िन्दाबाद' के नारे लगाते...और वह नारे लगाते रहे, हत्ता कि उनके गले सूख गये...

लेकिन मुगविया औरतों में कुछ ऐसी भी थीं जिनके शौहरों, जिनके माँ, बाप, बहन और भाइयों ने उन्हें पहचानने से इनकार कर दिया था। आखिर वह मर क्यों न गयी? अपनी इफत (पवित्रता) और इस्मत को बचाने के लिए उन्होंने ज़हर क्यों न खा लिया? कुएँ में छलाँग क्यों न लगा दी? वह बुजदिल थीं जो इस तरह ज़िन्दगी से चिमटी हुई थीं। सैकड़ों-हज़ारों औरतों ने अपनी इस्मत लुट जाने से पहले अपनी जान दे दो। लेकिन उन्हें क्या पता कि वह ज़िन्दा रहकर किस बहादुरी से काम ले रही हैं, कैसे पथराई हुई आँखों से मौत को घूर रही हैं, ऐसी दुनिया में, जहाँ उनके शौहर तक उन्हें नहीं पहचानते। फिर उनमें से कोई जी ही जी में अपना नाम दोहराती; 'सुहागवंती...सुहागवाली...' और अपने भाई को जम्मे-गफीर (भीड़-भाड़) में देखकर आखिरी बार इतना कहती : "तू भी मुझे नहीं पहचानता बिहारी? मैंने तुझे गोदी खिलाया था, रे!" और बिहारी चिल्ला देना चाहता। फिर वह माँ-बाप की तरफ़ देखता और माँ-बाप अपने जिगर पर हाथ रखकर नारायण बाबा की तरफ़ देखते और निहायत बेबसी के आलम में नारायण बाबा आसमान की तरफ़ देखता जो दरअसल कोई हक़ीक़त नहीं रखता और जो सिर्फ़ हमारी नज़र का धोखा है। जो सिर्फ़ एक हद है, जिसके पार हमारी निगाहें काम नहीं करतीं।

लेकिन फ़ौजी ट्रक में मिस साराभाई तबादले में जो औरतें लायीं, उनमें लाजो न थी। सुन्दरलाल ने उम्मीद-बीम (आशा और निराशा) से आखिरी लड़की को ट्रक से नीचे उतरते देखा और फिर उसने बड़ी ख़ामोशी और बड़े अज्म (संकल्प) से अपनी कमेटी की सरगर्मियों को दोचन्द कर दिया। अब वह सिर्फ़ सुबह के समय ही प्रभातफेरी के लिए न निकलते थे बल्कि शाम को भी जुलूस निकालने लगे, और कभी-कभी एक-आध छोटा-मोटा जलसा भी करने लगे, जिसमें कमेटी का बूढ़ा सदर वकील कालका प्रशाद सूफी खँखारों से मिली-जुली एक तकरीर कर दिया करता और सालू एक पीकदान लिए ड्यूटी पर हमेशा मौजूद रहता। लाउडस्पीकर से अजीब तरह की आवाज़ें आतीं। फिर कहीं नेकीराम, मुहर्रिर

चौकी कुछ कहने के लिए उठते। लेकिन वह जितनी भी बातें कहते और जितने भी शास्त्रों और पुराणों का हवाला देते, उतना ही अपने मकसद के खिलाफ़ बातें करते और यूँ मैदान हाथ से जाते देखकर सुन्दरलाल बाबू उठता लेकिन वह दो फिकरों के अलावा कुछ भी न कह पाता। उसका गला रुँध जाता। उसकी आँखों से आँसू बहने लगते और रुआँसा होने के कारण वह तकरीर न कर पाता। आखिर बैठ जाता। लेकिन मजमे पर एक अजीब तरह की ख़ामोशी छा जाती और सुन्दरलाल बाबू की इन दो बातों का असर, जो सारी नासेहाना फसाहत (उपदेशपरक सादगी) पर भारी होता। लेकिन लोग वहीं रो देते, अपने जज़्बात को आसूदा (तृप्त) कर लेते और फिर खाली-उल-जेहन घर लौट जाते...

एक रोज़ कमेटीवाले साँझ के समय भी प्रचार करने चले गये और होते-होते कदामतपसन्दों (रूढ़िवादियों) के गढ़ में पहुँच गये। मन्दिर के बाहर पीपल के एक पेड़ के इर्दगिर्द सीमेंट के थड़े पर कई श्रद्धालु बैठे थे और रामायण की कथा हो रही थी। नारायण बाबा रामायण का वह हिस्सा सुना रहे थे, जहाँ एक धोबी ने अपनी धोबन को घर से निकाल दिया था और उससे कह दिया कि मैं राजा रामचन्द्र नहीं जो इतने साल रावण के साथ रह आने पर भी सीता को बसा लेगा और रामचन्द्र जी ने महासतवंती सीता को घर से निकाल दिया ऐसी हालत में, जबकि वह गर्भवती थी। क्या इससे भी बढ़कर रामराज का कोई सुबूत मिल सकता है? नारायण बाबा ने कहा : ''यह है रामराज! जिसमें एक धोबी की बात को भी उतनी ही कद्र की निगाह से देखा जाता है।''

कमेटी का जुलूस मन्दिर के पास रुक चुका था और लोग रामायण की कथा और श्लोक का वर्णन सुनने के लिए ठहर चुके थे। सुन्दरलाल आखिरी फिकरे सुनते हुए कह उठा : ''हमें ऐसा रामराज नहीं चाहिए बाबा!''

''चुप रहो जी...तुम कौन होते हो?''...''ख़ामोश!'' मजमे से आवाज़ें आयीं और सुन्दरलाल ने बढ़कर कहा : ''मुझे बोलने से कोई नहीं रोक सकता।''

फिर मिलीजुली आवाज़ें आयीं : ''ख़ामोश!...हम नहीं बोलने देंगे।'' और एक कोने में से यह भी आवाज़ आयी : ''मार देंगे!''

नारायण बाबा ने बड़ी मीठी आवाज़ में कहा : ''तुम शास्त्रों की मान-मर्यादा को नहीं समझते सुन्दरलाल!''

सुन्दरलाल ने कहा : ''मैं एक बात जो समझता हूँ बाबा, रामराज में धोबी की आवाज़ तो सुनी जाती है लेकिन सुन्दरलाल की नहीं।''

इन्हीं लोगों ने, जो अभी मारने पर तुले थे, अपने नीचे से पीपल की गूलरें हटा दीं और फिर से बैठते हुए बोल उठे; ''सुनो, सुनो, सुनो...''

रसालू और नेकीराम ने सुन्दरलाल बाबू को ठोका दिया और सुन्दरलाल बोले : "श्री राम नेता थे हमारे। पर यह क्या बात है बाबा जी, उन्होंने धोबी की बात को सत्य समझ लिया, मगर इतनी बड़ी महारानी के सत्य पर विश्वास न कर पाये?"

नारायण बाबा ने अपनी दाढ़ी की खिचड़ी पकाते हुए कहा : "इसलिए कि सीता उनकी अपनी पत्नी थी। सुन्दरलाल ! तुम इस बात की महानता को नहीं जानते।"

"हाँ बाबा," सुन्दरलाल बाबू ने कहा; "इस संसार में बहुत-सी बातें हैं जो मेरी समझ में नहीं आतीं। पर मैं सच्चा रामराज उसे समझता हूँ जिसमें इनसान अपने आप पर भी जुल्म नहीं कर सकता। अपने आपसे बेइन्साफ़ी करना उतना ही बड़ा पाप है जितना किसी दूसरे से बेइन्साफ़ी करना...आज भी भगवान राम ने सीता को घर से निकाल दिया है, इसलिए कि वह रावण के पास रह आयी है...इसमें क्या कुसूर था सीता का? क्या वह भी हमारी बहुत-सी माँओं-बहनों की तरह एक छल और कपट की शिकार न थी? इसमें सीता के सत्य और असत्य की बात है या राक्षस रावण के वहशीपन की, जिसके दस सिर इनसान के थे लेकिन एक और सबसे बड़ा सिर गधे का था?"

"आज हमारी सीता निर्दोष घर से निकाल दी गयी है...सीता...लाजवन्ती..." और सुन्दरलाल बाबू ने रोना शुरू कर दिया। रिसालू और नेकीराम ने तमाम वह सुर्ख झंडे उठा लिए जिन पर आज ही स्कूल के छोकरों ने बड़ी सफाई से नारे काट के चिपका दिये थे और फिर वह सब "सुन्दरलाल बाबू ज़िन्दाबाद" के नारे लगाते हुए चल दिये। जुलूस में से एक ने कहाः "महासती सीता, ज़िन्दाबाद!" एक तरफ़ से आवाज़ आयींः "श्रीरामचन्द्र..."

और फिर बहुत-सी आवाज़ें आयीं : "ख़ामोश! ख़ामोश!" और नारायण बाबा की महीनों की कथा अकारत चली गयी। बहुत-से लोग जुलूस में शामिल हो गये, जिसके आगे-आगे वकील कालका प्रशाद और हुकम सिंह मुहर्रिर चाकी कलाँ, जा रहे थे; अपनी बूढ़ी छड़ियों को ज़मीन पर मारते और एक फातहाना-सी आवाज़ पैदा करते हुए...और उनके दरम्यान कहीं सुन्दरलाल जा रहा था। उसकी आँखों से अभी तक आँसू बह रहे थे। आज उसके दिल को बड़ी ठेस लगी थी और लोग बड़े जोश के साथ एक-दूसरे के साथ मिलकर गा रहे थे :

"हाथ लाइयाँ कुम्हलाँनी लाजवन्ती दे बूटे...!"

अभी गीत की आवाज़ लोगों के कानों में गूँज रही थी। अभी सुबह भी नहीं हो पायी थी और मुहल्ला मुल्ला शकूर के मकान 414 की विधवा अभी तक

अपने बिस्तर में कर्बनाक (बेचैन)-सी अँगड़ाइयाँ ले रही थी कि सुन्दरलाल का 'गराईं' लालाचन्द, जिसे अपना असर व रसूख इस्तेमाल करके सुन्दरलाल और खलीफा कालका प्रशाद ने राशन डिपो दे दिया था, दौड़ा-दौड़ा आया और अपनी गाढ़े की चादर से हाथ फैलाते हुए बोला :

"बधाई हो सुन्दरलाल।"

सुन्दरलाल ने मीठा तम्बाकू चिलम में रखते हुए कहा : "किस बात की बधाई लालचन्द?"

"मैंने लाजो भाभी को देखा है।"

सुन्दरलाल के हाथ से चिलम गिर गयी और मीठा तम्बाकू फ़र्श पर बिखर गया : "कहाँ देखा है?" उसने लालचन्द को कन्धों से पकड़ते हुए पूछा और जल्द जवाब न पाने पर झँझोड़ दिया।

"वागह की सरहद पर।"

सुन्दरलाल ने लालचन्द को छोड़ दिया और इतना-सा बोला : "कोई और होगी।"

लालचन्द ने यकीन दिलाते हुए कहा: "नहीं भैया, वह लाजो ही थी, लाजो!"

"तुम उसे पहचानते भी हो?" सुन्दरलाल ने फिर से मीठे तंबाकू को फ़र्श पर से उठाते और हथेली पर मसलते हुए पूछा और ऐसा करते हुए उसने रिसालो की चिलम हुक्के पर से उठा ली और बोला : "भला क्या पहचान है उसकी?"

"एक तंदोला (गोदना) ठोड़ी पर है, दूसरा गाल पर..."

"हाँ...हाँ...हाँ!" और सुन्दरलाल ने ख़ुद ही कह दिया : "तीसरा माथे पर।" वह नहीं चाहता था अब कोई खदशा रह जाये एकदम उसे लाजवन्ती के जाने-पहचाने जिस्म के सारे तंदोले याद आ गये, जो उसने बचपने में अपने जिस्म पर बनवा लिए थे, जो उन हल्के-हल्के सब्ज दानों की मानिंद थे, जो छुईमुई के पौधे के बदन पर होते हैं और जिसकी तरफ़ इशारा करते ही वह कुम्हलाने लगता है। बिल्कुल उसी तरह इन तंदोलों की तरफ़ उँगली करते ही लाजवन्ती शरमा जाती थी...और गुम हो जाती थी, अपने आप् में सिमट जाती थी। गोया उसके सब राज किसी को मालूम हो गये हों और किसी नामालूम खजाने के लुट जाने से वह मुफसिल (निर्धन) हो गयी हो...सुन्दरलाल का सारा जिस्म एक अनजाने में खौफ़, एक अनजानी मुहब्बत और उसकी मुकद्दस (पवित्र) आग में फुँकने लगा। उसने फिर से लालचन्द को पकड़ लिया और पूछा :

"लाजो वागह कैसे पहुँच गयी?"

लालचन्द ने कहा : "हिन्द और पाकिस्तान में औरतों का तबादला हो

रहा था ना।''

''फिर क्या हुआ...?'' सुन्दरलाल ने उकड़ूँ बैठते हुए कहा : ''क्या हुआ फिर?''

रसालू भी अपनी चारपाई पर उठ बैठा और तम्बाकूनोशों की मखसूस खाँसी खाँसते हुए बोला : ''सचमुच आ गयी है लाजवन्ती भाभी?''

लालचन्द ने अपनी बात जारी रखते हुए कहा : ''वागह पर सोलह औरतें पाकिस्तान ने दे दीं और उसके एवज़ में सोलह औरतें ले लीं...लेकिन एक झगड़ा खड़ा हो गया। हमारे वालेंटियर एतराज़ कर रहे थे कि तुमने जो औरतें दी है उनमें अधेड़, बूढ़ी और बेकार औरतें ज़्यादा हैं। इस तनाजे पर लोग जमा हो गये। उस वक़्त उधर के वालेंटियरों ने लाजो भाभी को दिखाते हुए कहा : 'तुम इसे बूढ़ी कहते हो? देखो...देखो...जितनी औरतें तुमने दी उनमें से एक भी बराबरी करती है इसकी?' और वहाँ लाजो भाभी सबकी नज़रों के सामने अपने तंदोले छुपा रही थी।

''फिर झगड़ा बढ़ गया। दोनों ने अपना-अपना 'माल' वापस ले लेने की ठान ली। मैंने शोर मचाया : 'लाजो...लाजो भाभी...' मगर हमारी कौम के सिपाहियों ने हमें ही मार-मार के भगा दिया।''

और लालचन्द अपनी कोहनी दिखाने लगा, जहाँ उसे लाठी पड़ी थी। रसालू और नेकीराम चुपचाप बैठे रहे और सुन्दरलाल कहीं दूर देखने लगा। शायद सोचने लगा, लाजो आयी भी पर न आयी...और सुन्दरलाल की शक्ल ही से जान पड़ता था जैसे वह बीकानेर का सहरा (रेगिस्तान) फाँदकर आया है और अब कहीं दरख़्त की छाँव में, ज़बान निकाले हाँफ रहा है। मुँह से इतना भी नहीं निकलता : 'पानी दे दो।' उसे यूँ महसूस हुआ, बँटवारे से पहले और बँटवारे के बाद का तशद्दुद (अत्याचार) अभी तक कारफरमा है। सिर्फ़ उसकी शक्ल बदल गयी। अब लोगों में पहला-सा दरेग भी नहीं रहा। किसी से पूछा, साँभरवाला में लहनासिंह रहा करता था और उसकी भाभी बनतो—तो वह झट से कहता, 'मर गये' और उसके बाद मौत और उसके मफहूम से बिल्कुल बेख़बर बिल्कुल आरी (रिक्त) आगे चला जाता। इससे भी एक क़दम आगे बढ़कर बड़े ठण्डे दिल से ताजिर इनसानी माल, इनसानी गोश्त और पोस्त (चमड़ी) की तिजारत और उसका तबादला करने लगे। मवेशी खरीदनेवाले किसी भैंस या गाय का जबड़ा खोलकर दाँतों से उसकी उम्र का अन्दाजा करते थे।

अब वह जवान औरत के रूप, उसके निखार, उसके अजीजतरीन राजों,

उसके तंदोलों की सरे-आम (आम रास्ते) नुमाइश करने लगे। तशद्दुद अब ताज़िरों की नस-नस में बस चुका है, पहले मंडी में माल बिकता था और भाव-ताव करने वाले हाथ मिलाकर उस पर एक रूमाल डाल लेते और यूँ 'गुप्ती' कर लेते गोया रूमाल के नीचे उँगलियों के इशारों से सौदा हो जाता था। अब 'गुप्ती' का रूमाल भी हट चुका था और सामने सौदे हो रहे थे और लोग तिजारत के आदाब भी भूल गये थे। यह सारा लेन-देन, यह सारा कारोबार पुराने ज़माने की दास्तान मालूम हो रहा था, जिसमें औरतों की आज़ादाना ख़रीदो-फरोख़्त का क़िस्सा बयान किया जाता है। अज-बयक अनगिनत उरियाँ (नंगी) औरतों के सामने खड़ा उनके जिस्मों को टोह-टोह के देख रहा है और जब वह किसी औरत के जिस्म को उँगली लगाता है तो उस पर एक गुलाबी-सा गढ़ा पड़ जाता है और उसके इर्द-गिर्द एक जर्द-सा हलका और फिर जर्दियाँ और सुर्ख़ियाँ एक-दूसरे की जगह लेने के लिए दौड़ती हैं...अज-बयक आगे गुज़र जाता है और नाकाबिले-कुबूल औरत एक ऐतराफे-शिकस्त (पराजय), एक इंफिआलियत (शर्मिन्दगी) के आलम में एक हाथ से इजारबन्द थामे और दूसरे से अपने चेहरे को अवाम की नज़रों से छुपाये सिसकियाँ लेती है।

सुन्दरलाल अमृतसर (सरहद) जाने की तैयारी कर ही रहा था कि उसे लाजो के आने की ख़बर मिली। एकदम से ऐसी ख़बर मिल जाने से सुन्दरलाल घबरा गया। उसका एक क़दम फौरन दरवाज़े की तरफ़ बढ़ा लेकिन वह पीछे लौट आया। उसका जी चाहता था कि वह रूठ जाये और कमेटी के तमाम प्ले कार्डों और झंडियों को बिछाकर बैठ जाये और फिर रोए। लेकिन वहाँ जज़्बात का यूँ मुज़ाहिरा मुमकिन न था। उसने मर्दाना-वार इस अन्दरूनी कशमकश का मुक़ाबला किया और अपने क़दमों को नापते हुए चौकी कलाँ की तरफ़ चल दिया, क्योंकि वही जगह थी, जहाँ मगविया (अपहृत) औरतों की डिलीवरी दी जाती थी।

अब लाजो सामने खड़ी थी और एक खौफ़ के जज़्बे से काँप रही थी। वही सुन्दरलाल को जानती थी, उसके सिवाय कोई न जानता था। वह पहले ही उसके साथ ऐसा सुलूक करता था और अब जबकि वह एक ग़ैर मर्द के साथ ज़िन्दगी के दिन बिताकर आयी थी, न जाने क्या करेगा? सुन्दरलाल ने लाजो की तरफ़ देखा। वह खालिस इस्लामी तर्ज का लाल दुपट्टा ओढ़े थी और बायें बुक्कल मारे हुए थी...आदतन, महज आदतन...दूसरी औरतों में घुलमिल जाने और बिल-आखिर अपने सैयाद के दाम (फंदे) से भाग जाने की आसानी थी। और वह सुन्दरलाल के बारे में इतना ज़्यादा सोच रही थी कि उसे कपड़े बदलने या दुपट्टा ठीक से ओढ़ने का भी ख़याल न रहा। वह हिन्दू और मुसलमान

तहजीब के बुनियादी फ़र्क...दायें बुक्कल और बायें बुक्कल में इम्तियाज़ करने से कासिर रही थी। अब वह सुन्दरलाल के सामने खड़ी थी और काँप रही थी, एक उम्मीद और एक डर के जज़्बे के साथ...

सुन्दरलाल को धक्का-सा लगा। उसने देखा, लाजवन्ती का रंग कुछ निखर गया था और वह पहले की बनिस्बत कुछ तन्दुरूस्त-सी नज़र आती थी। नहीं, वह मोटी हो गयी थी...सुन्दरलाल ने जो कुछ लाजो के बारे में सोच रखा था, वह सब गलत था। वह समझता था, ग़म में घुल जाने के बाद लाजवन्ती बिल्कुल मरियल हो चुकी होगी और आवाज़ उसके मुँह से निकाले न निकलती होगी। इस ख़याल से कि वह पाकिस्तान में बड़ी ख़ुश रही है, उसे बड़ा सदमा हुआ। लेकिन वह चुप रहा, क्योंकि उसने चुप रहने की कसम खा रखी थी। अगरचे वह न जान पाया कि इतनी ख़ुश थी तो फिर चली क्यों आयी? उसने सोचा 'शायद हिन्द सरकार के दबाव की वजह से अपनी मर्ज़ी के खिलाफ़ यहाँ आना पड़ा...' लेकिन एक चीज़ वह न समझ सका कि लाजवन्ती का सँवलाया हुआ चेहरा जर्दी लिए हुआ था और ग़म, महज ग़म से उसके बदन के गोश्त ने हड्डियों को छोड़ दिया था। वह ग़म की कसरत से मोटी हो गयी थी और सेहतमन्द नज़र आती थी। लेकिन यह ऐसी सेहतमन्दी थी जिसमें दो क़दम चलने पर आदमी का साँस फूल जाता है...

मुगविया के चेहरे पर पहली निगाह डालने का तास्सुर कुछ अजीब-सा हुआ। लेकिन उसने सब ख़यालात का एक इसबाती (सिद्ध) मर्दानगी से मुक़ाबला किया। और भी बहुत-से लोग मौजूद थे...किसी ने कहा...''हम नहीं लेते मुसलमरान (मुसलमान) की जूठी औरत...'' और यह आवाज़ रसालू, नेकीराम और चौकी कलाँ के बूढ़े मुहर्रिर के नारों में गुम होकर रह गयी। इन सब आवाज़ों से अलग कालका प्रशाद की फटती और चिल्लाती आवाज़ आ रही थी...वह खाँस भी लेता और बोलता भी जाता। वह इस नयी हक़ीक़त, इस नयी शुद्धि का शिद्दत से कायल हो चुका था। यूँ मालूम होता था आज इसने कोई नया वेद, कोई नया पुराण और शास्त्र पढ़ लिया है और अपने इस हुसूल (प्राप्ति) में दूसरों को भी हिस्सेदार बनाना चाहता है...इन सब लोगों और इनकी आवाज़ों में घिरे हुए लाजो और सुन्दरलाल अपने डेरे को जा रहे थे और ऐसा जान पड़ता था, जैसे हज़ारों साल पहले के रामचन्द्र और सीता किसी बहुत लम्बे अखलाकी बनवास के बाद अयोध्या लौट रहे हैं। एक तरफ़ उन्हें इतनी लम्बी अजीयत (यातना) दिये जाने पर तास्सुफ (अफ़सोस) भी।

लाजवन्ती के चले आने पर भी सुन्दरलाल बाबू ने इसी शिद्दत से 'दिल

में बसाओ' प्रोग्राम को जारी रखा। उसने कौल और फअल दोनों एतबार से उसे निभा दिया था और वह लोग, जिन्हें सुन्दरलाल की बातों में खाली-खूली जज़्बातियत नज़र आती थी, कायल होना शुरू हुए। अक्सर लोगों के दिल में ख़ुशी थी और बेशतर के दिल में अफ़सोस। मकान 414 की बेवा के अलावा मुहल्ला मुल्ला शकूर की बहुत-सी औरतें सुन्दरलाल बाबू सोशल वर्कर के घर आने से घबराती थीं।

लेकिन सुन्दरलाल को किसी की एतना (मान) या बेएतनाई (अपमान) की परवा न थी। उसके दिल की रानी आ चुकी थी और उसके दिल का खला पट चुका था। सुन्दरलाल ने लाजो की स्वर्ण-मूर्ति को अपने दिल के मन्दिर में स्थापित कर लिया था और ख़ुद दरवाज़े पर बैठा उसकी हिफाजत करने लगा था। लाजो जो पहले खौफ़ से सहमी रहती थी, सुन्दरलाल के ग़ैरमुतवक्के (अनपेक्षित) नर्म सुलूक को देखकर आहिस्ता-आहिस्ता खुलने लगी।

सुन्दरलाल लाजवन्ती को अब लाजो के नाम से नहीं पुकारता था, वह उसे कहता था : "देवी!" और लाजो एक अनजान ख़ुशी से पागल हुई जाती थी। वह कितना चाहती थी सुन्दरलाल को अपनी वारदात कह सुनाए और सुनाते-सुनाते इस कदर रोए कि उसके सब गुनाह धुल जाएँ। लेकिन सुन्दरलाल लाजो की वह बातें सुनने से गुरेज करता था और लाजो अपने खुल जाने में भी एक तरह सिमटी रहती। अलबत्ता जब सुन्दरलाल सो जाता तो उसे देखा करती और अपनी इस चोरी में पकड़ी जाती। जब सुन्दरलाल उसकी वजह पूछता तो वह 'नहीं' 'यूँ नहीं' 'ऊहूँ' के सिवा और कुछ न कहती और सारे दिन का थका-हारा सुन्दरलाल फिर ऊँघ जाता...अलबत्ता शुरू-शुरू में एक दफा सुन्दरलाल ने लाजवन्ती के सियाह दिनों के बारे में सिर्फ़ इतना-सा पूछा था :

"कौन था वह?"

लाजवन्ती ने निगाहें नीचे करते हुए कहा : "जमाल"...फिर वह अपनी निगाहें सुन्दरलाल के चेहरे पर जमाए कुछ कहना चाहती थी। लेकिन सुन्दरलाल एक अजीब-सी नज़रों से लाजवन्ती के चेहरे की तरफ़ देख रहा था और उसके बालों को सहला रहा था। लाजवन्ती ने फिर आँखें नीची कर लीं और सुन्दरलाल ने पूछा :

"अच्छा सुलूक करता था वह?"

"हाँ!"

"मारता तो नहीं था?"

लाजवन्ती ने अपना सिर सुन्दरलाल की छाती पर सरकाते हुए कहा :

'नहीं !' और फिर बोली : ''वह मारता नहीं था, पर मुझे उससे ज़्यादा डर आता था। तुम मुझे मारते भी थे पर मैं तुमसे डरती नहीं थी...अब तो न मारोगे?''

सुन्दरलाल की आँखों में आँसू उमड़ आये और उसने बड़ी नदामत और बड़े तास्सुफ से कहा, ''नहीं देवी! अब नहीं...नहीं मारूँगा...''

''देवी!'' लाजवन्ती ने सोचा और वह भी आँसू बहाने लगी। और उसके बाद लाजवन्ती सब कुछ कह देना चाहती थी, लेकिन सुन्दरलाल ने कहा :

''जाने दो बीती बातें! इसमें तुम्हारा क्या कुसूर है? इसमें कुसूर है हमारे समाज का, जो तुझ-ऐसी देवियों को अपने यहाँ इज़्ज़त की जगह नहीं देता। वह तुम्हारी हानि नहीं करता, अपनी करता है।''

और लाजवन्ती की मन की मन ही में रही। वह कह न सकी सारी बात और चुपकी-दुबकी पड़ी रही और अपने बदन की तरफ़ देखती रही, जो कि बँटवारे के बाद अब 'देवी' का बदन हो चुका था, लाजवन्ती का न था। वह ख़ुश थी, बहुत ख़ुश। लेकिन एक ऐसी ख़ुशी में सरशार, जिसमें एक शक था और वसवसे। वह लेटी-लेटी अचानक बैठ जाती, जैसे इंतहाई ख़ुशी के लम्हों में कोई आहट पाकर एकाएकी उसकी तरफ़ मुतवज्जे हो जाये...

जब बहुत-से दिन बीत गये तो ख़ुशी की जगह पूरे शक ने ले ली। इसलिए नहीं कि सुन्दरलाल बाबू ने फिर वही पुरानी बदसुलूकी शुरू कर दी थी, बल्कि इसलिए कि वह लाजो से बहुत ही अच्छा सुलूक करने लगा था। ऐसा सुलूक जिसकी लाजो मुतवक्के न थी...वह सुन्दरलाल की वही पुरानी लाजो होना चाहती थी जो गाजर से लड़ पड़ती और मूली से मान जाती। लेकिन अब लड़ाई का सवाल ही न था। सुन्दरलाल ने उसे यह महसूस करा दिया जैसे वह लाजवन्ती काँच की कोई चीज़ है, जो छूते ही टूट जायेगी...और लाजो आईने में अपने सरापा की तरफ़ देखती और आखिर इस नतीजे पर पहुँचती कि वह और तो सब कुछ हो सकती है, पर लाजो नहीं हो सकती। वह बस गयी, पर उजड़ गयी... सुन्दरलाल के पास उसके आँसू देखने के लिए आँखें थीं और आहें सुनने के लिए कान...प्रभातफेरियाँ निकलती रहीं और मुहल्ला मुल्ला शकूर का सुधारक रसालू और नेकीराम के साथ मिलकर उसी आवाज़ में गाता रहा :

''हाथ लाइयाँ कुम्हलाँनी लाजवन्ती दे बूटे...!''

महीप सिंह (1930-2015)

उन्नाव (उत्तर प्रदेश) में जन्मे महीप सिंह प्रगतिशील कथाकारों में अपना स्थान रखते हैं। इनका जन्म 15 अगस्त 1930 को हुआ था। वे 24 नवम्बर 2015 को दिवंगत हुए। एक वर्ष तक जापान के कानशाही विश्वविद्यालय में प्रोफेसर रहे। चर्चित साहित्यिक पत्रिका संचेतना के सम्पादक रहे। 'कील', 'उलझन', 'औरत दर औरत', 'कुछ और कितना' एवं 'मेरी प्रिय कहानियाँ' आदि उनके चर्चित कहानी संग्रह हैं। महीप सिंह की कहानियाँ अपनी कलात्मक निस्संगता के लिए विख्यात हैं। इनकी प्रस्तुत कहानी एक गम्भीर कहानी है और जिसमें विभाजन के प्रभाव की सटीक व्यंजना हुई है। एक देश दो हिस्सों में बँट गया और बीच में एक खाई पैदा हो गयी।

पानी और पुल

गाड़ी ने लाहौर का स्टेशन छोड़ा तो एकबारगी मेरा मन काँप उठा। अब हम लोग उस ओर जा रहे थे जहाँ चौदह साल पहले आग लगी थी। जिसमें लाखों जल गये थे, और लाखों पर जलने के निशान आज तक बने हुए थे। मुझे लगा हमारी गाड़ी किसी गहरी, लम्बी अन्धकारमय गुफा में घुस रही है। और हम अपना सब-कुछ इस अन्धकार को सौंप दे रहे हैं।

हम सब लगभग तीन सौ यात्री थे। स्त्रियों और बच्चों की भी संख्या काफ़ी थी। लाहौर में हमने सभी गुरुद्वारों के दर्शन किये। वहाँ हमें जैसा स्वागत मिला, उससे आगे अब पंजासाहिब की यात्रा में किसी प्रकार का अनिष्ट घट सकता है, ऐसी सम्भावना तो नहीं थी, परन्तु मनुष्य के अन्दर का पशु कब जागकर सभी सम्भावनाओं को डकार जायेगा, कौन जानता है?

यही सब सोचते-सोचते मैंने माँ की ओर देखा, हथेली पर मुँह टिकाये, कोहनी को खिड़की का सहारा दिये वे निरन्तर बाहर की ओर देख रही थीं। खेत कट चुके थे। दूर-दूर तक सपाट धरती दिखायी दे रही थी। मुझे लगा, माँ की आँखों में से उतरकर यह सपाटता मन में पूरी तरह छा गयी है। फिर मैंने अपने डिब्बे के दूसरे यात्रियों की तरफ़ देखा। उन पर भी गहरी उदासी छा गयी थी। समझ में नहीं आ रहा था कि एकाएक ऐसी उदासी सब पर क्यों छा गयी है?

''तुम्हें तो रास्ता अच्छी तरह याद होगा।'' मैंने माँ का ध्यान तोड़ते हुए पूछा, ''सैकड़ों बार आना-जाना हुआ होगा तुम्हारा?''

माँ मेरी ओर देखकर मुस्करायी। वह मुस्कराहट सब-कुछ खोकर पायी हुई मुस्कराहट थी। बोलीं, ''मुझे तो रास्ते का एक-एक स्टेशन तक याद है। पर आज यह इलाका कितना बेगाना-बेगाना-सा लग रहा है। आज चौदह साल बाद इधर से जा रही हूँ। पहले भी ऐसे ही जाती थी। लाहौर पार करते ही अजीब-सी उमंग नस-नस में दौड़ी जाती थी।'' सराई : हमारा गाँव : जैसे-जैसे निकट आता जाता, वहाँ की एक-एक शक्ल मेरे सामने दौड़ जाती, स्टेशन पर कितने लोग आये होते...

माँ की आँखों में चौदह साल पहले की याद तरल हो आयी थी। पिताजी ने अपना रोज़गार उत्तर प्रदेश में ही जमा लिया था। हम सब भाई-बहनों का जन्म पंजाब के बाहर ही हुआ था। मुझे याद है, पिताजी तो शायद साल में एकाध बार ही पंजाब आते हों, पर माँ के दो-तीन चक्कर ज़रूर लग जाते थे। हममें जो छोटा होता वह माँ के साथ जाता, और जबसे मुझे याद है मेरी छोटी बहन ही उनके साथ जाया करती थी। उन दिनों, पंजाब का विभाजन घोषित हो चुका था, पंजाब की पाँचों नदियों का जल उन्माद की तीखी शराब बन चुका था, माँ ने फिर पंजाब जाने का फ़ैसला किया था। सभी ने ऐसे विरोध किया जैसे वे जलती आग में कूदने जा रही हों। और वह सचमुच आग में कूदने जैसा ही तो था। परन्तु पिताजी सहित हम सब जानते थे कि माँ को अपने निश्चय से डिगाना कोई आसान बात नहीं। उन्होंने सबकी बातों को हँसकर टाल दिया। बीस-बाईस दिनों में वह वापस आ गयीं। गाँव के घर का बहुत-सा सामान वे बुक करा आयी थीं। अपने साथ वे अपना पुराना चरखा और दही मथने की मथनी ले आयी थीं।

फिर सारे पंजाब में आग लग गयी। घर-के-घर, गाँव-के-गाँव और शहर-के-शहर उस आग में जलने लगे। आग रुकी तो लगा इधर तक सपाट फैली हुई ज़मीन अमृतसर और लाहौर के बीच से फट गयी है और उस पार का फटा हुआ हिस्सा बीच में गहरी खाई छोड़कर न जाने कितना उधर खिसक गया है। हम सब भूल-से गये कि उस गहरी खाई के उस पार हमारा अपना गाँव था, पक्की सड़क के किनारे पीछे की ओर एक नहर थी, और पास की जेहलम नदी, अल्हड़ लड़की की तरह उछलती-कूदती बहती थी!

आज मैं माँ के साथ खाई पर राजकीय औपचारिकता के बाँधे हुए पुल से गुज़रकर उसी ओर जा रहा था जो कल कितना अपना था, आज कितना पराया है!

मैं एक पुस्तक के पन्ने उलट रहा था, माँ ने पूछा, ''यह गाड़ी सराई स्टेशन पर रुकेगी?''

मैंने कुछ सोचा फिर कहा, ''हाँ रुकेगी शायद। पर पहुँचेगी रात के एक-दो बजे। हम लोग गहरी नींद में सो रहे होंगे। स्टेशन कब आकर निकल जायेगा, पता भी नहीं लगेगा। और अब अपना रखा ही क्या है वहाँ?''

माँ के चेहरे पर खिसियाहट-सी दौड़ गयी। बोलीं, ''तुम्हारे लिए पहले भी वहाँ क्या रखा था?''

मेरी बात से माँ को चोट पहुँची थी। बिना और कुछ बोले मैं सिर झुकाकर अपनी पुस्तक के पन्नों में उलझ गया।

धीरे-धीरे अँधेरा छाने लगा। माँ ने पोटली खोलकर खाने के लिए कुछ निकाला। मेरे एक दूर के मामाजी हमारे साथ थे। तीनों ने मिलकर कुछ खाया और सोने की तैयारी करने लगे। मामाजी तो दस मिनट में ही खर्राटे भरने लगे। मैं भी एक ओर लुढ़क गया। माँ वैसी ही बैठी रहीं।

कुछ देर बाद एकाएक मेरी आँख खुली, देखा माँ, वैसे ही बाहर फैले हुए अँधेरे की ओर निष्पलक देखती हुई बैठी हैं। घड़ी देखी, साढ़े दस बज गये थे। मैंने कहा, "माँ तुम भी लेट जाओ न।"

"अच्छा!" उनके मुँह से निकला और वे अधलेटी-सी हो गयीं।

उस अधनींदी अवस्था में मैंने कोई स्वप्न देखा, ऐसा तो मुझे याद नहीं आता, पर उस नींद में भी कुछ घबराहट अवश्य होती रही थी। शायद किसी अस्पष्ट स्वप्न की ही घबराहट हो। कोई लाल-सी तरल चीज़ मुझे अपने चारों ओर फिरती अनुभव होती थी और मुझे लग रहा था उस लाल-लाल गाढ़ी-सी चीज़ पर मेरे पैर फच-फच पड़े रहे हैं। फिर एकाएक मैं हड़बड़ा कर उठा। माँ मुझे झकझोर रही थीं और अजीब-सी घबराहट और उत्तेजना से उनके हाथ काँप रहे थे।

"क्या है?"

"देखो यह बाहर शोर कैसा है?"

मैंने बाहर झाँककर देखा। हमारी गाड़ी छोटे-से स्टेशन पर खड़ी थी। प्लेटफॉर्म पर लैम्प पोस्टों की हलकी-हलकी रोशनी थी और अजीब-सा कोलाहल वहाँ छाया हुआ था। एकबारगी मेरा रोयाँ-रोयाँ काँप उठा। चौदह साल पहले की अनेक सुनी-सुनायी घटनाएँ बिजली बनकर कौंध गयीं, जब दंगाइयों ने कितनी गाड़ियों को जहाँ-तहाँ रोककर लोगों को गाजर-मूली की तरह काट डाला था। मामाजी जागकर मेरा कन्धा हिला रहे थे।

"अरे क्या बात है?"

तभी मेरे कानों में आवाज़ पड़ी। उस भीड़ में से कोई चिल्ला रहा था—"अरे इस गाड़ी में कोई सराई का है?"

"यह कौन-सा स्टेशन है?" मैंने माँ से पूछा।

माँ ने कहा, "सराई—अपने गाँव का स्टेशन।"

बाहर से फिर आवाज़ आयी, "अरे इस गाड़ी में कोई सराई का है?"

मैंने माँ की ओर देखा। उनके चेहरे पर पूर्ण आश्वस्तता थी।

"पूछो इनसे, क्या बात है?"

मैंने खिड़की से गरदन निकाली। बहुत-से लोग घूमते हुए पुकार रहे थे, "अरे कोई सराई का है?"

पास से जाते हुए एक आदमी को बुलाकर मैंने पूछा, "क्या बात है जी?"

"आपमें कोई इस गाँव का है?"

"हाँ, हम हैं इस गाँव के..." माँ आगे आकर बोली।

"तुम सराई की हो?" उस आदमी ने ज़ोर देकर पूछा।

"हाँ, जी "

माँ के इतना कहते ही स्टेशन पर चारों ओर शोर मच गया। इधर-उधर घूमते हुए बहुत-से आदमी हमारे डिब्बे के सामने जमा हो गये। फिर कई आवाज़ें एक-साथ आयीं।

"हम सराई के ही हैं..." माँ ने ज़ोर देकर कहा, "इसी गाँव के?"

उपस्थित जनसमुदाय में एक कोलाहल-सा हुआ। किसी की आवाज़ आयी, "तुम किसके घर से हो?"

माँ ने मेरी ओर देखा। मैंने कहा, "मेरे पिताजी का नाम सरदार मूलासिंह है। ये मेरी माँ हैं!"

"तुम मूलासिंह के बेटे हो?" कई लोग एक-साथ चिल्लाये, "तुम मूलासिंह की बीवी हो...रवेलसिंह की भाभी? कैसे हैं सब लोग...?" कहते-कहते कितने ही हाथ हमारी ओर बढ़ने लगे। लोग हमारे सम्बन्धियों में सबकी कुशल-क्षेम पूछते हुए अपने हाथ की पोटलियाँ मुझे और माँ को थमाते जा रहे थे। मैं और माँ गुमसुम से उन्हें ले-लेकर अपनी सीट पर रखते जा रहे थे। देखते-देखते हमारी बर्थ कपड़ों की छोटी-छोटी पोटलियों से भर गयी।

मैं हक्का-बक्का-सा यह देख रहा था। माँ अपने सिर का कपड़ा बार-बार सँभालती हुई हाथ जोड़ रही थीं। ख़ुशी से उनके होंठ फड़फड़ा रहे थे। मुँह से निकल कुछ भी न रहा था और लगता था आँखें अभी यूँ पड़ेंगी।

वहीं खड़े गार्ड ने हरी लालटेन ऊपर उठायी और कोट की जेब से सीटी निकाली। मैंने देखा तीन-चार आदमियों ने उसे पकड़-सा लिया। "अरे बाबू, दो-चार मिनट और खड़ी रहने दे गाड़ी को। देखता नहीं, ये बीवी इसी गाँव की हैं...!" और एक ने उसका लालटेनवाला हाथ पकड़कर नीचे कर दिया।

"भरजाई, सरदार जी कैसे हैं? उन्हें क्यों नहीं लायी, पंजे साहब के दरशन कराने?" एक बूढ़ा-सा मुसलमान पूछ रहा था।

माँ ने दोनों हाथों से सिर का कपड़ा और आगे कर लिया, उनके मुँह से धीरे से निकला, "सरदार जी नहीं रहे...!"

"क्या...? मूलासिंह गुज़र गये? क्या हुआ था उन्हें?"

माँ चुप रहीं, मैंने जवाब दिया, "उनके पेट में रसोली हो गयी थी। एक

दिन वह फूट गयी और दूसरे दिन पूरे हो गये।''

''ओह, बड़े ही नेक बन्दे थे, ख़ुदा उन्हें अपनी दरगाह में जगह दे।'' उनमें से एक ने अफसोस प्रकट करते हुए कहा। कुछ क्षण के लिए सबमें ख़ामोशी छा गयी।

''भरजाई, तेरे बच्चे कैसे हैं?''

''वाहेगुरुजी की किरपा है, सब अच्छे हैं।'' माँ ने धीरे से कहा।

''अल्लाह, उनकी उम्र दराज करे।'' कई आवाज़ एक-साथ आयीं।

''भरजाई तुम अपने बच्चों को लेकर यहाँ आ जाओ।'' किसी एक ने कहा, और कितनों ने दुहराया, ''भरजाई, तुम लोग वापस आ जाओ...वापस आ जाओ।'' प्लेटफार्म पर खड़ी कितनी आवाज़ें कह रही थीं—

''वापस आ जाओ!''

''वापस आ जाओ!''

मैंने सुना, मेरे पीछे खड़े मामाजी कुढ़ते हुए कह रहे थे, ''हूँ...बदमाश कहीं के! पहले तो मार-मारकर यहाँ से निकाल दिया, अब कहते हैं वापस आ जाओ। लुच्चे!''

पर प्लेटफार्म पर खड़े लोगों ने उनकी बात नहीं सुनी थी। वे कहे जा रहे थे—

''भरजाई, तुम अपने बच्चों को लेकर वापस आ जाओ! बोलो भरजाई, कब आओगी। अपना गाँव तो तुम्हें याद आता है? भरजाई वापस आ जाओ...''

माँ के मुँह से कुछ नहीं निकल रहा था। वे सिर का कपड़ा सँभालते हुए हाथ जोड़े जा रही थीं।

दूर खड़ा गार्ड हरी लालटेन दिखाता हुआ सीटी बजा रहा था।

इंजन ने सीटी दी। गाड़ी फकफक करती हुई चल दी। भीड़-की-भीड़ हमारे डिब्बे के साथ चल दी।

''अच्छा, भरजाई सलाम...अच्छा बेटे सलाम...रवेलसिंह को मेरा सलाम देना...सबको हमारा सलाम देना...''

माँ के हाथ जुड़े हुए थे और मुँह से गद्‌गद स्वर में धीरे-धीरे कुछ निकल रहा था। धीरे-धीरे गाड़ी कुछ तेज़ हो गयी। हम दोनों खिड़की से सिर निकाले हाथ जोड़े रहे। भीड़ के लोग वहीं खड़े हाथ ऊपर उठाये चिल्लाते रहे।

गाड़ी स्टेशन के बाहर निकल आयी तो मैंने बर्थ से पोटलियाँ हटाकर एक ओर कीं और माँ से कुछ कहने के लिए उनकी ओर देखा।

माँ की आँखों से आँसुओं की अविरल धार बह रही थी, बहे जा रही थी। वे बार-बार दुपट्टे से आँखें पोंछे जा रही थीं, पर टूटे हुए बाँध का पानी बहता

ही जा रहा था।

हमारी गाड़ी जेहलम के पुल पर आ गयी थी। रात्रि की उस नीरवता में खडर...खडर...खडर... की आवाज़ आ रही थी। मैं खिड़की से झाँककर जेहलम का पुल देखने लगा। मैंने सुना था जेहलम का पुल बहुत मज़बूत है। पत्थर और लोहे के बने उस मज़बूत पुल को अँधेरे में मैं देख रहा था। मेरी दृष्टि और नीचे की ओर जा रही थी, वहाँ घुप्प अँधेरा था, पर मैं जानता था वहाँ पानी है, जेहलम नदी का कल-कल करता हुआ स्वच्छ और निर्मल पानी, जो उस पत्थर और लोहे के बने हुए पुल के नीचे से बह रहा था।

कुलवन्त सिंह विर्क (1921-1987)

कुलवन्त सिंह विर्क का जन्म 1921 में अविभाजित पंजाब में हुआ था और उनकी मृत्यु 24 दिसम्बर 1987 को हुई। वे मुख्यतः पंजाबी भाषा के लेखक थे किन्तु इनकी रचनाओं का अनुवाद रूसी और जापानी भाषाओं में भी हुआ है। इन्हें साहित्य अकादेमी पुरस्कार और पंजाब साहित्य अकादेमी पुरस्कार भी प्राप्त हुआ था। पंजाबी और हिन्दी कहानियों के लिए विशेष चर्चित हैं। इनकी प्रस्तुत कहानी 'घास' एक ऐसी सिख महिला की कथा व्यक्त करती है जो मुसलमान हो गयी है। उसकी बातें सुनने के बाद लेखक सोचता है, खेत में जो घास होती है उसे जड़ से उखाड़ कर फेंक देते हैं फिर भी दस दिन बाद उसके अंकुर निकल आते हैं।

घास

अभी पाकिस्तान बने हुए तीन या चार महीने ही हुए थे। यहाँ हर चीज़ उखड़ी-उखड़ी-सी प्रतीत होती थी। थानों और पुलिस चौकियों में सामान के ढेर लगे हुए थे। ट्रंक, पलँग, पलने, मेज़, सोफ़ासेट, तस्वीरें सभी अपनी-अपनी जगह से उखड़कर थानों में आ गयी थीं। पलनों और तस्वीरों का थाने में क्या काम? किसी समय घरों में इनकी ख़ास जगह बनी हुई होगी। उस समय गृहस्वामियों का यह ख़याल होगा कि यदि ये सब उस ख़ास जगह के अलावा किसी और जगह पर रखे जाएँ तो बहुत बुरे लगेंगे। पर इस समय ये सब एक ही ढेर में पड़े हुए थे। घरों के बर्तन, आलमारियाँ, रसोई घर और परछतियों में से निकलकर सरकारी दफ्तरों के सामने पड़ी हुई थीं। इनको कभी किसी ने माँजा नहीं, चमकाया नहीं, गिना भी नहीं था। किसी स्त्री का हाथ लगे भी महीनों बीत गये थे। पाकिस्तान में हर चीज़ उखड़ी-उखड़ी थी। कई घरों में अपनी नाँद से उखड़े हुए जानवर भी थे। सहमी हुई नज़रों से वे अपने आसपास देखते और अनजान जगह पर डरते-डरते पाँव रखते थे। इस उथल-पुथल में केवल धरती ही अपनी जगह पर टिकी हुई थी और इस धरती पर अनेकों शरणार्थी मारे-मारे फिरते थे। वाहगा कैम्प से इन्हें आगे ठेल दिया जाता था और फिर ये शरणार्थी एक जिले से दूसरे ज़िले और एक गाँव से दूसरे गाँव ज़मीन की खोज में डोलने लगते।

शरणार्थी तो शरणार्थी, पुराने निवासी भी उखड़े हुए थे। बिरादरी वालों की बिरादरियाँ टूट गयी थीं और यारों के यार छूट गये थे। मज़दूरों के मिल मालिक चले गये थे, मिल मालिकों के मज़दूर। इन सबकी जगह नये लोग आ गये थे। कैसे थे ये नये लोग मैले और बौराए हुए। पुराने लोगों में घुल-मिल नहीं सकते थे। 'असलामालेकुम' कहकर बातचीत नहीं करते थे। बुलाओ तो बोलते नहीं थे। इन लोगों ने तो गाँवों की नींवें हिला दी थीं। पुराने निवासियों को अपने गाँव पराये-से लगे थे क्योंकि वे गाँव जिनमें वे जन्मे-पले थे अब पहले जैसे नहीं रह गये थे। उनकी हवेलियों के पास से गुज़रती नहरें-सड़कें भी बेगानी हो गयी थीं। वे यहाँ वुजू नहीं कर सकते थे। कई दिन तक इन नहरों में पानी लाल रंग

का आता रहा था। कई साबुत लाशें और कइयों की टाँगें-बाँहे बहकर आती रही थीं। फिर इस पानी से वुजू कैसे हो सकता था! वे लोग तो अनजानों को भी इन नहरों में नहाने से मना कर देते थे। असल में हर चीज़ उलट-पुलट गयी थी और अपनी पुरानी हालत में आने का यत्न कर रही थी। प्रत्येक वस्तु अपनी-अपनी जगह में अड़ने की कोशिश कर रही थी। हर चीज़ पुनर्स्थापन चाहती थी।

"मुल्क तो तबाह हो गया है।" एक नौजवान जाट ने अपने इर्द-गिर्द बरदारी देखकर अपने बूढ़े पिता से कहा।

"हो तो सचमुच गया है पर, देख! जब लोग अपनी-अपनी जगह पर टिक जायेंगे, सब ठीक हो जायेगा।"

"यह सब तो बातें हैं, टिक ये बेचारे कहाँ जायेंगे? ये तो रोटी का टुकड़ा उठाकर भी अपने मुँह में नहीं डाल सकते।"

"नहीं रे पगले! ऐसे ही लगता है। यह देखो! घास उगती है ना खेतों में; जब हम हल चलाते हैं तो उसके साथ कोई कसर उठा नहीं रखते। पूरी जड़ से उखाड़कर खेत से बाहर फेंक दी जाती है। परन्तु दस दिन बाद फिर कोई-न-कोई जड़ फूट पड़ती है और एक महीने के बाद ऐसा लगता है जैसे किसी ने खेत की जुताई की ही नहीं।"

असल में इस बूढ़े की बात में कुछ-कुछ सच्चाई दिखायी दे रही थी। जिन लोगों को कुछ ज़मीन मिल जाती थी वे कुछ टिक-से जाते थे। अस्थायी अलॉट हुए खेत उन्हें धीरज देते थे। अपने नये बाड़ों के पास वे छोटे-छोटे गड्ढे खोदकर इनमें कंडों की आग जलाए रखते थे। जब भी मन करता हुक्के में भरकर इकट्ठे बैठकर पीते थे। धीरे-धीरे इनकी भैंसों का भय भी चला गया। बाड़ों के अन्दर वे पेड़ों की टहनियों से अपनी गर्दन पर खुजली करतीं और कभी-कभी मस्ती में अपने शरीर को बाड़े की दीवारों के साथ घिसने लगती थीं। जब तहसीलदार या कोई और अफ़सर इन लोगों के गाँव में आता तो उनमें से कुछ अपने-आपको पंच ज़ाहिर करने का प्रयत्न करते थे। गाँव के साँझे दुःख-तकलीफ़ तहसीलदार को बताते और सब लोगों का प्रतिनिधित्व करके अपनी लीडरी की जड़ जमाते थे। साधारण-सी बातों से जैसे और लोगों को पीछे बैठाकर 'सिर्फ़ एक आदमी बोले,' कहकर अफ़सर को हुक्का-पानी पूछकर वह उसका ध्यान अपनी ओर खींचते थे। यह बातें बताती थीं कि समय की मार ने भी उन्हें, उनके मूल रूप को बदला नहीं था।

इस तरह उजड़ रहे, बस रहे, पाकिस्तान में मैं भारत सरकार की ओर से लेजान अफ़सर नियुक्त हुआ।

मेरा काम ज़ोर-ज़बरदस्ती से भगाई गयी स्त्रियों और जबरन मुसलमान बनाये गये परिवारों को वापस हिन्दुस्तान पहुँचाना था। हिन्दुस्तानी फ़ौज का एक दस्ता और पाकिस्तान स्पेशल पुलिस के कुछ सिपाही मेरी सहायता के लिए थे।

खोयी हुई अन्य चीज़ों की तरह लड़कियों को ढूँढ़ने का काम कठिन भी था और आसान थी। कभी-कभी तो कोई लड़की थोड़ी मेहनत से ही मिल जाती थी। और कभी-कभी बहुत ढूँढ़ने पर भी नहीं मिलती थी। पाकिस्तान पुलिस के सिपाही उनके लौटने में—वे इसे बरामद करना कहते थे—थोड़ी-बहुत सहायता कर देते थे परन्तु ख़ुद पता कम ही लगाते थे। फिर भी जब कभी वह साथ चल पड़ते तो काम बहुत आसान हो जाता था।

जिस समय की यह बात है उस समय उस क्षेत्र का थानेदार न केवल मेरे साथ ही गया बल्कि भगायी गयी स्त्री का पता भी उसी ने बताया। उसने यह भी बताया कि वह उसी थाने के एक गाँव के नम्बरदार की पुत्रवधू थी। जिस गाँव हमें जाना था वह पक्की सड़क से बहुत दूर था। बहुत देर तक हम कच्ची सड़कों और पगडंडियों में भटकते रहे जब हम गाँव पहुँचे तो वहाँ चौधरी थानेदार के स्वागत के लिए इकट्ठे हो गये। पाकिस्तान में उस समय सरकार का बहुत रोब था। थानेदार ने उस औरत का पता पूछा तो उन चौधरियों ने झट से एक मकान दिखा दिया। यह छोटा-सा मकान बड़ी-सी बाड़ के एक सिरे पर बना हुआ था। थानेदार तथा अन्य लोग बाहर ही रहे। मैं अन्दर चला गया। वह लगभग तीन चारपाइयों का कमरा था। एक तरफ़ लकड़ी की परछत्ती पर थोड़े-से गिलास-कटोरियाँ और थालियाँ रखी हुई थीं। कमरे के एक कोने में कुछ बिस्तर और थोड़ा-बहुत सामान भी था। वह स्त्री चारपाई पर पड़ी हुई थी। कई दिन से बुखार था। उसके एक हाथ में पट्टी बँधी हुई थी। शायद कोई फोड़ा हो गया था। उस समय वह बड़ी शिथिल-सी थी और बहुत ही धीरे-धीरे बोल रही थी। मैं उसके पास चारपाई पर बैठ गया।

''क्या बात है?'' मैंने उसका हालचाल पूछने के लिए सीधा सवाल किया।

''बुखार आता है चौथे-पाँचवें दिन।''

''यहाँ तुम्हारे पास कोई औरत नहीं?''

''नहीं, आसपास तो कोई नहीं।''

पहले जो खोयी हुई लड़कियाँ और स्त्रियाँ मैंने देखी थीं उनसे इसका इर्द-गिर्द बिल्कुल अलग था। उनके चारों ओर स्त्री-पुरुष होते थे। वे किसी-न-किसी की नज़र में, किसी-न-किसी की रखवाली में रहती थीं। मुझे प्रतीत हुआ जैसे इस मकान में वह अकेली ही रहती है, जैसे लोगों ने उसे उसके हाल पर छोड़ दिया

था। उसके गाँव और घर के लोग किस तरह ख़त्म हुए थे, यह मैं पहले ही सुन चुका था। दुबारा उसके मुँह से सुनने का कोई फायदा नहीं था। मेरी दिलचस्पी उसकी वर्तमान हालत में थी।

''यहाँ तुम्हें कितना समय हो गया है?''

''जिस दिन से गाँव उजड़ा मैं उस दिन से यहीं हूँ।''

''यह बर्तन और कपड़े तुम्हें किसने दिये हैं?''

''आप तो बिल्कुल पागल करते हैं!''

मैं समझ गया वह अकेली नहीं रहती थी, न यहाँ पड़ा हुआ सामान उसका अपना था। इस सामान, मकान और उसके शरीर का मालिक केवल दिखाई ही नहीं पड़ रहा था।

यह बात लिखने को तो मैं सहज ही लिख गया। उस समय इस जानकारी से मेरे मन को गहरा धक्का लगा। पुलिस तथा लोगों की सहायता से जो सुन्दर ख़याल मेरे मन में दुनिया और दुनिया के लोगों के बारे में सारा दिन आते रहते थे वह सब मुझसे दामन छुड़ा गये। मेरा दिमाग़ कटु वास्तविकताओं के साथ जुड़ा हुआ था। उस कच्चे मकान में किसी की छीनी हुई बीवी मेरे सामने चारपाई पर निढाल पड़ी हुई थी। मेरी नज़र में इनसान पर इनसान के जुल्म की सबसे घिनौनी तस्वीर थी।

कुचली हुई, मसली हुई वह वहाँ बीमार पड़ी थी। उसकी जात, बिरादरी, गाँव-धर्म का कोई साझीदार वहाँ नहीं था। उसको कभी किसी ने यह नहीं बताया कि वह अपने बिछुड़े हुए सगे-सम्बन्धियों को फिर से मिल सकती है। यदि कोई उसे बताता भी तो वह मानने से इनकार कर देती। आखिर इतने बड़े और मज़बूत पाकिस्तान में से उसको कोई किस तरह निकालकर ले जा सकता था! इस बात पर विचार करना ही व्यर्थ था। उसको उस समय वापस ले जाने का कोई सवाल ही नहीं था। वे लोग अब उसको छुपा नहीं सकते थे, हमने उसे देख लिया था और वे लोग जानते थे कि हमने उसे देख लिया है।

''अच्छा, बहन! मैं फिर किसी दिन आऊँगा।'' फिर आने से मेरा मतलब उसे वहाँ से ले जाना था, परन्तु यह बात शायद उसके सपने में भी सम्भव नहीं थी।

''तुम अब जा रहे हो? ज़रा बैठ जाओ। मेरी बात सुनते जाओ।'' मैं पास ही चारपाई पर बैठ गया।

''क्या काम है।

''मेरी तुमसे एक विनती है। अगर तुम पूरी करो। एक काम है तुमसे।''

''क्या काम है?''

"तुम मेरे सिख भाई हो, मैं भी कभी सिख थी। अब तो मैं मुसलमान हो गयी हूँ। इस समय इस दुनिया में मेरा कोई नहीं है, मैं बहुत दुःखी हूँ। तुम मुझे सहारा दो। मेरी एक छोटी ननद है। निगोड़े ग्यारह चक वाले उसे ले गये हैं। उस दिन हमले में सबसे ज़्यादा गिनती उन्हीं की थी और वही उसे ले गये हैं। तुम उसे यहाँ मेरे पास ला दो। सब तुम्हारा लिहाज़ करते हैं। पुलिसवाले भी तुम्हारी बात मानते हैं। मेरी ओर से भी उनकी मिन्नत करना। मैं उसकी बड़ी भाभी हूँ। मैंने उसे हाथों में पाला है और उसकी माँ के समान हूँ। वह मेरे पास आयेगी तो मैं अपने हाथ से उसका हाथ किसी को दूँगी। मेरी साँझ बढ़ेगी, मेरे सम्बन्ध बढ़ेंगे। मैं किसी को अपना कह सकूँगी।"

उस बूढ़े जाट की बात मेरे दिमाग़ में चक्कर काटने लगी। देखो घास होती है ना खेत में, जुताई करते समय तो उसे उखाड़ने में कोई कसर बाकी नहीं छोड़ी जाती। सारी जड़ से उखाड़कर खेत से बाहर फेंक देते हैं। परन्तु दस दिन बाद फिर अंकुर निकल आते हैं।

कुर्रतुल-एन-हैदर (1927-2007)

कुर्रतुल-एन-हैदर का जन्म 1927 में अलीगढ़ में हुआ था। उर्दू की नयी कहानी में शुरू करनेवालों में से हैदर का पहला कहानी संग्रह सितारों से आगे 1947 में छपा। इनके कहानी संग्रह 'पतझड़ की आवाज़' पर 1967 का साहित्य अकादेमी पुरस्कार इन्हें मिला। आगे चलकर इन्हें सोवियत लैण्ड पुरस्कार, ज्ञानपीठ पुरस्कार एवं पद्मश्री से भी सुशोभित किया गया। कुर्रतुल-एन-हैदर की कहानियाँ प्रचलित प्रगतिशील कहानियों के मुकाबले नयी शैली, नये माहौल और नयी दुनिया को सामने लाती हैं। कहना न होगा कि कुर्रतुल-एन-हैदर उर्दू भाषा के सशक्त और चर्चित कथाकारों में है। मण्टो, कृश्न चन्दर, बेदी और इस्मत चुगताई के बाद वाली पीढ़ी में उनका महत्त्वपूर्ण स्थान है।

पतझड़ की आवाज़

सुबह मैं गली के दरवाज़े में खड़ी सब्ज़ीवाले से गोभी की कीमत पर झगड़ रही थी। ऊपर रसोईघर में दाल-चावल उबालने के लिए चढ़ा दिये थे। नौकर सौदा लेने के लिए बाज़ार जा चुका था। गुसलखाने में आकर साहब बेसिन के ऊपर लगे हुए धुँधले से शीशे में अपना मुँह दिखते हुए गुनगुना रहे थे और शेष काम करते जाते थे। मैं सब्जीवाले के साथ बहस करने के साथ-साथ सोचने में व्यस्त थी कि रात के खाने के लिए क्या-क्या बना लिया जाये। इतने में सामने एक कार आकर रुकी। एक लड़की ने खिड़की में से झाँका और दरवाज़ा खोलकर बाहर उतर आयी। मैं पैसे गिन रही थी, इसलिए मैंने उसे न देखा। वह एक क़दम आगे बढ़ी। अब मैंने सिर उठाकर उस पर नज़र डाली।

"अरे!...तुम...!!" उसने हक्की-बक्की होकर कहा और ठिठककर रह गयी। ऐसा लगा जैसे वह मुद्दतों से मुझे मरी हुई सोचे बैठी है और अब मेरा भूत उसके सामने खड़ा है।

उसकी आँखों में एक क्षण के लिए जो डर मैंने देखा, उसकी याद ने मुझे बावला-सा कर दिया है। मैं तो सोच-सोचकर पागल हो जाऊँगी।

यह लड़की, इसका नाम तक मुझे याद नहीं, और इस समय मैंने झेंप के मारे उससे पूछा भी नहीं, वरना वह कितना बुरा मानती! मेरे साथ दिल्ली के क्वीन मेरी स्कूल में पढ़ती थी। यह बीस साल पहले की बात है। मैं उस समय वहीं कोई सत्रह वर्ष की रही हूँगी लेकिन मेरा स्वास्थ्य इतना अच्छा था कि अपनी उम्र से कहीं बड़ी लगती थी और मेरे सौन्दर्य की धूम मचनी शुरू हो चुकी थी। दिल्ली का रिवाज था कि लड़के वालियाँ स्कूल-स्कूल घूमकर लड़कियाँ पसन्द करती फिरती थीं और जो लड़की पसन्द आती थी उसके घर 'रुक्का' भिजवा दिया जाता था। उन्हीं दिनों मुझे यह ज्ञात हुआ कि इस लड़की की माँ-मौसी आदि ने मुझे पसन्द कर लिया है (स्कूल डे के उत्सव के दिन देखकर) और अब वे मुझे बहू बनाने पर तुली बैठी हैं। ये लोग नूरजहाँ रोड पर रहते थे और लड़का हाल ही में रिजर्व बैंक ऑफ इंडिया में डेढ़-दो सौ रुपये मासिक पर नौकर हुआ

था। चुनांचे 'रुक्का' मेरे घर भिजवाया गया। लेकिन मेरी अम्माजान मेरे लिए बड़े-बड़े सपने देख रही थी। मेरे अब्बा दिल्ली से बाहर मेरठ में रहते थे और अभी मेरे विवाह का कोई प्रश्न ही नहीं उठता था इसलिए वह प्रस्ताव एकदम अस्वीकार कर दिया गया।

इसके बाद वह लड़की कुछ दिन तक मेरे कॉलेज में भी पढ़ी। फिर इसकी शादी हो गयी और वह कॉलेज छोड़कर चली गयी। आज बहुत दिनों बाद माल रोड के पिछवाड़े इस गली में मेरी उससे भेंट हुई। मैंने उससे कहा—"ऊपर आओ, चाय-वाय पीयो, इत्मीनान से बैठकर बातें करेंगे।" लेकिन उसने कहा, "मैं जल्दी में किसी ससुराली रिश्तेदार का मकान ढूँढ़ती हुई इस गली में आ निकली थी। इंशाअल्लाह! मैं फिर कभी ज़रूर आऊँगी।" इसके बाद उसने वहीं खड़े-खड़े, जल्दी-जल्दी, एक-एक करके सारी पुरानी सहेलियों के किस्से सुनाए—कौन कहाँ है और क्या कर रही है। सलमा अमुक ब्रिगेडियर की पत्नी है, चार बच्चे, परख़ुदा का पति 'फौरिन सर्विस' (विदेश मंत्रालय) में है, उसकी बड़ी लड़की लन्दन में पढ़ रही है। रेहाना अमुक कॉलेज में प्रिंसिपल है। सईदा अमरीका के ढेरो डिग्रियाँ ले आयी है और कराची में किसी ऊँचे पद पर विराजमान है। कॉलेज की हिन्दू सहेलियों के बारे में भी उसे पता था—प्रभा का पति इंडियन नेवी में कमांडर है। वह बम्बई में रहती है। सरला ऑल इंडिया रेडियो में स्टेशन डायरेक्टर है और दक्षिण भारत में कहीं है। लीतिका बड़ी प्रसिद्ध चित्रकार बन चुकी है और नयी दिल्ली में उसका स्टुडियो है, आदि-आदि। वह यह बातें कर रही थी लेकिन उसकी आँखों के डर को मैं न भूल सकी।

उसने कहा, "मैं, सईदा, रेहाना आदि जब भी कराची में इकट्ठी होती हैं तुम्हें बराबर याद करती हैं।"

"सचमुच...?" मैंने खोखली हँसी हँसकर पूछा। मुझे पता था मुझे किन शब्दों में याद किया जाता होगा। निश्छल परछाइयाँ! अरे क्या ये लोग मेरी सहेलियाँ थीं। स्त्रियाँ वास्तव में एक-दूसरे के सम्बन्ध में चुड़ैलें होती हैं.....कुटनियाँ....कुलटाएँ! उसने मुझसे यह नहीं पूछा कि यहाँ अँधेरी गली में इस खँडहर जैसे मकान में क्या कर रही हूँ। उसे पता था।

स्त्रियों की 'इंटेलीजेंस सर्विस' इतनी तेज़ होती है कि खुफिया विभाग का विशेषज्ञ भी उसके आगे पानी भरें, और फिर मेरी कहानी इतनी दुःख भरी है। मेरी दशा कोई उल्लेखनीय नहीं। गुमनाम हस्ती हूँ इसलिए किसी को मेरी चिन्ता नहीं, स्वयं मुझे भी अपनी चिन्ता नहीं।

मैं तनवीर फातिमा हूँ। मेरे माँ-बाप मेरठ के रहने वाले थे। वे साधारण

स्थिति के व्यक्ति थे। हमारे यहाँ बड़ा कड़ा पर्दा किया जाता है। स्वयं मेरा अपने चचाजान, फुफेरे भाइयों से पर्दा था। मैं असीम लाड़-प्यार में पली चहेती लड़की थी। जब मैंने स्कूल में बहुत-से लतीफे ले लिए तो मैट्रिक करने के लिए विशेष रूप से मुझे क्वीन मेरी स्कूल में दाख़िला कराया गया। इंटर के लिए अलीगढ़ भेज दी गयी। अलीगढ़ गर्ल्स कॉलेज के दिन मेरे जीवन के सबसे अच्छे दिन थे—क्या स्वप्न भरे मदमाते दिन थे। मैं भावुक नहीं, लेकिन अब भी जब कॉलेज का सहन, लॉन, घास के ऊँचे पौधे, पेड़ों का झुकी बारिश, नुमाइश के मैदान में घूमते हुए काले बुर्कों के परे होस्टल के सँकरे-सँकरे बरामदों, छोटे-छोटे कमरों का वह कठोर वातावरण याद आता है तो जी डूब-सा जाता है। एम.एससी के लिए फिर दिल्ली आ गयी। यहाँ कॉलेज में मेरे साथ ये ही सब लड़कियाँ साथ पढ़ती थी—सईदा, रेहाना, प्रभा, फेलानी-ढिमाकी। मुझे लड़कियाँ पसन्द नहीं आयीं—मुझे दुनिया में अधिकतर लोग पसन्द नहीं आये। अधिकतर लोग व्यर्थ ही समय नष्ट करने वाले हैं। मैं बहुत दम्भी थी। सौन्दर्य ऐसी चीज़ है कि आदमी का दिमाग़ ख़राब होते देर नहीं लगती। फिर मैं तो लाखों में एक थी—शीशे का एक झलकता हुआ रंग, लालिमा लिए हुए सुनहरी बाल, एकदम हृष्ट-पुष्ट, बनारसी साड़ी पहन लूँ तो बिल्कुल कहीं की महारानी लगती थी।

ये विश्वयुद्ध के दिन थे या शायद युद्ध इसी साल ख़त्म हुआ था, मुझे ठीक से याद नहीं है। बहरहाल, दिल्ली पर बहार आयी हुई थी। करोड़पति कारोबारियों और भारत सरकार के बड़े-बड़े अफ़सरों की लड़कियाँ—हिन्दू-सिख-मुसलमान... लम्बी-लम्बी मोटरों में उड़ी-उड़ी फिरतीं। नित नयी पार्टियाँ, उत्सव, हगामें.....आज इन्द्रप्रस्थ कॉलेज में ड्रामा है, कल मिरांडा हाउस में, परसों लेडी इरविन कॉलेज में संगीत-सभा है। लेडी हार्डिंग और सेंट स्टीफेन्स कॉलेज, चेम्सफोर्ड क्लब, रोशनआरा, अमीरिल जीमखाना—मतलब यह है कि हर ओर अलिफ-लैला के बाल बिखरे पड़े थे, हर स्थान पर नौजवान फौजी अफ़सरों और सिविल सर्विस के अविवाहित पदाधिकारियों के उंट डोलते दिखायी देते। एक हंगामा था।

प्रभा और सरला के साथ एक दिन दिलजीतकौर के यहाँ, जो एक करोड़पति सिख कांट्रेक्टर की लड़की थी, किंग एडवर्ड रोड की एक शानदार कोठी में गार्डन पार्टी में निमंत्रित थी।

यहाँ मेरी भेंट मेजर ख़ुशवन्तसिंह से हुई। वह झाँसी की तरफ़ का चौहान राजपूत था। लम्बा-तगड़ा, काला भुजंग, लम्बी-लम्बी ऊपर को मुड़ी हुई नुकीली मूँछें, बेहद चमकते और ख़ूबसूरत दाँत, हँसता तो बहुत अच्छा लगता। ग़ालिब का उपासक था। बात-बात में शे'र पढ़ता, कहकहे लगाता और झुक-झुककर

बहुत ही सभ्यतापूर्वक सबसे बातें करता। उसने हम सबको दूसरे दिन सिनेमा चलने का निमन्त्रण दिया। सरला, प्रभा एक ही बददिमाग़ लड़कियाँ थीं और अच्छी-ख़ासी रूढ़िवादी थीं। वे लड़कों के साथ बाहर घूमने बिल्कुल नहीं जाती थीं। ख़ुशवन्तसिंह दिलजीत के भाई का मित्र था। मेरी समझ में नहीं आया कि मैं उसे क्या उत्तर दूँ कि इतने में सरला ने चुपके से कहा, "ख़ुशवन्त के साथ हरगिज सिनेमा न जाना, बड़ा लोडर लड़का है।" मैं चुप हो गयी।

इन दिनों नयी दिल्ली के एक-दो आवारा लड़कियों के क़िस्से मशहूर हो रहे थे और मैं सोच-समझकर ही डरा करती थी। शरीफ खानदानों की लड़कियाँ अपने माँ-बाप की आँखों में धूल झोककर किस तरह लोगों के साथ रँगरेलियाँ मनाती हैं। होस्टल से प्रायः इस प्रकार की लड़कियों के सम्बन्ध में अटकलें लगाया करतीं। वे बहुत ही अजीब और रहस्यमयी हस्तियाँ मालूम होतीं, यद्यपि देखने में वे भी हमारी ही तरह की लड़कियाँ थी साडियाँ—सलवारें पहने काफ़ी सुन्दर और पढ़ी-लिखी।

"लोग बदनाम करते हैं जी," सईदा दिमाग़ पर बड़ा ज़ोर डालकर कहती, "अब ऐसा भी क्या है?"

"वास्तव में हमारी सोसाइटी ही अभी इस योग्य नहीं हुई कि पढ़ी-लिखी लड़कियों को अपने में समो सके।" सरला कहती।

"होता यह है कि लड़कियाँ सन्तुलन-भावना को खो बैठती हैं।" रेहाना अपना मत प्रकट करती।

जो भी हो, किसी भी तरह विश्वास न होता कि हमारी जैसी हमारे ही साथ की कुछ लड़कियाँ ऐसी-ऐसी भयानक करतूतें किस तरह करती हैं।

दूसरी शाम को मैं लेबोरेटरी की ओर जा रही थी कि निकल्सन मेमोरियल के पास एक किरमिची रंग की लम्बी-सी कार धीरे-से रुक गयी। इसमें से ख़ुशवन्तसिंह ने झाँका और अँधेरे में उसके ख़ूबसूरत दाँत झिलमिलाए।

"अजी देवीजी, यों कहिए कि आप अपना कल वाल एप्वाईटमेंट भूल गयीं।"

"जी....?" मैंने हड़बड़ा कहा।

"हुजूरेआला चलिए मेरे साथ फौरन! यह शाम का वक़्त लेबोरेटरी में घुसकर बैठने का नहीं है। इतना पढ़कर क्या कीजिएगा?"

मैंने बिल्कुल यों ही अपने चारों ओर देखा और कार में दुबककर बैठ गयी।

हमने कनॉट प्लेस जाकर एक अंग्रेजी फ़िल्म देखी।

उसके अगले दिन भी।

इसके बाद मैंने एक हफ्ते तक उसके साथ ख़ूब सैर की। वह 'मेडेंस' में

ठहरा हुआ था।

उस सप्ताह के अन्त तक मैं मेजर ख़ुशवन्तसिंह की श्रीमती बन चुकी थी।

मैं साहित्यिक नहीं हूँ। मैंने चीनी, जापानी, रूसी, अँग्रेजी या उर्दू कवियों का अध्ययन नहीं किया। साहित्य पढ़ना मेरे विचार से समय बर्बाद करना है। पन्द्रह वर्ष की आयु से विज्ञान ही मेरा ओढ़ना-बिछौना रहा है। मैं नहीं जानती कि आध्यात्मिक कल्पनाएँ क्या होती हैं और रहस्यमय का क्या अर्थ है। काव्य और दर्शन के लिए मेरे पास न तब समय था और न अब है। मैं बड़े-बड़े, उलझे हुए, अस्पष्ट और रहस्यपूर्ण शब्द भी प्रयोग नहीं कर सकती।

बहरहाल, पन्द्रह दिन के अन्दर-अन्दर यह घटना भी कॉलेज में सबको मालूम हो गयी थी, लेकिन मुझमें अपने अन्दर हमेशा से एक विचित्र-सा आत्मविश्वास था। मैंने चिन्ता नहीं की। पहले भी मैं लोगों से बोल-चाल बहुत कम रखती थी। सरला वग़ैरह का गुट अब मुझे ऐसी निगाहों से देखता जैसे मैं मंगल ग्रह से उतरकर आयी हूँ मेरे सिर पर सींग हैं। डाइनिंग हॉल में मेरे बाहर जाने के बाद घण्टों मेरे किस्से दुहराये जाते। अपनी इंटेलीजेन्स सर्विस के जरिये मेरे और ख़ुशवन्त के बारे में उनको पल-पल की ख़बर रहती—हम लोग शाम को कहाँ गये, रात को नयी दिल्ली के कौन से बाल रूम में नाचे (ख़ुशवन्त मार्के का डांसर था, उसने मुझे नाचना भी सिखा दिया था) ख़ुशवन्त ने मुझे कौन-कौन से तोहफे, कौन-कौन सी दुकान से खरीद कर दिये।

ख़ुशवन्तसिंह मुझे मारता बहुत था और मुझसे इतना प्यार करता था जितना आज तक दुनिया में किसी भी पुरुष ने किसी स्त्री से न किया होगा।

कई महीने बीत गये। मेरी एम.एससी. प्रीवियस की परीक्षा सिर पर आ गयी और मै पढ़ने में जुट गयी। परीक्षाएँ होने के बाद उसने कहा, "जानेमन, दिलरुबा! चलो किसी ख़ामोश से पहाड़ पर चले—सोलन, डलहौजी, लेनसाउ।" मैं कुछ दिन के लिए मेरठ गयी और अब्बा से यह कहकर (अम्माजान का, जब मैं थर्ड ईयर में थी, स्वर्गवास हो गया था) दिल्ली वापस आ गयी कि अन्तिम वर्ष के लिए बेहद पढ़ाई करनी है। उत्तर भारत के पहाड़ी स्थानों पर बहुत-से परिचितों के मिलने की सम्भावना थी, इसलिए हम सुदूर दक्षिण में ऊटी चले गये। वहाँ महीना भर रहे। ख़ुशवन्त की छुट्टियाँ ख़त्म हो गयीं तो दिल्ली वापस आकर तिमारपुर के एक गाँव में टिक गये।

कॉलेज खुलने से एक हफ्ता पहले मेरी और ख़ुशवन्त की जबर्दस्त लड़ाई हुई। उसने मुझे ख़ूब मारा। इतना मारा कि मेरा चेहरा लहूलुहान हो गया और मेरी बाँहों और पिंडलियों पर नील पड़ गये। लड़ाई का कारण उसकी वह सरदार

ईसाई मंगेतर थी जो न जाने कहाँ से टपक पड़ी थी और सारे शहर में मेरे खिलाफ़ ज़हर उगलती फिर रही थी। अगर उसका बस चलता तो मुझे कच्चा चबा जाती। वह चार सौ बीस लड़की महायुद्ध के दिनों में फ़ौज में थी और ख़ुशवन्त को बर्मा के मोर्चे पर मिली थी

ख़ुशवन्त न जाने किस तरह उसके साथ शादी करने का वचन दे दिया था, पर मुझसे मिलने के बाद वह उसकी अँगूठी वापस करने पर तुला बैठा था।

उस रात तिमारपुर के सुनसान बँगले में उसने मेरे हाथ जोड़े और रो-रोकर मुझसे कहा कि मैं उससे विवाह कर लूँ। अन्यथा वह मर जायेगा। मैंने कहा —हरगिज नहीं, कयामत तक नहीं। मैं शरीफ घराने की सैयदजादी हूँ, भला मैं उस काले तम्बाकू के पिंडे हिन्दू जाति के आदमी से शादी करके खानदान के माथे पर कलंक का टीका लगाती। मैं तो उस सुन्दर और रूपवान किसी बहुत से ऊँचे मुसलमान घराने के कुलदीप के स्वप्न देख रही थी जो एक दिन देर-सवेर बरात लेकर मुझे ब्याहने आयेगा, हमारा मुसाड़िफ होगा, मैं ठाठ-बाट से मायके से विदा होकर उसके घर जाऊँगी, छोटी ननदें दरवाज़े पर देहली रोककर अपने भाई से नेग के लिए झगड़ेंगी, मीरासिनें ढोलक लिए खड़ी होंगी। क्या-क्या कुछ होगा! मैंने क्या हिन्दू-मुस्लिम शादियों का परिणाम देखा नहीं था। कइयों ने प्रगतिवाद या प्यार की भावना के जोश में हिन्दुओं से शादियाँ रचायीं और सालभर बाद जूतियों में दाल बँटी! बच्चों का भविष्य बिगड़ा वह अलग—न इधर के रहे न उधर के। मेरे इनकार करने पर ख़ुशवन्त ने जूते-लातों से मार-मारकर मेरा कचूमर निकाल दिया और तीसरे दिन उस डायन काली कैथरिन धर्म-दास के साथ आगरे चला गया जहाँ उस कमीनी लड़की से सिविल मैरिज कर ली।

जब मैं नयी टर्म शुरू होने पर होस्टल पहुँची तो इस हुलिये से कि मेरे सिर और मुँह पर पट्टी बँधी हुई थी। अब्बा को मैंने लिख भेजा कि लेबोरेटरी में एक एक्सपेरिमेंट कर रही थी कि एक खतरनाक एसिड भक से उड़ा और उससे मेरा मुँह थोड़ा-सा जल गया। अब बिल्कुल ठीक हूँ, आप बिल्कुल चिन्ता न करें।

लड़कियों को तो पहले ही सारा क़िस्सा मालूम था, इसलिए उन्होंने औपचारिक रूप से मेरी ख़ैर-ख़बर न पूछी। इतने बड़े स्कैंडल के बाद मुझे होस्टल में रहने की अनुमति न दी जाती, लेकिन होस्टल की वार्डन ख़ुशवन्तसिंह की गहरी दोस्त थी इसलिए सब ख़ामोश रहे। इसके अतिरिक्त किसी के पास किसी प्रकार का प्रमाण भी न था। कॉलेज की लड़कियों को लोग यों भी खामखाह बदनाम करने पर तूले रहते हैं।

मुझे वह वक़्त अच्छी तरह याद है, जैसे कल ही की बात हो, सुबह के

ग्यारह बजे होंगे। रेलवे स्टेशन से लड़कियों के ताँगे आकर फाटक में घुस रहे थे, होस्टल के लॉन पर बरगद के पेड़ के नीचे लड़कियाँ अपना-अपना सामान उतरवाकर रखवा रही थीं। जिस समय मैं अपने ताँगे से उतरी वे मेरा ठाठे से बँधा सफ़ेद चेहरा देखकर इतनी आश्चर्यचकित हुईं जैसे सबको साँ सूँघ गया हो। मैंने अपना सामान चौकीदार के सिर पर रखवाया और अपने कमरे की ओर चली गयी। दोपहर को जब मैं खाने को मेज पर आकर बैठी तो उन कुलटाओं ने मुझसे इस ढंग से औपचारिक बातें शुरू कीं जिनसे भली-भाँति यह प्रकट हो गया कि मेरी इस दुर्घटना का वास्तविक कारण उन्हें पता है और अपमानित होने से बचाने के लिए उसकी चर्चा ही नहीं कर रही हैं। उनमें से एक ने जो उस चंडाल चौकड़ी का केन्द्र और उन सबकी उस्ताद हो, रात को खाने की मेज़ पर निर्णय लिया कि मैं एक कामी स्त्री हूँ। मेरी जासूसों द्वारा यह सूचना तुरन्त ऊपर मेरे पास पहुँच गयी जहाँ मैं उस समय अपने कमरे में खिड़की के पास टेबुल लैम्प लगाये पढ़ाई में व्यस्त थी और इस तरह की बातें तो अब आम थीं कि बेपर्दगी आज़ादी ख़तरनाक है और ऊँची शिक्षा बदनाम है—आदि-आदि।

मैं अपनी सीमा तक शत-प्रतिशत इन बातों से सहमत थी। मैं स्वयं सोचती थी कि कुछ अच्छी-ख़ासी, भली-चंगी, उच्च शिक्षा प्राप्त लड़कियाँ आवारा क्यों हो जाती हैं। एक विचारधारा थी कि वही लड़कियाँ आवारा होती हैं जिनके पास सूझ-बूझ कम होती है। मानव-मस्तिष्क कभी भी अपनी बर्बादी की ओर जान-बूझकर क़दम नहीं उठायेगा—लेकिन मैंने तो अच्छी-ख़ासी समझदार, तेज़ो-तर्रार लड़कियों को आवारागर्दी करते देखा था। दूसरी विचारधारा थी कि—रुपये-पैसे, ऐशो-आराम का जीवन, कीमती भेंटों का लालच, रोमांस की खोज, साहसिक कार्य करने की अभिलाषा या मात्र उकताहट या पर्दे के बन्धनों के बाद स्वतन्त्रता के वातावरण में प्रवेश कर पुराने बन्धनों से विद्रोह—इस आवारगी के कुछ कारण हैं। ये सब बातें अवश्य होंगी, अन्यथा और व्यथा और क्या कारण हो सकता है?

मैं अपनी पहली परीक्षा से छूटी थी कि ख़ुशवन्त भी आ पहुँचा। उसने मुझे लेबोरेटरी से फ़ोन किया कि मैं नरूला में छः बजे उससे मिलूँ। मैंने ऐसा ही किया। वह कैथरिन को अपने माँ-बाप के पास छोड़कर एक सरकारी काम से दिल्ली आया था। इस बार हम हवाई जहाज़ से एक सप्ताह के लिए बम्बई चले गये।

इसके बाद उससे दूसरे-तीसरे महीने मिलना होता रहा। एक साल बीत गया। इस बार जब वह दिल्ली आया तो उसने अपने एक निकटतम मित्र को मुझे लेने के लिए मोटर लेकर भेजा क्योंकि वह लखनऊ से लाहौर जाते हुए पालम पर कुछ घण्टों के लिए ठहरा था। यह मित्र दिल्ली के एक बहुत बड़े मुसलमान व्यापारी

का लड़का था। लड़का तो ख़ैर नहीं कहना चाहिए, उस समय वह चालीस के पेटे में रहा होगा—बीवी बच्चोंवाला। ताड़-सा कद। बेहद गलत अँग्रेजी बोलता था, काला, बदसूरत—बिल्कुल चिंडीमार की शक्ल, होशो-हवाश ठीक-ठाक।

ख़ुशवन्त इस बार दिल्ली से गया तो फिर कभी वापस न आया क्योंकि अब मैं फारूक की पत्नी बन चुकी थी।

फारूक के साथ अब मैं उसकी मंगेतर की हैसियत से बाकायदा दिल्ली की ऊँची सोसायटी में शामिल हो गयी। मुसलमानों में तो चार शादियाँ तक उचित हैं, इसलिए कोई बहुत बड़ी बात न थी, अर्थात् धर्म की दृष्टि से कि वह अपनी अनपढ़, अधेड़ उम्र की पत्नी के होते हुए एक पढ़ी-लिखी लड़की से शादी करना चाहता था, जो चार आदमियों में ढंग से बैठ सके और फिर धनिक वर्ग में सब कुछ उचित है। यह तो हमारे मध्यमवर्गीय समाज के ही नियम हैं कि वह न करो, यह न करो। लम्बी छुट्टियों के दिनों में फारूक ने भी मुझे ख़ूब सैर करायी —कलकत्ता, लखनऊ, अजमेर—कौन-सी जगह थी जो मैंने उसके साथ न देखी। उसने मुझे हीरे-जवाहरात के गहनों से लाद दिया। अब्बा को लिख भेजती थी यूनिवर्सिटी के विद्यार्थियों के साथ 'टूर' पर जा रही हूँ या अमुक स्थान पर साइंस कान्फ्रेन्स में भाग लेने के लिए मुझे बुलाया गया है, लेकिन साथ-ही-साथ मुझे अपनी शिक्षा का रिकार्ड ऊँचा रखने की धुन थी। फाइनल परीक्षा में मैंने बहुत ही ख़राब पर्चे किये और परीक्षाएँ समाप्त होते ही घर चली गयी।

उन्हीं दिनों दिल्ली में गड़बड़ी शुरू हुई और लड़ाई-झगड़ों का भूचाल आ गया। फारूक ने मुझे मेरठ पत्र लिखा कि तुम अविलम्ब पाकिस्तान चली जाओ, मैं तुमसे वहीं मिलूँगा। मेरा पहले ही से यह इरादा था। अब्बा भी बेहद परेशान थे और यही चाहते कि इन हालात में मैं हिन्दुस्तान में न रुकूँ, यहाँ मुसलमान लड़कियों की इज़्ज़त निश्चित रूप से ख़तरे में है। पाकिस्तान अपना इस्लामी देश था, उसकी तो बात ही क्या थी। अब्बा ज़मीन-जायदाद वग़ैरह के कारण अभी देश छोड़कर नहीं जा सकते थे। मेरे दोनों भाई बहुत छोटे-छोटे थे और अम्माजान के स्वर्गवास के बाद अब्बा ने उनको मेरी फूफी के पास हैदराबाद दकन भेज दिया था। मेरा परिणाम निकल चुका था और मैं तीसरी श्रेणी में पास हुई थी। मेरा दिल टूट गया। जब बवलों का ज़ोर कुछ कम हुआ तो मैं हवाई जहाज़ से लाहौर आ गयी। फारूक मेरे साथ आया उसने यह कार्यक्रम बनाया था कि अपने कारोबार की एक ब्रांच पाकिस्तान में स्थापित करके लाहौर उसका हेड ऑफिस रखेगा। मुझे उसका मालिक बनायेगा और वहीं मुझसे शादी कर लेगा। वह दिल्ली छोड़ नहीं रहा था क्योंकि उसके बाप बड़े उदारवादी विचारों

के आदमी थे। योजना यह बनी थी। यद्यपि एक-से-एक अच्छी कोठी अलाट हो सकती थी लेकिन फारूक यहाँ किसी को जानता नहीं था। बहरहाल, सन्तनगर में एक छोटा-सा मकान मेरे नाम अलाट करके उसने मुझे वहाँ छोड़ दिया और मेरी देख-भाल सहायता के लिए अपने एक दूर के रिश्तेदार कुटुम्ब को मेरे पास छोड़ दिया जो शरणार्थी होकर लाहौर आया था और मारे-मारे फिर रहा था।

मैं जीवन के इस अचानक परिर्वतन से इतनी हक्की-बक्की थी कि मेरी समझ में न आता था कि क्या हो गया। कहाँ अविभाज्य भारत की वह भरपूर, दिलचस्प, रंगारंग दुनिया, कहाँ सन् 48 के लाहौर का वह छोटा और अँधेरा मकान। देश त्याग! अल्लाहो-अकबर मैंने कैसे-कैसे दिल हिला देने वाले देखे हैं।

मेरा मस्तिष्क इतना खोखला हो चुका था कि मैंने नौकरी ढूँढ़ने की भी कोई कोशिश नहीं की। रुपये-पैसे की ओर से चिन्ता न थी, क्योंकि फारूक मेरे नाम दस हज़ार रुपये जमा करा गया था—सिर्फ़ दस हज़ार, वह स्वयं करोड़ों का आदमी था, लेकिन उस समय मेरी समझ में कुछ न आता था, अब भी नहीं आता।

दिन बीतते गये। मैं सुबह से शाम तक पलँग पर पड़ी फारूक की मौसी या नानी, जो कुछ भी हो वे बड़ी थीं, उनके देश-त्याग की आपत्तियों की रामकहानी और उनकी सबकाए-इमारत के क़िस्से सुना करती और पान-पर-पान खाती थी या उनकी पढ़नेवाली बेटी को एलज़बरा-ज्योमेट्री सिखाया करती। उनका बेटा धराए नाम फारूक के कारोबार की देखभाल कर रहा था।

फारूक साल में पाँच-छः चक्कर लगा लेता। अब लाहौर का जीवन धीरे-धीरे साधारण होता जा रहा था। उसके आने से मेरे दिन कुछ अच्छी तरह कटते। उसकी मौसी बड़े प्रयत्न से दिल्ली के खाने तैयार करती थी। मैं साल के हेयर ड्रेसर के यहाँ जाकर अपने बाल सेट करवाती। शाम को जीमखाना क्लब चले जाते और यहाँ एक कोने की मेज़ पर बियर के गिलास सामने रखे फारूक मुझे दिल्ली की घटनाएँ सुनाता। वह बेथके बोले जाता या कुछ देर के लिए चुप होकर कमरे में आनेवाली अजनबी सूरतों को देखता रहता। उसने शादी की कभी कोई चर्चा नहीं की। मैंने भी उससे नहीं कहा। मैं अब उकता चुकी थी। किसी चीज़ से कोई अन्तर नहीं पड़ता। जब वह दिल्ली चला जाता तो हर पन्द्रहवें दिन मैं अपनी कुशलता का पत्र और उसके कारोबार का हाल लिख भेजती और लिख देती कि इस बार आये तो कनाट प्लेस या चाँदनी चौक की अमुक दुकान से अमुक-अमुक प्रकार की साड़ियाँ लेता आये क्योंकि पाकिस्तान में ऐसी साड़ियाँ नापैद हैं।

एक दिन मेरठ से चाचा मियाँ का पत्र आता कि अब्बाजान का स्वर्गवास

हो गया।

"अब हमदे मरसल न रहे कौन रहेगा?"

मैं मनोभावों से परिचित नहीं हूँ, लेकिन अब्बा मुझ पर जान छिड़कते थे। उनकी मृत्यु का मुझे बड़ा दुःख हुआ—सद्मा पहुँचा। फारूक ने मुझे बड़े प्यार से दिलासा भरे पत्र लिखे तो तनिक ढाढस बँधी। उसने लिखा,"नमाज पढ़ा करो! बहुत बुरा वक़्त है। दुनिया में काली आँधी चल रही है, सूरज डेढ़ क़दम पर आया चाहता है। एक पल का भरोसा नहीं।" सारे व्यापारियों की तरह वह भी बड़ा धार्मिक और अन्धविश्वासी था। नियमपूर्वक अजमेर शरीफ जाता, नजूमियों, रम्मानों, पंडितों, सियानों, पीरों, फ़कीरों, शकुन-अपशकुनों, स्वप्नों का परिणाम -अर्थात् प्रत्येक चीज़ में विश्वास करता था। एकाध महीने मैंने नमाज भी पढ़ी लेकिन जब मैं सिजदा करती तो जी चाहता कि ज़ोर-ज़ोर से हँसूँ।

देश में साइंस की प्राध्यापिकाओं की बड़ी माँग थी। जब मुझे एक स्थानीय कॉलेजवालों ने बहुत विवश किया तो मैंने पढ़ाना शुरू कर दिया, यद्यपि टीचरी करने में मुझे सख्त नफरत है। कुछ समय बाद मुझे पंजाब के एक पिछड़े ज़िले के गर्ल्स कॉलेज में बुला लिया गया। कई साल तक मैंने यहाँ काम किया। मुझसे मेरी शिष्याएँ प्रायः पूछती—"हाय, अल्लाहे तनवीर आप इतनी प्यारी-सी हैं, आप अपने करोड़पति मंगेतर से शादी क्यों नहीं कर लेतीं?"

इस प्रश्न का स्वयं मेरे पास भी कोई उत्तर नहीं था।

यह क्या देश था, नये लोग, नया सामाजिक जीवन—यहाँ किसी को मेरे भूत काल के बारे में पता न था। कोई भी भला आदमी मुझसे शादी करने को तैयार हो सकता था। (लेकिन भले आदमी, सुन्दर सीधे-सादे सभ्य लोग मुझे पसन्द ही नहीं आते थे, मैं क्या करती!) दिल्ली के क़िस्से दिल्ली ही में रह गये और फिर मैंने यह देखा है कि एक-से-एक हर्राफा लड़कियाँ अब ऐसी सदाचारिणी बनी हुई हैं कि देखा ही कीजिए। स्वयं एटूम हरीराम और रानीखान के उदाहरण मेरे सामने थे।

अब वह अचानक भी कभी-कभी आता। हम लोग इस तरह मिलते जैसे बीसियों साल के पुराने विवाहित पति-पत्नी हैं जिनके पास सब-के-सब नये विषय ख़त्म हो चुके हैं और अब शान्ति, विश्राम और ठहराव का समय है। फारूक की बेटी की अभी हाल ही में दिल्ली में शादी हुई है। उसका पति ऑक्सफोर्ड जा चुका है। पत्नी को स्थायी रूप से दमा रहता है। फारूक ने अपने व्यवसाय की शाखाएँ बाहर कई देशों में फैला दी हैं। नैनीताल में नया मकान बनवा रहा है। फारूक अपने खानदान के क़िस्से, व्यवसाय की बातें मुझे विस्तार से सुनाया

करता था और मैं उसके लिए पान बनाती रहती।

एक बार मैं छुट्टियों में कॉलेज से लाहौर गयी तो फारूक के पुराने दोस्त सैयद वकार हुसैनखाँ से मेरी भेंट हुई। लम्बा कद, मोटे-ताजे, काले तवे जैसा रंग, उम्र में पैंतालीस के लगभग—अच्छे-ख़ासे देव-पुत्र मालूम होते। उनको पहली बार मैंने नयी दिल्ली में देखा था। जहाँ उनका डांसिंग स्कूल था। ये रामपुर के एक शरीफ घराने के इकलौते बेटे थे, बचपन में घर से भाग गये। सरकसवालों और थियेटर कम्पनियों के साथ देश-विदेश घूम—सिंगापुर, हांगकांग, शंघाई, लन्दन—जाने कहाँ-कहाँ। अनगिनत जातियों और नस्लों की स्त्रियों से शादी रचाई। उनकी वर्तमान पत्नी उड़ीसा के एक मारवाड़ी महाजन की लड़की थी जिसको वे कलकत्ता से उड़ा लाये थे। बारह-पन्द्रह साल पहले मैंने उसे दिल्ली में देखा था। साँवली-साँवली-सी मँझले कद की लड़की थी। उसकी शक्ल पर अजीब तरह का दर्द बरसता, मगर सुना था कि बड़ी पतिव्रता स्त्री थी। पति के दुर्व्यवहार से तंग आकर इधर-उधर भाग जाती लेकिन कुछ दिन बाद फिर वापस आ जाती। खाँ साहब ने कनॉट सरकस की एक बिल्डिंग की तीसरी मंज़िल में अंग्रेजी नाच सिखाने का स्कूल खोल रखा था, जिसमें वे, उनकी पत्नी, दो एंग्लो-इंडियन लड़कियाँ—स्टॉफ में शामिल थीं। महायुद्ध के दिनों में स्कूल पर धन बरसा। हर इतवार की सुबह वहाँ गयी थी। सुना था कि वकार साहब की पत्नी महासती अनसूया का अवतार है कि उनके पति आज्ञा देते हैं कि अमुक-अमुक लड़की से बहनापा गाँठो और उसे मुझसे मिलाने के लिए ले आओ—और वह नेमख्त ऐसा ही करती। एक बार वह हमारे होस्टल भी आयी और कुछ लड़कियों के सिर हुई कि वह उसके साथ चलकर बारहखम्बा रोड पर चाय पीएँ।

भारत-विभाजन के बाद वकार साहब, उनके कथनानुसार, लुट-लुटा कर लाहौर आ पहुँचे थे और माल रोड के पीछे एक फ्लैट अलाट कराके उसमें अपना स्कूल खोल लिया था। शुरू-शुरू में तो कारोबार मन्दा रहा। दिलों पर मुर्दनी छायी हुई थी, नाचने-गाने का किसे होश था। इस फ्लैट में भारत-विभाजन से पूर्व आर्यसमाजी हिन्दुओं का संगीत विद्यालय था। लकड़ी के फ़र्श का हॉल, बंगले में दो छोटे-छोटे कमरे, गुसलखाना, रसोईघर। सामने लकड़ी की बॉलकनी और टूटा-फूटा हिलता हुआ जीना। 'भारत माता संगीत विद्यालय' का बोर्ड बॉलकनी के जंगले पर अब तक टेढ़ा लटका हुआ था। उसे उतारकर 'खकाराज स्कूल ऑफ काफलभप्स एंड डांसिंग' का बोर्ड लगा दिया गया। अमरीकन फ़िल्मी पत्रिकाओं में से काटकर जेन केली, फरीदा स्टीयर, फ्रेक सीनट्रा, बीर्सडे आदि के रंगीन चित्र हॉल की पुरानी और कमज़ोर दीवारों पर लगा दिये गये और स्कूल चालू हो गया।

रिकार्डों का छोटा-सा पुलिन्दा खाँ साहब दिल्ली से साथ लेते आये थे। ग्रामोफ़ोन और सैकेंडहैंड फर्नीचर फारूक से रुपया कर्ज लेकर उन्होंने यहाँ खरीद लिया। कॉलेज के मनचले नौजवान और नयी अमीर बनी सोसायटी की नयी फैशनेबल बेगमों को ख़ुदा सलामत रखे, दो-तीन साल में उनका कारोबार ख़ूब चमक उठा।

फारूक की मित्रता के कारण मेरा और उनका सम्बन्ध कुछ भाभी और जेठ का सा हो गया। वे प्रायः मेरी कुशल-क्षेम पूछने आ जाते। उनकी पत्नी घण्टों पकाने-राँधने, सोने-पिरोने की बातें किया करती। बेचारी मुझसे बिल्कुल देवरानी जैसा स्नेह का व्यवहार करती। वे पति-पत्नी निःसन्तान थे, बड़ा उदास, बेरंग, बेतुका-सा बेलगाम जोड़ा था। ऐसे लोग भी दुनिया में मौजूद हैं।

कॉलेज में नयी अमरीकी प्लेटनिक चढ़ी। प्रिंसिपल से मेरा झगड़ा हो गया। अगर वह सेर तो मैं सवा सेर। मैं स्वयं कौन अब्दुलहुसैन तानाशाह से कम थी। मैंने इस्तीफा कॉलेज कमिटी के सिर पर मारा और फिर सन्तनगर लाहौर वापस आ गयी। मैं पढ़ाते-पढ़ाते उकता चुकी थी। मैं वजीफा लेकर पी.एच.डी. के लिए बाहर जा सकती थी लेकिन इस इरादे को भी कल पर टालती रही। कल अमरीकनों के दफ्तर जाऊँगी जहाँ वे वजीफे बाँटते हैं, कल ब्रिटिश काउन्सिल जाऊँगी, कल शिक्षा-मंत्रालय में स्कॉलरशिप का प्रार्थनापत्र भेजूँगी।

अधिकतर समय बीत गया—क्या करूँगी? कहीं बाहर जाकर कौन-से गढ़ जीत लूँगी? मुझे जाने किस वस्तु की प्रतीक्षा थी, मुझे पता नहीं। इसी बीच एक दिन वकार भाई मेरे पास बड़े निराश होकर आये और कहने लगे—"तुम्हारी भाभी के दिमाग़ में फिर कीड़ा उठा। वह वीसा बनवाकर हिन्दुस्तान चली गयी और अब कभी नहीं आयेगी।"

"वह कैसे...?" मैंने तनिक लापरवाही से पूछा और उसके लिए चाय का पानी स्टोव पर रख दिया।

"बात यह हुई कि मैंने उन्हें तलाक दे दिया। उनकी ज़ुबान बहुत बढ़ गयी थी। हर समय टर्र-टर्र-टर्र-टर्र-..." फिर उन्होंने सामने बिछे पलँग पर बैठकर शुद्ध पतियोंवाले ढंग से अपनी पत्नी के विरुद्ध शिकायतों का दफ्तर खोल दिया और स्वयं को निरपराध करने की कोशिश में व्यस्त रहे।

मैं बेपरवाही से वह सारी कथा सुनती रही। ज़िन्दगी की हर बात एकदम बेरंग, महत्त्वहीन, अनावश्यक और निरर्थक थी।

कुछ समय बाद वे मेरे यहाँ आकर बड़बड़ाए, "नौकरों ने नाक में दम कर रखा है। तुमसे कभी इतना भी नहीं होता कि आकर तनिक भाई के घर की दशा ही ठीक कर जाओ, नौकरों के कान उमेठो! मैं स्कूल भी चलाऊँ और घर

भी!” उन्होंने इस ढंग से शिकायत भरे स्वर में कहा जैसे उनके घर का प्रबन्ध करना मेरा कर्तव्य है।

कुछ दिनों बाद मैं अपना सामान बाँधकर वकार साहब के कमरों में जा पहुँची और नृत्य सिखाने के लिए उनकी असिस्टेंट भी बन गयी।

इसके महीने-भर बाद पिछले रविवार को वकार साहब ने एक मौलवी बुलाकर अपने दो चिरकिटों की गवाही में मुझसे निकाह पढ़वा लिया।

अब मैं दिनभर काम-काज में व्यस्त रहती हूँ। मेरा रूप-सौन्दर्य भूतकाल की रामकहानियों में शामिल हो चुका है। मुझे शोर-शराबे, पार्टियाँ, हंगामे बिल्कुल पसन्द नहीं लेकिन घर में हर समय चा-चा किल्लियों और रॉक का शोर मचा रहता है। बहरहाल, यही मेरा घर है।

मेरे पास इस समय कई कॉलेजों में कैमिस्ट्री पढ़ाने के ऑफर हैं मगर भला कहीं पारिवारिक धन्धों से फुरसत मिलती है? नौकरों का यह हाल है कि आज रखो, कल गायब। मैंने अधिक की अभिलाषा कभी नहीं की, केवल इतना चाहा कि एक औसत दरजे की कोठी हो और सवारी के लिए मोटर ताकि आराम से आ-जा सकें। समान स्तरवाले लोगों में लज्जित न होना पड़े। चार मिलनेवाले आयें तो बिठाने के लिए ठीक-सी जगह हो, बस!

इस समय हमारी डेढ़-दो हज़ार रुपये की आय है जो पति-पत्नी के लिए ज़रूरत से ज़्यादा है। आदमी अपने भाग्य से सन्तुष्ट हो जाये तो सारे-के-सारे दुःख मिट जाते हैं।

शादी हो जाने के बाद लड़की के सिर पर छत-सी पड़ जाती है। आज-कल की लड़कियाँ जाने किस रौ में बह रही हैं, किस तरह ये हाथों से निकल जाती हैं। जितना सोचो, अजीब-सा लगता है, और आश्चर्य होता है।

मैंने तो कभी किसी से बनावटी प्यार तक नहीं किया। ख़ुशवन्त, फारूक और इस पचास वर्षीय कुरूप और भौंडे आदमी के अतिरिक्त, जो मेरा पति है, मैं किसी चौथे आदमी से परिचित तक नहीं। मैं शायद बदमाश तो नहीं थी। न जाने मैं क्या थी और क्या हूँ। रेहाना, सईदा, प्रभा और यह लड़की जिसकी आँखों में मुझे देखकर डर पैदा हुआ, शायद वे मुझसे अधिक अच्छी तरह मुझसे परिचित हों!

अब ख़ुशवन्त को याद करने से फायदा? समय बीत चुका। जाने कब वह ब्रिगेडियर मेजर जनरल हो चुका हो। आराम की सीमा पर चीनियों के विरुद्ध मोर्चा लगाये बैठा हो या हिन्दुस्तान की किसी हरी-भरी सुन्दर छावनी के मैस में बैठा मूँछों पर ताव दे रहा हो और मुस्कराता हो। शायद वह कब कश्मीर मोर्चे

पर मारा जा चुका हो! क्या मालूम। अँधेरी रातों में मैं चुपचाप आँखें खोल पड़ी रहती हूँ! विज्ञान ने हमें वर्तमान युग के बहुत-से रहस्यों से परिचित करा दिया है। मैंने कैमिस्ट्री पर अनगिनत किताबें पढ़ी हैं, पहरों सोचा है। पर मुझे बड़ा डर लगता है।

ख़ुशवन्त सिंह! ख़ुशवन्त सिंह तुम्हें अब मुझसे मतलब?

करतार सिंह दुग्गल (1917-2012)

करतार सिंह दुग्गल का जन्म 1 मार्च 1917 को पाकिस्तान के रावलपिण्डी के पास हुआ था और इनकी मृत्यु 26 जनवरी 1912 को हुई। इनकी रचनाएँ हिन्दी के अतिरिक्त उर्दू और पंजाबी में भी हैं। वे अखिल भारतीय आकाशवाणी के निदेशक काफ़ी दिनों तक रहे। इन्हें साहित्य अकादेमी पुरस्कार एवं पद्मभूषण पुरस्कार भी मिला। इनके प्रसिद्ध उपन्यासों में 'शरद पूनम की रात', 'बन्द दरवाज़े' एवं 'मिट्टी मुसलमान की' हैं। बाद में इन्हें ग़ालिब पुरस्कार एवं सोवियत संघ द्वारा दिया हुआ सोवियत लैंड पुरस्कार भी मिला। विभिन्न भाषाओं में कुल मिलाकर इनकी सैकड़ों रचनाएँ हैं। प्रस्तुत कहानी में मानवीय रिश्तों और करुणा का प्रसंग प्रस्तुत हुआ है।

इन्सानियत

बलौच सिपाही मिलिटरी के ट्रक में मुर्गों की तरह लद गये थे। उनका सामान वैपन-कैरियर में सुबह भेज दिया गया था। हर फ़ौजी के पास सिर्फ़ अपनी-अपनी बन्दूक थी। समय ही कुछ ऐसा था कि बन्दूकों पर संगीनें हर समय चढ़ी रहती थीं।

बलौच फ़ौजियों की इस टुकड़ी का सरदार एक रमजान खान नाम का जमादार था, जिसे सभी 'मौलवीजी, मौलवीजी' कहते थे। चलती लारी में जमादार नमाज पढ़ने के लिए खड़े हो जाते। फसादों में लाशों के ढेर के आगे मुस्सला बिछाकर लोगों ने नमाज के समय उन्हें नमाज पढ़ते देखा था। एक सिपाही उनकी दायीं तरफ़ बन्दूक लेकर खड़ा होता और एक सिपाही उनकी बायीं तरफ़। देश विभाजन के बाद अमृतसर क्षेत्र से मुसलमानों को निकाल-निकालकर वे पाकिस्तान भेजते। जली हुई मस्जिदों के सामने लारी रुकवाकर ये रोने लगते।

और अब उनका काम ख़त्म हो चुका था। कोई भी मुसलमान ऐसा नहीं रह गया था जिसे मौलवी ने पाकिस्तान की स्वर्ग-सी ज़मीन पर न भिजवा दिया हो जो अपने घरबार छोड़ने के लिए तैयार नहीं थे, उन्हें मौलवीजी इस्लामी राज्य के सुन्दर चित्र दिखाते और कोई भी उनका कहना टाल न पाता।

और आज अब लारी चलने लगी तो मौलवीजी को अचानक ख़याल आया—भगवान तो सभी का एक है। अमृतसर के हरिमन्दिर की नींव एक मुसलमान फकीर ने रखी थी, गुरु नानक को अहले-सुन्नत भी अपना पीर मानते हैं और मौलवीजी ने दूर गुरुद्वारे के चमकते हुए सुनहरे कलशों को देखकर सिर झुका दिया।

लारी चली तो ठण्डी हवा के पहले झोंके के साथ ही मौलवीजी की आँखें मुँदने लगीं। मौलवीजी की आँखें मुँदीं तो फसादों के बीभत्स दृश्य उनकी आँखों के सामने उभरने लगे। किस तरह मुसलमानों ने हिन्दू-सिखों के टुकड़े-टुकड़े किये थे और किस तरह हिन्दू-सिखों ने मुसलमानों से गिन-गिनकर बदले लिए थे। कोई कहता—पहले हिन्दुओं ने की थी, कोई कहता मुसलमानों ने की थी...।

जमादार रमजान खान ऐसे ही ख़यालों में खोया हुआ था कि सड़क से

एक खौफ़नाक चीख के बाद ट्रक में सिपाहियों के हँसने की आवाज़ आयी। पूछने पर पता चला कि साइकिल पर जा रहे नौजवान सिख के पास से जब लारी गुज़री तो लारी के एक सिपाही ने अपनी संगीन से उसके गले को छलनी कर दिया। वह सिख साइकिल से उछलकर नाली में गिर पड़ा जैसे कोई मेंढक उछलकर गिरता है। इसी घटना पर सिपाही हँस रहे थे। जमादार भी सिख को मारने की इस तरकीब पर हँसने लगा। उसने सोचा चलो एक सिखड़ा और कम हुआ। और अपनी डायरी में दुश्मन के जानी नुकसान के ब्योरे में उसने एक नम्बर और बढ़ा लिया।

ट्रक से हँसी अभी थमी नहीं थी कि सड़क से फिर एक भयानक चीख सुनायी दी। इस बार आवाज़ किसी औरत की थी। और लारी में कहकहों की आवाज़ और ऊँची हो गयी। दूध बेचकर गाँव जा रही किसी ग्वालिन को इस बार निशाना बनाया गया था। संगीन की नोक ग्वालिन की चोटी में जाकर लगी थी और उसके बालों की लट संगीन के साथ कट कर आ गयी थी और ग्वालिन का बर्तन एक तरफ़ गिर गया था और ग्वालिन दूसरी तरफ़ ढेर हो गयी थी। फिर बलौची सिपाही बारी-बारी से बालों की लट की चूमने लगे थे। जब सभी ने अरमान पूरे कर लिए तो जमादार ने बालों की लट लेकर अपनी डायरी में रख ली। काफिरों के मुल्क की यह निशानी भी अच्छी रहेगी, उसने मन-ही-मन सोचा।

सुबह की ठण्डी-ठण्डी हवा चल रही थी। अमृतसर शहर के बाहर सड़क पर कोई इक्का-दुक्का ही आ-जा रहा था। बलौच फ़ौजियों ने पाकिस्तान की शान में गीत गाने प्रारम्भ कर दिये—पाकिस्तान आसमान में चमकता एक तारा है—पाकिस्तान दुनिया में इनसाफ़ का एक नमूना होगा—पाकिस्तान ग़रीबों और अनाथों का सहारा होगा—पाकिस्तान में कोई जालिम होगा, न कोई मजलूम...।

इसी तरह गाते-गाते एक सिपाही ट्रक में ड्राइवर के दाहिने आकर बैठ गया, दूसरा जमादार से इजाज़त लेकर उनके बायीं ओर बैठ गया। और संगीनों को उन्होंने बाहर निकालकर रख लिया जैसे कोई शिकारी की घात में बैठा हुआ हो।

सड़क पर फिर एक औरत नज़र आयी, गले में गातरे वाली कृपाण, कोई सिख नज़र आ रही थी। ड्राइवर ने धीरे-से ट्रक को उसके पास से निकाला और उसके दायीं ओर बैठे बलौच सिपाही ने उस गोल-मटोल गुरु की भक्तिन को जैसे नेजे पर उछाल दिया हो। सुनसान सड़क पर फिर एक चीख सुनायी दी। ट्रक में फिर कहकहे उठे। ड्राइवर ने फिर ट्रक को तेज़ कर लिया।

और जहाँ जाकर वह औंधी गिरी, दूर तक सिपाही एड़ियाँ उठाकर उसे तड़फते हुए देखते रहे।

फिर उसके सम्बन्ध में बातें होने लगीं। कोई कहता गुरुद्वारे से आ रही थी तो दूसरा कहता गुरुद्वारे जा रही थी। कुछ का ख़याल था कि खा-पीकर मोटी हो रही थी।

और जमादार को समझ नहीं आ रहा था कि वह अपनी डायरी में दुश्मनों के जानी नुक़सान के हिसाब में एक औरत लिखे या एक औरत और एक बच्चा।

कोई एक मील बाद एक बूढ़ा सड़क के किनारे बैठा पेशाब कर रहा था। लारी फिर सड़क छोड़कर कच्चे रास्ते पर आ गयी। इस बार जमादार के बायीं ओर बैठे सिपाही ने बूढ़े की पीठ में संगीन को गाढ़ दिया। बूढ़ा गेंद-सा लुढ़कता खाई में गिर गया। फिर एक चीख की आवाज़ और फिर कहकहे। लारी तेज़ हो गयी।

जमादार रमजान खान ने सोचा जाते-जाते ये अच्छे शिकार मिल गये। वह बार-बार डायरी खोलता और अपने हिसाब को अप-टु-डेट करता।

शहर से जैसे-जैसे वे दूर होते जा रहे थे, वैसे-वैसे ख़तरा कम होता जा रहा था। बलौच सिपाहियों के हौसले बढ़ते जा रहे थे और उन्हें इस नये खेल में मज़ा आ रहा था।

हवा से बातें करता मिलिटरी का ट्रक जैसे उड़ता जा रहा था। सामने सीमा पर पाकिस्तानी झंडा दिखायी देने लगा था। बलौच सिपाहियों ने झंडे को देखते ही—'पाकिस्तान ज़िन्दाबाद' के पाँच नारे लगाये और फिर कोई नगमा गाने लगे।

झंडा ज़रूर नज़र आने लगा था, पर सरहद अभी लगभग तीन मील दूर थी।

थोड़ा ही आगे जाकर बलौच सिपाहियों ने देखा कि तीन सिख सड़क पर जा रहे थे, दो-दो दायीं ओर तथा एक बायीं ओर। तीनों में कोई पचास-पचास क़दमों का अन्तर था।

ड्राइवर के पास अगली सीट पर बैठे बलौच सिपाहियों ने आँखों-आँखों से कोई योजना बनायी। और जब सारा नक्शा इशारों-इशारों से सभी की समझ में आ गया तो तीनों मुस्करा पड़े।

फिर ड्राइवर ने ट्रक को दायीं ओर कच्चे रास्ते पर डाल दिया। अगले ही क्षण एक नौजवान सिख संगीन की नोक से बिंध गया। ट्रक तेज़ हो गया। नौजवान की चीख सुनकर उसी ओर जा रही औरत ने हैरानी और घबराहट से पीछे मुड़कर देखा। ट्रक उस समय तक उसके सिर पर पहुँच चुका था और तेज़ी से बाहर आती संगीन उसकी छाती में गढ़ गयी। ट्रक और तेज़ हो गया। अब बायीं ओर जा रहे बूढ़े की बारी थी। बूढ़ा जैसे ऊँचा सुनता हो, उसे कुछ भी सुनायी नहीं दिया था। ड्राइवर बड़े साहस से ट्रक को सड़क पर ले आया और फिर बायीं ओर कच्चे रास्ते पर डाल दिया और पूरी रफ़्तार के साथ ट्रक को

बूढ़े के पास से निकाला। बूढ़ा भूखा-प्यासा कोई शरणार्थी लग रहा था। संगीन की नोंक चुभते ही उछला और पहिये के आगे जा गिरा। उसकी खोपड़ी ट्रक के भारी पहियों के नीचे कुचल गयी। ड्राइवर ने ट्रक को और तेज़ कर दिया।

सामने दिख रहा पाकिस्तान का धर्म, सच और न्याय का प्रतीक चाँद-तारे वाला झंडा लहरा रहा था। ड्राइवर ने ट्रक को और तेज़ कर दिया। अपने देश से आ रही प्यार-भरी तेज़ हवाएँ जैसे बलौच सिपाहियों का स्वागत कर रही थीं और एक नशे में बलौच सिपाही 'अल्लाह हू अकबर' और 'पाकिस्तान ज़िन्दाबाद' के नारे लगा रहे थे।

सिपाही नारे लगाते जा रहे थे, ड्राइवर ट्रक की रफ्तार को बढ़ाता जा रहा था। तभी ड्राइवर ने देखा कि अचानक एक जंगली बिल्ली कूद कर सड़क के बीच में आ गयी। ड्राइवर ने बिल्ली को देखा, जमादार ने भी बिल्ली को देखा। "इनसानियत का तकाजा..." इस तरह हुक्म उसके मुँह में ही था कि ड्राइवर ने ख़ुद ही ट्रक को एक तरफ़ करते हुए बिल्ली को बचाने की कोशिश की। बिल्ली तो बच गयी, पर इतनी तेज़ जा रहे ट्रक का हैंडल मुड़ा तो फिर सँभाल न सका। ट्रक कच्चे रास्ते पर आ गया, फिर कच्चे रास्ते से उतर कर एक पेड़ से टकराकर उलट गया। ट्रक ने एक करवट ली, फिर दूसरी।

पच्चीस मिली-जुली चीखें निकलीं। और फिर जैसे सभी के गले पकड़ लिए गये हों, एकदम सन्नाटा छा गया। इंजन के पेट्रोल से ट्रक को आग लग गयी। सड़क पर कोई भी हिन्दुस्तानी नहीं था जो बलौच सिपाहियों की मदद के लिए पहुँचता।

दूर दिख रहा पाकिस्तान का झंडा वैसे ही लहरा रहा था। घबराहट में सड़क के किनारे कीकर के पेड़ पर बिल्ली चढ़ गयी थी और वहीं से काँटों में से आँखें फाड़े जल रहे ट्रक को देख रही थी और हैरान हो रही थी।

इन्तिज़ार हुसैन (1925-2016)

इन्तिज़ार हुसैन का जन्म 21 दिसम्बर 1925 को बुलन्दशहर में हुआ था। भारत विभाजन के बाद वे 1947 में लाहौर में जाकर बस गये और उनकी मान्यता पाकिस्तान के शीर्षस्थ कथाकारों में है। इन्होंने अनेक उपन्यास, लघु उपन्यास, कहानियाँ, संस्मरण की रचना की है। इनके द्वारा लिखित राष्ट्रीय नेता हकीम अजमल खाँ की जीवनी चर्चित है। पाकिस्तान के सबसे बड़े साहित्यिक पुरस्कार से सम्मानित। इनकी प्रस्तुत कहानी में कथा वस्तु की जगह मनोस्थितियों को तरजीह दी गयी है और जब पाठक इसे पढ़ता है तो उसके मन में उनमें लिपटा हुआ यथार्थ उभरने लगता है। यह कहानी विभाजन से पहले और बाद के सम्बन्धों को माध्यमिकता से उद्घाटित करती चलती है।

हिन्दुस्तान से एक खत

अजीज-अज-जान (जान से प्यारे) सआदता-ए-इक़बाल के निशान (सौभाग्य व प्रताप के प्रतीक) बरख़ुर्दार कामरान, तूल उम्रः (ख़ुदा लम्बी आयु करे) बाद दुआ और तमन्ना-ए-दीदार के स्पष्ट हो कि यह ज़माना तुम्हारी खैरियत न मालूम होने की वजह से बहुत बेचैनी में गुज़रा। मैंने विभिन्न माध्यमों से खैरियत भेजने और खैरियत मँगाने की कोशिश की मगर व्यर्थ। एक चिट्ठी लिखकर इब्राहीम के बेटे युसुफ को भेजी और आग्रह किया कि इसे तुरन्त कराची के पते पर भेजो और उधर से जो चिट्ठी आये मुझे वापसी डाक से रवाना करो। तुम्हें पता होगा कि वह कुवैत में है और अच्छी कमाई कर रहा है। बस इसी में वह अपनी औकात भूल गया और पलटकर लिखा ही नहीं कि चिट्ठी भेजी या नहीं और उधर से जवाब आया या नहीं आया। शेख सिद्दिकी हसन खान का बेटा लन्दन जा रहा था तो उसे भी मैंने एक खत लिखकर दिया था कि उसे कराची के लिए लिफ़ाफ़े में बन्द करके लन्दन के लैटर बॉक्स में डाल देना। उस हरामखोर ने भी कुछ पता न दिया कि ख़त उसने भेजा या नहीं।

सबसे ज़्यादा चिन्ता इमरान मियाँ की तरफ़ से रही कि वे वहाँ पहुँचे या नहीं पहुँचे। पहुँचे तो किसी तौर तो उन्हें अपनी खैरियत का ख़त भिजवाना था। हाल यह है कि समझ लो कि गुलाबी जाड़ा था। मैं अपना पलँग कमरे से दालान में ले आया था। रात गये दस्तक हुई। मैं परेशान हुआ कि इलाही ख़ैर। इस बे-वक़्त कौन आया है और क्यों आया है? जाकर दरवाज़ा खोला, दस्तक देने वाले को सिर से पैर तक देखा। हैरान-परेशान कि यह कौन आ गया है। ख़ून ने ख़ून को पहचाना वर्ना वहाँ अब पहचानने के लिए क्या रह गया था।-तुम क्या हाल बनाकर आये हो? मगर फिर मैं अपने किये पर आप लज्जित हुआ। यह क्या कम था कि हमारी अमानत हमें वापस मिल गयी। बन्दे को चाहिए कि हर हाल में ख़ुदा का शुक्र करे। शिकायत का शब्द ज़बान पर न लाये। ऐसा न हो कि वह शिकायत कलमा-ए-कुफ्र (वह बात जिससे धर्म का अनादर हो) बन जाये और कहने वाला पाप के दंड का अधिकारी बने। कमज़ोर बुनियाद के

इनसान ने इस दुनिया में आने के बाद क्या कुछ किया है कि उसके साथ जो भी हो उस पर शिकायत की गुंजाइश नहीं। आदमी बस चुप रहे और ख़ुदा के प्रकोप से डरता रहे।

तुम्हारी चची ने इमरान मियाँ को देखा तो हक-दक रह गयीं। गले लगाया और बहुत रोयीं। मैं तो चुप रहा था मगर वे पूछ बैठीं कि बहू कहाँ है? बच्चों को कहाँ छोड़ा? इस पर उस अजीज की हालत ख़राब हो गयी। मैं और तुम्हारी चची दोनों घबरा गये। फिर सावधानी बरती कि ऐसा कोई प्रसंग बीच में न आये।

इमरान मियाँ यहाँ तीन दिन रहे मगर क्या रहे। न बोलना न हँसना। बस गुमसुम। तीसरे दिन इमरान मियाँ को ख़याल आया कि मियाँ जानी की क़ब्र पर चला जाये। मैंने सिर पर हाथ फेरा और कहा बेटे तुम पच्चीस बरस बाद दादा की क़ब्र पर 'फातिहा' (मुर्दे की आत्मा को शान्ति पहुँचाने के लिए दुआ) पढ़ोगे। मगर दिन में इस तरह जाना ठीक नहीं। तुम इस मिट्टी में पैदा हुए हो, पहचाने जाओगे। इस पर वह अजीज खिसियानी हँसी हँसा और बोला, चचा जान मैं घर आने से पहले बस्ती में घूम-फिर लिया हूँ। इस मिट्टी ने मुझे नहीं पहचाना। मैंने कहा, बेटा अब इसी में खैरियत है कि यह मिट्टी तुम्हें न पहचाने। ख़ैर, तो मैं शाम पड़े इमरान मियाँ को क़ब्रिस्तान ले गया। नयी क़ब्रों से मैंने परिचित कराया। पुरानी क़ब्रों को उन्होंने ख़ुद पहचान लिया। अँधेरा था इसलिए कुछ क़ब्रों को पहचानने में कुछ दिक्कत पेश आयी। मियाँ जानी की क़ब्र अब बहुत पुरानी हो चुकी है। सिरहाने खड़ा हुआ हरसिंगार का पेड़ गिर चुका है। तुम्हें याद होगा कि मियाँ जानी को हरसिंगार का बहुत शौक था। उन्होंने बाग में बहुत शौक से कई पेड़ लगाये थे और उनसे इतने फूल उतरते थे कि साल भर तक बच्चियों के दुपट्टे उनमें रंगे जाते थे और हर दावत पर बिरयानी में डाले जाते थे, फिर भी बच रहते थे। मगर हरसिंगार ध्यान चाहता है। मैं अकेला किस-किस चीज़ पर ध्यान दूँ! हरसिंगार का यह आखिरी पेड़ था जो मियाँ जानी के सिरहाने खड़ा रह गया था। जंग से पहले वाली बरसात में वह भी गिर गया। अब हमारा बाग और हमारा क़ब्रिस्तान दोनों हरसिंगार से खाली हैं। रहे नाम अल्लाह का। बाग बचा रह गया यही बहुत है। क़ब्रिस्तान से मिला होने की वजह से क़ब्रिस्तान में शुमार हुआ और हाथ से जाते-जाते बच गया। मगर इन सत्ताईस बरसों में इतने पेड़ गिरे हैं और उनके साथ इतनी यादें दफन हो गयी हैं कि अब इस बाग को भी क़ब्रिस्तान ही समझना चाहिए। जो पेड़ बाकी रह गये हैं वे गुज़रे दिनों के कत्बे (शिलालेख) नज़र आते हैं। ख़ैर, बाग का जो हाल है वह इमरान मियाँ देख गये हैं। अगर पहुँच गये होंगे तो बताया होगा। यहाँ से तो वह उसी सुबह को चले

गये थे। रात भर मियाँ जानी की क़ब्र के सिरहाने बैठकर गुजार दी। मैं भी बैठा रहा। जब झुटपुटा हुआ और चिड़ियाँ बोलीं तो वह अजीज झुरझुरी लेकर उठा और मुझसे रुखसत चाही। मैंने हैरानी से पूछा, क्यों जा रहे हो? आ गये हो तो रहो। फीकेपन से बोला कि यहाँ तो मुझे कोई पहचानता ही नहीं। मैंने कहा कि अजीज अब न पहचाने जाने ही में खैरियत है मगर वह मेरी बात से कायल न हुआ। सफ़र उस पर सवार था। मैंने पूछा, मगर बेटे जाओगे कहाँ? बोला जहाँ क़दम ले जायेंगे। मैंने उसकी बातों से अन्दाज़ लगाया कि काठमांडू जाकर वहाँ से कराची जाने की सूरत निकालते की नीयत है। दिल तो बहुत दुखा मगर कुछ उसका आग्रह और कुछ मेरा यह डर कि कहीं यह ख़बर न निकल जाये। अतः मैंने सब्र किया। अपने बाजू से दुआ-ए-नूर खोलकर उसके बाजू पर बाँधी और अल्लाह की हिफाजत में उसे रुखसत किया। चलते-चलते ताकीद की थी कि सीमा से निकलते ही जिस तरह भी हो खैरियत की सूचना देना। मगर वह दिन है और आज का दिन खैरियत की ख़बर न मिली।

उधर की ख़बर इधर कम पहुँचती है और पहुँचती भी है तो इस तरह की उस पर विश्वास करने को जी नहीं चाहता। एक रोज़ शेख सिद्दिकी हसन ने आकर सूचना सुनायी कि पाकिस्तान में सब सोशलिस्ट हो गये हैं। और प्याज पाँच रुपये सेर बिक रहा है। यह ख़बर सुनकर दिल बैठ गया। मगर, फिर मैंने सोचा कि शेख साहब पुराने काँग्रेसी हैं पाकिस्तान के बारे में जो ख़बर सुनाएँगे उस पर ऐतबार न करना चाहिए। चन्द दिनों बाद ही एक ऐसी ख़बर सुन ली जिससे बुरी अफ़वाहों का खण्डन हो गया। ख़बर सुनी कि मिर्जाइओं को ग़ैर-मुस्लिम करार दिया गया है। शेख साहब को मैंने यह ख़बर सुनायी तो अपना-सा मुँह लेकर रह गये। अल्लाह तआला पाकिस्तान पर अपनी रहमत करे और इस कौम को उसकी नेकी का फल दे। हम तो कुफ्रिस्तान में हैं। ग़ैर-इस्लामी रस्में और तौर-तरीके रखते हैं और बोल नहीं सकते। करीब ही ग़ैर मुकल्लिदों (वे मुसलमान जो इस्लाम धर्म के चारों इमामों में से किसी के अनुयायी नहीं) ने अपनी मस्जिद बना ली है वहाँ वे ऊँची आवाज़ में 'आमीन' कहते हैं और हम चुप रहते हैं।

हाँ, शेख सिद्दिकी हसन तुम्हारे बारे में एक मर्तबा ख़बर लाए। ख़बर सुनायी कि तुमने कोठी बनवायी है। बैठक में सोफे बिछे हुए हैं और टेलीविज़न रखा है। यह सुनकर ख़ुशी हुई। ख़ुदा का शुक्र अदा किया कि यहाँ की क्षतिपूर्ति वहाँ हो गयी है। यहाँ हवेली का हाल अच्छा नहीं है। पिछली बरसात में झुकी हुई कड़ियाँ और झुक गयीं। दीवानखाने का हाल यह है कि छत की तरफ़ देखो तो आसमान नज़र आता है। हमारी बेकारी और कर्जे के बोझ का हाल तुम्हें अच्छी

तरह मालूम है, तुम कुछ रकम भेज सको तो मियाँ जानी की क़ब्र की मरम्मत करा दी जाये और दीवानखाने की छत पर मिट्टी डलवा दी जाये। इससे ज़्यादा अभी करना भी नहीं चाहिए। हवेली के मुकद्दमे का अभी तक फ़ैसला हीं हुआ। किबला भाई साहब मरहूम 1947 में चलते वक़्त मुकद्दमे के काग़ज़ात मेरे सुपुर्द कर गये थे। ख़ुदा का शुक्र है कि उस वक़्त से लेकर अब तक मैंने सब पेशियाँ कामयाबी से भुगतायी हैं और लायक वकीलों से परामर्श किया है। ख़ुदा की जात से उम्मीद है कि मुकद्दमे का फ़ैसला जल्दी होगा और हमारे हक में होगा। मगर मृत्यु-दूत का पता नहीं कि किस रोज़ सिर पर आ खड़ा हो। कभी-कभी बहुत चिन्तित होता हूँ कि मेरे बाद यह मुकद्दमा कौन लड़ेगा।

जिस तरफ़ नज़र डालता हूँ अँधेरा ही अँधेरा नज़र आता है। हमारे साहबजादे के लच्छन ये हैं कि अपना नाम प्रेमी रख लिया है और रेडियो पर जाकर ड्रामों में काम करता है। छोटे भैया मरहूम की साहबजादी ने हिन्दू से शादी कर ली है। अब वह खुले मुँह रहती है और साड़ी बाँधती है और माथे पर बिन्दी लगाती है। पाकिस्तान में जो खानदान का नक़्शा है वह तुम पर मुझसे ज़्यादा रोशन होना चाहिए। सुना है कि आपा जानी की लड़की नर्गिस ने अपनी मर्ज़ी से शादी की है और जिससे की है वह वहाबी है। ख़ुद आपा जानी का हाल मैंने यह सुना है कि खुले मुँह बेटे की मोटर में बैठती हैं और बजाजों से बिना पर्दा बात करके कपड़ा खरीदती हैं।

यह सब कुछ देखने के लिए मैं ही ज़िन्दा रह गया हूँ। किबला भाई साहब और छोटे भैया दोनों अच्छे दिनों में सिधार गये। जब में क़ब्रिस्तान जाता हूँ और मियाँ जाती और छोटे भैया की क़ब्रों पर फातिहा पढ़ता हूँ तो किबला भाई साहब बहुत याद आते हैं। क्या वक़्त आया है कि अब हममें से कोई जाकर उनकी क़ब्र पर फातिहा भी नहीं पढ़ सकता। जो खानदान एक जगह जिया, एक जगह मरा अब उसकी क़ब्र तीन क़ब्रिस्तानों में बँटी हुई हैं। मैंने किबला भाई साहब से बड़े अदब से अर्ज किया था कि अगर आप हमें छोड़ ही रहे हैं तो मुनासिब यह है कि आप कामरान मियाँ के पास कराची जाइए। मगर छोटे बेटे की मुहब्बत उन्हें ढाका ले गयी। उनकी बे-वक़्त मौत हम सबके लिए बहुत बड़ा सदमा थी। मगर अब मैं सोचता हूँ कि उनके उठ जाने में भी अल्लाह तआला ने कुछ भलाई सोची होगी। वे नेक आत्मा थे। कुदरत को यह मंजूर न था कि वे भय और पीड़ा के दिन देखने के लिए ज़िन्दा रहें। यह दिन तो मुझ पापी को देखने थे।

अब जबकि बड़ों का साया सिर से उठ चुका है और हमारा खानदान हिन्दुस्तान और पाकिस्तान और बांग्लादेश में बँटकर बिखर चुका है और मैं

क़ब्र के किनारे बैठा हूँ, मैं सोचता हूँ कि मेरे पास जो अमानत है उसे तुम तक पहुँचा दूँ कि अब तुम ही इस खानदान के बड़े हो। मगर अब अमानत हाफिजे के माध्यम से ही स्थानान्तरित की जा सकती है। खानदान की यादगारें वंशावली समेत ढाका ले गये थे। जहाँ खानदान के सदस्य नष्ट हुए वहीं वह यादगारे भी नष्ट हो गयीं। इमरान मियाँ यहाँ बिल्कुल खाली हाथ आये थे। सबसे बड़ी घटना यह हुई कि हमारी वंशावली गुम हो गयी। हमारे पूर्वज सादात अजाम में से थे। इतिहास ने बहुत से कष्ट और तकलीफ़ें देखी हैं मगर वंशावली के गुम होने का दुख हमें सहना था। अब हम मुसीबत का मारा खानदान हैं जो अपनी वंशावली गुम कर चुका है और अस्त-व्यस्तता का शिकार है। कोई हिन्दुस्तान में खेत हुआ, कोई बांग्लादेश में गुम हुआ और कोई पाकिस्तान में मारा-मारा फिरता है। आस्था में खलल पड़ चुका है। ग़ैर इस्लामी तौर-तरीके अपना लिए हैं, दूसरे धर्म और सम्प्रदायों में शादियाँ कर रहे हैं। यही हाल रहा तो थोड़ी मुद्दत में हमारे खानदान की असल नस्ल बिल्कुल ही नष्ट हो जायेगी और कोई यह बताने वाला भी नहीं रहेगा कि हम कौन हैं और क्या हैं।

बेटे सुन कि हम माँ-बाप दोनों की तरफ़ से सैयद हैं। हजरत इमाम रजी काजिम से हमारी वंशावली मिलती है। मगर ख़ुदा का शुक्र है कि हम राफिजी (हजरत अली के वे अनुयायी जिन्होंने जमल की लड़ाई में उनका साथ छोड़ दिया) सही आस्था रखने वाले हनफी मुसलमान (वे सुन्नी मुसलमान जो इमाम अबूहनीफा के अनुयायी हैं। सच्चे मुसलमान) हैं। अहले-बेत (हजरत मुहम्मद के परिवार के सदस्य) से मुहब्बत रखते हैं। मियाँ जानी का तरीका चला आता था कि आशूर (मुहर्रम की दस तारीख, हजरत इमाम हुसैन की शहादत का दिन) के दिन रोजा रखते और दिन भर मुसल्ले (नमाज पढ़ने की चटाई या दरी) पर बैठे रहते। हमारे घर में एक तसबीह थी कि आशूर के दिन शाम की नमाज के समय सुर्ख हो जाया करती थी। मियाँ जानी बताते थे कि ये ख़ास उस मिट्टी के दाने हैं जहाँ हमारे वंश प्रवर्तक सैयद हजरत हमाम हुसैन घोड़े से फ़र्श-ए-ज़मीन पर आये थे। इस तसबीह के सुर्ख होने के साथ वालिद मरहूम की तन्मयता बढ़ जाया करती थी। मियाँ जानी बताते थे मगर छाती पीटने और रुदन से परहेज करते थे कि यह अनुचित रस्म है। हाँ खिचड़े की देगें पकती थीं जो ग़रीबों और दीन दुखियों में बाँटी जाती थीं। बँटवारे के बाद बस एक देग रह गयी थी। पिछले बरस हम उस एक देग से भी गये। कबूली का देगचा पकवाया और ग़रीबों में बाँट दिया, अगले बरस का हाल अल्लाह मियाँ को मालूम है। महँगाई बढ़ती जा रही है और हमारा हाल खस्ता होता जा रहा है। बेटे हमें यह तो मालूम है

कि पाकिस्तान में प्याज किस भाव बिक रही है। मगर एक बात सुन लो कीमतें चढ़कर गिरा नहीं करतीं और अख़्लाक गिरकर सँभला नहीं करते अतः पनाह माँगो उस वक़्त से जब चीज़ों की कीमतें चढ़ने लगें और अख़्लाक गिरने लगें। जब ऐसा वक़्त आ जाये तो बन्दों को चाहिए पापों की क्षमा माँगें और तौबा करें और कलाम-ए-पाक की तलावत (पठन) करें कि आद और समूह की बस्तियों के ज़िक्र में समझ-बूझ रखनेवालों के लिए बहुत-सी निशानियाँ हैं।

ख़ैर, मैं ज़िक्र अपने खानदान का कर रहा था जिसे मैंने इकट्ठा भी देखा मगर बिखरते हुए ज़्यादा देखा। हम तीनों भाइयों को अपने हुजूर में बिठाकर मियाँ जानी ने बयान किया कि ख़ुदा उनकी क़ब्र को हरसिंगार की सुगन्ध से सजाये रखे। वे फर्माते थे कि मेरे वालिद बुजुर्गवार सैयद हातिम अली ने उस वक़्त, जब उनका यात्रा-समय करीब आया, फर्माया जनाब ने, कि मुझसे बयान किया मेरे बाप सैयद रुस्तम अली ने उस तजकरे के प्रसंग से कि जिसमें हमारे खानदानी हालात दर्ज़ हैं और जो नष्ट हो गया है। उस समय जब उन्होंने सन् सत्तावन में बाईस ख़्वाज़ा की चौखट को छोड़ा और बरस-बरस परेशान हाल जगह-जगह फिरे। और प्रसंग से उन बुजुर्गों के बयान करता हूँ मैं तुमसे कि हम असल में अस्फिहान की मिट्टी हैं जब शहंशाह हुमायूँ ने अपने राज्य की प्राप्ति के लिए इस शहर में अपनी फ़ौज तैयार की तो हमारे मूल पुरुष मीर मंसूर मुहद्दिस जो खजूर विक्रेता थे और हदीस (हजरत मुहम्मद साहब के कथन) की विद्या के असीम सागर थे। अस्फिहान निस्फ जहान से उस वक़्त जनाब के हमरकाब (साथ) हुए और जुलमत कदा (अँधेरा मकान) हिन्द में दाख़िल हुए, ईमान के प्रकाश-स्तम्भ बने। अकबरबाद में उनका मजार आज भी सबके आकर्षण का केन्द्र है। क़ब्र कच्ची है। कुँवारियाँ मिट्टी उठाकर माँग में डालती हैं और वह माँग का सिन्दूर बन जाती है। खाली गोद ब्याहियाँ मिट्टी आँचल में बाँधकर ले जाती हैं और बरस बाद हरी गोद के साथ वापस आती हैं और चादर चढ़ाती हैं। शाहजहाँ के वक़्त में इस बुजुर्ग की औलाद ने यात्रा का सामान बाँधा और जहानाबाद पहुँची फिर सन् सत्तावन की हलचल में वहाँ से निकली, हमारे दादा मीर रुस्तम अली ने अपनी दौलत में से दमड़ी साथ न ली बस वंशावली को पटके के साथ कमर पर मज़बूत बाँधा, काग़ज़ों और दस्तावेज़ों का पुलिन्दा बगल में दबाया और निकल खड़े हुए। इसी पुलिन्दे में खानदान का तजकरा भी था। राह में बटमारों से मुक़ाबला हुआ, इस अफरातफरी में पुलन्दा बिखर गया कुछ काग़ज़ गिर गये। कुछ रह गये। गिर जाने वाले काग़ज़ों में तजकरा भी थी। मगर शुक्र, सौ-सौ शुक्र वंशावली का हर्फ भी मैला न हुआ।

बहुत खाक छानने के बाद इस बस्ती से कि जहाँ तुम्हारा चचा खाकनशीन है, गुज़र हुआ। यहाँ की ज़मीन को मेहरबान पाकर डेरा किया। जानना चाहिए कि जब ज़मीन मेहरबान होती है तो महबूबा की गोद की तरह नरम और माँ की गोद की तरह खुली हो जाती है। जब ना-मेहरबान होती है तो अत्याचारी पदाधिकारी की भाँति सख्त और ईर्ष्यालु के दिल की तरह तंग हो जाती है। सच यह है कि इस ज़मीन ने एक मुद्दत तक हम पर दया की। उसने हमारे बढ़ते-फैलते खानदान को बरस-बरस तक इस प्रकार अपनी गोद में समेटे रखा जैसे माँ अपने बच्चे को सीने से लगाये रखती है और किसी को आँखों से ओझल नहीं होने देती। बँटवारे से पहले इस खानदान के सिर्फ़ तीन व्यक्ति बाहर निकले थे। भाई अशरफ अली, भैया फारूक और प्यारे भाई अशरफ अली हमारे चच्चा जानी के बेटे थे और उम्र में किबला भाई साहब से एक साल बड़े थे। इस ऐतबार से तुम्हारे ताया हुए। ख़ुदा की मेहरबानी से डिप्टी कलक्टर थे और बाहर के ज़िलों में नियुक्त रहते थे मगर डाली यहीं पहुँचती थी। भैया फारूक उनके छोटे भाई थे और मेरे हम-उम्र थे। जंगलात के विभाग में थे। उम्र सी.पी. में गुज़री। हमारी हवेली में लकड़ी का जितना सामान है वह उन्हीं का बनवाया हुआ था। दोनों भाई परिवार का गर्व थे। उम्र बाहर गुज़ारी मगर अन्त में आराम अपनी मिट्टी में आकर किया।

प्यारे मियाँ फूफी अम्माँ के लाड़ले बेटे थे। लाड़-प्यार में ऐसे बिगड़े कि सातों ऐब करने लगे। हमारे खानदान में वे पहले व्यक्ति थे जिन्होंने बाईस्कोप देखा। एक बार मैं भी उनके कहे में आकर बहक गया। माधुरी को देखकर दिल बेकाबू हो गया, मगर मैंने अपने आप को सँभाला और फिर उस तरफ़ का रुख न किया। प्यारे मियाँ पहले नाटक के मतवाले थे, बाईस्कोप शहर में आया तो उसके रसिया बन गये।

'बम्बई की बिल्ली' देखकर सुलोचना पर मर मिटे। एक रोज़ फूफी अम्माँ की सोने की बालियाँ चुराकर घर से निकल गये और सीधे बम्बई पहुँचे। मियाँ जानी ने कहला भेजा साहबजादे अब इधर का रुख न करना। बम्बई में एक नटनी ने उन्हें झाँसा दिया कि तुम्हें सुलोचना से मिलाऊँगी। सुलोचना से तो न मिलाया ख़ुद गले पड़ गयी। सारी जवानी बम्बई में गुज़ारी। फूफी अम्माँ के मरने की ख़बर पहुँची तो आये। बुढ़ापा आ चुका था। लम्बी सफ़ेद दाढ़ी, हाथ में तसबीह। माँ को बहुत रोये। हम सबने कहा अब तुम यहीं रहो। बोले कि मियाँ जानी की इजाज़त के बग़ैर यहाँ कैसे टिक सकता हूँ। मियाँ जानी पहले ही सिधार चुके थे। इजाज़त कौन देता। फिर बम्बई चले गये। 1947 ई. लग चुका

था और गाड़ियों में हादसे हो रहे थे, सबने समझाया, न माने। गाड़ी में सवार हो गये मगर बम्बई तो पहुँचे नहीं। जाने रास्ते में उन पर क्या गुज़री।

प्यारे मियाँ हमारे खानदान की तरफ़ से 47 के दंगों में पहली भेंट थे। मैंने आँकड़े इकट्ठे किये हैं तब से अब तक हमारे खानदान के इकत्तीस व्यक्ति अल्लाह को प्यारे हुए। इक्कीस कत्ल हुए, नौ कुदरती मौत मरे, सात को हिन्दुओं ने शहीद कर डाला। चौदह पाकिस्तान जाकर मुसलमान भाइयों के हाथों अल्लाह के प्यारे हुए। इन चौदह में से एक को कराची में अय्यूब खान के आदमियों ने इलैक्शन के अवसर पर मोहतरमा फातिमा जनाह की हिमायत करने के कारण गोली मार दी। बाकी दस व्यक्ति पूर्वी पाकिस्तान में हलाक हुए। इन व्यक्तियों में मैंने इमरान मियाँ का शुमार नहीं किया है। बन्दे को अल्लाह की रहमत से मायूस नहीं होना चाहिए। मेरा दिल कहता है कि वह हमारे जिगर का टुकड़ा अगर अभी तक कराची नहीं पहुँचा है तो काठमांडू में है। काठमांडू से याद आया कि भैया फारूक का लड़का शराफ़त भी यहाँ से गुज़रा था। वह ढाका से बच निकला था और काठमांडू जा रहा था कि यहाँ रुक गया। वह बना-बनाया प्यारे मियाँ है। इस दुर्घटना ने उस पर ज़रा भी असर किया हो। जितने दिन यहाँ रहा है, बे-धड़क बाईस्कोप देखता रहा। चलने के लिए तैयार हुआ तो काठमांडू की बजाय बम्बई के लिए बिस्तर बाँधा। मैंने बम्बई जाने का कारण पूछा तो कहा कि वहाँ राजेश खन्ना से मिलूँगा। मैंने कहा कि अबे बेईमान राजेश खन्ना कौन-सा इबिलमोरिया डी बिलमोरिया है जो उससे मिलने के लिए व्याकुल है मगर उसने मेरी एक कान सुनी और दूसरे कान उड़ायी और बम्बई रवाना हो गया। बाद में उसका लंका से खैरियत का खत आया। पता नहीं कि किन रास्तों पर भटककर वह वहाँ पहुँचा।

शराफत को ज़िन्दा देखकर ख़ुदा का शुक्र अदा किया मगर उसके लच्छन देखकर दिल ख़ुश नहीं हुआ। वैसे मैंने जो कुछ सुना है उससे यह प्रकट होता है कि पाकिस्तान जाकर हमारे खानदान की लड़कियाँ ज़्यादा आज़ाद हो गयी हैं। मैं तो जिस लड़की के बारे में सुनता हूँ यही कि उसने अपनी मर्ज़ी से शादी कर ली है। हमारे खानदान में तकसीम से पहले एक घटना ऐसी हुई थी जो खानदान को बदनाम कर सकती थी मगर उसे भी बड़े अच्छे ढंग से दबा लिया गया। छोटी फूफी की छत पर एक रोज़ कनकव्वा आके गिरा। तुम जानो कि जिस घर में लड़की जवान हो रही हो उस घर की अँगनाई में रोड़े का गिरना और छत पर कनकव्वे का झुकाव खाना अच्छा लक्षण नहीं है। उन दिनों छोटी फूफी की बड़ी लड़की खदीजा क़द निकाल रही थी। फूफी ने इस घटना का ज़िक्र मियाँ जानी

से आकर किया। कनकव्वे के साथ जो पत्र छत पर आकर गिरा था, वह भी सामने रख दिया। मियाँ जानी आग बबूला हो गये। बहुत गरजे-बरसे कि रजा अली के बेटे की यह मजाल कि हमारी छत पर कनकव्वा गिरता है। मगर जब छोटी फूफी ने ऊँच-नीच समझाई तो नीचे पड़े अब इसके सिवा चारा ही क्या था कि उस दुराचारी के साथ दो बोल पढ़ाए जाएँ और लड़की को रुखसत कर दिया जाये। रज़ा अली तो सपने में भी नहीं सोच सकते थे कि इस घर की बेटी उनकी बहू बनेगी। तुरन्त निकाह पर राजी हो गये मगर ऐन वक़्त पर सवाल उठाया कि सीगा (शिया समुदाय के पाणिग्रहण स्वीकार करने का तरीका) पढ़ाया जायेगा। मियाँ जानी ख़ून का-सा घूँट पीकर रह गये, मगर क्या करते हाँ कर दी। मगर उसका नतीजा क्या हुआ। यही कि खदीजा की औलाद आधी तीतर आधी बटेर है। एक ग्यारहवीं शरीफ की नियाज (चढ़ावा) चढ़ाता है तो दूसरा मुहर्रम में अजादारी (सोग) करता है। मगर ख़ैर अब तो हमारा पूरा खानदान ही आधा तीतर आधा बटेर है। और हम सब अजादार हैं कि वंशावली हमारी खो गयी है। और असल नस्ल का अता-पता नष्ट हुआ। खानदानों में यह खानदान कैसे पहचाना जायेगा? अब यह खानदान काहे को है दरख़्त से झड़े हुए पत्ते हैं कि हवा में उड़ते फिरते हैं और खाक में रुलते-मिलते हैं।

अजीज! अब मैं उड़ते पत्तों का सोगवार हूँ। उन दिनों को, जब यह खानदान फल और पत्तों से लदा-फँदा दरख़्त था, याद करता हूँ और आवारा पत्तों को शुमार करता हूँ। मैंने मरने वालों के आँकड़े जमा नहीं किये हैं, जिनकी ज़िन्दों में गिनती है उनको ही शुमार करता हूँ। सबके नाम, पते और हालात लिखे हैं। गवेषणा की है कि खानदान के सदस्यों में से कौन किस मुल्क में आवारा है और किस नगर में रह रहा है। यह शिक्षा भरा चिट्ठा मैं तुम्हें भिजवा दूँगा। अपना क्या ऐतबार कि प्रभात काल का दिया है। दिया बुझा चाहता है और आँख बन्द हुआ चाहती हैं। तुम इस बदकिस्मत खानदान के नये सुपुत्र हो। अँधेरे में भटकते हुओं को अगर तुम उजाले में लाने की कोशिश करो तो यह तुम्हारी आज्ञाकारिता होगी। वैसे तो निरीक्षण में यही आया है कि तिनके बिखर गये सो बिखर गये। तितर-बितर खानदान कभी सिमटते नहीं देखे गये मगर कोशिश करना इनसान का फर्ज है। इस दीन-हीन खानदान के संरक्षक बनो। आवारों की खैर-ख़बर लो। अब तो रास्ते खुलने लगे हैं। इधर का भी एक फेरा लगा जाओ। अपनी सूरत दिखा जाओ, हमारी सूरत देख जाओ। तुम्हारी चची का तगादा है कि दुल्हन को साथ लेकर आओ। हाँ मियाँ, अकेले मत चले आना, इस बहाने तुम्हारे बच्चों को भी देख लेंगे कि किसकी क्या शक्ल-सूरत है। कौन गोरा है, कौन काला है। एक

बात और पाकिस्तान जाकर इस खानदान में जो वृद्धि हुई है, उसका विवरण मैंने नामों की हद तक लिखा है शक्ल-सूरत का विवरण दर्ज़ नहीं किया जा सकता।

यह खाना तुम ख़ुद भर लेना। इस ढाई पौने तीन साल के समय में जो खानदान में कमी या वृद्धि हुई उसका दर्ज़ होना भी ज़रूरी है। तुम ऐसा करो कि इस मुद्दत में उधर जो गुज़र गये और जो नये पैदा हुए उनका विवरण मालूम करके मुझे लिखो। मैं अलग-अलग कहाँ ख़त लिखूँ। डाक खुली तो है मगर इतनी महँगी कि अब तुच्छ-सा पोस्ट कार्ड लिखते हुए भी यह लगता है कि तार भेज रहे हैं। यह क्या सुन रहा हूँ कि खदीजा की छोटी बेटी ने पति से तलाक ले लिया है? और परिवार नियोजन के दफ्तर में भर्ती हो गयी है। ख़ुद तो काम से गयी दूसरों के पतित्व के वजीफे में खण्डत डालती फिरती है। हाँ मियाँ वंशावली तो खो गयी अब यह खानदान जो भी करे थोड़ा है। मगर सुनता हूँ कि दूसरे खानदान वाले इससे भी बढ़कर कर रहे हैं। कोई बता रहा था कि इब्राहीम ने आटे में चूरी और चरी पीस-पीस कर एक और मिल बना ली है और मियाँ फैजुद्दीन ने जो यहाँ फटेहालों फिरते थे काले पैसे से कोठियाँ खड़ी कर ली हैं। मैं पूछता हूँ कि क्या पाकिस्तान में सब ही खानदानों की वंशावलियाँ खो गयी हैं? हैरत की बात है कि हमने हिन्दुस्तान में शताब्दियाँ बसर कीं। ऐश का ज़माना भी गुज़ारा, उधार के दिन भी देखे। उसकी शान के कुर्बान, हुकूमतें भी कीं। पराधीन भी रहे मगर वंशावली हर हाल में बड़ी सावधानी से रखी। उधर लोगों ने चौथाई शताब्दी में अपनी वंशावलियाँ गुम कर दीं। खैर, ख़ुश रहो!

क्या-क्या लिखूँ? लिखने को बहुत है। मगर तुम इस लिखे को बहुत जानो। अपनी ख़ैरियत भेजो। आने की सूचना दो। ख़त ख़त्म करता हूँ कि अब नमाज का वक़्त हो रहा है और उसके बाद मुकद्दमे के काग़ज़ तर्तीब देने हैं। कल फिर पेशी है। यह चार सौ सत्ताईसवीं पेशी है। इंशाअल्लाह यह भी ख़ुश असलूबी से भुगतायी जायेगी, शायद मैं इन्हीं पेशियों के लिए ज़िन्दा हूँ। वर्ना अब तुम्हारे बूढ़े चच्चा में कुछ बांकी नहीं रह गया है। यहाँ तक कि जीने की इच्छा भी बाकी नहीं रही। दुनिया में आकर बहुत कुछ देखा। जो न देखना था वह भी देखा। अब तो जल्दी आँख बन्द हो कि वह देखें जो देखने की एक मुद्दत से इच्छा है।

तुम्हारा बहुत दूर का निवासी गुमनाम कुर्बान अली

मोरखा 28 रमजान-उल-मुबारक 1394 हिज्री

मुताबिक 15 अक्टूबर 1947 ई.।

अफ़जल हसन रंधावा (1937)

अफजल हसन रंधावा का जन्म 1 सितम्बर 1937 को अमृतसर में हुआ था। बाद में वे पाकिस्तान चले गये मगर पंजाबी में 'सूरज ग्रहण' एवं 'द्वावा' उपन्यासों की रचना की। 1986 में उन्हें प्यारा सिंह पुरस्कार मिला। अन्तर्राष्ट्रीय पंजाबी संघ से भी उन्हें कई पुरस्कार मिले थे। भारत विभाजन से वे विचलित थे जो प्रस्तुत कहानी में मुखर हुआ है। प्रस्तुत कहानी 'खोयी हुई ख़ुशबू' में उन्होंने साझी संस्कृति की बनावट के बिखर जाने का एहसास कराया है। इस कहानी में एक ओर ख़ुशबू है और दूसरी ओर क्रूरता। इन्होंने इस बात का उद्घाटन किया है कि हमारी स्मृतियों में रची बसी ख़ुशबू विभाजन के दिनों में खो सी गयी थी।

खोयी हुई ख़ुशबू

मैं कौन-सी कहानी लिखूँ?

जब भी मैं कहानी लिखने की सोचता हूँ, कितनी ही कहानियाँ मुझे चारों ओर से घेर लेती हैं। किसी कहानी के हाथ कड़ी मेहनत से खुरदरे हो गये हैं, किसी कहानी के बाल मिट्टी में मिट्टी हो गये हैं... किसी कहानी के सिर पर चुनरी नहीं...किसी कहानी का मक्खन-सा बदन जहाज़ की सटेफिंग से छलनी हो गया है...किसी कहानी से सुन्दर चेहरे पर बारूद की सड़ाँध और ख़ून के धब्बे हैं...किसी कहानी की बाजू कट गयी है...किसी की टाँग नहीं...किसी की आँखें निकल गयी हैं...किसी का मांस नेपाम बम की आग से झुलस गया है।

चारों तरफ़ देखता हूँ... मेरी कोई भी कहानी मुकम्मिल नहीं है। किसी का भी हुस्न कायम नहीं रहा है...किसी के वस्त्र भी पूरा शरीर ढकने में समर्थ नहीं...सभी बदसूरती के गहरे साये में ढकी हुई हैं...पर बदसूरती भी तो हुस्न है। और शायर, और अदीब, अजल से हुस्न बाँटता और हुस्न की प्रशंसा करता आया है। तो मैं क्यों बदसूरती को हुस्न की झूठी चादर में लपेटकर लोगों को दिखाता रहूँ। चादर उतारकर क्यों नहीं दिखाता? परन्तु इसकी भी क्या ज़रूरत है? मेरी सभी कहानियों का जन्म मिट्टी की पीड़ा है और यही पीड़ा इन्हें बदसूरत बना देती है। पर अब मैं बदसूरत शब्द नहीं लिखूँगा। क्योंकि मिट्टी का ज़ख़्म... मिट्टी का दुःख...मिट्टी का स्पर्श कभी भी बदसूरत नहीं, बल्कि ख़ूबसूरत है। मिट्टी इनसान के जन्म के पूर्व भी ऐसी ही थी, बल्कि इनसान ने मिट्टी को ज़ख़्म...दुःख...दर्द और बदसूरती दी है...इनसान की सूरत देखे बिना मिट्टी ने उसे सदा आसरा दिया है...और देती रहेगी। इनसान, मिट्टी और आसरा।

पर इनसान से मिट्टी का आसरा छीननेवाला कौन है?

मुझसे मेरी पगड़ी और मेरे जूते किसने छीने जो मैं अपनी फसल बेचकर लाया था? फसल, जिसे मैंने अपना पसीना बहाकर, मिट्टी में मिलाकर, मिट्टी से पैदा की थी। किसी मशीन ने निचोड़ लिया मेरे अन्दर से सारा ख़ून जिसके बल पर मैं अपना और अपने बाल-बच्चों का पेट भरने के मन्सूबे बाँधे हुए था।

मेरा पेट खाली क्यों है और अपना सारा ख़ून मशीन को दे देने के बाद भी मेरे बच्चे भूखे क्यों हैं? मेरी मिट्टी पर लकीरें किसने खींच दीं और क्यों? जमीला के सौन्दर्य को अल्जीरिया के किन कारनामों ने विकृत कर दिया? वियतनाम के हरे-भरे जंगलों और छोटे-छोटे मकानों को किसने राख का ढेर बना दिया? सहारा रेगिस्तान में क्यों और किसने ख़ून बहाकर रेत को बदरंग कर दिया? गोरों ने नफरत से कालों को गुड़ का भाई समझ क्यों गुड़ में ही फेंक दिया? इनसान यदि जन्म से आज़ाद है तो फिर इसे गुलाम बनाने के लिए विज्ञान ने इतने आविष्कार क्यों किये हैं? मिट्टी यदि मुकद्दस है तो फिर उसके सीने को रोज़ ज़ख़्मी करके ख़ून बहाकर, उसका शरीर क्यों छलनी किया जाता है? रब यदि आसरा है, तो फिर इनसान से उसका आसरा क्यों छीना जाता है? रब, मिट्टी, इनसान और आसरा यदि एक चौकोर है तो वह कौन-सा हाथ है जो इन लकीरों को पोंछकर इनको मिटाने की कोशिश करता है? नाजी आक्सफोर्ड के लहजे में अँग्रेजी बोलती है और मेरे मुँह से पंजाबी बोली सुनकर मेरी ओर मोटी शर्बती आँखों से सवालिया अन्दाज़ से देखती है :

रब बरगा आसरा तेरा,
वसदा रहु मितरा

तो उसे क्या जवाब दूँ? कहता हूँ, रब के पास तो और बहुत-से काम हैं, दुनिया बहुत बड़ी हो गयी है। समस्याएँ बढ़ गयी हैं। वह खाली नहीं, और आसरा? आसरा किसका और कैसा, जब आसरों की तादाद से उन लोगों की गिनती हज़ार गुना ज़्यादा है जो आसरा छीन लेते हैं।

चाचा टहलसिंह ठीक कहा करता था—"बेटा! हम सभी ही कहानियाँ हैं। पर हमें लिखने वाला कोई नहीं।"

हाँ चाचा, टहलसिंह! तुम ठीक कहते थे। अभी कल की बात है, जब तुम यहाँ, इस मिट्टी के पुत्र के रूप में, इस मिट्टी से पैदा हुए सोने से मौज करते थे। यह मिट्टी तुम्हें लाड़ले बेटों की तरह प्यार करती थी। हवा से भी तेज़ दौड़नेवाली तेरी घोड़ियों की धूम पूरे इलाके में थी। तुम्हारे ख़ूबसूरत ढोर लोग दूर-दूर से देखने आते थे। तुम्हारी भैंसों के साथ की भैंसें सारे पंजाब में किसी के पास नहीं थीं। तुम्हारे दालान, रंगीन चारपाइयाँ और पेटियाँ, रंग-बिरंगी फुलकारियों और रजाइयों-खेसों से भरी हुई थीं। तुम्हारे द्वार से कोई भी ज़रूरतमन्द खाली नहीं जाता था। एक बड़े सरदार होकर भी तुम अपने नौकरों को बेटों के समान रखते थे। गाँव की बहन-बेटियों को अपनी बहन-बेटियाँ समझते थे। हरेक की पीड़ा में तुम साझीदार थे।

भैणी साहब वाले गुरुद्वारे वाले वट वृक्ष के नीचे संगत के साथ बैठे थे। तुम्हारी हवेली में सैकड़ों मेहमानों के लिए भोजन बन रहा था। बेसमझ लड़के छुप-छुपकर बोलियाँ बोल रहे थे :

कनकाँ खान दे मारे
आ गये नामधारिये।

सारे गाँव में मेला लगा हुआ था। हम छोटे-छोटे बच्चे गुरु के दर्शनों के लिए गये थे। और भी बहुत-से लोग दूर-दूर से गुरु के दर्शनों के लिए आये हुए थे। तुमने मुझे और पालसिंह को पकड़कर गुरुजी के आगे खड़ा कर दिया था।

''ये मेरे बेटे हैं,'' तुमने कहा था। पाल का सिर नेगा था और उसने छोटा-सा जूड़ा कसकर बाँधा हुआ था। गुरुजी ने पहले उसके सिर पर हाथ फेरा और तुम्हारी तरफ़ सवालिया नज़रों से देखा था जैसे पूछ रहे हों—यह दूसरा मुसलमान लड़का कौन है? और तुमने कहा था—''मेरे भाई का बेटा है।''

और गुरुजी ने हँसकर दोनों हाथों से मेरे सिर पर प्यार दिया था और आशीष दी थी।

फिर चाचा, तेरी सुन्दर घोड़ी ने, जो तुमने उस ज़माने में महाराजा कपूरथला से दस हज़ार में ली थी, उसने बड़ी उम्मीदों और सधरों के बाद एक बच्छी को जन्म दिया था। उस बच्छी में तुम्हारी जान थी। मुझे, बहुत समय बाद पता चला कि वह बच्छी बहुमूल्य थी। उस समय बच्छी लगभग छः महीने की थी जब मैं खेलता-खेलता तुम्हारे घर गया था। सोने के दिलवाली चाची ने मुझे दोनों बाँहों में कसकर प्यार किया था और मेरे सिर पर हाथ फेरा था। माथा चूमा था और गोदी में बैठा लिया था। एक रोटी की चूरी बनाकर, शक्कर डाल कर मुझे खिलाने लगी थी। इतने समय में पाल आ गया था और हम दोनों खेलते-खेलते हवेली में आ गये थे। भाई रतन सिंह उस समय हवेली में था। उसकी बन्दरी आदमियों की तरह बेलने में गन्ने डाल रही थी। भाई सोडा डालकर उबल रहे रस से मैल उतार रहा था। (मुझे अभी तक याद है भाई का गुड़ सारे गाँव में सबसे सफ़ेद और साफ़ होता था।) निक्कू ईसाई धौंकनी से हवा दे रहा था। धौंकनी के धुएँ और गुड़ से निकलने वाली भाप में भाई छिपा-सा प्रतीत होता था। परन्तु उसने पाल को और मुझे देख लिया।

''रस पी।
''गुड़ खा।
''गन्ने चूस ले।
''बैठ जा...ओ लड़के! वीर की चारपाई ज़रा धूप में बिछा दे।''

भाई रतनसिंह ने एक साथ कितने ही हुक्म दे दिये मुझे। पर मेरा ध्यान उस बच्छी की तरफ़ चला गया। मैं और पाल बच्छी के पास जाकर उसे देखने लगे। बच्छी बहुत ही सुन्दर तस्वीर-सी लग रही थी। पता नहीं कहाँ से टहलसिंह आ गया और पता नहीं किस मूर्खपने में मैं उसकी गोद में चढ़ गया। मैंने बच्छी पर बैठने की जिद की। सात वर्ष के बच्चे में समझ ही कितनी होती है! पर चाचा, तुमने मुझे एक बार भी मना नहीं किया, न ही समझाया और उस मासूम और बहुमूल्य बच्छी को पकड़कर, लगाम को गाँठें देकर, छोटी कर उसे लगाम दे दी। जो आदमी जहाँ था, हैरानगी से बुत बना रह गया। भाई पके हुए गुड़ को छोड़ खड़ा हो गया। हर आदमी, चाचा तुम्हारी तरफ़ देख रहा था। एक बच्चे के मूर्खपने के साथ तुम भी बच्चे बन गये थे पर तुम्हारे कामों में दखल देने की हिम्मत और साहस किसी में नहीं था। फिर तुमने कन्धे की चादर उतार, उछल रही, नाच रही, घबरायी हुई तथा परेशान और साथ ही निढाल हुई बच्छी को डाल दी और फिर उस मासूम, नर्मे और सुन्दर पीठ पर काठी डाल दी और काठी को कस दिया। आज सोचता हूँ कि छः महीने की दूध पीती कोमल बच्छी की जान के लिए इतना ही दुख और सदमा काफ़ी था। पर चाचा, फिर तुमने मुझे उसपर बैठाकर उसे आगे से पकड़कर हवेली के दो चक्कर लगवाये और बच्छी दुख और सदमे से निढाल होकर गिरकर मर गयी। महाराजा कपूरथला की लाड़ली घोड़ी की सुन्दर बच्छी, जिसे तुमने कितनी सधरों और उम्मीदों से पाया था! पर तुम्हारे माथे पर एक भी शिकन नहीं पड़ी थी, किसी ने भी उफ तक नहीं की थी, सिवाय मेरे अब्बा के जब उन्होंने सुना तो वे मुझे और तुम्हें दोनों को ग़ुस्सा हुए थे। पर तुम सिर्फ़ हँस दिये थे।

चाचा! आज मैं बालिग हूँ। स्याना हूँ। पत्थर की तरह ठोकरें खाकर गोल हो गया हूँ। दुनिया का सर्द-गर्म भी देखा है और आधी दुनिया के शहर भी देखे हैं और उनके वासियों को भी देखा है। उन्हें परखने और समझने की कोशिश भी की है। आज वे बातें, सपनों की बातें लगती हैं, खोये हुए सपने। कितना बदकिस्मत होता है वह आदमी, जिसके सपने खो जाते हैं। आज सोचता हूँ, चाचा तुम तो मेरे पिता के मुँहबोले भाई थे। तुमने उनके साथ पगड़ी बदली थी। तुम, उनके सगे भाई तो नहीं थें। पर जितना प्यार तुमने मुझे दिया, उतना प्यार तो मेरे किसी सगे चाचा ने भी नहीं दिया। कहते हैं ख़ून का रिश्ता बहुत पुराना है, पर फिर भी तुम मुझे सगों से भी ज़्यादा प्यारे थे। मैं तुम्हें, तुम्हारे पाल से भी अधिक प्यारा, अधिक लाडला और अधिक करीब क्यों था?

फिर ऐसी आँधी चली जो इनसान को बेधकर और ज़मीन को सुनसान बना

कर चली गयी। रावी और वसन्तर बढ़कर भयानक हो गयीं और लहरें गुस्से में मुँह से झाग उगलती बाहर आ गयीं। चारों तरफ़ उमड़ता हुआ पानी था। तुमने भरी-पूरी हवेली और भरे हुए घर से, बस दो-चार वस्तुएँ लीं, फिर मेरे चाचे, ताये और अब्बा उस गाड़ी को बर्छियों, छवियों और बन्दूकों के पहरे में लेकर चल दिये थे। गाड़ी पर चाची, पाल, बहन, तुम और रत्तो थे और आपके आस-पास आपकी हिफाजत के लिए हम विस्मित से पुल तक गये थे। आप भी निढाल हो गये थे और आपको छोड़ने जाने वाले भी। रास्ते में लूटमार, कत्ल, हमले आदि का डर। और पुल पर पहुँचकर जब मेरे पिता और आपने एक-दूसरे को बाँहों में भरा तो दोनों बिलख-बिलखकर रोने लगे। आपको डेरे से, पुल से गुज़रते और बार-बार मुड़कर पीछे देखते देखकर मेरे पिता कैसे बच्चों की तरह तड़प-तड़पकर रोये थे! आप आगे बढ़कर भीड़ में खो गये थे पर हम शाम तक क्यों पुल पर खड़े रोते रहे थे? और आखिर आपको खोकर, अपने और आपके उजड़े घरों में वापस लौट आये थे। उस समय मैं आठ साल का था और अब अड़तीस साल का हूँ। मैंने कठिन-से-कठिन समय में भी अपने पिता को रोते नहीं देखा था, सिवाय उस दिन के। अब तो बस तुम्हारे नाम पर उनकी आँखें बुझ जाती हैं।

और आज मुकेरियाँ के किसी गाँव में शरणार्थी टहलसिंह पता नहीं कितना ख़ुश है? और अब पता नहीं पालसिंह मेरी तरह आधे धौले बाल वाले सिर में अपनी रौशन बादामी आँखों में कोई ख़्वाब रखता है या नहीं?

चाचा टहलसिंह कहा करता था—"हम सभी कहानियाँ हैं पर हमें लिखने वाला कोई नहीं।"

चाचा देख लो, मुझे तुम्हारी कहानी याद है और मैं किसी दिन इसे लिखूँगा भी। आज तो मेरे चारों तरफ़ कहानियाँ घेरा डालकर खड़ी हैं, चारों तरफ़ कयामत वाला शोर है।

मेरी कहानियाँ लहूलुहान हैं। उनके सिर नंगे हैं, बाल बिखरे हुए और बदन ज़ख़्मी हैं। मेरे हाथों में टूटा हुआ कलम है और टूटा हुआ पात्र है, जिसमें मैं अपनी कहानियों के लिए खुशियाँ लेने घर से निकला था। मेरी आँखों में आँसू हैं। मैं अपना रास्ता भी नहीं देख सकता। मेरा हाल भी मेरी कहानियों जैसा ही है। और मैं सोचता हूँ मैं कैसे कहानी लिखूँ?

सन्त सिंह सेखों (1908-1997)

सन्त सिंह सेखों का जन्म 1908 में लॉयलपुर पंजाब में हुआ था जो आज के दिन में पाकिस्तान में अवस्थित है। इनकी मृत्यु 1997 में हुई। वे एक प्रख्यात विद्धान एवं लेखक थे। उन्होंने भारत की आज़ादी के संघर्ष एवं भारत के विभाजन की पृष्ठभूमि में अनेक कहानियाँ लिखी हैं। वे प्रगतिशील लेखक संघ के सक्रिय नेता एवं मार्क्सवाद में विश्वास रखने वाले थे। वे कम्युनिस्ट पार्टी के सदस्य भी थे। 1972 में उन्हें साहित्य अकादेमी पुरस्कार मिला और बाद में उन्हें पद्मश्री से भी सम्मानित किया गया।

भूतों का खेल

रात होने से पहले गाँव के सभी मुसलमान, लगभग पचास लोग मर्द, औरतें और बच्चे, गाँव के एक छोर पर बनी धर्मशाला में इकट्ठे कर लिए गये। धर्मशाला के आसपास चार आदमियों को, जिनमें से एक के पास बन्दूक थी और शेष तीनों के पास तलवारें थीं, पहरे पर तैनात कर दिया। यह पहरा, क़ैदियों को भागने से रोकने के लिए था। किसी भी क़ैदी से सशस्त्र विरोध करने की सम्भावना नहीं थी। इसलिए चार पहरेदार, एक बन्दूकवाला और तीन तलवारों वाले पर्याप्त थे।

आधी रात का समय था जब एक नवयुवक ने दीवार फाँदकर भाग जाने की कोशिश की। इन क़ैदियों में इसकी एक बूढ़ी माँ ही थी—बीवी-बच्चे नहीं थे। पर जैसे ही यह दीवार फाँदकर बाहर खड़ा हुआ कि बन्दूक वाले की आवाज़ आयी—"हाल्ट खड़ा हो जा, नहीं तो गोली मार दूँगा।"

दीवार फाँदने वाला सहमकर जहाँ खड़ा था वहीं खड़ा रह गया। बन्दूक वाला जल्दी-जल्दी क़दम उठाता उसके पास आ गया—"क्यों ओए, मुसलया, कहाँ भागने लगा था? ऐसे मैं तुझे नहीं जाने दूँगा?"

"नहीं, सरदार जी, मैं तो जंगल-पानी के लिए बाहर निकला था," दीवार फाँदने वाले आदमी ने कहा। उसने बन्दूकधारी को पहचानने की कोशिश की, पर वह तो किसी दूसरे गाँव का था। दीवार फाँदने वाले को भरोसा था कि अपने गाँव का होता तो वह उसे भाग जाने देता। "मैं अभी ज़िन्दा हूँ, चौधरी, सरदारा।" वह कहता और गाँव का आदमी उसके आधार को नहीं भूलता।

"जंगल-पानी के लिए बाहर निकला है?" पहरेदार एक वकील की तरह बोला—"अच्छा तो हो आ जंगल-पानी।"

"दूर जाकर बैठूँ कि यहाँ ही?" दीवार फाँदने वाले ने डरते हुए पूछा।

"नहीं, चार क़दम आगे हो जा! यदि भागने की कोशिश की तो गोली—।" पहरेदार ने दृढ़ता से कहा।

दीवार फाँदने वाला अभी दस क़दम ही आगे गया था कि हुक्म हुआ—"वहीं बैठ जा, और क़दम न उठाना।"

दीवार फाँदने वाला जहाँ था वहीं बैठ गया। पाँच मिनट बीत गये—"ओए, अभी निकली नहीं तेरी टट्टी।" पहरेदार ने ललकारा। टट्टी बैठे आदमी ने कोई उत्तर नहीं दिया, उसने थोड़ा-सा ज़ोर लगा दिया।

दो-तीन मिनट और बीत गये, पहरेदार फिर बोला—"कब्ज हो गयी है क्या? अभी तेरी टट्टी निकली नहीं क्या? अच्छा, अब खड़ा हो जा।" टट्टी बैठा आदमी एकदम उठ बैठा। पहरेदार उसके पास आ गया—"कहाँ की है टट्टी?" उसने पूछा।

"जी, नहीं आयी।" क़ैदी ने नम्रता से उत्तर दिया—"सुबह से कुछ खाया ही नहीं।"

"फिर टट्टी कैसे आ गयी तुझे?"

इस तर्कपूर्ण सवाल का क़ैदी से एकदम कोई उत्तर न बना। "साले, भागना चाहता था, टट्टी का बहाना करके, पकड़ा गया। जब सुबह से कुछ खाया ही नहीं तो टट्टी कैसे आ गयी?"

"जी, ऐसी ही आदत बनी हुई है। ख़ुदा की कसम सवेरे से कुछ नहीं खाया।"

"क्यों कुछ खाया क्यों नहीं।"

"डरी और सहमी मेरी बूढ़ी माँ से कुछ काम ही नहीं हुआ। घर में मैं और मेरी बूढ़ी माँ दो ही प्राणी हैं।"

सरदार थोड़ा-सा मुस्कुरा पड़ा—"अच्छा बाऊंस टरन कर चलो, दीवार कूद जाओ।"

क़ैदी दीवार फाँदकर अन्दर आ गया। दीवार फाँदते समय पहरेदार ने बन्दूक का कुन्दा कुछ इस तरह से उसके कन्धे पर मारा कि सारी रात उसका कन्धा दुखता रहा। दूसरी बार भाग जाने की कोशिश करने की हिम्मत उसमें नहीं रहीं।

"यदि किसी और को टट्टी आये तो अन्दर कर लेना बाहर कोई न आये, गोली मार दी जायेगी।" पहरेदार सभी क़ैदियों को सुनाकर चला गया।

थोड़ी देर बाद ही पहरा बदल गया। वे चारों सोने के लिए चले गये। उनकी जगह चार और आ गये।

"साले टट्टी के बहाने बाहर निकलते हैं कभी-कभी। ख़याल रखना।" जा रहे बन्दूक वाले ने पहरेदार को चेतावनी दी।

पर नये पहरेदारों को दीवार फाँदकर टट्टी के बहाने आने वाले किसी आदमी का सामना नहीं करना पड़ा। हाँ, मर्दों के खुर्राटों के साथ-साथ औरतों की सिसकियों की आवाज़ें लगातार सुनायी देती रहीं।

दिन निकलते ही लगभग पचास आदमियों का एक जत्था आ गया। इनमें से अधिकांश के पास बर्छे थे, कुछ के पास बन्दूकें भी थीं।

उस जत्थे के सरदार ने धर्मशाला के पास आकर नेजे वाले पहरेदार को हाथ के इशारे से पास बुलाया–"अब हम इनको दस-दस करके उस खतान पर ले जायेंगे।" वह खतान धर्मशाला से लगभग एक फर्लांग की दूरी पर थी। "बहुत अच्छा," पहरेदार ने एक सिपाही की चुस्ती के साथ उत्तर दिया।

"अच्छा अब हम उसी खतान की तरफ़ चलते हैं," उस सरदार ने अपने जत्थे के लगभग आठ-दस आदमियों को सम्बोधित करते हुए कहा–"तुम यहाँ से दस-दस सूअरों को हाँककर उधर ले आओ।"

ये आठ आदमी, पहले से बनी योजना के अनुसार, बाकी के जत्थे से अलग हो गये और जत्था उस खतान की ओर चला गया। "आओ, तुम से दस आदमी" अन्दर आनेवाले चार आदमियों में से एक ने लेटे हुए बन्दीवालों को ललकार कर कहा। क़ैदी सहम गये, जो जहाँ था वहीं पड़ा सो गया–"ओए, सो क्यों गये सभी?" इतना कहकर उसने आगे बढ़कर क़ैदियों को उठा लिया–"सालो, पहले लोग को वोटें देने के लिए जत्था बन–बनाकर जाते थे।"

जिस क़ैदी को उठाया गया था वह वृद्ध व्यक्ति था।

"हम ग़रीबों की वोटें ही कहाँ थीं, सरदार जी।" उसने धीरे से उत्तर दिया। "इस गाँव में दो-चार मुसलमान ही पाँचवीं पास हैं जिन्हें वोट देने का अधिकार था।"

"पता नहीं। पर गये तो सभी थे जत्था बनाकर।"

"ऐसे ही बच्चे वोटों का मेला देखने चले गये होंगें, मैं तो वैसे भी नहीं गया था।" उस बूढ़े ने उत्तर दिया। "अच्छा, अब चलो फिर" दूसरे ने एक और आदमी को उठा दिया।

इस तरह तलवारों, बर्छियों को चुभाकर उन्होंने दस आदमियों को उठाकर धर्मशाला से बाहर निकाला।

क़ैदियों के बच्चों और औरतों में शोर-शराबा मच गया। अब सभी क़ैदी जाग उठे। "सरदार जी, मुझे बर्छे से मत मारो, तड़पाओ नहीं।" उस बूढ़े ने बाहर निकलते हुए कहा, "तलवार से एक ही बार में झटका कर दो।"

"हलाल न करें, तुम तो मुसलमान हो?" जल्लादों में से एक ने बड़े कठोर स्वर में कहा। बूढ़ा चुप रहा।

"क्या पता तुम्हें ही न मारें। शायद लुधियाना कैम्प में तुम लोगों को छोड़ने की सलाह बन जाये। तुम लोगों के लिए दो ट्रक तैयार खड़े हैं।" एक अन्य ने उन क़ैदियों का मन रखने के लिए कहा। ख़ैर, वे दस आगे बढ़ आये और तलवारधारी चार पहरेदार उनको खतान की तरफ़ ले गये।

वे खतान से वापस आये तो दस आदमियों का एक और जत्था बाहर निकाला गया। पहले जत्थे से यह कम उम्र के लोगों का था। दो-तीन तो इनमें से केवल अठारह-बीस वर्ष के थे।

"सरदार जी! मेरा एक निवेदन है। हमें अमृत छकाकर सिंह ही बना लो। मुसलमान होकर भी आपकी गुलामी करते रहे, सिंह होकर भी करते रहेंगे। आपका काम ही करेंगे, हमने कौन-सा तीर मारना है।" एक क़ैदी ने हाथ जोड़कर कहा।

"तीर मार तो लिया, हमारा तो कुछ भी नहीं बचा। वहाँ आपके भाइयों ने हमें निकाल दिया। इधर क्या पता बनिये-ब्राह्मण हमारे साथ क्या करते हैं?" सिखों में से एक समझदार ने कहा।

"बन गया पाकिस्तान जिनका बनना था, हमारी तो अब क़ब्र ही बनेगी। यदि तुम्हारे मन में थोड़ा-सा भी दया भाव है तो हम नौकरी यहाँ करते रहेंगे।"

"ओए! क्यों इसके साथ फालतू बातें करता जा रहा है?" दूसरे ने डाँटते हुए कहा—"चलो अब," उसने एक क़ैदी को तलवार की नोक चुभाते हुए कहा।

इसी तरह चालीस क़ैदी जिनमें बीस मर्द थे तथा शेष औरतें और बच्चे थे, धर्मशाला से निकालकर खतान ले जाये गये और आखिरी जत्था जिसमें लगभग दस स्त्रियाँ और बच्चे थे, दरवाज़े पर आकर खड़ा हो गया।

इनमें से एक जवान स्त्री, पच्चीस साल से भी कम उम्र की थी। एक चार साल का लड़का उसकी उँगली के साथ था और दूसरा लगभग एक साल का गोदी में था। वह स्त्री कुछ ज़्यादा ही सुन्दर थी। इस दुर्दशा में भी उसका रूप प्रभावित कर रहा था

"ओए, इसे न भेजो उधर" एक व्यक्ति ने भावुक होते हुए कहा—"मुझे दे दो।"

"नहीं, नहीं, धर्म के काम में इतनी बदनीति नहीं चाहिए," एक अन्य ने उत्तर दिया।

"बदनीति किस बात की। इसको अमृत छका लेंगे। मेरा घर बस जायेगा। यह बेचारी थी....पाकिस्तान जाकर क्या करेगी?" उसके शब्दों में निवेदन का स्वर था।

उस औरत को भी अनजानी नियति में इनकी बातों से बचाव की सूरत नज़र आयी। वह बाकी जत्थे से कुछ अलग होकर खड़ी हो गयी। वे सिख आपस में कुछ सलाह करने लगे। उस चार साल के बच्चे को ज़मीन पर पड़ी किसी चीज़ ने आकर्षित किया। उसने लपककर उसे उठा लिया।

"माँ देखो!" उसने माँ के पास आकर चहकते हुए कहा। यह किसी किताब की फटी हुई तस्वीर थी। उस औरत ने एक बार बच्चे की तरफ़ देखा, फिर मुँह

क़ैदियों की तरफ़ कर दिया।

“अच्छा, इसे पीछे रहने दो, शेष को ले जाओ।” उस समझदार सिख ने खतान वाले आदमी से कहा। उन्होंने दो-चार धक्के-मुक्के लगाये और इस आखिरी जत्थे को आगे लगा लिया। यह जवान औरत और उसके दो बच्चे ही पीछे रह गये।

“क्यों बीवी, तुम सिंहनी बनोगी?” विचारवान सिख ने उस स्त्री से पूछा।

“मैं सिंहनी बनकर क्या करूँगी? जिधर इन मासूमों का बाप गया है, मुझे भी उधर भेज दो।” इतना कहकर वह रो पड़ी।

“हम तुम्हें इसके घर बैठाएँगे। अपनी जाति में शामिल कर लेंगे। यह ज़मीन घर-बार वाला है।”

“इसकी ज़मीन इसे ही मुबारक हो। हम ग़रीबों ने ज़मीन को क्या करना है।” वह रोते हुए बोली। उसका चार साल का लड़का एक सिख की लटक रही तलवार को हाथ लगाकर देख रहा था। कुछ समय के लिए सभी चुप हो गये।

“अच्छा भाई, अब तो यह मान गयी।” विचारवान सिख ने स्त्री के चाहवान को कहा।

“नहीं मानती तो इसे ले चलो खतान की तरफ़ और दूसरों के साथ इसको भी” एक सिख ने कहा।

उस स्त्री को प्रतीक्षा कर रही मृत्यु का अब पूरा ज्ञान हो गया। वह सिसकियाँ लेने लगी। उसका चार साल का बच्चा भी रोने लग पड़ा।

“मरने का मनन करता हो तो सिंहनी बनने के लिए मान जाओ।”

“मुझे तो बेशक मार दो, मेरे बच्चों को रख लो। ये बड़े होकर आपका काम करेंगे।” वह रोते-रोते बोली।

“तेरे साथ ही तेरे बच्चे जायेंगे, हमें क्या करना है इनका?” यह सुनकर वह औरत सिसक-सिसककर रोने लगी। उसके बच्चे भी ज़ोर-ज़ोर से रोने लगे।

“देखो, ऐसे ही समय व्यर्थ मत गँवाओ,” उसे चाहनेवाले ने कहा—“यदि उधर से कोई आ गया तो फिर हमारे लिए तुम्हें रखना कठिन हो जायेगा।”

“इसके घर तो इसकी अपनी पत्नी होगी।”

“औरत तो इसके बाप के घर भी नहीं थी।” एक जवान सिख ने अपनी साथी का भद्दा मज़ाक़ करते हुए कहा।

वह चुप हो गयी। उसके बच्चे भी चुप हो गये।

“देखो, इसकी पत्नी-वत्नी नहीं है। बीस घूमा ज़मीन है। विवाह हुआ था, वह दो साल बाद मर गयी। बच्चा अभी कोई नहीं हुआ था।” विचारवान सिख ने सारी बात समझाते हुए कहा।

"विवाह की इसे कोई कमी नहीं है। पता नहीं तेरे पर इसका क्यों दिल आ गया है?" एक अन्य ने मज़ाक़ करते हुए कहा।

"मुझे तो इसके बच्चों पर दया आ रही है।" स्त्री के चाहने वाले ने बड़ा दयालु बनते हुए कहा।

"यह कोई ऐसे ही छोड़ देनेवाला आदमी नहीं है।" एक तीसरे ने कहा।

"भाग्यवान हाँ कह दे!" विचारवान सिख ने उसे प्रेरित करते हुए कहा। वह फिर फूट-फूटकर रोने लगी।

"क्यों? सलाह नहीं बन रही।" उसे चाहने वाले ने उसके पास आकर कहा। उस स्त्री के आकर्षण में वह अब सचमुच ही बँध गया था—"भाग्यशालिनी मैं समाज में इज़्ज़त वाला आदमी हूँ, ऐसे ही कोई लुच्चा-लफंगा नहीं हूँ। उसने ख़ुद ही अपनी वकालत की।

"यदि लुच्चे-लफंगें होते तो क्या तेरी सलाह पूछते? यहाँ कौन है हमें रोकने वाला? जो मन में आये हम वह करें!" एक अन्य ने पास आकर कहा।

यह बात सुनकर वह औरत काँप गयी। शायद उसकी आँखों के आगे एक भयानक तस्वीर आ गयी जो पहले से ही उसके मन के तहखाने में थी, जो संकेत मिलते ही ऊपर आ गयी।

"मेरे बच्चों का क्या बनेगा?"

"इनको मैं अपने बच्चे समझूँगा। वाहिगुरु का नाम लेकर लड़का मुझे पकड़ा दो।" उसने उसका गोद का बच्चा ज़ोर लगाकर लगभग आधा उठा लिया।

"अच्छा, अब तुम इसे लेकर गाँव की तरफ़ चले जाओ।" विचारवान सिख ने कहा—"और लोग आये तो पता नहीं क्या बने?"

"इन मासूमों की खातिर जो कुछ भी आप कहते हैं, वह मुझे मंजूर है।" उसने कहा और अपने चार साल के बच्चे को उँगली से लगाकर वह उस आदमी की तरफ़ हो गयी।

"तू भी आ जा मेरे साथ," चाहने वाले ने अपने साथ खड़े एक अधेड़ व्यक्ति को कहा—"तेरे होते हुए राह में कोई शक नहीं करेगा।"

"अच्छा, कल सुबह आकर आपका यथाविधि विवाह करा देंगे। उससे पहले इसको कुछ मत कहना।" उनको जाते हुए देखकर विचारवान सिख ने कहा।

नासिरा शर्मा (1948)

नासिरा शर्मा का जन्म 22 अगस्त 1948 को इलाहाबाद में हुआ। उन्होंने हिन्दी, उर्दू, फ़ारसी, पश्तों अनेक भाषाओं में लेखन किया है। उन्होंने अनेक फ़िल्मों का भी निर्माण किया है। 2008 में इनके उपन्यास 'कुइया जान' के लिए इन्हें यू.के. कथा सम्मान से सम्मानित किया गया। इनकी प्रस्तुत कहानी में महान शायर इक़बाल के वक्तव्यों का खण्डन है, साथ ही यह भी संकेत है कि अंग्रेजों ने हमें झगड़े की शक्ल में पाकिस्तान दिया है और हम इस ज़ख़्म को जब तक जियेंगे पालते रहेंगे।

सरहद के इस पार

खपरैल तड़ातड़ कच्चे आँगन में गिरकर टूट रही थी। मगर किसी में हिम्मत नहीं थी कि आँगन में निकलकर या फिर दालान से ही रेहान को आवाज़ देकर मना करता। अम्मा को दौरा पड़ गया था। हाथ-पैर ऐंठ गये थे। मुँह से झाग निकल रहा था। उनके पास सिर्फ़ एक ही अभिव्यक्ति रह गयी थी और वह थी गिरकर बेहोश हो जाना।

‘‘मुसीबत जब आती है तो चारों तरफ़ से आती है!’’ दद्दा ने अम्मा का हाथ सहलाते हुए कहा।

‘‘रोने से काम नहीं चलेगा लड़की। पीछे की खिड़की से किसी को पुकारो। शायद शकूर घर पर मिल जाये।’’ दद्दा ने नरगिस से कहा जो माँ का चेहरा देख-देखकर रो रही थी। दद्दा की बात सुनकर वह भागी।

‘‘शकूर चचा...शकूर च...चा।’’ नरगिस की भर्रायी आवाज़ गूँजी।

‘‘क्या है बन्नो?’’ शकूर चचा शेव बनाते हुए सामने आये।

‘‘भैया आज फिर सारे खपरैल आँगन में फेंक रहे हैं!’’ नरगिस ने रोते हुए कहा।

‘‘आ रहा हूँ।’’ कहकर शकूर कमरे में लपके।

खपरैल के टूटने की आवाज़ के साथ एक और आवाज़ उभर रही थी, ‘‘मैं बता दूँगा। गिन-गिनकर बदला लूँगा। मुझसे बचकर कोई नहीं भाग सकता है, मैं पुरी दुनिया जलाकर राख कर दूँगा।’’

रेहान भाई को पीछे से पकड़कर शकूर चचा कमरे में ले आये थे। इस पकड़ा-धक्की में उनके हाथ-पैर कई जगह से ज़ख़्मी हुए थे। नरगिस को रेहान भाई की हालत देख-देखकर सुरैया आपा से नफरत हो गयी थी। वह अगर ऐसा न करती तो क्या भैया की ऐसी हालत बनती?

अम्मा को होश आ गया था। दद्दा उनको रूह-अफजा पिला रही हैं। अब्बा को शकूर चचा ने फ़ोन कर दिया है। भैया कमरे में बन्द हैं। खिड़की से उसने झाँका। वह सुस्त, बेदम, फ़र्श पर पसीने से नहाये औंधे पड़े हुए हैं।

सात साल की नरगिस सब कुछ देख रही है। दद्दा सुरैया आपा को दुपट्टा फैलाकर कोस रही हैं। अम्मा उन्हें मना कर रही हैं। ऊपर नीम पर बैठी चील चीख रही है।

इन्हीं चीलों को रेहान भाई कितना परेशान करते थे। जिस दिन बाज़ार से वह गोश्त लाते, साथ में छिछड़े ज़रूर लाते थे। फिर आँगन के ऊँचे चबूतरे पर खड़े होकर छिछड़े उछालने का नाटक करते चीखते थे—अंडे-बच्चेवाली चील चिलोरिया।...

एक बार खिसियायी चील उनकी उँगली को ज़ख़्मी कर गयी थी। कितना ख़ून निकला था। सुरैया आपा भी क्या चील है? भैया को पागल बना दिया। दद्दा कहती है, ''नासपीटी, जहन्नुमी है। जाने कितने उजाड़ेगी हर्राफ !''

''नरगिस! इधर आओ!'' अम्मा की कमज़ोरी में डूबी आवाज़ उभरी।

''आयी अम्मा!'' नरगिस दौड़ी हुई आयी।

''मेरी तिलेदानी से ज़रा महीनवाली सुई निकाल लाना।''

नरगिस भागती हुई असबाबवाली कोठरी में घुसी। अन्दाज़े से तिलेदानी टीन के बक्स से उठायी और कोठरी से बाहर भागी। इस अँधेरी कोठरी से नरगिस को बड़ा डर लगता है। जाने अम्मा इसमें कैसे सामान रखती-उठाती हैं।

''जाकर ज़रा खलिकुन को तो बुला लाओ। कहना, नवाब दुल्हन की तबीयत ठीक नहीं है दद्दा ने फौरन बुलाया है।''

नरगिस दरवाज़े की तरफ़ बढ़ी।

''बेकार आप परेशान हो रही हैं, मैं ठीक हूँ।'' अम्मा ने रेहान भाई को बुशर्ट उठाते हुए कहा।

''मेरे जीते-जी सारे चोंचले हैं। मर गयी तो कौन आयेगा यहाँ पर?'' दद्दा ने कहा और मरतबान से कुछ मेवे, जड़ी-बूटी जैसी चीज़ें निकालकर पुड़िया बाँधने लगीं।

गली में सन्नाटा था। हिन्दू-मुसलमान फसाद हुए अभी दो ही दिन गुज़रे थे। मगर अम्मा के लिए दो युग। खपरैल पर बैठकर रेहान को जो मुँह आता, बकता था। माँ-बाप को शर्मिन्दगी के सिवाय कुछ हाथ नहीं आ रहा था।

''मारो सारे हिन्दुओं क़ो, गले दबा दो इनके! साले, कहते हैं कि तुम पाकिस्तानी हो। जाकर पूछो इनसे, तुम्हारे बाप-दादा कहाँ हैं? मेरे बाप-दादा इसी धरती के आगोश में गड़े हैं सबूत चाहिए तो जाकर देखो हमारे क़ब्रिस्तान, सबके सब मौजूद हैं वहाँ—ख़ुद गद्दार हैं और हम पर इल्जाम लगाते हैं।...नौकरी न देने का अच्छा बहाना ढूँढ़ा है! आखिर कहें भी क्या? मारो सब कातिलों को! मारो, ख़ून की नदियाँ बहा दो मार-मारकर!''

सबको पता था, रेहान के दिमाग़ पर असर है। पैट्रोलिंग पुलिस के सिपाही भी हँसते गुज़र जाते थे। कुछ 'पागल है' कहकर थूकते और कुछ सिपाही जाने क्या सोचकर सिर हिलाते, जैसे वह सब समझ रहे हों।

शकूर कई बार नीचे से समझा चुका था मगर कौन समझता है। पूरा मोहल्ला हिन्दुओं का है, सिर्फ़ तीन-चार घर मुसलमानों के हैं। गली के पार सारा-का-सारा मुहल्ला मुसलमानों का है। बात यहीं नहीं रुकी। जब कपड़े ख़त्म हुए तो जान-बूझकर रेहान शेरवानी पहनकर निकला।

"देखें किस माई के लाल में ताकत है मुझे छूने की!"

दद्दा ने सिर पीट लिया, "यह हमें रुस्वा कराके रहेगा। भुस में चिनगी डाल रहा है। आग न लगती होगी तो लग जायेगी।"

दोपहर में वर्माजी की पत्नी अम्मा से कह गयी थी, "बहिनजी! परेशान न हों। हम रेहान को हमेशा से जानते हैं, अपना लड़का है। उसकी बातों को सब समझ रहे हैं। आप चिन्ता न करें।"

इस तरह से कई पड़ोसिनें अम्मा के शर्मिन्दा सरापे को सहारा देकर और दद्दा के हाथों का पान खाकर चली गयी थीं। अम्मा सुता मुँह लिए बैठी रहीं। क्या कहतीं?

रेहान ने फर्स्ट क्लास में एम.ए. पास किया था। पाँच साल से नौकरी की तलाश थी। पीएच.डी. से मन उचटा हुआ था। सुरैया से उसकी दोस्ती बी.ए. में हुई थी। दोस्ती इश्क में बदली और फिर शादी के वायदे में, मगर जब घरवालों को पता चला तो उन्होंने सुरैया से साफ़ कह दिया कि सैयद की लड़की शेखों में नहीं जायेगी। खानदान भी छोटा, औसत लोग हैं, फिर दो वर्ष से बेकार लड़का। लड़की का गला न घोंट दें ऐसे घर में शादी करने से।

बहुत दिनों तक यह बात रेहान से छुपी रही, मगर जब सुरैया की मँगनी हो जाने की बात उसके कान में पहुँची तो उसे एकाएक यकीन ही नहीं आया। परसों ही तो सुरैया से उसकी मुलाकात हुई थी। उसने ज़रा भी जो इशारा किया हो। अपनी बेबसी पर वह बेकरार हो उठा।

सुरैया के घर तो जा नहीं सकता था। घुटता रहा। वायदे के मुताबिक सुरैया जुमे के दिन आयी भी नहीं।

बेकारी, इश्क में नाकामी और बेवफाई ने रेहान को दीवाना बना दिया। दद्दा का ख़याल था कि सुरैया की फूफी ने रेहान पर जादू-टोना किया है। वह बहुत जल्लाद दिल की औरत है। उसने अपनी सौत के गुप्त अंगों को चलते चिमटे से दागा था। ऐसे बुरे लोगों के बीच में रेहान जाकर फँस गया।

जितना रेहान को सुरैया से नफरत दिलायी जाती, उतना ही वह उसके लिए अधिक व्याकुल होता गया। फसाद फिर हो गया। शहर में तनाव बढ़ गया। पुलिस हरकत में आ गयी और रेहान बेकरार। ऊपर छप्परों पर बैठा फिर औल-फौल बकने लगा। आज उसे नौकरी मिल जाती तो क्या सुरैया की शादी की तारीख तय हो पाती? नारायणजी का जुम्ला नश्तर चुभो रहा था, "रहते हैं हिन्दुस्तान में, मगर सपने देखते हैं पाकिस्तान के!" दिल चाहा, पटख-पटखकर नारायण को मारकर पूछे—मन्दिरों की मूर्तियाँ डालर और पाउंड के लालच में कौन बेचता है? उसकी बातों की हक़ीक़त को कोई समझना नहीं चाहता है। सब उसे पागल, दीवाना कहते हैं। कोई नहीं पकड़ता इन गद्दारों को जो शराफत का लिबास पहनकर दूसरों पर कीचड़ उछालते हैं। उसका ख़ून फिर गर्म होने लगा। सुरैया की छत पर उसके कपड़े फैलाकर बुआ नीचे गयी है। धानी दुपट्टा हवा में लहरा रहा है। छींटदार सलवार व कमीज हवा में फड़फड़ा रही है।

"मारो कातिलों को, मारो मेरे कातिल को। सब नामर्द अन्दर बैठे हैं। कोई नहीं बाहर निकलता है। यह मेरा वतन है, मेरा वतन। देखता हूँ कौन मुझे जीने से रोकता है? हिम्मत है तो आओ, निकलो। एक-एक का सिर फोड़ डालूँगा।" कहकर उसने खपरैल फेंकने आरम्भ कर दिये। गनीमत यह थी कि दो घण्टे के लिए कर्फ्यू हटा था।

शकूर चचा गुस्से से काँपते हुए ऊपर चढ़े। बिना कुछ कहे दो जोरदार चाँटे रेहान के मुँह पर जड़े और पीठ पर दो घूँसे—'बदतमीज! बेअदब! जो मुँह में आता है, बकता चला जा रहा है!' धक्का देकर नीचे आँगन में रेहान को गिराया और लात-घूँसों की बारिश कर दी।

"सुरैया सिर पर सवार है! हिम्मत है तो उसके बाप को गालियाँ दो। उससे डरता है। डरपोक!" शकूर चचा रेहान भाई को मार-कूटकर दद्दा के पास आकर बैठ गये। उनके चेहरे से दुख और ग्लानि टपक रही थी।

"मोहल्ले में इसकी बेहूदगी की वजह से नज़रें चुरानी पड़ती हैं। कम्बख़्त ने कहीं का नहीं रखा।" अभी शकूर कुछ और कहते कि बम के धमाके से वह चौंक पड़े। लपककर बाहर भागे।

आँगन में रेहान भाई औंधे पड़े थे। मुँह से राल बहकर आँगन की मिट्टी भिगो रही थी। नरगिस का दिल भैया के सिर से मिट्टी झाड़ने का चाह रहा था मगर सबके फूले मुँह देखकर वह सहमी बैठी रही।

ऊपर नीले आसमान पर बेशुमार चीलें पंख फैलाये ऊँची उड़ान भर रही

थीं। बाहर ख़ामोशी छा गयी। कर्फ्यू शुरू हो गया था। शकूर चचा ने खिड़की से पुकारकर कहा, "अम्मा! कल्लन मियाँ चल बसे। अफजल के बनाये बम फट गये। पुलिस उनके घर में है। कल्लन मियाँ की बीवी भी ज़ख़्मी हुई हैं और अफजल, उसकी बोटियाँ छत की बल्लियों से लटक रही हैं!"

"हाय...कैसा बुरा ज़माना लगा है।" दद्दा इतना कहकर रह गयीं। नरगिस की आसमान पर टिकी आँखें खौफ़जदा हो गयीं। कहीं भैया को मरा समझकर चीलें उनसे बदला लेने न आ जाएँ? इस ख़याल के आते ही नरगिस भागी और रेहान भैया की चौड़ी पीठ से लिपट गयी।

रात अँधेरी थी। शहर ख़ामोश। धड़कते भयभीत दिल, भारी बूटों और लाठियों की ठक-ठक को सुनते-सुनते सो गये थे। रेहान चुपचाप छप्पर पर बैठा दूर तक फैली खाली सड़क पर नज़रें गाड़े जाने क्या देखने की कोशिश कर रहा था।

रेहान के मन में आज सुरैया के लिए नफरत-ही-नफरत उफन रही थी। सुरैया का विवाह पाकिस्तान में किसी बड़े आफिसर से हो रहा था। इसीलिए वह चुप रही थी कि शादी के बाद सरहद के पार निकल जायेगी। सरहद के इस पार किसी के दिल पर कौन-सी बिजली गिरेगी, वह इन सारे अहसासों से पूरी तरह से आज़ाद होगी।

घंटाघर ने बारह बजाये। रात की ख़ामोशी फट गयी। रेहान ने आसमान पर नज़र डाली—तारे छिटके थे। वह व्याकुल हो उठा। खड़े होकर उसने चारों तरफ़ देखा। पीली मलगिजी रोशनी में गलियाँ बन्द दरवाज़ों से लिपटी सिसक रही थीं। मन में बवंडर उठा। छप्पर-छप्पर आगे बढ़ने लगा। गर्मी के दिन थे। लोग अपने आँगनों में लेटे सो रहे थे। सुरैया का पक्का ऊँचा मकान पल-पल उसके समीप होता जा रहा था। काश! एक बार उस बेवफा से मुलाकात हो जाती तो बताता कि नफरत में भी उतनी ही शिद्दत होती है, जितनी इश्क में। अपने अलफाजों से आग लगा दूँगा उसके ख़ामोश सरापे में, सारी उम्र अंगारों पर लोटती रहेगी।

नीचे आँगन में कोई भयभीत आवाज़ उभरी, "कौन है? कौन है?"

"क्या हुआ?" नीचे आँगन में घरवाले जग गये थे और एक-दूसरे से पूछ रहे थे। रेहान चौंक पड़ा। जाने किसका घर है? वह दबे पाँव घर की तरफ़ लौटने लगा।

"कुछ नहीं, बिल्ली होगी, तुम सो जाओ।" आँगन से आवाज़ उभरी। फिर ख़ामोशी छा गयी।

लौटते हुए उसके कानों में उन्हीं घरों में से एक से दबी-दबी महीन आवाज़

पहुँची, 'बचाओ! बचाओ!' बढ़ते क़दम रुक गये। ठीक उसी के पैरों के नीचे कुछ घट रहा है। तड़पकर वह उस घर के आँगन में कूदा और तेज़ी से दालान की तरफ़ बढ़ा। आवाज़ कमरे से बुलन्द हो रही थी। पैर की ठोकर दरवाज़े पर मारी। दरवाज़ा भिड़ा हुआ था। दोनों पट भड़-से खुल गये।

एक लड़की को पकड़े दो लड़के खड़े थे और वह उनसे अपने को छुड़ा रही थी। पास ही सूखा-सा लड़का बैठा बीड़ी पी रहा था।

"क्या बात है?" रेहान की आवाज़ से वह चौंककर उछले और फिर उग्रता से आगे बढ़े।

"पहचाना नहीं?" अपना पार्टनर है यार! रेहान है रेहान!" एक ने हँसते हुए कहा।

"वह दीवाना रेहान?" दूसरे ने हैरत से पूछा।

"यह कौन है?" रेहान ने अन्दर घुसते हुए पूछा।

"दिखता नहीं है क्या? लडकी है और कौन है?" एक लड़के ने हँसकर कहा।

"सुझाई तो तुम्हें कुछ नहीं दे रहा है दरिन्दे!" इतना कहकर रेहान ने उसके मुँह पर घूँसा मारा। ख़ून का फव्वारा छूटा और सामने के दाँत उछलकर दूर जा गिरे।

लड़की हिन्दू थी और कमसिन भी। कर्फ्यू लगने की आपा-धापी में यह लोग उसे उठा लाये थे। भीड़-भड़क्के में किसी को पता भी न चला, कौन किधर जा रहा है। सबको इतने कम वक़्त में सामान खरीदना, मिलना-जुलना रहता था कि बौखलाये लोग यह समझ नहीं पाते थे कि उनके आस-पास क्या घट रहा है।

घृणा की आग में वासना की लकड़ी दहक उठी थी। दोनों लड़के पगलाये हुए थे। इतनी मुश्किल व कोशिशों से वह बहला-फुसलाकर लड़की लाये थे। रेहान सारा मज़ा किरकिरा कर रहा है।

"तुमको बड़ी हमदर्दी हो गयी है इस हिन्दू लौंडिया से?" दादा टाइप दूसरे लड़के ने गर्दन से रूमाल निकालकर पैर पर मारते हुए बड़ी शाने बेनयाजी से कहा, जिसमें भिड़ने की चुनौती थी।

"बहुत...!" रेहान ने कूल्हों पर अपने बड़े-बड़े हाथ रखते हुए कहा।

"सारे दिन साला दीवाना बना हिन्दुओं की माँ-बहन तौलता है और अब रात के अँधेरे में हिन्दू लौंडियों की वकालत करने निकला है!" उस मरियल-से लड़के ने बीड़ी हाथ से फेंकते हुए कहा।

"इस वक़्त मेरे तन-बदन में उतनी ही आग लगी है जितनी तुम्हारी बहन को किसी हिन्दू के घर में इस हालत में देखकर लगी।" रेहान ने सीना तानकर

गर्दन ऊपर उठायी।

"यार, मज़ाक़ मत करो! तुम्हारा भी हिस्सा होगा, समझे!" दादा टाइप लड़के ने पैंतरा बदलते हुए रेहान को आँख मारते हुए कहा।

"फिर निकाला मुँह से यह अल्फाज तो..." काँपता हुआ रेहान का हाथ उठा।

"हिन्दू लौंडिया के लिए मुसलमान भाई पर हाथ उठाओगे?" उसी लड़के ने आस्तीन चढ़ायी।

"कोई अपनी जगह से हिला तो मार-मारकर भूसा भर दूँगा!" रेहान ने धीरे-धीरे लड़की की तरफ़ बढ़ते हुए लड़कों को धमकाया।

"हमारे घर कौन जला रहा है? हमारी माँ-बहन को कौन ख़राब कर रहा है? हम या वह?" ख़ून आस्तीन में पोंछता हुआ पहला लड़का बोल उठा।

"इस पर दूसरा पागलपन का दौरा पड़ा है।" मरियल लड़के ने धीरे-से कहा।

"मेरे जीते-जी इस मोहल्ले में किसी जालिम औरंगज़ेब की पैदाइश नहीं हो सकती। तारीख दोबारा मेरे सामने नहीं दोहराई जायेगी वरना...।" रेहान ने लाल आँखें तरेरीं। लड़की को आगे बढ़कर कन्धे के पास से सहारा दिया।

"उसे यहीं छोड़ दो वरना हम तीन हैं।"

"मैं एक ही काफ़ी हूँ तुम सबको सँभालने के लिए। हाथ-पैर मरोड़कर फेंक दूँगा। सुलझाते रह जाओगे!" रेहान ने मरियल-से लड़के को एक लात घुमाकर मारी और दूसरों की घूँसों से ख़ातिर की। लड़की से कहा कि बाहर खड़ी हो जाये।

मार-कूटकर उसने तीनों लड़कों को कमरा में बन्द किया और लड़की को लेकर कच्ची दीवार पर चढ़ा। फिर लड़की को दोनों हाथों से ऊपर उठाया। नरगिस से दो-तीन साल ही बड़ी होगी। छप्पर पर बिठाकर धीरे-से बोला—

"तुम्हारे पिताजी का नाम?"

"रामखिलावन।" लड़की ने काँपते हुए कहा।

"नुक्कड़वाली पंचूरिया की दुकान?"

"हाँ, वह हमारे बापू की है।" लड़की ने भोलेपन से कहा।

"होंगे।" लापरवाही से रेहान ने कहा। उसके दिमाग़ में एक ही बात थी कि लड़की की बदनामी न हो। सामने एक ही रास्ता है। छप्पर-छप्पर चलता उधर जाये, मगर यह लड़की...?

"तुम चल पाओगी छप्पर पर बिना शोर किये।" रेहान ने पूछा।

"काहे नाहीं!" लड़की उसी उत्साह से बोली।

घण्टाघर से तीन का गजर गूँजा।

"चलो।" रेहान उठा।

"मगर भैया! बीच में गलो पड़िये, ओका कैसे लाँघब?"

"चलो उठो तो!" रेहान ने लड़की के सिर पर चपत मारी।

ख़ामोश क़दम छप्परों पर उठ रहे थे—खपरैल के बीच में रास्ता बनाते हुए। काम जोखिम का था। तैश में भी रेहान को लड़की की बदनामी का डर लगा हुआ था। नीचे गलियों में गश्त करती पुलिस भी ऊँघ रही थी।

लड़की को उसके घर की छत पर चढ़ाकर रेहान जब लौटने लगा तो सुबह का उजाला फैलनेवाला था। सामने सुरैया का मकान गर्दन ऊँची किये खड़ा था। रेहान ने नफरत से मुँह फेर लिया।

दावतनामा अम्मा की पलँग पर पड़ा था। सुनहरे हर्फों से सुरैया और एमतेयाज का नाम लिखा हुआ था। परसों सुरैया की शादी थी। नायन ने बताया कि चौथी के दूसरे दिन सुरैया पाकिस्तान चली जायेगी।

नायन के जाने के बाद अम्मा चुपचाप हाथ में पकड़े कपड़े की बखिया उधेड़ती रहीं, मगर दद्दा ने कोसना शुरू कर दिया। नरगिस को एक ही बात समझ में नहीं आ रही थी कि हर एक से भिड़नेवाले निडर रेहान भैया सुरैया आपा से क्यों डरकर बैठ गये? उनका सारा जुल्म सह रहे हैं, जबकि हमेशा ख़ुद कहते थे, "अम्मा! जुल्म सहनेवाला जालिम हाथ और मज़बूत करता है।" तो क्या रेहान भाई की ख़ामोशी सुरैया आपा के हाथ और मज़बूत कर देगी? बहुत बड़े और भारी हो जायेंगे उनके हाथ क्या?

"उस हुराफा के सीने में मर्द का दिल है, इस निगोड़े के सीने में लड़की का दिल है। उल्टी गंगा बह रही है।" दद्दा सुरमेदानी में सुरमा भरती हुई बोलीं।

पलँग पर सोये रेहान भाई के पास दबे पाँव नरगिस पहुँची। धीरे-धीरे उनके बाजुओं पर हाथ फेरा। मछलियों की सख्ती का अन्दाज़ा लगाया। पत्थर है पत्थर, नरगिस ने सोचा। मुड़कर सामने गयी ताकि चेहरे का मुआयना करे। गाल अब भी लाल हैं। बीमार कमज़ोर होते तो चेहरा पीला होता। मुँह पर बैठी मक्खी हँकाते हुए नरगिस को इतमिनान हुआ।

"क्या है, भाई के क्यों चक्कर लगा रही है? सोने दे उसे।" दद्दा ने नरगिस को झिड़का।

आँगन में चबूतरे पर बैठकर नरगिस चुपचाप ऊपर आसमान को ताकने लगी। नीले आसमान पर पंख फैलाये चीलें उड़ रही थीं।

"होली जल रही है क्या?" हँसते हुए किसी का जुम्ला उछला।

"हाँ, ख़याल और परवाज की होली नहीं, बल्कि चिता कहें।" रेहान ने

काग़ज़ के ढेरों से लपकते शोलों को देखकर कहा।

"किसके ख़याल और परवाज की चिता है?" सड़क से गुज़रते हुए किसी ने पूछा।

"इक़बाल! शायरे अजीम, जिसने पाकिस्तान बनने का ख़्वाब देखा था।"

रेहान ने किताब के और पन्ने फाड़े और ढेर पर डाले। शोले लपके।

"अरे-अरे रेहान! यार, तुम वाकई पागल हो गये हो? क्या इसीलिए सुबह-सुबह इक़बाल का दीवान माँगने आये थे?" परेशान-सा परवेज कह उठा।

"सब घरों से इक़बाल को बटोर लाया हूँ।" रेहान ने शोलों को ताकते हुए कहा।

"मगर क्यों?" परवेज ने पूछा।

"जो शायर दिलों को काटने की बात करते हैं, इनसानी रिश्तों को तोड़ने की बात करते हैं उनका अदब कोयला है जिसे छू कर हाथ काले होते हैं और दिमाग़ तारीक। समझे मियाँ परवेज!" रेहान ने, वहीं गली में उकड़ूँ बैठते हुए कहा।

"ख़ुद इक़बाल आये थे कहने तुमसे क्या?" सलीम ने उसे झिंझोड़ा। गली में चारों तरफ़ इक़बाल के शेर काला काग़ज़ बनकर उड़ रहे थे।

"नहीं! मगर जो कहते हैं और समझते हैं वह यह जान लें कि ऐसे इल्जाम के कठघरे में खड़ा करके कोई उस शायर की शख़्सियत के परखचे भी उड़ा सकता है।" रेहान ने गोद में रखे काग़ज़ उसमें फेंके।

"कौन उड़ा सकता है सिवाय जनाब रेहान, दीवाने नम्बर वन के! इतने अहमक होंगे यार, मुझे मालूम न था? निरे पागल ही हो उठे हो क्या?" असलम ने ग़म और ग़ुस्से से कहा।

"कौन सुरैया?" रेहान ने हँसकर पूछा।

"तुम्हारी महबूबा और कौन?" असलम जलकर बोला।

"दीवाने हो क्या? मेरी महबूबा मेरे दिल के दायरे में होती। किस कम्बख्त का नाम ले रहे हो, जो अपनी सरहद का आर-पार भी नहीं समझती है अहमक!" रेहान ने कहकहा लगाते हुए कहा।

"अँग्रेजों ने हमें फसाद की शक्ल में पाकिस्तान तोहफे में दिया है और हम इस ज़ख़्म को जब तक जीएँगे, पालते रहेंगे—करें भी क्या? कर ही कुछ नहीं सकते हैं। अपाहित जो ठहरे...।" रेहान ने बुझते, अधजले काग़ज़ों को डंडी से हिलाया। पूरी गली में जले छोटे-बड़े काग़ज़ के टुकड़े उड़ रहे थे।

"मेरे ग़म को सुरैया की सरहदों में क़ैद करके तुम सब हक़ीक़त से फरारी चाहते थे।" रेहान ने हँसते हुए कहा।

जेब से सुनहरी डिबिया निकालकर बची राख उसमें एहतियात से भरी और डिबिया बन्द करके दोबारा जेब में रख ली।

"मगर दोस्त! यह फरारी कब तक? कहीं पर जाकर बन्द गली में सिर फूटेगा ही, तब इस दीवाने को याद कर लेना।" रेहान ने कहा और घर की तरफ़ चल पड़ा।

आलम और परवेज के साथ खड़े दूसरों ने नाउम्मीदी से सिर हिलाया, जैसे कह रहे हों—"अब इसका ठीक होना नामुमकिन है...। बेचारा!"

राख से भरी डिबिया शादी के दिन सुरैया को भेजकर रेहान के दिल को करार आ गया था।

दद्दा को जितना डर था, वह सब धरा-का-धरा रह गया। पूरे दो दिन ऐसा घोड़ा बेचकर रेहान सोया जैसे उसी के घर से लड़की की डोली उठी है।

गली में कुछ लड़के अवश्य दुकानदारों से पूछ रहे थे कि क्या बात है, वह दीवाना रेहान नज़र नहीं आ रहा है?

हँसकर दुकानदार चुप हो जाते। सबको रेहान से प्यार था। रामखिलावन तो जैसे रेहान के हाथों बिक ही गया था। सरस्वती वाली बात क्या भूलनेवाली है?

घर में सबने ख़ुदा का शुक्र अदा किया कि यह ख़तरे के दिन ख़ैर व आफियत से टल गये। शकूर भी मुतमईन-से शाम को बैटमिंटन खेलने जाने लगे।

दो दिन से रेहान का पता न था, घर नहीं लौटा था। जाता भी कहाँ था? या तो छप्पर पर बैठा चीखता-चिल्लाता रहता था या फिर गली में इधर-उधर घूमता-फिरता और फिर घर लौटकर चुपचाप पलँग पर पड़ जाता था।

शकूर चचा थककर दद्दा के पास आकर बैठ गये।

"अम्मा! तमाम ढूँढ़ लिया, अस्पताल, नदी, कुआँ...उस रेहान के बच्चे का कहीं पता नहीं है।"

"अपने हिफजा मान में रखना परवरदिगार!" दद्दा ने कहा।

"अजीब-अजीब उन्हें शौक हुए हैं। कुछ दिन पहले रामखिलावन के घर से हाथ में राखी बँधवाये, माथे पर टीका लगवाये निकल रहे थे। अभी भी किसी डिसूज या गुरमीतसिंह के यहाँ पड़े होंगे सैकुलर इंडिया का जाम पिये! हम यहाँ ख़ूने-जिगर पियें, उनकी बला से!" शकूर चचा ने गुस्से से उबलते हुए कहा। परसों उनका मैच है। प्रैक्टिस पर जा नहीं पा रहे हैं। उनकी बीवी रजिया भी मायके गयी हुई हैं। वहाँ उनके भाई की तबियत ख़राब है। उनकी कभी की झुँझलाहट भी इस गुस्से में मौजूद थी।

अम्मा चुपचाप काम में लगी थीं। रेहान भाई के मामले में उनकी कोई

राय नहीं रहती है।

घर में हंगामा है। अम्मा की लम्बी ख़ामोशी उनकी अपनी चीखों से छनाकेदार आवाज़ के साथ टूटी है। शीशे-ही-शीशे बिखर रहे हैं। चीखें हैं कि रुकने का नाम नहीं ले रही हैं। शकूर चचा घुटनों के बल रेहान भाई की लाश के पास बैठे हैं। अब्बा दीवार से सिर टिकाये ख़ामोश खड़े हैं। दद्दा का हाल बुरा है। किसे-कौन सँभाले?

दो हफ्ते बाद रेहान भाई की लाश नैनी के पास नाबदान से निकली है। बदन पर ढेरों चाकू के निशान हैं। ज़ख़्मों से बदबू फूट रही है और पेट की अन्तड़ियों में कीड़े रेंग रहे हैं!

घर में पूरा मोहल्ला उमड़ा है। सरस्वती और रामखिलावन का रोना तो रुक ही नहीं रहा। नरगिस सरस्वती की लाल आँखें देखकर सोचती है, अगर सुरैया आपा यहाँ होती तो क्या वह रोती? अगर सुरैया आपा यहाँ होती तो भैया मरते ही क्यों?

भीड़ में तीन लड़कों के बारे में कानाफूसी चल रही है। कुछ लोगों को उन्हीं पर शक है। कौन होंगे वह तीन लड़के? नरगिस सोचते-सोचते थक जाती है। परवेज भाई, असलम भाई, शाहिद भाई—तीनों तो भैया के पास बैठकर रो रहे हैं। यह भैया को क्यों मारेंगे?

धूप आधे आँगन में भर गयी थी। भीड़ छँटने लगी थी। नरगिस अपने को बहुत तन्हा महसूस कर रही थी। उठकर चबूतरे पर उकड़ूँ बैठ गयी और आसमान की ओर ताकने लगी। नीले आसमान पर चीलें डैने फैलाये उड़ रही थीं। कहीं दूर से आवाज़ उभरी—

अंडे-बच्चेवाली चील चिलोरिया!

घबराकर नरगिस ने भैया को देखा। आज तो भैया सचमुच मर गये...कहीं चील..? वह तेज़ी से भैया से लिपटने भागी। आधी राह में ही दादी ने उसे पकड़ लिया, "कहाँ चली?"

नरगिस ने घबराकर दद्दा को देखा। उसे यह बात समझ में नहीं आ रही थी कि बदला भैया से चीलों को लेना था मगर यह कीड़े कहाँ से आ गये! भैया तो चींटियों, कीड़े-मकोड़ों को काग़ज़ से उठाकर घर में किनारे जाकर फेंकते थे कि कहीं किसी के पैर के नीचे दबकर मर न जायें...। फिर यह सब कीड़े भैया के बदन को क्यों काट रहे हैं?

दद्दा ने उसे सीने से लिपटा लिया। सफ़ेद मलमल की जम्पर से उठती ख़ुशबू में उसे भैया की महक आती लगी। दद्दा की आवाज़ दूर आती सुनायी

पड़ी, ''सुरैया का ग़म इसे घुन की तरह चाट गया।'' घुन तो गेहूँ में लगता है, खलिकुन गेहूँ पछोड़ते हुए शिकायत करती थी। नरगिस को याद आया—घुन का चाटा खोखला गेहूँ का दाना। दद्दा के सीने से मुँह हटाकर उसने भैया की तरफ़ देखा : ''तो क्या सुरैया आपा घुन थीं?''

नन्दकिशोर विक्रम (1929)

नन्दकिशोर विक्रम का जन्म 1929 को रावलपिण्डी (पाकिस्तान) में हुआ था। वे हिन्दी के साथ-साथ उर्दू के चर्चित लेखक हैं। इनकी प्रस्तुत कहानी 'सरहद पर' में स्पष्टतः इस बात का उद्घाटन हुआ है कि संकट के वक़्त परिस्थिति के बदलने से चरित्र और मानसिकता भी बदलने लगती है और बदलने लगते हैं हमारे रवैये, व्यवहार और परिवृत्तियाँ।

सरहद पर

"अम्मी हम कहाँ जा रहे हैं?" नन्हें नजमी ने शाहिदा का पल्लू पकड़ते हुए पूछा।

"छोड़ नजमी मुझे सामान बाँधने दे।" शाहिदा ने पल्लू छुड़ाते हुए कहा।

"तो बताओ ना अम्मी!"

"फिर बताओ ना अम्मी हम कहाँ जा रहे हैं?"

"अरे बाबा हम पाकिस्ता जा रहे हैं।" शाहिदा ने तंग आकर जवाब दिया। यह सुनकर नजमी ज़ोर-ज़ोर से चिल्लाने लगा, "हम पाकिस्तान जायेंगे—लेकर रहेंगे पाकिस्तान—पाकिस्तान ज़िन्दाबाद-कायदे-आजम ज़िन्दाबाद!" मगर अभी नजमी नारे लगा ही रहा था कि उसके अब्बा बाहर से आ गये। जैसे ही उन्होंने नजमी को नारे लगाते सुना वह चिल्ला उटे—

"नजमी!"

बेचारा नजमी सहम कर एक कोने में जा खड़ा हुआ जैसे कोई खरगोश शिकारी को देखकर झाड़ी में जा छुपता है और सलीम शाहिदा के पास आकर शोर मचाने लगा

"न जाने ये औरतें किस तरह काम करती हैं। तीन घण्टे से सामान बाँध रही है, मगर अभी तक तैयार नहीं हुई। एक तो देर कर रही हैं ऊपर से नजमी पाकिस्तान ज़िन्दाबाद के नारे लगा रहा है, अगर किसी हिन्दू या सिख ने सुन लिया तो फिर हमारी लाशें भी पाकिस्तान नहीं पहुँच सकेंगी!"

सलीम का पारा हाई डिग्री पर देखकर सलीम की बहन जुबैदा और उसकी बीवी शाहिदा बड़ी तेज़ी से सामान बाँधने लगीं मगर उन्हें घर की कोई चीज़ छोड़ने को जी नहीं चाहता था। वे चाहती थीं कि ग्रामोफ़ोन, मूल्यवान आभूषण, जरी और मखमल के कपड़े, वर्षों की इकट्ठी की हुई तस्वीरों और पुस्तकों को भी साथ ले जाएँ मगर सलीम ने दोबारा चीखते हुए कहा—

"छोड़ो इन ग्रामोफ़ोन और तस्वीरों को अगर ज़िन्दगी हुई तो और बना लेंगे। बारह बज चुके हैं और रातोंरात हमने हिन्दुस्तान की सरहद को पार करना है।"

और सवा बारह बजे यह छोटा-सा काफिला घोड़ों पर सवार चल पड़ा

हिन्दुस्तान को छोड़कर पाकिस्तान की ओर—अपनी मातृभूमि से दूर....

चारों ओर घटाटोप अँधेरा छाया हुआ था। हर कोई गहरी नींद सो रहा था। केवल गाँव के चौकीदार और कुत्तों की आवाज़ें ही कानों में पड़ रही थीं। उस वक़्त सलीम, शाहिदा, ज़ुबैदा, नजमी और उसका नौकर अकरम घोड़ों पर सवार, क़दम-क़दम पर ठोकरें खाते हिन्दुस्तान से दूर पाकिस्तान जा रहे थे। उस समय सलीम की हालत उस सारस की तरह थी जिसका साथी उससे बिछड़ गया हो। उसकी ऐसी हालत क्यों न होती। वह अपने गाँव से हमेशा के लिए दूर जा रहा था। उस समय सलीम को हिन्दुस्तान के नेताओं की ख़ुदगरजी याद आ गयी जो देश की जनता की भलाई की उपेक्षा करके अपने स्वार्थ में लगे हुए हैं जबकि इस स्वर्ग समान देश में जहाँ सुबह से शाम तक आग बरसाने वाले दिनों और अत्यन्त ठण्डी रातों को किसान ख़ून-पसीना एक करता है मगर पैदा होनेवाला अनाज साहूकार के एक फर्लांग लम्बे गोदाम में भर दिया जाता है और उस समय उसका जी चाहा कि वह चिल्ला उठे—

'ऐ हिन्दुस्तान के हिन्दू-मुसलमानो! तुम इस धरती पर न तो पाकिस्तान बनने दो और न ही खालिस्तान, बल्कि तुम इस धरती पर एक ऐसा 'स्तान' बनाओ जहाँ साम्प्रदायिक दंगे न हों। हर इनसान का दिल मानव प्यार से भरा हो। मज़दूर और किसान पर पूँजीपति का अत्याचार न हो और अगर ऐसा नहीं हो सकता तो ख़ुदा से दुआ करो कि ऐ ख़ुदा! इस भूमि पर एक ऐसी बाढ़ ला जिसमें वह भूमि और इसके वासी हमेशा-हमेशा के लिए डूब जाएँ और हिमालय पर्वत की सिर्फ़ वही चोटी और उसका आँचल रह जाये जहाँ हजरत नूह की किश्ती आकर किनारे लगी थी और उस उच्चतम चोटी पर एक सुर्ख झंडा लगा हो—ख़तरे की निशानी अर्थात इसके निकट न आओ उसके पास ही एक बोर्ड लगा हो जिस पर बड़े-बड़े अक्षरों में निम्नलिखित इबारत तहरीर हो—

'इसके आँचल में एक देश आबाद था जिसे सोने की चिड़िया कहा जाता था। इस जगह दुनिया को शान्ति और एकता की शिक्षा देनेवाले, सच्चाई के देवता, नेकी के अवतार, मानवता के प्रचारक, दीन-दुखियों के सहायक, सत्य और प्यार के उपदेशक पैदा हुए थे—लेकिन यहाँ की कौमें अल्पसंख्यकों, निहत्थे इनसानों को मौत के घाट उतार कर, औरतों के सतीत्व को दाग लगाकर अपने आपको बहादुर ख़याल करती थीं। हर साल गाय और सूअर के नाम पर साम्प्रदायिक दंगे हो जाते थे, जिसके परिणाम में हज़ारों इनसान मुफ्त में दंगों की भेंट हो जाते थे।

'इस देश के पानी में डूबने से कुछ समय पहले यहाँ जनूनी राजनीतिज्ञ रहा करते थे, जिनके कारण यह देश दो टुकड़ों में बँट गया। यहाँ एक तरफ़ अमीरों

के रहने के लिए महल खड़े थे तो दूसरी तरफ़—तंग और अँधेरी गलियाँ थीं, जहाँ चिराग थे मगर मद्धम! जहाँ ठण्डी आहें थीं मगर दबी हुई! जहाँ ज़िन्दगी थी मगर तड़पती हुई। यहाँ अमीरों के महलों और हवेलियो की बुनियादें मज़दूर और मिट्टी तथा चीथड़ों में लिपटे उनके बच्चे रहा करते थे। यहाँ के लेखकों और कवियों की कृतियाँ इश्क-ओ-मुहब्बत में डूबी हुई होती थीं। शायद वे अपने देश की प्रगति और विकास के बारे में लिखना अपना अपमान समझते थे। दुनिया के देश शिक्षा तथा उद्योग में उन्नति कर रहे थे, किन्तु यहाँ के लोगों ने बच्चे पैदा करने में रिकार्ड तोड़ दिया था और वे बड़े गर्व से कहा करते थे हमारी आबादी दुनिया में दूसरे नम्बर पर है। हालाँकि वे सिर्फ़ कमज़ोर और दुबले-पतले, नंग-धड़ंग, मरियल तथा मिट्टी और चीथड़ों में लिपटे हुए बच्चा पैदा करना ही जानते हैं। उनकी शिक्षा, स्वास्थ्य और प्रशिक्षण की व्यवस्था करना नहीं जानते थे—यहाँ एक देश आबाद था जिसे सोने की चिड़िया कहा जाता था।'

एकाएक उसके विचारों का ताँता टूटा और उसने देखा, कुछ दूरी पर अमृतसर शहर है और शोले अमृतसर के मकानों से आसमान की ओर उठ रहे थे। हर-हर महादेव, सत सिरी अकाल और नारा-ए-तकबीर के गगन-भेदी नारों के साथ ही नगरवासी मारकाट में मग्न थे। चारों ओर एक हंगामा मचा हुआ था। औरतों और बच्चों की चीख-पुकार से कान पड़ी आवाज़ सुनायी नहीं देती थी—यह अमृतसर शहर था—यहाँ ईदें और गुरुपरब इकट्ठे मनाये जाते थे। यहाँ जालियाँवाला बाग है, जहाँ हिन्दू-मुसलमानों ने सीना तानकर गोलियाँ खायी थीं—सिसकती हुई सभ्यता में नयी आत्मा फूँकने के लिए, आज़ादी हासिल करने के लिए और हिन्दू-मुस्लिम एकता को कायम करने के लिए। यहाँ सुनहरी गुरुद्वारा है—अमन और शान्ति के देवता, एकता के उपदेशक—सच्चाई के अवतार का जिन्होंने सच्चाई और एकता की शिक्षा देकर हमें खोया हुआ रास्ता दिखाया—लेकिन आज—आज हर तरफ़ ख़ून-ख़राबा हो रहा था। औरतों की इज़्ज़त लूटी जा रही थी। बच्चों को नेजों की नोकों पर खड़ा किया जा रहा था—शायद आज इसी को गुरु की शिक्षा ख़याल किया जा रहा था।

अभी उसकी नज़र शहर पर जमी हुई थी कि बीस-पच्चीस बलवाई हाथों में तलवारें और पिस्तौल लिए उन पर टूट पड़े। उन्होंने सलीम की बहन जुबैदा की उनके सामने ही इज़्ज़त लूटकर उसे मौत के घाट उतार दिया। उन्होंने एक ही वार से अकरम को समाप्त कर दिया और तलवार से नजमी के दो टुकड़े कर दिये। उन्होंने अपनी ओर से सलीम और शाहिदा को भी सीमित जीवन से वंचित कर दिया, किन्तु वे दोनों मरे नहीं। सलीम तो सिर्फ़ ज़ख़्मी ही हुआ मगर

शाहिदा बेटे की ग़म और चोटों के कारण पागल सी हो गयी। सलीम ने उसे सहारा दिया और पाकिस्तान की तरफ़ चल पड़ा, मगर शाहिदा क़दम-क़दम पर ठहरकर चीख उठती—

"मुझे छोड़ दो। वह देखो....नन्हा नजमी मुझे बुला रहा है। मुझे छोड़ दो। मैं अपने नजमी के पास जा रही हूँ।"

और उस समय सलीम भर्रायी हुई आवाज़ में कहता "शाहिदा। नजमी कहाँ? नजमी तो ख़ुदा तआला के पास पहुँच चुका है!" मगर शाहिदा पर उसकी बातों का कोई असर न होता, बल्कि वह चिल्लाने लगती, "मर तो सलीम गया है। मेरा नजमी तो मेरे साथ है। हाँ! अब वह जवान हो गया है। वह देखो वह अपनी दुल्हन के साथ आ रहा है मगर तुम उसे पाकिस्तान ज़िन्दाबाद के नारे लगाने से नहीं रोक सकते। वह ज़ोर-ज़ोर से चिल्लाएगा। ऊँचा कहो मेरे लाल! मैं भी तुम्हारे साथ कहूँगी—पाकिस्तान ज़िन्दाबाद! कायदे-आजम ज़िन्दाबाद!!"

और उसी समय सलीम चीख उटा, "शाहिदा जल्दी चलो। वह देखो सामने सरहद है। सुबह होनेवाली है। हम ज़ल्दी ही सरहद पार कर लें।"

मगर शाहिदा पर इस बात का कोई असर नहीं होता। वह बोली, "नहीं-नहीं, मैं पाकिस्तान नहीं जाऊँगी। वहाँ मजहब के नाम पर अल्पसंख्यकों का ख़ून किया जाता है। वहाँ इनसान के रूप में भेड़िये रहते हैं। मैं तो हिन्दुस्तान ही में रहूँगी।" और फिर ख़ुद बोल उठती, "नहीं, नहीं, मैं यहाँ नहीं रहूँगी। यहाँ हमारी जान ख़तरे में है। मैं पाकिस्तान जाऊँगी।"

इसी तरह उल्टी-सीधी बातें करते-करते वह सीमा के निकट पहुँच गयी, लेकिन यहाँ उसकी हालत बहुत बिगड़ गयी और उसने सलीम के गोद में ही जान दे दी।

शाहिदा की मृत्यु से सलीम दिमाग़ी सन्तुलन खो बैठा और वह पाकिस्तान की ओर चल पड़ा। लेकिन...लेकिन वह पाकिस्तान में नहीं रहा। बल्कि आज भी एक दीवाना हरबंस पुरा और अटारी के दरमियान घूमता हुआ नज़र आता है। जब वह हरबंस पुरा पहुँचता है तो कहता है,"नहीं मैं यहाँ नहीं रह सकता। यहाँ औरतों को नंगा करके उनके जुलूस निकाले जाते हैं। बच्चों को वहशी बड़ी बेरहमी से कत्ल करते हैं। गाड़ी के इंजनों को औरतों के स्तनों से सजाया जाता है। मैं यहाँ नहीं रह सकता। मैं पाकिस्तान छोड़कर हिन्दुस्तान जा रहा हूँ।" यह कहकर वह हिन्दुस्तान की तरफ़ चल पड़ता है, मगर ज्योंही वह अटारी से एक फर्लांग आगे जाता है तो एक पत्थर उठा लेता है और सीने से लगाकर कहता है, "तू कहाँ रह गया था मेरे लाल! चल तुझे तेरी माँ के पास ले चलूँ। हम यहाँ नहीं रह सकते। यह हिन्दुस्तान है—यहाँ के वासी इन्सानियत का ढोल पीटकर

इन्सानियत का ख़ून करते हैं। औरतों की इज़्ज़त उतारना मामूली बात समझते हैं। मकान राख करके अल्पसंख्यकों के बच्चों को गोलियों का निशाना बनाते हैं और चीख उठते हैं–हिन्दुस्तान ज़िन्दाबाद, पाकिस्तान मुर्दाबाद–जैसे उनके कहने से ही पाकिस्तान मुर्दा और हिन्दुस्तान ज़िन्दा हो जायेगा। चल बेटे तुझे तेरी माँ के पास ले चलूँ। वह कब से तुझे ढूँढ़ रही है।" यह कहकर वह पत्थर को उठाये हिन्दुस्तान और पाकिस्तान की सीमा के निकट पहुँच जाता है और शाहिदा को न पाकर रोने लगता है, और कहता है–

"न जाने तेरी माँ कहाँ चली गयी है। मैं तो उसे यहीं छोड़कर गया था। डर नहीं मेरे लाल! तुझे यहाँ कोई कुछ नहीं कहेगा क्योंकि, यह हिन्दुस्तान और पाकिस्तान की सीमा है। यहाँ पहुँचकर हर इनसान की जान में जान आती है। यहाँ पहुँचकर ज़िन्दगी के आसार दोबारा उभर आते हैं। यहाँ हिन्दुस्तान ज़िन्दाबाद, पाकिस्तान ज़िन्दाबाद के नारे लगाये जा सकते हैं। यहाँ हिन्दुस्तान और पाकिस्तान दोनों मुर्दाबाद कहे जा सकते हैं, क्योंकि यह जगह हिन्दुस्तान और पाकिस्तान के लीडरों की विरासत नहीं...यह हिन्दुस्तान और पाकिस्तान की सरहद है।"

अमृत राय (1921-1966)

अमृत राय हिन्दी और उर्दू के अच्छे लेखक माने जाते हैं। वे मुंशी प्रेमचन्द के पुत्र थे। उनका जन्म 1921 में और मृत्यु 1996 में हुई। इन्होंने अनेक पुस्तकों की रचना की और इन्हें साहित्य अकादेमी पुरस्कार भी प्राप्त हुआ। इनकी प्रस्तुत कहानी आलोचक नरेन्द्र मोहन के अनुसार 'घटना के प्रत्यक्ष ब्योरों के बजाय उनकी वजह से पैदा हुए शुष्क, जटिल और पेचीदगी भरी सम्बन्धों का बोध कराती है।'

व्यथा का सरगम

आज अमावस की रात है। गहरी। काली। नीरव। निःस्तब्ध। केवल दूर पर कुत्तों के भूँकने की आवाज़—और कुछ गीदड़ों की। मनुष्य के गाने की एकाध कड़ी के रूप में कभी-कभी सुनायी पड़ जाती है, किसी रिक्शेवाले के किसी रोमांटिक फ़िल्मी गाने की एक कड़ी; वर्ना सन्नाटा।

पास के ही किसी घर से शहनाई का व्याकुल स्वर आ रहा है। शहनाई भी अजब बाजा है जो सुख-दुख दोनों में समान रूप से आदमी का साथ देता है। आज न जाने क्यों सुरेश्वर...

...मगर आप क्या जानें। आपने शायद कभी उसे बीन बजाते नहीं सुना। जब वह आँख बन्द करके बीन के तारों पर अपनी उँगलियाँ दौड़ाने लगता है तो विश्वास ही नहीं होता कि यह सुरेश्वर जो सामने बैठा है, उसकी अभी उठान पर की उम्र है, उसने अभी तीस बसन्त देखे हैं। उसके स्वरों से प्रवाहित होनेवाली व्यथा की उस सरिता में जिसने भी एक बार नहाया उसका रोम-रोम जैसे काँप उठा और उसे लगा कि अनेक पतझर और शिशिर बजानेवाले की अस्थि और मज्जा में जाकर बस गये हों।

सुरेश्वर रेलवे के एक आफिस में क्लर्क है। रेलों की घड़घड़ाहट और फाइलों की थकान को अपनी बीन के स्वरों में बाँधकर उसने उन्हें नया ही रूप दे दिया है। दिन भर की दौड़-धूप के बाद रात को यही उसकी शान्ति का निर्झर है, यही उसका सहारा है, कवच है, मानो यह न हो तो दफ्तर की फाइलें उसे खा जाएँगी। रात को अपना कमरा बन्द करके (जिसमें पड़ोसियों की नींद न ख़राब हो।) वह अकसर बड़ी देर तक बजाता रहता है। रात को इन घड़ियों का एकान्त उसे बहुत प्रिय है। वह चाहता है कि जल्दी ही सो जाये जिसमें दूसरे रोज़ तक अपनी बीन में खोया रहता है और समझता रहता है कि किसी बिन्दु पर पहुँचकर घड़ी की सुइयाँ अचल हो गयी हैं।...

सो, आज न जाने क्यों सुरेश्वर का मन उदास है। शहनाई का वह पतला स्वर खंजर की तरह उसके दिल के अन्दर उतरता चला आ रहा है। एक

अजीब-सी वेदना, एक अजीब-सा दर्द उसे अपने अन्दर समो रहा है। उसकी बीन आज ख़ामोश है। आज तो वह बस सुन रहा है। शहनाई के स्वर की वह बंकिम कटार उसके अन्दर उतरती चली आ रही है। सुरेश्वर जानना चाहता है कि अपने उतार और चढ़ाव में वह उससे क्या कहना चाहती है, पीड़ा की वह कौन-सी अतल गहराई है जिसे छू लेने का उसने संकल्प किया है। शहनाई का का स्वर उसके गहरे से गहरे मन में एक अत्यन्त सुन्दरी पार्वत्य युवती का आकार ग्रहण कर रहा है। यह युवती किसी क्रूर दैत्य द्वारा शापित है, उसका सखा खो गया है, उसके परिजनों ने उसे छोड़ दिया है और उसे अकेले ही अपनी व्यथाओं का पर्वत ढोना है। उसकी मुखश्री तुहिनस्नात मटर के फूल के समान है, उसके कपड़े हिम के सदृश धवल हैं। पर उसकी मुखमुद्रा को जैसे किसी गहरी उदासी का धुआँ लग गया हो।

...शहनाई के स्वर को इस मानव-चित्र में बदलकर सुरेश्वर उसी को देखते हुए खोया-सा, ठगा-सा बैठा था। हठात् जैसे किसी ने उसके कन्धे पकड़कर उसे झँझोड़ा और होश में ला दिया। और तब उसे पता चला कि वह अपने-आपको छल रहा था। जो मानस-चित्र उसकी आँखों के आगे आ रहा है वह शहनाई के स्वर का चित्र नहीं है, मांस-मज्जा की एक वास्तविक तरुणी का चित्र है जिसे उसे आज ही शरणार्थियों की गाड़ी से उतरते देखा है। वह हज़ारा ज़िला की एक सीमान्तदेशीय हिन्दू पठान तरुणी का चित्र है...जब शहनाई ने किसी भयानक दर्द को अपने स्वरों में बाँधने की कोशिश की तो वह व्यथा-सुन्दरी आपसे-आप उसकी आँखों के आगे आ गयी, समुद्र के फेन से निकलती हुई वीनस के समान...

...हाँ, सचमुच वीनस...उर्वशी...तक्षशिला की सुन्दरी... सरो के पेड़ की-सी सुघड़ लम्बाई, स्वस्थ यौवन से भरपूर छरहरा शरीर, सीमान्त के काग़ज़ी बादाम जैसी ही आँखें, चन्दन सा गौर, सुसंस्कृत मुखमंडल, लम्बी-सी वेणी। मगर सबके ऊपर अंगराग के स्थान पर उदासी का एक गहरा लेप जो चेहरे के भाव को आमूल बदल देता है। उसे देखकर कोई उच्छृंखल भाव जैसे पास पर भी नहीं मार सकता; देखने के साथ ही उसे लगातार देखते रहने की इच्छा होती है, एकटक, मगर उसके साथ ही साथ पूरे वक़्त जैसे कोई भीतर बैठा एक बड़ी तकलीफ़देह कड़ी गुनगुनाता रहता है...

सुरेश्वर ने आज ही तो उनके रहने की जगह देखी। धन्य भाग जो दूसरा महायुद्ध हुआ, वर्ना न लड़ाई होती, न मिलिटरी की बारकें बनती और न आज मनुष्य की पशुता से भागकर शरण माँगनेवालों को टिकने का कहीं कोई ठिकाना होता! शरणार्थियों को ये बनी-बनायी बारकें यों मिल गयीं गोया इन्हीं के लिए

बनाई गयी हों। इन्हीं बारकों में अपने घरबार, खेती-किसानी, दुकानदारी से उखड़े हुए लोग अपना सारा सामान लिए-दिये पड़े थे। टीन के बड़े बक्स, मँझोले बक्स, छोटे बक्स, खाटों के पाये-पाटियाँ, सुतली या बाध, सब अलग-अलग मोड़कर रखी हुई चटाइयाँ, एकाध बाल्टी, लोटा, थाली, कनस्तर किसी-किसी के पास अपना हुक्का भी। यही उनकी सारी गिरस्ती थी। इसी गिरस्ती से घिरे-बँधे वे इस नयी दुनिया में अपने लिए जगह बना रहे थे। बीवियाँ कुएँ से पानी ला रही थीं या रोटी पका रही थीं और बच्चे धूल में सने कुछ सहमे-सहमे से खेल रहे थे, लोहता की खाक का मिलान हज़ारा की खाक से करके यह पता लगा रहे थे कि पशुता के कीटाणु कहाँ ज़्यादा हैं और अपने जेहन से उन डरावनी शक्लों को निकालने की कोशिश कर रहे थे जिन्होंने उनकी नादान ज़िन्दगी को भी चारों तरफ़ से डर की रस्सियों से कस दिया था।

यहीं नहीं नयी दुनिया में उस शाम को सुरेश्वर ने उस व्यथा-सुन्दरी को हलके-हलके रोटी सेंकते देखा था...

...और उसकी विपत्ति की कहानी सुनी थी एक ऐसे आदमी से जो बन्नो की पुरानी दुनिया में भी उसका पड़ोसी था और आज इस नयी दुनिया में भी, जिसकी दीवार उठ ही न पाती थी, क्योंकि वह आदम के बच्चे की हाड़तोड़ ईमानदार मेहनत की पुख्ता नींव पर नहीं बल्कि पब्लिक की दया की थोथी भुसभुसी नींव पर आधारित थी। सुरेश्वर के यह पूछने पर कि उन्हें यहाँ कैसा लगता है, ज़िला हज़ारा की रहनेवाली उस व्यथा-सुन्दरी बन्नो के पड़ोसी उस अधेड़ आदमी ने जो बात कही थी वह सुरेश्वर को भूलती नहीं 'किसी की भीख के टुकड़े पर ज़िन्दा रहने से ज़्यादा लानत की बात दूसरी नहीं होती, बाबूजी!' उसी से सुरेश्वर को यह भी पता चला कि बन्नो की शादी हाल में हुई थी, उसी गाँव में जब कि मारकाट शुरू हुई। उसके आदमी को कातिलों ने नेजा भोंककर मार डाला और इसे उठाकर ले गये। फिर बन्नो ने वहाँ क्या-क्या देखा और कैसे एक रात जान पर खेलकर वह भाग निकली और छुपते-छुपते दूसरे भागनेवालों के संग जा मिली, इसकी एक काफ़ी साहसिक कहानी थी।

वह अधेड़ आदमी जब शाम के धुँधलके में एक छोटी-सी चारपाई पर बैठा वह क़िस्सा सुना रहा था, उस वक़्त उसकी नायिका बन्नो इतने भयानक अनुभवों, पीड़ाओं और साहस को अपने उस नाजुक शरीर में समेटे ख़ामोशी के संग रोटियाँ सेंक रही थी। उसी ख़ामोशी से अपनी तकलीफ़ों को सहते-सहते वह कुछ-कुछ विक्षिप्त-सी हो गयी थी, बोलने या हँसने में भी अब शायद उसे तकलीफ़ होती थी। उस दुनिया की तमाम और चीज़ों के संग जिनमें उसकी

अस्मत और उसका पहरेदार भी था, उसका बोलना और हँसना भी जलकर राख हो गया था। पाँच हज़ार या पचास हज़ार साल पहले आये भूडोल में उसकी ज़िन्दगी के बिना पलस्तर, टूटे हुए मकान में (अभी उसकी शादी को हुए ही कै दिन हुए थे!) उसकी उमंगों के पंछी भी जहाँ-तहाँ मरे पड़े थे; जो कभी सर्द लाशें थीं वही अब ठठरियाँ हो गयी थीं और शीशे की तरह चमकीले किसी पत्थर में गोया हँसी बीच दमें ही रुक गयी थी, मुँह खुला का खुला ही रह गया था।

बारक के पास ही कुआँ था। कुएँ के पास ही कोठरी सी थी। पता नहीं, लड़ाई के दिनों में वह किस काम में आती थी, अब तो खाली पड़ी रहती है, लड़के दिन के वक़्त उसमें लुकते-छिपते हैं।

आज शाम के साढ़े सात बजे उसमें अचानक बड़ी जान आ गयी थी। बन्नो पानी भरने गयी थी तो थोड़ी दूर पर ही उस कोठरी से किसी के चीखने या चीख के जबर्दस्ती रुंध दिये जाने की हलकी-सी आवाज़ आयी, हलकी मगर पैनी। कुछ मर्द आवाज़ों की फुसफुसाहट भी उसके कानों में पड़ी। उसने तय किया कि पता लगाना चाहिए। पानी लेकर लौटी पानी रखा। एक ताक पर से अपना खंजर उठाया और चली।

वह कोई दस गज की दूरी पर रही होगी जबकि कोठरी में से किसी आदमी ने कुछ खोजने के लिए एक दियासलाई जलायी जो भक् से बुझ भी गयी।

बन्नो ने देखा कि चार-पाँच आदमियों ने एक नौजवान लड़की को ज़मीन पर दाब रखा है, लड़की चित लेटी है या लिटाई हुई है, उसके तन पर एक भी कपड़ा नहीं है, दो-तीन जवान उसके हाथ-पाँव कसे हुए हैं और वह मादरजाद नंगी लड़की छटपटा रही है....

कुछ ख़ास जोशीले शरणार्थी नौजवानों के एक गिरोह ने आज शिकार किया था। उनका ख़ून भी ख़ून है, पानी नहीं, उन्हें बदला लेना आता है, वह अपनी जिल्लत का बदला लेंगे, अपने धर्म की किसी लड़की की लुटी हुई अस्मत का बदला वो दुश्मन की लड़की की अस्मत लूटकर चुकाएँगे।

पास के एक गाँव से पाँच-छः नौजवान कुछ चोरी और कुछ सीना-जोरी (यानी एक-दो आदमियों को घायल करके) एक लड़की को उठा लाये थे और इस वक़्त बारी-बारी से उसकी अस्मत लूटकर न सिर्फ़ अपने वहशीपन को खुराक पहुँचा रहे थे बल्कि उसके साथ-ही-साथ अपनी कौम की खिदमत भी कर रहे थे।

एक लम्हे को जो दियासलाई जली थी उसमें बन्नो ने इन कौम के खादिमों को अपने कर्तव्य में रत देख लिया।

उसे बात समझने में ज़रा भी देर नहीं लगी। एक तो स्थिति यों ही दियासलाई

की लाल-सी रोशनी में इनसान की हैवानियत की तरह स्पष्ट थी, दूसरे बन्नो... उसे भी क्या कुछ बतलाने की ज़रूरत थी। वह जो कि ख़ुद ऐसे ही एक नाटक की नायिका रह चुकी थी!

बन्नो के भीतर बैठे हुए पशु की आत्मा को गम्भीर सन्तोष मिला, गहरी तृप्ति का सुख...इसे ऐसे ही चीर डालना चाहिए...इसी का ख़ुदा उन जानवरों का भी ख़ुदा है...इसे यों ही चीर डालना चाहिए....

बन्नो के भीतर ही भीतर पैचाशिक उल्लास की लहर दौड़ गयी।

मगर कोई डेढ़-दो मिनट ही एक विचित्र मरोड़ के साथ एक दूसरी लहर उठी —साँप काटने पर आदमी को जो लहर आती है वह लहर, उसमें झाग निकलती है!

बन्नो को लगा कि जैसे वह एक बड़े आईने के सामने हो। जो लड़की ज़मीन पर मादरजाद नंगी, चित लेटी है वो वही है, बन्नो, उसी को आधी दर्ज़न बाँहें ज़मीन से चिपकाये हुए हैं और भेड़ियों जैसी भूखी-भूखी ये आँखें वही हैं जो पहले भी उसे यों ही घूर चुकी हैं...

'कौन है, कौन है, यहाँ क्या हो रहा है?' चिल्लाती हुई वह खंजर हाथ में लिए तेज़ी से कोठरी में दाख़िल हुई। अन्दर खलबली मच गयी। एक-दो ने पहले भागने की कोशिश की, मगर फिर सबने यही तय किया कि देखना चाहिए माज़रा क्या है, हमारे काम में खलल डालनेवाला वह कौन-सा शैतान ज़मीन पर उतर आया।

बन्नो ने एक-दो जवानों पर हमला किया, मगर वे सधे हुए खिलाड़ी थे, बच गये और बन्नो की तरफ़ लपके कि उसके हाथ से खंजर छीन लें, मगर इसके पहले कि वे ऐसा कर पायें, बन्नो ने बिजली की तेज़ी से दौड़कर एक लड़की के पेट में खंजर भोंक दिया था और वही खंजर अपने सीने में चुभा लिया था।

राजी सेठ (1935)

राजी सेठ का जन्म नौसेहरा छावनी (पाकिस्तान) में सन् 1935 में हुआ था। अंग्रेजी साहित्य के अतिरिक्त इनका भारतीय दर्शन पर भी प्रभाव है। फिलहाल वे दिल्ली में रहती हैं और उनका लेखन हिन्दी तक ही सीमित न रहकर पंजाबी, उर्दू और गुजराती साहित्य तक फैला हुआ है। साहित्यिक पत्रिका 'युगसाक्षी' लखनऊ का सम्पादन, 'भारतीय कहानियाँ', भारतीय ज्ञानपीठ के लिए सम्पादित। इसके अतिरिक्त इनके 13 कहानी संग्रह और दो उपन्यास प्रकाशित। अंग्रेजी सहित कई भारतीय भाषाओं में रचनाओं का अनुवाद। सम्मान—अनन्त गोपाल शेवड़े पुरस्कार, हिन्दी अकादेमी सम्मान, भारतीय भाषा परिषद् पुरस्कार, वाग्मणि सम्मान, रचना पुरस्कार, प्रथम टैगोर लिटरेरी अवार्ड।

ठहरो, इन्तिज़ार हुसैन

यह तब की बात है, जब इन्तिज़ार हुसैन की 'बस्ती' छपी थी। ख़बर पाते ही वह बाज़ार गया था और किताब खरीदकर सिरहाने रैक में रख दी थी।

रखते समय उसने फिर किताबों को गिना था। देश के बँटवारे को लेकर लिखी गयी यह दसवीं किताब थी। इन किताबों में उसके जीवन का कोई ज़रूरी हिस्सा बन्द है। उसे विश्वास था किसी न किसी दिन उसे इनकी ज़रूरत पड़ेगी। वह इनको पढ़ते अपनी ज़िन्दगी को पढ़ रहा होगा।

ज़िन्दगी चल रही थी। दिन गुज़रते रहे थे। ज़रूरत नहीं पड़ रही थी। एक दिन पत्नी ने कहा था—"इन किताबों को परे हटाओ। बच्चों को रैक्स चाहिए।"

उसने पत्नी को घूरकर देखा था। पत्नी ने कहा था वह उसे इतना घूरकर न देखे। अब वह उससे पहले की तरह डरती नहीं। कयामत जैसी चीज़ सिर से गुज़र चुकी। अब उसे कभी भी, किसी भी बात से डर नहीं लगता।

उसने अपनी घुड़की में जान-बूझकर कड़क पैदा करने की कोशिश की थी। कभी-कभी आसान होता है इस तरह जवाब देना—काम निकालना। सौ सुनार की एक लोहार की।

"कई बार कह चुका हूँ कि यह रैक यहीं रहेगा मेरे सिरहाने। ये किताबें यहीं रहेंगी। जो कोई इसे हटाएगा मेरे मरे का मुँह देखेगा।"

यह वह बात थी जिसके बारे में वह कहा करता था कि एकदम औरताना दलील है। कुछ समझ में नहीं आया तो बात को मरने-मराने तक घसीट लाये—इमोशनल एक्सप्लाइटेशन।

इस वक़्त उसने ख़ुद ऐसी बात कही थी क्योंकि उसकी समझ में ही नहीं आ रहा था कि रैक खाली न करने देने के हक में इससे कड़ी बात और क्या हो सकती है।

सुनकर पत्नी के गालों में एक फूत्कार सचेत हुई थी—लाचार जैसा क्रोध। यह नहीं कि उसे पति की धमकी पर विश्वास था पर पति ऐसी धमकी दे तो वह इसे लाँघ जाना दिखा तो नहीं सकती।

गत्ते का डिब्बा जो रैक की किताबें पैक करने के लिए लायी थी उसने वहीं ज़मीन पर पटक दिया और बच्चों के कमरे की दिशा में आवाज़ बुलन्द करके कहा—"नहीं है कोई रैक-वैक! जहाँ चाहो पटको किताबें...तुम्हारे दादा के हर चीज़ सबसे पहले चाहिए।"

बच्चे वहाँ कहीं नहीं थे जो सुनते। जानता था उसे सुनाया जा रहा है। बच्चों की ज़रूरत को उसके हठ के आमने-सामने रखकर। उसे नीचा दिखाने के लिए।

वह यह भी जानता है रैक जहाँ है वहीं रहेगा, वहाँ से हट नहीं सकता। इन किताबों को उसके सिरहाने ही रहना है। किताबों में बन्द इबारत में उसके जीवन की धपधप छिपी है। किसी दिन उसे ज़रूर वक़्त मिलेगा। किसी दिन ज़रूर वह इन इबारतों में से गुज़रेगा, अपना अतीत पढ़ेगा...किसी भी दिन। वह दिन अगर आज तक नहीं आया तो भी क्या; उसकी ऐसी विकट इच्छा के रहते आयेगा तो ज़रूर। कहीं ऐसा न हो सामने से हट जाने से चीज़ें हमेशा के लिए तहखानों में चली जायें।

क्षुब्ध पत्नी शाम तक उससे नहीं बोली। अगले दिन भी कुट्टी कायम रखी। सफ़ेदी के बाद कमरे के दूसरे कोने में सामान व्यवस्थित करने के लिए वस्तुओं का जो ढेर बनाया गया था, उसी ढेरी पर सबसे ऊपर बच्चों की किताबें आड़ी-टेढ़ी लाद दी गयीं। यह उसे जताने के लिए था। वह चाहती तो कोई और कोना तलाश सकती थी।

उसने ध्यान न देने का मानसिक फ़ैसला किया। ढेरी धीरे-धीरे छोटी होते-होते गायब हो गयी। बच्चों को और कौन सा कोना मिल गया है उसने जानना ज़रूरी नहीं समझा। बदस्तूर फ़र्नीचर बनाने के कारखाने में अपने काम पर जाता रहा।

अगर...अगर...अगर उसे पता होता कि उसकी पत्नी की ज़िन्दगी इतनी छोटी है और वह उसे छोड़कर इतनी जल्दी मरने वाली है तो वह अपना हठ ज़रूर त्याग देता। उन किताबों को अपनी खाट के नीचे पटरा बिछाकर रख लेता।

उसे मालूम नहीं था। किसी को कुछ भी मालूम नहीं होता। घटने वाली चीज़ें हमारी मर्ज़ी के बिना ही घट जाती हैं। बात तो सिर्फ़ छाती में तेज़ दर्द की थी, मरने की तो नहीं थी...फिर मर क्यों गयी? देखते ही देखते उसकी बाँहों में झूल गयी जैसे चिढ़ा रही हो, "लो अब सँभालो सब। बच्चे, रैक, किताबें, जगह, सब का सब। वह अब कभी बीच में नहीं आयेगी!"

वह ख़ून का घूँट पीकर रह गया। जगह की बात पर उतना नहीं ढेरोंढेर दूसरी बातों पर। यह अधबीच रास्ते छोड़ जाने की उसकी पत्नी की बेईमानी... आपस में लड़ना तय था पर यह सब कहाँ तय था।

उन दिनों पसलियों के पिंजर को सर्द हवा ज़्यादा चीरने लगी थी। दिल भी कुछ ज़्यादा ही दुखता था...पर अब दुखने का क्या रोना।

अब उन किताबों को खाट के नीचे पटरा रखकर रखने की ज़रूरत नहीं रह गयी थी। वह ख़ुद ही वहाँ से हट गया था। कमरा बच्चों को दे दिया था। बैठक के तख़्त पर अपना बिछावन बिछा लिया था। बच्चों के लिए नया रैक लाकर रख दिया था। अपना रैक अपने सिरहाने ले आया था। उसी तरह...अपनी उसी अचूक इच्छा के आदर में...

आज से पहले उसने शायद कभी सोचा भी न हो कि पत्नी और किताबों में वैसे भी कोई रिश्ता नहीं बनता। किताबें रखी रहती हैं, क्योंकि उनका जीने में से गुज़रती ज़िन्दगी से कोई वास्ता नहीं। एक-दूसरे की सरहदों में कोई आवाजाही नहीं। होतीं तो देश-विभाजन के इतने बड़े हत्याकाण्ड पर उसके हाथ लगतीं इतनी सी किताबें! लाखों के ख़ून-ख़राबे को ज़ुबान देती कुल जमा दस किताबें! यहूदी अच्छे निकले जिन्होंने अपना दुखड़ा तरल करके सारे संसार की धमनियों में बहा दिया। क्या कोई ऐसा सूरमा नहीं था यहाँ, इन दो सरहदों के बीचोबीच।

ख़ुद ही लगा वह गलत सोच रहा है। लिखने वाले और होते हैं, उखड़ने वाले और। उखड़ने वालों को इबारतों में उलझने की फुर्सत ही नहीं। पैरों तले पड़े अंगारों को हथेली पर रखकर देखने की हिम्मत भी नहीं। अब वह अपने आपको ही देख ले। सिरहाने रखी किताबें बरसों से उसे पुकार रही हैं। और वह?

शायद इन किताबों को उसने पढ़ लिया होता तो यह मोह-माया छूट गयी होती, इतनी जकड़न कम हो जाती। इनमें लिखा हुआ सब कुछ उसे भी किस्से-कहानियों की तरह लगता। मन से भी बीत जाता। अभी तो वह ठीक से जानता तक नहीं कि इनमें क्या लिखा है। इतना जानता है कि इनमें उसके अतीत के गुम दर्दों का हिसाब बन्द है।

आज...आज़ादी के दिन...

आज़ादी के जश्न के दिन सुबह-सुबह टीवी के सामने बैठे उसे फिर वैसा ही लगा...वह बेमतलब बेहिसाब हिल सा गया। क्यों हिल गया...क्यों हिल जाता है हर बार...भीतर तक। क्या कुछ घटनाएँ हमारी जड़ों में छिपी नमी में दुबककर बैठी रहती हैं चुपचाप...और स्मृति को लगे ज़रा से धक्के से अपना सिर उठा लेती हैं...नहीं तो हर बार ऐसा क्यों होता कि कमरे में अकेला बैठा टीवी स्क्रीन पर झंडा फहराने का क्षण आने पर वह अपने आप को एकाएक कुर्सी छोड़कर ज़मीन पर खड़ा होते पाता—सिर झुकाए, हाथ बाँधे। 'जय हे, जय-जय-जय-जय हे' की ध्वनि के डूबने तक एकदम अचल निश्चल। यह सब अचानक घटता है,

तेज़ गति से, उसके अनजाने। एक तिथि कैसे उसके सारे वजूद को जगा जाती है। पता ही नहीं लगता कहाँ कौन-सी डाल हिल रही है।

फुर्सत क्या खो गये दिनों को इस तरह हमारे दरवाज़ों पर लाकर खड़ा कर देती है?

जब तक उसकी पोती स्वीटी कमरे में आयी, टीवी का आकाश तीन रंगों के गुब्बारों से पटा पड़ा था और वह भीतर से अस्तव्यस्त था।

आज 15 अगस्त है, स्वतन्त्रता की चालीसवीं वर्षगाँठ।

उफ! कितना समय गुज़र गया। अपनी रफ्तार में समय के थान को लपेटता गया। जब लाहौर छोड़ा था तो वह उन्नीस वर्ष का था और निक्की की छवि एक हठ की तरह उसकी आँखों में बसी थी। अड़ी थी।

अब वह चालीस जमा उन्नीस का है। यानी जंगे-आज़ादी चालीस जमा उन्नीस। छूटा हुआ तब—चालीस जमा उन्नीस। तब से अब तक चालीस जमा उन्नीस—पूरे उनसठ, पूरे फिफ्टी नाइन—एक अधकचरी उम्र, न मैदान में, न पिछवाड़े।

दादा को ऐसे खोया हुआ पाया तो स्वीटी एकाएक अधीर हो आयी। ऐसी ही बात से चिढ़कर तो वह अपने पापा को छोड़कर आयी थी। उसने शिकायत दरज की—दादा, पापा एकदम बेकार हैं। उसकी सुनते ही नहीं, हमेशा अपना ही काम, काम, काम। आज भी जबकि स्वीटी की छुट्टी है और उसे रोशनी दिखाने जाना है।

"रोशनी तो रात को होती है बेटे," उसने स्वीटी की भड़कती आती तेज़ी कम की।

"रात को नहीं, शाम को।" स्वीटी इठलाई।

"चलो शाम को ही सही। अभी तो रोशनी में दोपहर भर देर है पर तुम तो जानती हो मेरे साथ जाने का फायदा नहीं। मैं अगर गया तो पैदल जाऊँगा।"

"मैं भी आपके साथ पैदल जाऊँगी।"

पर शाम तक तो स्वीटी और पापा के बीच सुलह हो चुकी थी। वह जानता था हो जायेगी। स्वीटी दादा के साथ नहीं जायेगी। गाड़ी में जायेगी अपने पापा के साथ। दादा से आँख बचाये मुँह घुमाए कहेगी-"ऐसा है न दादा, आप भी पैदल मत जाइए हमारे साथ ही चलिए..."

वह हँसा, ख़ूब हँसा, इतना कि आँसू छलक आये। स्वीटी को क्या पता उसे आज कहीं नहीं जाना है। घर में बैठे रहना है अकेले। एक सरसराहट कब से उसके ध्यान को दस्तक दे रही है। उसी को खींचकर देखना है—आमने-सामने।

अपने को सौंप देना है वहीं।

सब घर से चले गये हैं। चारों ओर एक चुपी सी पसरी है पर मन शान्त नहीं है...क्यों नहीं है? बाहर चुप्पी हो और अन्दर शोर तो कितना डरावना सा लगता है। कुछ नहीं सूझा तो किताबों के रैक के सामने जाकर बैठ गया।

अब वह किताबों के रैक के सामने है। पहले 'झूठा सच'? नहीं...'आग का दरिया'? नहीं यह भी नहीं...तो फिर 'उदास रस्लें'? नहीं यह भी नहीं। अन्ततः इन्तिज़ार हुसैन की 'बस्ती' उसने खींची। छोटी है निपट जायेगी। इस किताब का पतलापन ही उसके फैसले का पहला कारण बना।

इतना तो वह जानता था कि किताब तभी तक किताब है जब तक रैक में है—दो जिल्दों के बीच बन्द कुछ लम्बी लेटी काली सतरें; रैक के बाहर आयेगी तो कुछ न कुछ और बन जायेगी। ठीक ऐसा ही हुआ।

किताब इन्तिज़ार हुसैन ने शहर के हवाले से शुरू की थी। शहर की कसमें खाते हुए, पर यह कौन सा शहर होगा जिसमें उसका नायक ज़ाकिर एक नये देश में अपने पहले दिन को टटोल रहा है। यह जिज्ञासा उसे सतत कुरेदती रही।

पुरानी ज़मीन पर उसरा हुआ एक नया देश...और नये देश के एक नये शहर में एक अजनबी नायक अपना पहला दिन ढूँढ़ रहा है। आज़ादी के आँच से सिंका हुआ पहला पाक-पवित्र दिन...

समझ में नहीं आया कि पुरानी ज़मीन पर उसरे इस नये देश की बात पर वह हँसे या रोए। उस आँच की पवित्रता ही तो एक अकेली और उजली चीज़ थी कि कुरबान जाने को थी। नहीं तो सब कहीं वही अँधेरा, वही दहशत, वही उदासी।

उसी उदासी, दहशत और अँधेरे की बात थी जो इन्तिज़ार हुसैन ने आगे लिखी थी। आगे के हर पन्ने में एक दबी-घुटी खलबली साँस ले रही थी। बहुत कुछ कहा जा रहा था पर कुछ भी साफ़ नहीं था। जगह-जगह वारदातें...चलाचली के चर्चे, गोलीबारी, कर्फ्यू के अंदेशे...कहवाघर से मिलते दोस्तों के बीच 'सामराजी दलालों' और 'समझौता-परस्तों' के बारे में बहसें...किसी बड़े हादसे से पहले ही हवा को रेतती खिसपिस ही उसको पलटे जाते पन्नों की मार्फत हाथ लगी।

वह हताश हुआ। लगा जैसे जलते हुए दायरे के बीचोबीच होकर भी वह बाहर खड़ा है—बेलाग, अनछुआ।

मन उचाट होने लगा। नहीं, यह वह सब कुछ नहीं है जिसे वह पढ़ना चाहता रहा, तो फिर वह क्या पढ़ना चाहता है यह भी तो उसके मन में उतना साफ़ नहीं। नहीं जानता अतीत के कौन से हिस्से पर हाथ रखने के लिए वह इस कदर उतावला है।

घोर उचाट में वह जहाँ-तहाँ पन्ने पलटने लगा। मन भटकने लगा। इतना तक तो पता नहीं लग रहा कि वह कौन सा शहर है जहाँ उसका नायक यहाँ-वहाँ भटक रहा है। गलियों, सड़कों, मोड़ों, चौराहों का ज़िक्र है पर उनका कोई नाम नहीं, कोई पहचान नहीं। ऐसा तो नहीं कि वह इन सब शहरों के नाम जानता न हो। छूमन्तर से उग आये नये देश के नाम इतनी जल्दी बदल तो नहीं गये।

अब तक नायक की मटरगश्ती उसके सामने थी कि अचानक ही आन पहुँचा किसी नाम का पड़ाव। उसने पढ़ा था, "अनारकली बाज़ार—कुछ खुला कुछ बन्द...भीड़ बहुत, खरीदार गायब..."

'अनारकली बाज़ार' का नाम आते ही वह ठिठक गया। उफ। अब जाकर इन्तिज़ार हुसैन ने शहर की पहचान दी है। लेटकर पढ़ रहा था, उठ बैठा। यह, यह तो उसका अपना शहर है। लाहौर...लाहौर। थोड़ा रुको इन्तिज़ार हुसैन।

आगे की इबारत उसे लगा माल रोड की ओर मुड़ने को है। अब ज़रा तो रुको इन्तिज़ार हुसैन। साँस वापस आने दो। यह उसका शहर है...सुना तुमने?

पर शायद इन्तिज़ार हुसैन के हाथों में उपन्यास की इबारत थरथरा रही है। वह आगे चलने को आमादा है। वह ख़ुद ही ठहर गया। रुक-रुककर उन सतरों को दोबारा-तिबारा पढ़ता गया। सरहद के इस पार बैठा वह इस समय अपने उस शहर के चेहरे को पढ़ रहा था। दत्तचित्त होकर, गले में उचक-उचककर आने वाली भर्राहट को भूलकर।

अब एक नयी आँख उघड़ी थी। वह नायक के साथ चलने लग गया था। इन्तिज़ार हुसैन के नायक को "नयी ज़मीन पर चलने में मज़ा आ रहा था। एक सड़क से दूसरी सड़क पर, दूसरी से तीसरी पर, जाने वह कितनी देर चलता रहा। कितने ज़माने बाद वह आज़ाद होकर चल रहा था। इस आशंका के बग़ैर कि अभी कोई बराबर से गुज़रते उसके अन्दर छुरा भोंक देगा।"

शहर में घुसते शरणार्थियों के काफिलों के बारे में वह पढ़ रहा है और मन में गड्डमड्ड हो रही है। लाहौर से बाहर जाते काफिलों में वह ख़ुद शामिल हो रहा है। यहाँ वालटन कैम्प है तो वहाँ डी.ए.वी. कॉलेज का कैम्प था।

इन्तज़ार की इबारत के साथ वह आगे बढ़ा। "शामनगर में कितने मकान खाली पड़े थे—दरवाज़े और खिड़कियाँ खुले हुए, खुली खिड़कियों से घर में भरा साज-सामान नज़र आता हुआ। लगता था जाने वाले बस अचानक दामन झाड़कर उठ खड़े हुए और निकल गये।"

उफ! तुम्हें यह सब कैसे पता लगा इन्तिज़ार हुसैन?...पर तुम्हें इतना तो पता होना चाहिए था कि यह शामनगर नहीं था, सन्तनगर था।

और...और...और...सन्तनगर में उस अभागे दिन—शाम अभी ढली नहीं थी। पिता तेज़ी से आँगन के बीचोबीच आन खड़े हुए थे। माथे पर घना सा तनाव और त्यौरियाँ। कमर के कटाव पर चिपके हुए हाथ। वह चूल्हे की लपलपाती लपटों को एकटक घूर रहे थे जिस पर कांसे की बटलोई रखी थी।

अदरक की गाँठ हाथ में पकड़े माँ को आते देखा तो बोला—"बटलोई उतार दे नीचे।"

"क्यों, दाल अभी पकी थोड़ेई है।"

"उतार दे बस," पिता की आवाज़ में आदेश नहीं था पर आदेश से कुछ कम भी नहीं था।

पिता का वैसा तेवर देखा तो माँ ने झाड़न से दोनों छोर पकड़कर बटलोई नीचे रख दी। पिता मुड़े, हैंडपंप से बाल्टी भरी और पानी की मोटी धार चूल्हे पर साध दी। लपटें बुझ गयीं। चूल्हा काले घोल से गड़च्च हो गया।

"अब ज़रा सुन! पूरे ध्यान से...वे आ चुके हैं। इस गली के सिरे पर हैं... जल्दी कर...घर छोड़ना है...अभी का अभी चलना है।"

"कहाँ?"

"कैम्प में...डी.ए.वी. कॉलेज कैम्प में। घरों में रहते हिफाजत का दिलासा नहीं दे रही सरकार। अभी वहीं रहना होगा...जल्दी रख ले दो-चार जोड़े..."

वह कैनवस के एक लम्बे थैले में कम्बल ठूँस रहे थे।

माँ, पिता के इस असन्दिग्ध आवेश में खिंचने लगी थी। घबराकर बोली, "वो तो मैं रख लेती हूँ पर ऊपर के सब खिड़कियाँ-दरवाज़े खुले पड़े हैं।"

"ओ तू छोड़ इस वक़्त खिड़कियाँ-दरवाज़े...जल्दी बाहर निकल, जानती नहीं..." पिता माँ के कान में फुसफुसाकर कुछ कहने को उद्यत हुए थे।

"रुकिए, मैं बन्द करके आता हूँ," कहकर वह सीढ़ियों की ओर सरपट भागा था पर बीच की मंज़िल के खिड़कियाँ-दरवाज़े बन्द करने की सुध उसे कहाँ थी। उसे तो जल्द से जल्द निक्की को आगाह करना था। छत पर पहुँचना था। जहाँ निक्की से उसके मिलने का बेआवाज़ ठौर था।

एक मकान छोड़कर रहती निक्की का सिर जब उसकी छत पर जड़े जंगले से नीचे झाँक जाता था तो वह जान जाया करता था कि उसे जाना है। ऊपर छत पर। जैसे भी। जाकर निक्की की नटखट इच्छाओं का पालन करना है। म्यानी से लगी पीछे को उतरती बन्द सीढ़ियों में खड़ी निक्की उसका इन्तजार कर रही होगी। जाकर निक्की को बाँहों में भींचना है। इतना-इतना भींचना है कि...।

उसे याद है पसलियों की इस करकराहट से एक बार निक्की की चीख

निकल गयी थी। निक्की का भाई किरपाल कहीं आसपास होगा, यह सोचकर उसने निक्की का मुँह इतनी ज़ोर से दबाया था कि पीछे हटने में वह दो-तीन सीढ़ियाँ नीचे लुढ़क गयी थी। पीठ छिली सो छिली, घुटना भी घायल हो गया था। जोड़ के पास एक गुम्मड़ भी उभर आया था।

"रोशन, आज तेरे सिर पर सनीचर सवार है। अब मैं क्या कहूँगी नीचे जाकर?" निक्की घबराई थी।

"अरे छोड़...कुछ भी कह देना। तुझे तो अनगिनत बहाने बनाने आते हैं।

उसी शाम को उसने अपनी माँ से सुना था कि एक घर छोड़कर रहती चावला साब की लड़की स्कूल में गिर गयी है। पीठ छिल गयी है। घुटने पर गुम-चोट आयी है। गुम-चोट बड़ी ज़बरदस्त होती है। बड़ी लम्बी चलती है, यह भी कि शाम को उसकी माँ को निक्की की राजी-ख़ुशी पूछने निक्की के घर जाना है।

इस समय खिड़कियाँ-दरवाज़े बन्द करने की बात तो वह पहली सीढ़ी पर पैर रखते ही भूल चुका था। वह लपककर सीढ़ियाँ चढ़ जाना चाहता था। बलवाइयों के बारे में पिता से जो बातें उसने सुनी थीं, वह जल्द से जल्द निक्की को बता देना चाहता था...आगाह कर देना चाहता था...मन में एक ही टंकार बज रही थी—निक्की-निक्की...निक्की। निक्की को वह सब कहाँ पता होगा जो उसके पिता को पता है—वे आ चुके हैं, घर-घर में घुस रहे हैं। मर्दों को तो जान से ही मारने जा रहे हैं, बाहर घसीट-घसीटकर पेड़ों से बाँध रहे हैं। उनकी आँखों के ऐन सामने उनकी औरतों को...उफ...उफ...उसका दम घुटने लगा।

छत पर पहुँचा था तो थर्रा गया था। नीचे कहीं चीख-पुकार मची थी। शायद वे निक्की के घर के अन्दर तक पहुँच चुके थे। निक्की की छत से नीचे जाती सीढ़ियों के ऊपरी सिरे पर एक बलवाई पहरेदारी में खड़ा था। उसे अभी तक याद है अंगारा सी आँखें और ठोड़ी पर कसी हुई एक काली पट्टी।

रोशन को आगे बढ़ते देखा तो एक कड़कड़ाती हुई झिड़की हवा में गूँजी—"ऐ ई लौंडे ख़बरदार...अभी तेरी भी ख़बर लेता हूँ," वहाँ से ख़ुद हिलने की बजाय उसने बल्लम की तमतमाई नोक रोशन की ओर तान दी थी।

उसे ठीक से पता नहीं कब उसके पिता उसे ढूँढ़ते छत पर आये थे। कब उसकी पीठ पर पीछे से लात जमाई थी। कब सीढ़ियों से घसीटते उसे नीचे लाये थे। उसे केवल अपनी कलाई पर पड़ती पिता की मज़बूत पकड़ याद है और अपने कानों में थरथराती निक्की की घायल गहराती चीख। चीख ऐसी थी जैसे जिबह होते जानवर के गोश्त में से कोई पागल दानेदार दराँती वापस खींचता है...खींचता चला जाता है।

बर्फ़ के पक्के काँच पर सूराख करता इस समय वह ऐसा बिखरा, ऐसे सुबका जैसे वक़्त के सीने पर ख़ून की जमी चीख पिघलती है—कतरा-कतरा, ख़ून-ख़ून, आँसू-आँसू ख़ूब रोया। जी भर रोया। इतने वर्षों बाद चालीस जमा उन्नीस साल का एक बूढ़ा।

जबकि तय तो यही हुआ था कि यह आज़ादी की जंग है। इसे लेकर कभी भी...किसी भी बात पर रोया नहीं जायेगा।

रामलाल

रामलाल मानवीय सम्बन्धों की विवेचना करने के लिए मशहूर हैं। इनकी प्रस्तुत कहानी 'एक शहरी पाकिस्तान का' इसका जीता जागता नमूना है। यह विभाजन के संघर्ष के दिनों की कहानी है जब सारे सम्बन्ध उलट-पुलट हो गये थे। कहानी में बलदेव को बताया गया था उसकी पत्नी सरस्वती दंगों की शिकार हो गयी है जबकि वह बच गयी थी और परिस्थितिवश वह सुन्दरदास से शादी कर चुकी थी। परिस्थिति ने सरस्वती को उससे छीन कर सुन्दरदास के हवाले कर दिया था और वह कुछ नहीं कर पा रहा था। कहानी में लेखक ने बड़ी नाटकीयता के साथ घटनाओं का इस तरह से संयोजन किया है ताकि बलदेव और सरस्वती की जटिल मनोस्थिति और पीड़ा का बोध कम से कम हो।

एक शहरी पाकिस्तान का

मुन्नी और मीशा आँगन में उतरी हुई धूप में खेल रहे थे। सरस्वती उन्हें नहलाने के लिए जल्दी-जल्दी गर्म पानी, तौलिया, साबुन, उनके कपड़े वग़ैरह गुसलखाने में रखने जा रही थी जो आंगन के एक कोने में एक छोटी-सी दीवार उठाकर बनाया हुआ था। उसने बच्चों को पुकारा–

''नी मुन्नी। ओ मीशे। चलो आओ, अभी नहा लो। फिर मुझे वक़्त नहीं मिलेगा, सुना कि नहीं?''

बच्चे खेलने में मसरूफ रहे। सरस्वती ने आगे बढ़कर दोनों को बाजुओं से पकड़कर उठाया, ''रूड़ जा। हर वक़्त मिट्टी-घुट्टे में खेलने रहते हैं। चलो सीधे होकर चलो, टाँगें टूट तो नहीं गयीं।''

वो उसके बाजुओं के साथ टिके-टिके और ज़मीन पर घिसटते भी रहे। सरस्वती ने उन्हें पानी के टब के पास ले जाकर खड़ा कर दिया और वो पानी में हाथ मार कर किलकारियाँ मारने लगे, तो वो चीखी ''नामुरादो, कभी शरारत किये बिना रहते भी हो।'' बच्चों के हाथ-पाँव में उसका दुपट्टा उलझ कर ज़मीन पर ही गिर गया जिसे उसने लपक कर गुसलखाने की दीवार पर ही लटका दिया।

छब्बीस-सत्ताईस बरस की ख़ूबसूरत, ऊँची और चुस्त बदन वाली माँ अपने बच्चों को साबुन मल-मलकर नहलाने लगी। पानी के छींटे उड़ने से उसकी कमीज, सलवार भीग गयीं। बच्चे आँखों में साबुन पड़ जाने पर रोने-चीखने लगे। वह दोनों को एक-एक धप लगा कर बोली, ''तुम्हारे डैडी अभी आ जायेंगे, भूख-भूख करते हुए, उनके खाने का वक़्त हो चुका है। क्या करें भूख तो लग ही जाती है इतना वक़्त हो जाने पर, बेचारे सुबह सवेरे से मज़दूरों के सिर पर चढ़ कर सरकारी क्वार्टर बनवाने में लग जाते हैं। तुम्हारा क्या है, तुम तो हर वक़्त कुछ न कुछ चरते ही रहते हो।''

उसी वक़्त दरवाज़े पर दस्तक सुनायी दी।

''लो वह भी आ गये, कहा था न मैंने वह आते होंगे।'' उसने कद्रे (थोड़ी) ऊँची आवाज़ में बैठे-बैठे दीवार की ओर से दस्तक का जवाब दिया, ''आयी जी,

इन्हें ज़रा ठिकाने लगा दूँ।''

मीशा मौका पाकर फिर छींटे उड़ाने लगा।

''तेरा बेड़ा तर जाय।'' उसने दोनों को एक बाजू से पकड़ कर धूप में बिछी हुई खाट पर ला पटका। उनके पानी टपकते हुए जिस्मों के साथ लगने से उसकी अपनी सारी कमीज भीगकर बदन के साथ चिपक गयी थी। उनकी तरफ़ तौलिया फेंक कर बोली, ''लो पोंछो, मैं आती हूँ।''

वह दरवाज़ा खोलने चली गयी। चलते-चलते बोलती भी गयी, ''मुझे पता था कि आप आते होंगे, आपको बड़ी ज़ोर की भूख लगी होगी, इनसे यही कह रही थी। तरकारी मैंने बना रखी है। सुबह आप खुम्बियाँ बनाने के लिए कह गये थे न।''

उसने कुंडी खोल दी और दोनों किवाड़ भी वा (खोल) कर दिये। लेकिन अपने सामने शौहर के बजाय एक दूसरे ही शख़्स को खड़ा पाकर सरस्वती की अधूरी बात मुँह ही में रह गयी। वो हैरान, शुशदद और घबराई हुई-सी जल्दी से एक तरफ़ हो गयी। उसके बदन पर दुपट्टा भी तो नहीं था। उसने जल्दी से भाग कर दुपट्टा उठाया और सिर पर ओढ़ लिया। बच्चे जो चारपाई पर पानी में तर-बतर बैठे एक-दूसरे से तौलिए के लिए छीना-झपटी कर रहे थे, हैरान होकर दरवाज़े की तरफ़ देखने लगे। कौन है वो?

धारियों वाली कमीज, सफ़ेद सलवार और मोटी चप्पल पहने, ऊँचा सुडौल, कुछ परेशान-परेशान सा घुँघरियाले बालों वाला शख़्स, जिसकी छोटी-छोटी, तराशी हुई, मुरझाई हुई मूँछें थीं और उन पर कहीं-कहीं गर्द के जर्रे अटके हुए थे और जिसके सूखे होंठ सरस्वती को देख-देखकर कभी मुस्कराते हैं, कभी सिकड़ जाते हैं। उसके एक हाथ में चमड़े का बैग है और दूसरे हाथ में तह किया हुआ मिलिट्री का कम्बल।

''नहीं पहचाना मुझे?''

नौवारिद (आगन्तुक) ने भारी गम्भीर लहजे में पूछा और एक बार फिर मुस्कराने की नाकाम कोशिश की। सरस्वती उसे बड़े गौर से देख चुकी थी। अब वह सिर झुकाए ज़मीन पर नज़रें जमाये हुए थी। इतनी-सी देर में उसके माथे पर पसीने की कई बूँदे नमूदार (प्रकट) हो गयी थीं।

नौवारिद ने फिर कहा, ''मैं बलदेव हूँ सरस्वती, याद नहीं?'' सरस्वती ने एक बार फिर पलकें उठा कर उसकी तरफ़ देखा और सिर झुका कर कोई जवाब देने के बजाय बच्चों की तरफ़ बढ़ गयी, धीरे-धीरे क़दमों से उसी तरह हैरतजदह और परेशान, जैसे उसे सब कुछ याद तो है। एक-एक लम्हा याद है। उसके

चेहरे की कैफियत बताती है कि वह उसे हरगिज नहीं भूली है। वह तो बलदेव को देखते ही पहचान गयी थी।

बच्चे माँ के पास खिसक आये। सरस्वती उसी महवियत (तल्लीनता) और घबराहट के आलम में उनके बदन पोंछने लगी। बलदेव आहिस्ता-आहिस्ता चलता हुआ अन्दर आ गया। आकर चारपाई के पास रुक गया जहाँ सरस्वती बैठी थी। वह सरस्वती और उसके बच्चों को घूरने लगा। उसके चेहरे पर भी कई रंग आ-जा रहे थे। कई लहरें उभरती थीं और लौट जाती थीं। ये सारे तासुरात और कैफियतें उसके अन्दर के मुतलातिम (थपेड़े मारने वाले) तूफ़ान की ही गम्माज (इशारा) थीं।

अचानक सरस्वती अपनी महवियत (तल्लीनता) से चौंकी। उसने अभी तक बलदेव को बैठने के लिए नहीं कहा है। उसने दीवार के साथ लगी एक और चारपाई गिराकर ज़रा आगे घसीट दी जहाँ धूप आ रही थी। बलदेव ने बैग और कम्बल उसी चारपाई पर रख दिया और पूछा, "ये तुम्हारे बच्चे हैं?"

सरस्वती ख़ामोश रही। तौलिया जो उसके हाथों में था उसके एक तार को वो बिल्कुल अनजाने में ही खींचती चली गयी। वो तार टूट गया तो उसने एक और पकड़ लिया। लेकिन वो बलदेव के सवाल का जवाब न दे सकी। बलदेव ने आगे बढ़कर बच्चों के सिर पर हाथ फेरा। ऐसा करते हुए उसकी पलकें पुरनम (भीग) हो गयीं। वो गुलूगीर होकर (रुंधे हुए गले से) बोला, "मेरा भी यही ख़याल था, तुमने दूसरा ब्याह कर लिया होगा, करना ही चाहिए था। लेकिन जब मुझे पता लगा कि तुम ज़िन्दा हो तो तुमसे मिलने के लिए मैं फौरन चल पड़ा। सफी ने तो बहुत रोका, वो बहुत रोयी। तुम्हें याद है न अपने मिस्त्री, मियाँ शरीफ की बेटी सफिया। जब तुमने उसे आखिरी बार देखा था, वो बहुत छोटी थी। अब तो वह बहुत बड़ी हो गयी है। मेरे कन्धों तक ऊँची हो गयी है।

बलदेव की आँखें अब सिर्फ़ सरस्वती पर टिकी थीं। शेरोशराब की कैफियत में डूबी-डूबी उसकी ख़ूबसूरत आँखें और भरे-भरे गुलाबी होंठ, उसका जवान छरहरा जिस्म और उसकी मुहब्बत और उसकी सारी कायनात कभी उसकी थी। उसकी अपनी, वही उसका मालिक था। वो उसकी तरफ़ बड़े प्यार से देखता रहा, दिल में उठते हुए तूफान को दबाकर, आँखों में अपने बेपनाह प्यार का अमृत लिए हुए, अगरचे मायूसी और हसरत के गर्दोगुबार से भी उसकी आँखों की नीली पहनाइयां बची हुई नहीं थीं। सरस्वती का चेहरा शर्म से कभी लाल हो उठता, कभी राख की तरह मटमैला और सर्द होकर मुर्झा-सा जाता। उसके धूप में चमकते हुए रूखे सूखे-भूरे बालों की एक लट उसके कान के पीछे से उतर कर चेहरे पर आ गयी

थी, जो बार-बार झटके लगाकर उसकी पतली नाक की नोक को छू लेती थी। उसकी आँखों में डबडबा गये आँसू-अब रूखसार पर बह-बह कर कतरा-कतरा उसके आँचल में गिर रहे थे और वहीं जज़्ब होने लगे थे।

बलदेव ने पाँव में पहनी हुई पेशावरी चप्पल की नोक से ज़मीन पर लकीरें खींची, कई मुस्ततीलें (आयतें) और कई तिकोने और दायरे बनाये, बिल्कुल बेख़याली में, फिर उन्हें मिटा भी डाला, और बोला, "मैं पाकिस्तान से आ रहा हूँ।" ये सुनकर सरस्वती बस ज़रा-सी चौंकी। इस पर बलदेव के होंठों पर फिर मुस्कुराहट आ गयी, बोला, "हाँ-हाँ, सीधा पाकिस्तान से और अपने शहर मियाँबली से, लेकिन अब यहीं रहूँगा। मुझे यहीं रहना चाहिए न।"

अचानक वहाँ एक अधेड़ उम्र की औरत आ गयी। बाहर से तो हँसती हुई चली आ रही थी, लेकिन बलदेव को देखते ही उसका मुँह खुला का खुला रह गया। उसकी आँखें कई बार सिकुड़ी और फैंली, जैसे उसे बलदेव के वाकई बलदेव होने का यकीन न आ रहा हो। फिर बो करीब-करीब चीख कर बोली—

"अरे तू बलदेव है क्या?"

बलदेव ने उठकर उसके पाँव छू लिए—"हाँ अम्मा, आपने पहचान लिया न।"

"अरे, नहीं कैसे पहचानती! पर तू...तू ज़िन्दा कैसे है? हम तो समझे थे...

वो कुछ कहते-कहते रुक गयी, फिर अपनी बेटी सरस्वती की तरफ़ देखा और उसकी पीठ पर ज़ोर से दोहत्तड़ मारकर बोली—"तू यहाँ बैठी क्या कर रही हैं? शर्म नहीं आती? चल अन्दर।" सरस्वती ने जल्दी से अपने आपको दुपट्टे के अन्दर छिपाया और ज़ख़्मख़ुर्दा (ज़ख़्म खाई हुई) सी होकर बच्चों को घसीटती हुई कमरे के अन्दर चली गयी। उसकी माँ बलदेव के सामने चारपाई पर बैठकर बोली, "तू ज़िन्दा है इसके लिए तो भगवान का लाख-लाख शुक्र है, रब करे तू हज़ार साल जिये। तुझे तत्ती हवा भी न लगे। पर अब होगा क्या? हम तो समझे तू...हाय मैं क्या कहना चाहती हूँ। मेरी जीभ पर अंगारे पड़ें, कहते हुए भी हौल उठता है...अब। अब मैं क्या करूँ?" वो जल्दी से उठी और कमरे की तरफ़ चल दी, "पर सरस्वती अब क्या होगा, मैं पूछती हूँ, मेरा तो दिमाग़ काम नहीं करता?" वो सरस्वती से कोई जवाब लिए बग़ैर ही उल्टे पैरों लौट गयी। अब वो घर से बाहर निकल जाना चाहती थी, किसी को बुलाने को। लेकिन बलदेव ने उसका रास्ता रोक लिया। उसे कन्धों से पकड़ कर चारपाई पर बिठा दिया और कहा, "अम्मा आप इतना घबरा क्यों उठी हैं? मेरे आ जाने पर आप ख़ुश नहीं हुई न?"

सरस्वती की माँ दोनों हाथों से मुँह पर दुपट्टे का पल्लू रखकर सिसकने

लगी। "मेरी बेटी की ज़िन्दगी तो गारत (बरबाद) हो गयी। सारी इज़्ज़त मिट्टी में...हाय इसके जीते जी दो घर वाले मौजूद हुए। हाय-हाय! बेटी तू मर क्यों नहीं जाती इसी दम। तेरे लिए धरती क्यों नहीं फट जाती? तू पाकिस्तान से तो इज़्ज़त बचाकर यहाँ आ गयी थी। अब मर जाने के सिवा कौन-सा चारा रह गया है तेरे लिए !"

वो और ज़्यादा ज़ोर से रोने लगी तो बलदेव दोनों हाथों में अपना सिर थामकर रह गया। वो उसकी तो कोई बात सुनती ही नहीं थी। वो मौक़ा पाकर खँखार कर गला साफ़ करते हुए बोला, "मैं भी तो यही समझे हुए था माँ कि आप सब मार दिये गये हैं। भोले के मकान में सरस्वती के चाचा की लाश मैंने अपनी आँखों से देख ली थी। रामचन्द्र और उसके बेटों को उनके मकानों के सामने मरा पड़ा हुआ देखा था। नवनीत और लाजवन्ती को तो मेरे सामने ही उनकी छत पर से नीचे फेंक दिया गया था। पूरा ज़माना कोई छोटी-मोटी आफ़त के नरगे में थोड़े ही था। पूरे मुल्क में सरहद के दोनों तरफ़ एक लहर आ गयी थी। कयामत, अम्मा कयामत। आप सबके बारे में भी मुझे यही बताया गया था। कोई भी नहीं बचा है। मैंने भी यकीन कर लिया था।"

"फिर ! फिर !! फिर तू छुपकर कहाँ बैठा रहा। हमें तलाश करने का कोई जतन क्यों नहीं किया? मैं पूछती हूँ, जवाब दे इस बात का," वो ज़ख़्मी शेरनी की मानिन्द बिफर कर बोली।

"फिर मैं करता ही क्या माँ। जब यकीन हो गया अब मेरा कोई नहीं बचा तो फिर तलाश भी किसे करता?"

"यही तो हमने समझ लिया था तेरे बारे में। इसमें हमारा कोई कुसूर नहीं। हम यह थोड़ी ही चाहते थे तू मर जाय और हम बेटी का हाथ किसी दूसरे के हाथ में दे दें। ऐसे कौन से कमीने माँ-बाप होंगे। हम तो कभी सोच भी नहीं सकते थे। नहीं बेटा, कभी नहीं।" वो जारोकतार रोते हुए हवा में उँगली लहराकर बोली, "हाय, तेरी ख़बर तो किसी से भी न मिल सकी। मैं और सरस्वती दोनों हर जगह, हर कैम्प में, हर गाड़ी और स्टेशन पर जहाँ-जहाँ शरणार्थी आ पहुँचे थे, तुझे तलाश करती फिरीं। तेरा नाम ले-लेकर रोती और पुकारती फिरीं। जब तेरे सारे भाई, माँ-बाप और घरवालों के मारे डाले जाने की ख़बरें मिलती गयीं तो फिर कैसे ये यकीन कर लेती कि तू ही अकेला बच गया होगा। मारने और बचाने वाला तो बेशक वही एक रब है, पुत्तर। वही भगवान जिसने हमारी आँखों पर भी परदा डाल दिया था।"

"फिर भी मेरा इन्तज़ार तो कर लिया होता, अम्मा।"

"इन्तज़ार। इन्तज़ार तो तेरा मैं अपनी धी के मर जाने तक भी करती। उसकी चिता को आग ही न लगाने देती, अगर मुझे यह ख़बर मिल जाती कि तू ज़िन्दा है। ये तो वहीं मर ही चली थी, जब इसके कन्धे पर गोली लग गयी थी। मर ही जाती तो अच्छा था। सुन्दरदास मेरी कोख जलाने को इसे ज़ख़्मी हालत में उठाकर हमारे पास कैम्प में ले आया। हम सबको भी वही अपनी जान पर खेल-खेल कर बचाता रहा। हिन्दुस्तान पहुँच कर भी हमारी अब तक सेवा कर रहा है।"

बलदेव ने अपने सिर और कन्धों पर लगे हुए ज़ख़्मों के निशानात दिखाते हुए कहा, "मैं तो इनकी वजह से अपने मकान की छत पर बेहोश पड़ा था, वरना मैं भी आप लोगों की खिदमत करने में कोई कसर न उठा रखता।"

वहाँ कुछ लोग और भी आ गये। सरस्वती का बूढ़ा बाप, उसकी मामी और कुछ पड़ोसी और पड़ोसन। सबने बलदेव को घूर-घूर कर देखा। निगाहों से टटोला। जब कुछ लम्हों तक कोई न बोल सका तो सरस्वती की माँ चिल्ला कर बोली—"पहचानते क्यों नहीं हो इसे? बलदेव है और ज़िन्दा है। मेरी बेटी की नाक काटने आया है। अब सारा जग तमाशा देखेगा।" सरस्वती का बाप सकते में आ गया। बाकी भी जहाँ थे जमे खड़े रह गये।

"क्या तू सचमुच बलदेव है?" लाला बोधराज की सफ़ेद घनी मूँछों में से जैसे छनती हुई आवाज़ निकली।

"जी हाँ, लाला जी," बलदेव ने आगे बढ़कर उनके पाँव छू लिए।

"पर तू रहा कहाँ इतने अर्से तक?"

"पाकिस्तान में, अपने घर में ही लाला जी।"

"पाकिस्तान में? पर वहाँ अब तक क्या करता रहा पगले?"

बलदेव ने अपने होंठों पर एक सूखी हुई पपड़ी दाँतों से काटकर जवाब दिया, "वही जो अपनी छोटी-सी दुकानदारी थी अब भी कर रहा हूँ।"

"अजब अहमक है तू हिन्दुस्तान क्यों नहीं चला आया?"

"मैं समझा अब मेरा कोई अपना बचा ही नहीं तो यहाँ आकर भी क्या करता?"

"आ हो, पर तुझे वहाँ अपनी जान का कोई ख़तरा नहीं था?"

बलदेव हँसकर बोला, "उन्होंने अपने तौर पर तो मुझे मार ही डाला था। जब हिन्दुस्तान से भी बेशुमार ज़ख़्मी और तबाह हाल महाज़िरों के काफिले वहाँ पहुँचने लगे तो मेरे लिए वहाँ रहना करीब-करीब नामुमकिन ही हो गया था। लेकिन ख़ुदा भला करे अपने पड़ोसियों मिस्त्री मियाँ, शरीफ और हेडमास्टर मलिक

ख़ुदा दाद का। उन्होंने हर मौक़े पर मेरी मदद की। फौलाद की ढाल बनकर मुखालिफों से मुझे बचाते रहे। उन्हीं की वजह से आज मैं, मेरा आबाई मकान और दुकान भी महफूज है।''

बलदेव के इस जवाब से भी जैसे लाला बोधराज की तसल्ली न हुई। उसी तरह जल्दी और घबराहट से पूछा, ''अच्छा, तो तूने वहाँ अब तक शादी-वादी कर ली कि नहीं?''

''शादी!'' बलदेव ने हैरान होकर सबकी तरफ़ देखा। वह सब उसके गिर्द घेरा-सा डाले हुए खड़े हैं। उसके इसी सवाल के जवाब के मुन्तजिर हैं। हर शख़्स की नज़रों में एक ही सवाल दिखायी दे रहा है। शायद सरस्वती भी यही जानना चाहती होगी, जो कमरे के अन्दर किवाड़ के पीछे माथा टेके खड़ी है। वह क्या कहे उनसे। वो लोग उससे किस किस्म के जवाब की तवक्को (आशा) रखते हैं। सरस्वती की माँ की धाड़े, उसके बूढ़े बाप की गमनाक पलकें और शर्म से कँपकँपाती हुई चेहरे की झुर्रियाँ। ये पूरा अनदेखा माहौल जिसकी कशिश उसे यहाँ तक खींच कर लायी है, उससे और कौन-सी हक़ीक़त जानना चाहते हैं?

अचानक गली के दरवाज़े से एक और शख़्स अन्दर आ गया। खाकी नेकर और सफ़ेद कमीज पहने, साइकिल थामे, उसके सिर के बालों और कपड़ों पर गर्द की तहें-सी जमी थीं। इतने सारे लोगों को इकट्ठा देख कर उसे भी हैरानी हुई। साइकिल दीवार के साथ टिका कर बूटों पर पड़ी हुई गर्द को ज़मीन पर ज़ोर-ज़ोर से पाँव मार कर झाड़ता हुआ और रूमाल से हाथों और मुँह का पसीना पोंछता हुआ उसके पास आ गया, पूछा, ''क्या हुआ? क्या बात है?''

सबने उसे अपने दरमियान आ जाने दिया। दरमियान में ही एक चारपाई के किनारे पर बलदेव बैठा था। उसकी तरफ़ भी उसने हैरानी से देखा, लेकिन उसे फौरन पहचान न सका। उसे एक सवालिया निशान ही समझ कर घूर-घूर कर देखने लगा। बलदेव भी उसे घूरने लगा। उसकी नज़रें उस आदमी के गाल पर ठोड़ी तक पड़े हुए एक पुराने ज़ख़्म के लम्बे निशान पर जम कर रह गयीं। वह उठ कर खड़ा हो गया। और लाला बोधराज से बोला—''यही सुन्दरदास है न ! इसे तो मैं पहचानता हूँ।''

''हाँ।'' लाला बोधराज ने सुन्दरदास के दोनों कन्धों पर अपना बाजू फैला दिया—''यही वह सुन्दरदास है जिसने हम सबकी जान बचायी। हमारे साथ-साथ रह कर रिफ्यूजी कैम्पों की सर्दियाँ, गर्मियाँ, सारी मुसीबतें बर्दाश्त कीं। क्लेमों और मकानों की एलामेंट के सारे झगड़े-बखेड़े निबटाये। हमें यहाँ आकर फिर से बसने में जो-जो दुख उठाने पड़े उन्हें दूर करने में इस शेर जवान का बहुत बड़ा

हाथ है। यह छोटा-सा घर देखते हो न, यह भी इसी का है। यह इसकी अपनी मेहनत का फल है, और इसके अन्दर इसकी छोटी सी दुनिया आबाद है। मुहब्बत से भरपूर दुनिया—एक बीवी और दो मासूम बच्चों पर मुश्तमिल।

"हमारी बेटी को बेवा समझ कर इसी बुलन्द अखलाक (ऊँचे स्वभाव) जवान ने इसके साथ शादी करना मंजूर कर लिया था। हमारे लिए दुखियारी सरस्वती का हाथ इसके हाथ में देने के सिवा और चारा ही क्या रह गया था। तुम्हारी तो कोई ख़ैर-ख़बर नहीं मिली थी। सब लोगों ने यही मशवरा दिया था कि ग़रीब लड़की की जवानी अजाब में न डालें।"

यह कहते-कहते लाला बोधराज का गला भर आया। उनकी आँखें भी छलक पड़ीं, लेकिन बलदेव की आँखें अभी तक सुन्दरदास के चेहरे पर ही जमी हुई थीं। उसके गाल और ठोड़ी के गहरे निशान पर। इस गहरी सुर्ख खाई के अन्दर वह पन्द्रह बरस पहले का एक वाकया देख रहा था—हसद (ईर्ष्या) और रकाबत (शत्रुता) से भरपूर वाकया म्यूनिसिपल कमेटी के आफिस के पीछे एक आज़ादाना लड़ी हुई लड़ाई की ही यह ज़ख़्म यादगार था। इस वाकये को सरस्वती भी जानती थी जो सुन्दरदास को कभी मुँह नहीं लगाती थी। वरना उसके जीते जी सुन्दरदास उसका तसव्वुर (कल्पना) भी नहीं कर सकता था। अब सुन्दरदास के चेहरे पर भी बरहमी (गुस्सा) की कैफियत पैदा होने लगी। उसके जबड़ों में कसाव पैदा हो गया। उसके झुके हुए चेहरे पर हर लम्हे एक सुर्ख लहर-सी दौड़ जाती थी, जैसे वो बहुत जल्दी-जल्दी कुछ सोचने में मसरूफ हो। अचानक वह लोगों के दरमियान से निकल कर कमरे के अन्दर चला गया। सब लोग उधर ही देखने लगे। बलदेव की नज़रें भी उधर जम गयीं। सरस्वती की माँ अब भी रो रही थी। उसका चेहरा आँसुओं से भीगा हुआ था। चन्द लम्हों के बाद सुन्दरदास लौट आया। वह सीधा बलदेव के पास पहुँचा, नेकर की दोनों जेबों में हाथ डाले, सिर को सीने पर झुकाये। जैसे वह किसी गहरी सोच में गलतां हो। उसने सिर उठा कर बलदेव को घूरा और आहिस्ता से बोला, "ठीक है, तुम चाहो तो अदालत का दरवाज़ा खटखटा सकते हो।"

यह सुन कर जैसे सबकी जान में जान आ गयी। जैसे वह यही चाहते थे। अब सब लोग बलदेव की ओर देखने लगे। वह सब एक तरफ़ थे और बलदेव दूसरी तरफ़, तनहा और ख़ामोश। दस साल तक तन्हाई और ख़ामोशी की अजीयत (दुख) बरदाश्त करते रहने के बाद भी वह तन्हा और ख़ामोश था, और बेबस था। उसका चेहरा उसकी हर सऊबत (दुख) का तरजुमान (टीका करने वाला) था। वह कुछ लम्हों तक कोई जवाब दिये बग़ैर सुन्दरदास को देखता रहा। फिर

खँखार कर गला साफ़ करते हुए उसने कमरे के नीम वा (आधे खुले हुए) दरवाज़े के काँपते हुए पट की तरफ़ देखा और कहा—

"सरस्वती मेरी ही बीवी है, वह मेरी मुहब्बत को कभी नहीं भुला सकती। उसे दोबारा हासिल करने के लिए आप लोग मुझे अदालत का दरवाज़ा दिखा रहे हैं। यह बात मैं भी जानता हूँ, अदालत भी इन्साफ़ ही करेगी, लेकिन कब? कितने साल बाद? कौन जानता है? मैं एक दूसरी ही अदालत का दरवाज़ा खटखटाना चाहता हूँ, अभी, इसी जगह। मुझे उसके इन्साफ़ पर पूरा भरोसा है।"

ये कहते-कहते बलदेव का गला रुंध गया। वो कुछ और न कह सका। उसकी आँखों पर आये हुए बादल भी बरस पड़े। वो नीम वा काँपते हुए किवाड़ों पर निगाह जमाकर रुआँसा-सा ऊँची आवाज़ में बोला, "जवाब दो सरस्वती, मैं किसी और से नहीं पूछता, तुमसे पूछता हूँ, सिर्फ़ तुमसे, सरस्वती।"

उसी वक़्त कमरे के अन्दर एक दिलदोज चीख बुलन्द हुई। सरस्वती ज़ोर-ज़ोर से रोने लगी। सारी औरतें घबराकर अन्दर भाग गयीं। उसी वक़्त गली के दरवाज़े पर एक और शख़्स नमूदार (प्रकट) हुआ। उसके हाथ में खाकसतरी रंग का एक सरकारी काग़ज़ था। वो अन्दर आकर पूछने लगा, "यहाँ पाकिस्तान से कोई शख़्स आया है, इसी घर में ठहरा हुआ है न?"

बलदेव ने उसके हाथ से काग़ज़ ले लिया। कुछ लम्हों तक उसे पढ़ा, फिर उसे लौटाते हुए बोला, "हाँ, वो यहीं मौजूद है, आज ही लौट जायेगा।"

ये कहकर उसने अपनी अश्कबार आँखों को दायीं-बांयीं आस्तीन से पोंछा और अपना बैग और मिलिट्री का पुराना कम्बल उठाकर आहिस्ता-आहिस्ता क़दम उठाता हुआ बाहर चला गया।

देवेन्द्र इस्सर (1928-2012)

प्रसिद्ध कहानीकार देवेन्द्र इस्सर का जन्म 14 अगस्त 1928 को हुआ था। इन्होंने पंजाब, इलाहाबाद और दिल्ली विश्वविद्यालय से अनेक डिग्रियाँ प्राप्त कीं। उनकी लेखनी पर भारत विभाजन सम्बन्धी घटनाओं का काफ़ी प्रभाव दिखता है। विभाजन ने सीमाओं के दोनों तरफ़ आम लोगों के सामने अस्तित्व के जलते प्रश्न खड़े कर दिये थे। अपने देश से, भाषा से, विरासत से, पेड़ों और नदियों से अलग होते जाने के एहसास ने काफ़ी कुछ बदल दिया। विभाजन का संकट अपने अस्तित्व के संकट का ही दूसरा रूप है। वे इन्हीं बातों में से सन्दर्भ निकालते हैं और उसे नाट्कीय शैली में प्रस्तुत करते हैं। हम कौन हैं कहाँ से आये हैं हमारी जड़े कहाँ हैं। इस कहानी में 'नंगी तस्वीरें' प्रतीक है कलात्मक और सांस्कृतिक पृष्ठभूमि में मनुष्य का जिसके लिए सरहदें और दीवारें कोई माने नहीं रखते। इसी सन्दर्भ में देवेन्द्र इस्सर ने 'नंगी तस्वीरें' प्रस्तुत की है।

नंगी तस्वीरें

बाहर भी अँधेरा था और भीतर भी, अन्धकार अपने काले पंख फैलाये चारों ओर मँडरा रहा था। अपरिमित जन-समूह का अनन्त प्रवाह हाथों में मशालें लिए अँधेरी रात की छाती को चीरता हुआ उसके दरवाज़े को थपथपाकर आगे बढ़ गया।

अन्धकार में प्रकाश की किरणें जगमगा उठीं। अँधेरे में उजाला हो गया।

किन्तु उसका कमरा अभी तक साँस रहित सुनसान-सा और अन्धकारमय था। कमरे में मोमबत्ती जल रही थी, जिसकी धुँधली रोशनी कमरे के निराशामय वातावरण को और भी गहरा कर रही थी। वह सो रहा था, और प्यारे-प्यारे सपनों की गोद में खेल रहा था, राजकुमार बना परियों की महफिल में घूम रहा था—परियाँ जो रात को बिजली के कृत्रिम आलोक में इन्द्रलोक का वातावरण प्रस्तुत करती थीं, और दिन चढ़ते ही काफ़ी बदसूरत चुड़ैलों की तरह मुँह चिढ़ाने लगती थीं!

किसी ने धीरे से दरवाज़ा थपथपाया—मालूम होता था जैसे नवागन्तुक के हाथों की शक्ति छीन ली गयी हो।

"क्या मैं भीतर आ सकता हूँ?" किसी ने मरियल आवाज़ में पूछा, जैसे उसमें जीवन का स्पन्दन समाप्त हो चुका है—या जैसे कोई दूर सौ परदों के पीछे बोल रहा है।

वह एकाएक चौंक पड़ा। उसने इधर-उधर दृष्टि दौड़ाई, परन्तु अन्धकार के अतिरिक्त उसे कुछ दिखायी न दिया।

"क्या मैं भीतर आ सकता हूँ?" दर्दभरी आवाज़ फिर आयी, जिसमें निराशा और असफलता की भावनाएँ मिश्रित थीं।

"तुम कौन हो?" उसने मीठे-मीठे सपनों के टूट जाने पर झल्लाते हुए कहा।

"मैं बंगाल का भूखा किसान हूँ। मुझे भीतर आने दो।" नवागन्तुक ने उसी स्वर में कहा।

"नहीं-नहीं, तेरे लिए इस कमरे में कोई जगह नहीं।" उसने घबराकर कहा, जैसे मृत्यु उसका दरवाज़ा खटखटा रही हो।

"मुझे भीतर आने दो, मैं तुमसे भीख नहीं माँगूँगा। मुझे अपनी कहानी सुनाने

दो। फिर मैं शान्तिपूर्वक मर सकूँगा। मेरी कहानी सुन लो, मुझे भीतर आने दो, अपनी कहानी सुनाने के बाद मैं तुम्हारे दरवाज़े पर दम तोड़ दूँगा, परन्तु तुम्हारे सामने हाथ नही फैलाऊँगा।'' नवागन्तुक ने गिड़गिड़ाते हुए कहा।

"नहीं-नहीं तुम भीतर नहीं आ सकते, तुम्हारी दुनिया इस कमरे से बाहर है, जाओ, लौट जाओ, अपने खेतों की ओर, अपने गाँव की ओर लौट जाओ—यहाँ से चले जाओ।"

उसकी आवाज़ तेज़ होती चल गयी और वह पागलों की भाँति चिल्लाने लगा।

"मेरे खेत बिक गये हैं। मेरे गाँव में कालाजार फैल गया है। मुझे भीतर आने दो—मुझे भीतर आने दो।"

नवागन्तुक ने फिर ज़ोर से दरवाज़ा खटखटाना शुरू कर दिया लेकिन लोहे और लकड़ी का बना हुआ दरवाज़ा न टूट सका, उसकी मुट्ठियाँ घायल हो गयीं और वह उसकी चौखट से सिर टकरा-टकराकर मर गया। खिड़की की लोहे की छड़ों से एक छाया भीतर आकर कमरे की दीवारों पर हरकत करने लगी। मोमबत्ती की काँपती हुई रोशनी में छाया कभी दीवार पर फैल जाती और कभी सिमट जाती। दो आभाहीन नेत्र उसकी ओर चुभती हुई दृष्टि से घूर रहे थे।

"मैं मर नहीं सकता। मैं ज़िन्दा हूँ। तुम्हें मेरी कहानी सुननी ही पड़ेगी। मैं वह मनुष्य हूँ, जिसे तुम्हारी ऐनक के मोटे काँच देखने में असमर्थ हैं। मैं बंगाल का भूखा किसान हूँ। तुमने मेरे लिए अपने दरवाज़े बन्द कर रखे हैं—धरती के बेटे के लिए—इनसान के अन्नदाता के लिए। तुम मुझसे छिपकर नहीं बैठ सकते। मैं तुम्हें स्वप्न में भी चैन नहीं लेने दूँगा।"

छाया दीवार पर फैलती गयी और फिर धीरे-धीरे उसके शरीर ने सिमटते-सिमटते एक बिन्दु का आकार ले लिया।

इस दृश्य से घबराकर उसने तकिये में मुँह छिपा लिया।

"दरवाज़ा खोल दो, दरवाज़ा खोल दो।"

दरवाज़े पर ज़ोर-ज़ोर से घूँसों की वर्षा होने लगी। किवाड़ टूटने का ख़तरा महसूस करते हुए उसने पूछा—"तुम कौन हो?"

उसके मस्तिष्क में अभी पिछले दृश्य की स्मृति ताज़ा थी।

मारो, पकड़ो, मारो, हिन्दू है, मुसलमान है, अल्लाहो-अकबर और हर-हर महादेव के मिले-जुले शोर में नवागन्तुक की ध्वनि स्पष्ट सुनायी पड़ रही थी।

"मुझे बचाओ, मैं हिन्दू नहीं, मैं मुसलमान नहीं, मुझे अन्दर आने दो।" नवागन्तुक भयभीत होकर चिल्ला रहा था।

"नहीं-नहीं तुम भीतर नही आ सकते। जाओ, जाओ, तुम वापस लौट

जाओ। हिन्दू हो तो हिन्दुस्तान में चले जाओ और मुसलमान हो तो पाकिस्तान में हिजरत कर जाओ। यह मेरा कमरा है, भिखमंगों का शरणागार नहीं।" उसने कठोरतापूर्वक उत्तर दिया।

"मेरी कहानी सुन लो फिर बेशक मुझे धक्के देकर बाहर निकाल देना, लेकिन एक बार दरवाज़ा खोल दो।"

"खोल दो, मार दो, खोल दो" का शोर क्षण भर के लिए वातावरण में गूँजता रहा फिर गोली के चलने के साथ ही भयानक चीख से कमरा गूँज उठा, दीवारें काँपने लगीं और सीढ़ियों पर से किसी के गिरने की आवाज़ सुनायी दी। मोमबत्ती का प्रकाश टिमटिमाने लगा, कभी अन्धकार और कभी धुँधली रोशनी फैलने और सिमटने लगी।

खिड़की की लोहे की छड़ों से एक छाया भीतर आकर मोमबत्ती के प्रकाश में दीवार पर लरजने लगी। छाया के शरीर से ख़ून की बूँदें इस तरह टपक रही थी जैसे ख़ून की वर्षा में भीगकर आ रहा हो।

"मैं मर नहीं सकता, तुमने मेरे लिए अपने दरवाज़े बन्द कर रखे हैं, तुम गुड़ों की छुरों से मेरी रक्षा नहीं कर सकते। तुम कभी भी चैन और शान्ति से नहीं रह सकते।"

बहुत देर तक छाया दीवार पर फिरती रही और उसने भयभीत होकर आँखे मूँद लीं। बाहर का शोर धीमा पड़ते-पड़ते ख़त्म हो गया, किन्तु उसकी आँखें अभी तक बन्द थीं ताकि उसे काँपती हुई छायाएँ दिखायी न पड़ें। मोमबत्ती की रोशनी कितनी धुँधली क्यों न हो, जब तक वह जलती रहेगी, वह छायाएँ दिखायी पड़ती रहेंगी।

छाया सिमटते-सिमटते एक बिन्दु बन गयी, दीवार पर केवल दो स्थिर बिन्दु थे, कमरे में मोमबत्ती की धुँधली रोशनी के अतिरिक्त पूर्ण अन्धकार था। उसका सिर चकराने लगा वह कुछ सोच नहीं सकता था, वह कुछ अनुभव नहीं कर सकता था, उसकी विचार-शक्ति को जैसे साँप सूँघ गया था।

अपना मन बहलाने के लिए उसने तकिये के नीचे से नंगी तस्वीरें का अलबम निकाला। वह जब भी उदास होता था इन तस्वीरों को देखकर शान्ति पाता था।

नंगी तस्वीरों की मांसल भुजाओं और सुडौल पिंडलियों पर से फिसलती हुई उसकी दृष्टि उभरी हुई छातियों पर फिरने लगी और वह नयी-नयी उपमाएँ सोचने लगा। दूसरे ही क्षण उसकी आँखों के सामने दोनों बिन्दु घूमने लगे। उसने डरते-डरते दीवार की ओर देखा। दोनों बिन्दु हरकत कर रहे थे।

घबराकर उसने फिर तस्वीर की ओर देखना आरम्भ किया। वह नंगी स्त्री

की सुन्दर आँखें देख रहा था। वह सोचने लगा—कितना रस है इन आँखों में, आदमी संसार को भूलकर इनमें डूब सकता है।

दीवार पर चलते हुए दोनों बिन्दु आँखों की पुतलियाँ बन गये और नंगी औरत की तस्वीर जैसे बोल उठी, "मेरी नंगी तस्वीर देखकर तुम अपना मनोरंजन करते हो। अपनी सुनसान रातों को आबाद करना चाहते हो। मैं औरत हूँ...परन्तु आज मैं तुम्हारे समीप अपने रेशमी वस्त्र तार-तार करके नग्न खड़ी हूँ, इसलिए कि इस नग्नता के लिए मुझे एक पायली चावल मिला है। मैं दंगों में घायल कराहती हुई मनुष्य की आत्मा हूँ।"

नंगी तस्वीरों की आँखें अन्दर को धँसने लगीं। उसके गाल पिचक गये। उसके शरीर का मांस सूख गया। पेट पीठ के साथ लग गया और वह हड्डियों का ढाँचा बनकर उसके सामने मृत्यु का भयानक नृत्य करने लगी।

दूसरे ही क्षण उसकी नंगी छातियों से ख़ून बहने लगा। उसके शरीर के प्रत्येक अंग से रक्त बह रहा था। दीवार पर दोनों बिन्दु ख़ून के धब्बे बन गये।

सामने मोमबत्ती अभी तक जल रही थी। पिघली हुई मोम उस पर आँसुओं की भाँति जम गयी थी...

जिन दृश्यों से भागकर वह अँधेरे कमरे की नंगी तस्वीर के सौन्दर्य में अपने आपको तल्लीन कर देना चाहता था, वही दृश्य उसका मुँह चिढ़ाने लगे। उसने घबराकर तस्वीर को फेंक दिया। तस्वीर मोमबत्ती से टकराकर राख हो गयी। मोमबत्ती मेज़ से लुढ़ककर फ़र्श पर गिरकर बुझ गयी।

कमरे में घोर अँधेरा फैल गया।

बाहर भी अँधेरा था और भीतर भी। अन्धकार अपने काले पंख फैलाये चारों ओर मँडरा रहा था।

अपरिमित जन समूह का अनन्त प्रवाह, हाथों में मशालें लिए, अँधेरी रात की छाती को चीरता हुआ, उसके दरवाज़े को थपथपाकर आगे बढ़ गया।

□□

(द्वितीय इनर फ्लैप पर)
फोटो

जन्म 15 अगस्त 1941 को ग्राम नरेन्द्रपुर ज़िला सिवान (बिहार) में। 15 वर्ष की आयु में प्रयाग हिन्दी साहित्य सम्मेलन से 'विशारद' की परीक्षा उत्तीर्ण की। एम.ए. तथा बी. एल. करने के पश्चात अगस्त 1967 में पटना उच्च न्यायालय में वकालत आरम्भ की। छात्र जीवन से ही हिन्दी साहित्य से अनुराग था। इनके लेख और यात्रा संस्मरण विभिन्न पत्र-पत्रिकाओं में प्रकाशित होते रहते हैं। 1983 में मास्को और 1986 में कोपेनहेगन विश्व-शान्ति सम्मेलन में शामिल हुए। भारत सोवियत मैत्री संघ के प्रतिनिधि के रूप में तत्कालीन सोवियत संघ की पाँच बार यात्रा की। 2006 में एप्सो के सात सदस्यीय प्रतिनिधिमण्डल के साथ चीन की यात्रा की। वे अब तक पाँच महाद्वीपों के 65 देशों की यात्रा कर चुके हैं। हाल में इन्होंने दक्षिण पूर्व एशिया पर अपने भ्रमण के पश्चात एक रोचक पुस्तक की रचना की है। गोर्की और प्रेमचन्द के कृतिव एवं जीवन दृष्टिकोणों की सादृश्यता से दोनों पर शोध कार्य की प्रेरणा ली और इस विषय में पीएच.डी. की उपाधि प्राप्त की। हिन्दी साहित्य एवं अन्य सामाजिक विषयों पर इनकी 15 रचनाएँ प्रकाशित हो चुकी है। भारतीय सांस्कृतिक सम्बद्ध परिषद् के सलाहकार समिति के सदस्य। एप्सो के बिहार राज्य परिषद् के महासचिव। राज्य के अनेक सांस्कृतिक संस्थाओं के पदाधिकारी। कौमी एकता सन्देश के सम्पादक।

(प्रथम इनर फ्लैप पर)
फणीश जी का प्रस्तुत चयन इस लिहाज़ से यादगार है कि उन्होंने स्वाधीनता और विभाजन के समय की उद्विग्नताओं और उलटबाँसियों को सामने ला कर रखा है। प्रस्तुत संकलन की रचनाएँ समय समाज का दर्पण नहीं वरन् सूक्ष्मदर्शी यन्त्र हैं जिनसे गुज़र कर हमें अपनी स्वाधीनता और भी मूल्यवान लगती है।

–ममता कालिया

डॉ. फणीश सिंह की पुस्तक 'हिन्दी के आंचलिक उपन्यास एवं उपन्यासकार' में उनका समीक्षात्मक प्रयास आंचलिक उपन्यासों के प्रति किसी आग्रही दृष्टिकोण से प्रेरित नहीं है। आंचलिक उपन्यासों की उपलब्धियों, ख़ासकर संक्रमणशील परिवेश का साक्ष्य बनने की शक्ति का इसमें उद्घाटन हुआ है। इतना ही नहीं, आंचलिक उपन्यासों के समग्र सोच की सीमाएँ भी उभरकर इसमें सामने आयी हैं।

–डॉ. कुमार विमल

फणीश सिंह की पुस्तक 'प्रेमचन्द एवं गोर्की का कथा-साहित्य' में मुख्य रूप से प्रेमचन्द और गोर्की की कहानियों का तुलनात्मक विश्लेषण किया गया है। महत्त्वपूर्ण यह है कि इस पुस्तक में दोनों लेखकों की यथार्थवाद-सम्बन्धी मान्यताओं पर भी तुलनात्मक ढंग से विचार किया गया है, जो दोनों लेखकों के कलात्मक वैशिष्ट्य, कहानियों की कलात्मकता आदि पर विचार करने में सहायक है।

–डॉ. परमानन्द श्रीवास्तव

(अंतिम कवर पृष्ठ पर)

फणीश जी को मौला स्वस्थ्य, प्रसन्न, दीर्घायु रखे तथा उनकी लेखनी सतत सक्रिय रहे।

–गजेन्द्र नारायण सिंह, पद्मश्री अलंकृत

फणीश सिंह एक सहृदय विलक्षण प्रतिभा सम्पन्न संस्कृति-पुरुष हैं। उनकी सांस्कृतिक अस्मिता बहुआयामी है जिसमें साहित्य, संगीत, कला, शिक्षा और भाषा के प्रति सक्रिय प्रतिबद्धता है। इसकी जड़ें इनके सुसंस्कृत परिवार, ग्राम नरेन्द्रपुर, भोजपुरी भाषा परम्परा और लोक कथाओं, गीतों एवं उत्सवों में हैं। इसी कारण उनकी सपूर्ण गतिविधियाँ मानव केन्द्रित एवं विश्वस्तर पर उसके सृजनात्मक प्रगति से सम्बद्ध रही हैं। वे सच्चे अर्थों में हमारे बीच एक संस्कृति पुरुष हैं जो हम सभी को अभिप्रेरित करते रहते हैं।

–डॉ. शैलेश्वर सती प्रसाद
पूर्व अध्यापक, पटना एवं ऑक्सफोर्ड विश्वविद्यालय

डॉ. फणीश सिंह के रचनात्मक व्यक्तित्व के इतने-इतने आयाम हैं कि सोच कर हैरत होती है। हैरत होती है कि इस व्यक्ति ने इन आयामों को एक साथ कैसे साध लिया है। एक यायावर जिसने अब तक 5 महाद्वीपों में 65 देशों की यात्राएँ की हैं। एक प्रखर लेखक जिसने विविध विषयों पर डेढ़ दर्ज़न पुस्तकों की रचना की है। एक एक्टिविस्ट जिसमें सामाजिक और सांस्कृतिक मूल्यों के प्रति गहरा समर्पण-भाव है। एक कर्मयोगी जो धर्म निरपेक्ष सोच और ग्रामीण उत्थान के लिए क्रियाशील है। वस्तुतः यह शख़्स बेचैन रूह का वह परिन्दा है जिसकी उड़ान के लिए मुक्ताकाश चाहिए।

–सत्यनारायण, बिहार गीत के रचयिता

मिलनसार और दोस्त नवाज़ डॉ. फणीश सिंह की हिन्दुस्तान के इतिहास और सामाजिक ताने-बाने के साथ विश्व स्तरीय घटना चक्र पर गहरी नज़र है, यह उनकी पुस्तकों को देखने से मालूम होता है और उनके बारे में जानने की उत्सुकता बढ़ती है। आने वाली पीढ़ी को उनके व्यक्तित्व से अभी बहुत कुछ सीख मिलनी है।

–रजी अहमद, सचिव, गाँधी संग्रहालय

यह हम लोगों के लिए अत्यन्त सुखद समाचार है कि आदरणीय फणीश बाबू हमारे बीच उन थोड़े से दुर्लभ और अनुकरणीय भारतीय नागरिकों में एक हैं जिन्होंने निरन्तर अपनी कलम और अपने सामाजिक कार्यों द्वारा लोकतन्त्र, धर्मनिरपेक्षता और समाजवाद के कठिन रास्तों को अपने संघर्ष से रौशन किया है।

–आलोक धन्वा, अध्यक्ष, बिहार संगीत नाटक अकादेमी